수평선으로 떠오르는

블록체인과 암호화폐 세상

정윤찬 지음

도서출판 홍릉

머리말

2008년 비트코인이라는 무신뢰성을 바탕으로 하는 탈중앙화 시스템 (또는 분산화 시스템) 이 출현하였는 데, 블록체인이라는 용어를 사용하지 않았지만 개인간에 제 3의 중계자의 개입 없이 거래를 가능하게 하는 블록체인 네트워크가 비트코인의 작동 원리입니다. 여기서 무신뢰성은 신뢰가 없다는 뜻이 아니고 구글 또는 아마존 같은 제 3의 신뢰할 수 있는 중앙화 시스템 없이도 누구나 상대방과 허가 없이 거래를 할 수 있다는 뜻입니다. 비트코인은 기존의 금융 시스템의 일정 부분부터 분산화 금융 (디파이)로 대체하려는 시도를 최초로 시작했습니다. 이런 변화는 다음 두가지 기술이 성숙되었기 때문에 가능한 일이었습니다. 첫째, 사용자 측면에서 누구나 분산 네트워크인 인터넷을 허가 없이 사용할 수 있게 되었기 때문이고, 둘째, 탈중앙화 시스템 개발 기술 측면에서 공개키 암호화 시스템이라는 암호학이 발전한 덕분입니다. 블록체인 네트워크는 인터넷 속의 네트워크라고 볼 수 있는데, 일반적으로 우리가 알고 있는 네트워크와 특히 다른 면은 블록체인 네트워크를 구성하는 분산 노드들간의 통신은 원칙적으로 방송 메시지에 의해서 이루어진다는 점입니다. 방송 방식의 통신은 거래 정보나 합의가 필요한 블록 정보가 분산된 모든 노드에게 빠짐없이 전달될 수 있도록 해줍니다. 또 공격자의 메시지 전달 차단 노력이 통할 수가 없다는 특징은 글로벌 인터넷이 두개로 분리 운용되지 않는 한 안정적 블록체인 네트워크는 작동할 수 있다는 근본적인 장점을 가지고 있습니다. 그런데 사용이 무료인 인터넷의 물리적 전달 계층과는 달리, 블록체인 네트워크는 인터넷 어플리케이션 계층에서 작동하기 때문에 운영 비용 또는 연료가 필요합니다. 정상 작동하도록 해주는 연료가 기본 토큰으로서의 암호화폐입니다. 이런 암호화폐는 미래 산업의 연료로까지 이야기되면서도 2021년엔 가치가 하늘까지 올라갔다가 2022년에는 땅으로 곤두박질친 적이 있지만 2023년 불어 닥친 기존 금융의 위기에서 중앙화 통제를 벗어나 있는 암호화폐에 다시 사람들의 관심이 집중되고 있습니다.

비트코인이 탈중앙화 시스템의 시작을 알렸다면, 블록체인 네트워크가 진정으로 생산적인 역할을할 수 있도록 만든 사건은 2015년 비탈릭 부테린이 비트코인의 대안으로 출시한 이더리움입니다. 비트코인과는 달리 스마트 계약으로 차별화되는 이더리움은 Tim Berners-Lee가 발명한 웹 (웹 1.0)의 발명과 동등한 사건으로 간주됩니다. 그렇게 보면 인터넷의 발달과 더불어 웹이 전자상거래와 소셜 네트워크 등의 분야에서 세상을 변화시켰고, 그 다음 또 한번 세상을 변화시킬 주체는 이더리움의 스마트 계약이 될 것이라고들 합니다. 이런 의미에서 이더리움을 선두로 하여 2018년부터 일어났던 암호화폐 프로젝트 개발 자금 확보를 위한 ICO(Initial Coin Offering) 붐은 암호화폐에 대한 투기 과잉으로도 볼 수 있지만, 한편으로는 미래 산업에 대한 희망의 이야기로도 볼 수 있습니다. 물론 문제도 발견되었습니다. 비트코인은 보안을 처리하는 방식으로 설계된 합의 메커니즘 때문에 지나친 에너지 소비가 문제가 되고 있습니다. 2019년 페이스북의 암호화폐 프로젝트인 리브라가 등장했는데, 정책입안자들에게 암호화폐 발명은 세계의 핵심 기존 금융 관리에 대한 대안이 될 수 있고, 기존 금융권이 도전받을 수 있다는 것을 마침내 깨닫게 해주었습니다. 결과적으로 리브라 계획은 저지당했습니다. 그러나 2020년 암호화폐 도지 코인이나 시바이뉴 같은 장난같았던 밈의 부상도 있었습니다. 비평가들은 밈 코인을 암호화폐 산업의 경박함의 상징으로 보나 다른 한편으로 밈 코인 조차도 집단적 인간 창의성의 놀라운 표현으로 인식할 수도 있습니다. 2021년부터 지역 토큰 같은 암호화폐를 발행하여 만들어 도시의 발전 혜택을 시민이 골고루 나누어 갖는 크립토 시티도 시도되고 있습니다. 암호화폐가 성공하든 실패하든, 수백 년 된 기존 중앙화된 금융 시스템을 변화시키고, 조직 구조와 커뮤니티 거버넌스를 재구상하고, 웹2.0의 초대형 정보 집중화 및 정보 보유 양극화의 폭정을 뒤집는 대담한 목표를 가지고 씨름한다는 사실은 암호화폐를 끝없이 흥미로운 주제로 만듭니다. 암호화폐는 프로그램 기술이나 수학과 암호학의 기술에 대한 이야기뿐만 아니라, 돈, 금융 권력, 기술의 창의성과 혁신성, 그리고 개인 주권을 위한 인간의 투쟁이 암호화폐 세상에 자리잡고 있습니다. 앞으로도 인류의 현실 삶 자체, 꿈, 성공, 그리고 실패에 대한 이야기는 암호화폐 세상에서 계속 이어질 것입니다.

나는 대학에서 블록체인과 암호화폐가 컴퓨터 네트워크와 보안 기술의 결정체란 것을 이해하고 이 주제를 학생들에게 강의하면서 해당 분야에서 참고할 수 있는 서적이 거의 없다는 현실에 직면하였고, 시간이 나면 직접 블록체인과 암호화폐 전반을 다루는 책을 직접 저술하고자 하는 의도는 있었으나 이 작업을 미루고 있었습니다. 다행히 2022년 9월에 "The Merge"라는 이더리움의 합의 메커니즘이 작업증명에서 지분증명으로 바뀌는 역사적 전환점을 계기로 탈중앙화 시스템의 핵심인 합의 메커니즘이 지분 증명 방식으로 수렴되어 가는 분위기에 있습니다. 2023년 1월쯤에는 2022년에 계속되었던 암호화폐의 겨울을 지나면서 오히려 문제되는 부분이 드러나게 되었고 새로운 탈중앙화 세상 또는 웹 3.0 세상을 좀더 투명하게 바라볼 수 있는 시점이 되었습니다. 이런 시기에 나는 이 책을 통하여 일반인은 물론 전문가까지 참고할 수 있는 종합적인 블록체인과 암호화폐에 관한 도서의 집필 계획을 세우게 되었습니다. 나에게 이 책을 쓸 용기와 계기를 제공해준 사람은 이더리움의 창시자 비탈릭 부테린 (Vitalik Buterin, 1994년 1월 31일 ~) 입니다. 그를 소중하게 생각하는 이유는 인터넷 시대를 연 첫번째 계기가 웹의 발명이었다면, 그 후속 변화의 계기는 이더리움의 스마트 계약 발명이라고 인정받아도 손색이 없기 때문입니다.

잘 모르는 사람은 암호화폐와 비트코인을 동일시하기도 합니다. 탈중앙화를 이끌어 온 최고의 암호화폐인 비트코인 (BTC)을 금에 비교하면 꽤 정확합니다. 그것은 가치가 있으며 사람들은 금을 가지고 다니거나 물건을 살 때 지불 수단으로 사용하지 않습니다. 이 때문에 금의 최대 가치는 일반인에 의해 결정되지 않습니다. 차를 사고 싶다면 차를 사기 위해 금을 팔아 달러를 사야 합니다. 반면에 이더리움 기본 코인인 ETH는 블록체인의 스마트 계약 기계에 동력을 공급하기 때문에 가스와 비슷합니다. 운전을 위해 자동차에 휘발유를 "지불" 한다고 하지 않습니다. 이더리움은 "지불"하는 것이 아니라 ETH를 통해 원하는 다양한 스마트 계약을 처리할 수 있게 해줍니다. 가스와 마찬가지로 ETH의 가치는 생산자 (이더리움 재단)의 공급과 기계 (스마트 계약)에 대한 수요에 의해 결정됩니다. 자동차가 처음 발명되고 가스를 사용했을 때, 이제 연료에 대한 새로운 용도가 있기 때문에 가스 가격이 폭발한 것처럼 ETH도 마찬가지입니다. 이더리움의 스마트계약이 발명되고 ETH를 사용했을 때, 이제 ETH란 연료에 대한 새로운 용도가 있기 때문에 가스 가격이 폭발한 것입니다.

인류에게 가장 영향력이 큰 발명품은 1970년대 말의 인터넷이라고 합니다. 그 인터넷은 80년대를 거치면서 90년대 중반까지 닷컴 산업을 일으켰습니다. 그러다 1990년대 후반 닷컴 거품이 나스닥 종합 주식 시장 지수의 대부분을 쓸어버린 적이 있습니다. 이런 거품 속에서 웹이라는 보석이 있었습니다. 1993년 이래로 웹은 인터넷 구조의 절대적 위치를 차지하고 있고, 지금에 와서 보면 빅 파이브라 부르는 Alphabet(Google), Amazon, Meta, Apple 및 Microsoft와 같은 기술 거대 기업의 데이터 센터는 웹 방식의 플랫폼이 기반이 되었습니다. 웹은 오늘의 3차 산업 혁명을 있게 한 결정적 기술인 셈입니다. 웹이 처음 나왔을 때를 기준으로 10년, 20년 후에 빅 파이브 같은 기업이 세상을 선도해 갈 것이라고 예측한 사람은 거의 없었습니다. 웹의 뒤를 이어 2015년에 나타난 발명품 (이더리움) 스마트 계약은 2025년, 2035년 어떤 모습으로 미래 산업을 또 우리 사회를 또 한번 변화시킬 수가 있을까요? 이 책은 빅 파이브를 탄생시키고 발전시켜온 웹 2.0 시대의 진입과 성숙 단계의 새로운 버전으로 이제는 블록체인과 암호화폐에 의한 웹3.0 시대의 진입과 성숙 단계를 거치게 될 것이라는 비전을 가지고 쓴 책입니다. 2023년 현재 이더리움 스마트 계약이 배포된 이후 약 8년이 지났습니다. 진입기냐 성숙기냐 하는 구분은 아무래도 세계인 중 얼마나 많은 사람들이 블록체인 네트워크를 사용하느냐 하는 것도 좋은 척도가 될 것입니다. 그런 면에서 기술적으로는 확장성 기술을 해결하지 않고는 암호화폐의 대량 채택으로 들어갈 수는 없을 것입니다. 문제는 확장성 문제는 양보할 수 없는 보안성 문제와 트릴레마적 관계에 있다는 점입니다. 이런 문제들이 정리되면서 블록체인 산업의 성숙기로 접어들 수 있을 것입니다.

비탈릭은 이더리움을 만들면서 비트코인과의 차별점인 스마트 계약이 가능한 프로젝트가 실패할 것이라는 두려움에 휩싸인 적이 있다고 합니다. 그의 두려움의 근거는 비트코인 블록체인보다 훨씬 좋은 스마트계약을 배포하는 블록체인 아이디어를 당연히 누군가 먼저 생각을 했을 것이고, 누군가 스마트 계약이 블록체인에 적용하기 어렵다는 결론 때문에 시도하지 않았을 지도 모른다는 겸손한 인식론이였습니다. 그러나 비탈릭은 이 부적절한 평형 논리를 의지로 극복했으며 오늘날의 블록체인과 암호화폐 세상을 이끌게 되었습니다. 지금에 와서 사람들은 이야기합니다. "비트코인이 가치를 전달하는 디지털 골드라고 한다면 이더리움의 기본 토큰인 이더는 디지털 연료이다." 이런 주장을 받아들인다면, 일반인들 입장에서도 탈중앙화 시스템과 미래 산업의 디지털 연료가 사용되는 암호화폐의 작동 체계를 어느 정도 이해할 필요가 있습니다. 그러기 위해서는 원조로 불리는 비트코인도 고전으로 이해할 필요가 있습니다. 그 이유 중 하나는 탈중앙화 시스템에서 사용하는 용어들의 많은 부분이 비트코인에서 명명되고 사용되기 시작했습니다. 추가적인 용어 정립은 대부분 이더리움에서 이루어집니다. 이런 용어를 추가로 사용한 배경은 비탈릭이 스마트 계약을 도입하면서 비트코인이 작동하는 방식을 스마트 계약 처리에 유리하게 바꾸는 과정에서 나온 용어 들입니다. 이더리움에서는 상태 (states), 계정 (accounts), 가스 (gas), EVM(이더리움 가상 머신)이란 용어를 추가로 자주 사용합니다. 이더리움에서는 블록체인을 상태 전환 모델로 보고 있고, 이런 상태를 계정 모델을 사용하여 정리하고 있으며, 거래 실행시 실행한 만큼의 가스 수수료를 받아 해커의 네크워크를 장악하려는 시빌 공격(Sybil Attack)을 차단하며, 스마트 계약 코드를 EVM으로 실행시킵니다. 또 이더리움은 코인 발행의 인플레이션을 방지하기 위하여 확보한 거래 수수료는 대부분 소각합니다.

이 책이 다루는 범위는 상당히 넓습니다. 그래서 세상 사람들이 이런 종류의 책을 내기를 주저했을 수도 있을 것 같습니다. 이번에 가톨릭대학교 정보통신전자공학부에서 정년 퇴임하며 이전 강의 중 정리하고 싶었던 주제들을 한곳에 모아 (누군가 해야 할 일을 그렇지만 하지 않았던) 블록체인과 암호화폐 세상을 드러내어 주는 저서를 의지를 가지고 발간하게 되었습니다. 강의와 연구 논문 작성에서 자유로워지니 이런 종류의 책을 쓰는 계기가 되었습니다. 누구의 간섭이나 통제를 받지 않는 암호화폐와 이 책의 발간 경위가 일치하는 셈입니다. 물론 일반인 입장에서 이 책은 약간 어려울 수도 있습니다. 암호화폐가 디지털 자산이란 측면에서 볼 때 기준 금융의 대체재라고만 이해하는 것은 제1세대 암호화폐 시대에 국한된 인식입니다. 물론 신기술인 공개키 보안 시스템을 적용하여 디지털 자산인 암호화폐를 만들었지만, 제2세대 암호화폐 시대 부터는 암호화폐는 새로운 산업의 연료로 작동하기 때문입니다. 따라서 보통 사람이 암호화폐를 새로운 산업의 연료로 이해하기 위해서는 노력이 필요합니다. 그런데 바탕이 되는 블록체인과 암호화폐를 좀더 체계적으로, 종합적으로 설명해줄 수 있는 참고 도서는 별로 없습니다. 물론 인터넷에는 분야 별로 많은 공개된 자료가 넘쳐납니다. 예를 들어 탈중앙화 시스템의 핵심인 블록체인의 합의 메커니즘인 '지분증명 방식'이란 용어를 검색하면 엄청난 자료가 공개되어 있습니다. 그러나 문제는 여기에는 합의는 물론 탈중앙화, 무신뢰성, 공정성, 보안성 및 확장성을 같이 종합적으로 이해할 수 있게 하는 자료로는 한계가 있습니다. 프로젝트화 되어 기본 토큰으로 사용하는 암호화폐도 마찬 가지입니다. 내용의 깊이는 차이가 나지만 관련 백서도 인터넷에 공개되고 있기는 합니다. 그러나 그 백서를 일반인이 접근하여 이해하기는 너무 어렵습니다. 암호화폐 관련 인터넷 일간지도 마찬가지입니다. 주로 투자자들을 위한 기사가 많지만 관련 기술을 이야기하면 용어조차 일반인은 이해하기 힘들 것입니다. 아직도 암호화폐를 폰지 사기라고 이야기하는 사람도 있고, 경우에 따라서는 그런 측면이 있는 암호화폐도 있습니다. 이 또한 일반인이 암호화폐가 사기가 아니란 것을 좀더 투명하게 이해하는 것을 어렵게 만듭니다. 정부가 나서서 중앙은행 발행 암호화폐 체제로 나가야 한다는 주장도 있습니다. 비슷한 용도의 스테이블 코인도 이미 많이 프로젝트로 세상에 나와 발행되어 유통되고 있습니다. 이들을 어느 정도 파악하고 싶어도 쉽지 않습니다. 규제도 마찬가지입니다. 미국의 증권거래위원회는 비트코인을 제외한 다른 암호화폐를 증권으로 분류하고 규제하려고 발걸음을 재고 있고 암호화폐 업계에서는 이에 반발하고 있습니다. 암호화폐 업계에서는 규제를 하더라도 제도와 지침을 명확히 해달라는 입장입니다. 그런데 증권거래위원회를 비롯한 관련 기관들은 블록체인과 암호화폐 전반을 종합적으로 이해하고 서로 협력하여 업계가 나아갈 길을 열어주는 역할을 하지 못하고 있습니다. 2022년 후반부에 붕괴된 FTX와 같은 중앙화 거래소와 루나 코인이 블록체인이나 암호화폐 기술의 문제인지 아니면 다른 문제인지 일반인이 인터넷을 검색하여 참고 자료를 보고 판단하기는 어렵습니다. 의사결정이나 예측 시장에서 사용하는 거버넌스 영역도 블록체인 기반 거버넌스가 이용되고 코인 기반 투표 시스템이 이용되지만 이 메커니즘 또한 이해하기가 쉽지 않습니다. 이 책이 이런 질문에 도움을 주려고 합니다.

한편으로는 기존의 중앙화 시스템의 문제를 해결하려는 탈중앙화 웹3 산업이 해커 사기와 개발자 사기, 비전문성, 근시안적인 탐욕 및 규제 기관의 무책임 때문에 어려움을 겪고 있습니다. 도약의 발판이 필요합니다. 저는 블록체인으로 대표되는 탈중앙화 방향이 세상을 더 나은 방향으로 변화시킬 수 있는 길이라고 굳게 믿기 때문에 이 책을 스펙트럼이 넓은 독자들을 대상으로 출판하게 되었습니다. 첫째, 이 책이 고등학교 학생 이상부터 60대에 이르기까지 일반인들에게 새롭게 펼쳐질 웹3 산업의 길에 방관자가 아닌 관심있는 참여자가 되도록 정확한 정보를 제공하는 도서가 되길 희망합니다. 둘째, 블록체인과 암호화폐 관련 산업 종사자에게는 탈중앙화 기술의 세계로 한단계 더 발전시킬 추진력과 열정이 다시 불이 붙도록 하여 주는 책이 되길 바랍니다. 셋째, 블록체인 산업과 암호화폐의 규제 법안을 만들고 지침을 제정하고 시행하는 규제 관련 기관 종사자들이 암호화폐 사용자에게 유연성과 접근성을 제공하여 미래 웹3 산업에 대한 발전을 견인할 통찰력을 구비하도록 도와주는 참고 도서가 되길 바랍니다.

좋은 책을 만들어 내기 위해 수고를 아끼지 않으신 도서출판 홍릉의 박찬혁 실장님께 감사드립니다. 항상 나에게 힘을 주는 사랑하는 가족 최수종, 정지용, 정은지와 함께 이 책을 출간의 기쁨을 나누고 싶습니다. 모두 사랑합니다.

2023년 5월 6일

가톨릭대학교 명예교수 정윤찬

차례

차례

1

비트코인

1. 사토시 나카모토 비트코인 백서의 핵심은 무신뢰성
2. 비트코인의 기본 이해하기
3. 비트코인 트랜잭션 구조
4. 사용되지 않은 트랜잭션 출력(UTXO)과 UTXO 셋
5. 비트코인 트랜잭션 스크립트
6. 비트코인 작업증명 방식의 아이디어: LINKED TIME-STAMPS
7. 비트코인의 포크
8. 비트코인의 BTC 통화 발행
9. 비트코인 지갑(WALLETS)
10. 비트코인을 상태 전환 시스템으로 해석

1

사토시 나카모토 비트코인 백서의 핵심은 무신뢰성

사토시 나카모토 백서의 핵심은 신뢰할 수 있는 제3자의 도움 없이도 디지털 자산을 당사자 간에 안전하게 거래할 수 있다는 것이다. 이 백서를 기준으로 제1세대 암호화폐 인 비트코인이 사람들에게 알려지면서 '무신뢰성'이란 말도 함께 사용되기 시작하였다.

2008년 10월 31일, 비트코인의 영웅 사토시 나카모토는 비트코인 백서를 발표했다. 그 백서의 요약이나 결론 보다는 서문을 분석해 보면 블록체인 기술의 응용 시스템이 어떻게 시작되었는지 좀더 구체적으로 알 수 있다. 백서의 서문을 분석해 보자.

기존의 중앙화된, 신뢰할 수 있는 중앙 금융기관이 중간에 개입하더라도 거래에 있어 분쟁은 피할 수 없다는 점을 강조하며 기존의 중앙화된 금융기관 구조의 문제점을 먼저 설명한다.

▶ 인터넷상의 상거래는 전자 지불을 처리하기 위해 신뢰할 수 있는 제3자 역할을 하는 금융 기관에 거의 전적으로 의존하게 되었습니다. 이 시스템은 대부분의 거래에서 충분히 잘 작동하지만 여전히 신뢰 기반 모델의 고유한 약점을 안고 있습니다. 금융 기관이 분쟁 중재를 피할 수 없기 때문에 완전히 되돌릴 수 없는 거래는 실제로 불가능합니다.

중간의 금융기관은 수익이 있어야 하기 때문에 고객은 중재 비용을 부담해야 하고, 거래는 항상 되돌릴 가능성이 있어 판매자와 고객들이 거래의 신뢰성을 제공하기 위하여 필요 이상의 정보를 수집한다는 면을 강조하며 역시 기존 금융시스템의 문제점을 지적하고 있다.

▶ 중재 비용은 거래 비용을 증가시켜 최소한의 실제 거래 규모를 제한하고 소규모 캐주얼 거래의 가능성을 차단하며, 비가역적 서비스에 대해 되돌릴 수 없는 지불을 할 수 있는 능력의 상실에 더 광범위한 비용이 듭니다. 거래를 무효화하는 등 되돌릴 수 있는 가능성으로

인해 신뢰의 필요성이 더욱 요구됩니다. 판매자는 고객을 경계해야 하며, 그렇지 않은 경우 판매자와 고객 모두 필요한 것보다 더 많은 정보를 요구해야 합니다.

사기는 피할 수 없으며, 사기를 당하지 않으려면 직접 현금을 거래하면 되지만, 이때도 멀리 떨어진 당사자간에 신뢰할 수 있는 당사자 없이는 현금을 통신을 통하여 보내는 방법은 없다는 점을 설명한다.

▶ 일정 비율의 사기는 불가피한 것으로 받아들여집니다. 이러한 비용과 지불 불확실성은 실물 화폐를 사용하여 직접 피할 수 있지만 신뢰할 수 있는 당사자 없이 통신 채널을 통해 지불할 수 있는 메커니즘은 없습니다.

이 백서가 제안하려고 하는 시스템의 특징 중 신뢰에 관한 사항을 드디어 드러낸다. 즉, 신뢰할 수 있는 제3자가 개입하지 않아도 암호화 기술을 사용하여 구매자를 보호할 수 있는 전자지불 시스템으로 바꾸는 것이 가능함을 설명한다.

▶ 필요한 것은 신뢰 대신 암호화 증명을 기반으로 하는 전자 지불 시스템으로, 신뢰할 수 있는 제3자 없이도 두 당사자가 서로 직접 거래할 수 있습니다. 계산상 되돌릴 수 없는 거래는 판매자를 사기로부터 보호하고 일상적인 에스크로(서로를 신뢰할 수 없는 구매자와 판매자간에 상거래가 원할하게 이루어질 수 있도록 중계하는 매매보호 서비스) 메커니즘을 쉽게 구현하여 구매자를 보호할 수 있습니다.

이 백서가 제안하려고 하는 시스템 특징을 블록체인이란 직접적 용어는 사용하지 않지만, 탈중앙화 시스템으로 이어지는 '피어 투 피어'는 제 3의 신뢰할 수 있는 기관 없이 개인과 개인간 거래를, '분산 타임 스탬프 서버'는 채굴 노드를, '계산 증명'은 작업 증명을 그리고 '이중지출 문제 솔루션'은 사용되지 않은 주소의 자금 관리 방법을 제안하고 있다. 좀더 구체적으로 설명하기 위하여, 제 3의 신뢰 기관의 도움을 받지 않는 상태에서 공간적으로 멀리 떨어진 곳에서 거의 같은 시간에 동일한 디지털 자산(전자 화폐)을 사용하려고 시도하는 이중 결재 문제도 해결책이 있다는 점을 설명한다. 즉, 제3의 신뢰할 수 있는 기관이 없이도 당사자끼리 직접 디지털 자산 거래가 가능하다는 것을 강조한다.

▶ 이 논문에서는 피어 투 피어 분산 타임스탬프 서버를 사용하여 트랜잭션의 시간 순서에 대한 계산 증명을 생성하는 이중 지출 문제에 대한 솔루션을 제안합니다.

작업 증명하는 분산 노드의 CPU 전력 합이 공격자 노드의 CPU 전력 합보다 크면 항상 거래는 안전하다는 비트코인의 보안성에 대하여 이야기한다.

▶ 정직한 노드가 협력하는 공격 노드 그룹보다 더 많은 CPU 전력을 집합적으로 제어하는 한 시스템은 안전합니다.

위에서 살펴본 바와 같이 사토시 나카모토 백서의 핵심은 신뢰할 수 있는 제3자의 도움 없이도 디지털 자산을 당사자 간에 안전하게 거래할 수 있다는 것이다. 이 백서를 기준으로 암호화폐(비트코인)이 사람들에게 알려지기 시작하면서 무신뢰성이란 말로 사용되기 시작했다. 무신뢰성이란 영어의 'Trustless' 란 말을 의미한다. 위 백서에서 보듯이 '블록체인' 용어를 사용하기 이전에 새로운 암호화폐의 특징을 가장 잘 나타내는 용어는 '무신뢰성'이었다. 그런데 이 단어는 단어 자체만 언뜻 본다면 '신뢰성이 없다'는 의미로 오해할 수 있다. 무신뢰성은 그런 뜻이 아니라 '제3자를 통한 신뢰 보증이 없어도 믿을 수 있는 특성'을 의미한다. 블록체인에는 신뢰라는 개념 자체가 필요하지 않다는 뜻이다. 그러면 정말로 블록체인에는 신뢰가 필요하지 않는가? 그렇지 않다. 블록체인에는 신뢰가 비트코인 이전과는 전혀 다른 방식으로 작동하고 있을 뿐이다. 또 어떤 블록체인 애플리케이션(또는 프로젝트) 들도 100%의 무신뢰성을 가질 수 없다. 하지만 몇몇 애플리케이션은 다른 애플리케이션 보다 그 특성에 더욱 가깝다.

블록체인 프로토콜을 분석할 목적으로 신뢰의 형태를 몇 가지 범주로 나누어 보자. 여기서 'A 대 B'에서, B는 시스템에서 신뢰를 보여줄 수 있는 행위자의 총 수를 의미한다. 예를 들어 암호화폐 카르다노(ADA)의 블록체인 메인넷을 유지하는 검증자 수가 2000개라고 가정하면 B=2000이 된다. A는 우리가 기대하는 대로 신뢰를 보여주는 행위자가 얼마나 되는가를 나타내는 수치이다. 카르다노 블록체인 메인넷에서 나쁜 의도를 보이지 않고 착한 행위자의 수가 A를 나타낸다. 그러므로 B가 2000인 경우에 A는 1001 이상이 되어야 이 블록 체인 네트워크는 사용자에게 진정 '무신뢰성'을 제공할 수 있다. 기존에 우리가 익숙한 모델은 'A=1 대 B=1' 모델이다. 이 모델에서는 정확히 한 명의 행위자만 존재한다. 이 모델이 작동하는 시스템은 그 행위자가 당신이 기대한 대로 행동할 때만이 정상 작동한다. 즉, A도 B도 1인 모델이며, 전통적인 중앙화된 페이스북, 구글, 아마존 같은 회사가 이런 모델에 기반을 두고 있다. 사토시 나카모토가 백서에서 제시한 모델은 'N/2 대 N' 모델이다. '51% 이상의 채굴자(또는 지분 증명 검증자)는 정직하다'는 가정을 깔고 있는 대부분의 블록체인 모델이 이 모델에 기초하고 있는 셈이다.

'N/2 대 N' 모델에서 N이 더 클수록 신뢰감이 더 큰 블록체인 네트워크로 운영될 수 있다. 현재로서는 N이 가장 큰 블록체인 네트워크는 이더리움이다. 2위는 GNOSIS이고, 3위는 카르다노(ADA) 네트워크이다. N이 적든 많든 51% 공격에서 견디는 것이 중요하다. 초기의 GNOSIS 체인처럼 N이 적어도 보안 수준을 높게 유지할 수는 있다. 비트코인을 보면 실재로 10개 미만의 채굴자들이 비트코인 전체 해시 파워의 90% 이상을 담당하고 있다. 그러므로 엄밀히 보면 비트코인은 N이 10인 시스템이라고 볼 수 있다. 그렇다면 상대적으로 비교해 보았을 때, N이 2000인 경우와 N이 10인 경우에서 신뢰가 무너질 가능성은 당연히 N이 10인 경우가 높다. 이 사실은 비트코인 맥시멀리스트에게 소름 돋는 이야기 일 수 있다.

신뢰가 깨진다면, 시스템은 어떻게 실패할까? 블록체인에서 일반적인 두 가지 실패 유형은 '지속성 실패'와 '안전성 실패'다. 지속성 실패는 온체인 암호화폐 거래와 같은 자신이 하고 싶은 일을 잠시 동안이라도 할 수 없게 되는 것이다. 안전성 실패는 시스템이 방지하고자 했던 어떤 일이 비교적 자주 일어나는 사건이다. 예를 들면, 유효하지 않은 거래를 포함하는 블록이 블록체인에 포함되는 경우이다.

신뢰 모델을 좀 더 이해하기 위하여 레이어 2 블록체인 중 하나인 '상태 채널' 이라는 블록체인의 확장성을 증진시킬 수 있는 기술을 조금만 살펴보자. 레이어 2 블록체인 확장 솔루션은 메인 체인(레이어1)과는 병렬 또는 독립적으로 작동하는 보조 네트워크에 해당한다. 그래서 보통 레이어 2 프로토콜은 레이어 1 블록체인 보다 항상 작은 규모의 커뮤니티를 갖고 있다. 레이어 2 체인인 '상태 채널'에서는 지속성 실패를 방지하려고 '1 대 1' 신뢰 모델을 사용한다. 참고로 '상태 채널'의 상세한 내용은 앞으로 다루어 나가기 때문에 여기서는 레이어 2 블록체인이 '1 대 1' 신뢰 모델도 사용하고 있다는 것을 이해하면 된다. '1 대 1' 신뢰 모델은 중앙화 모델이다. 그러므로 블록 체인이 탈중앙화 기술이라고 하지만 100% 전체가 탈 중앙화 될 수 없다는 것을 이해할 필요가 있다. 이는 블록체인이 100% 무신뢰성을 만족시킬 수 없다는 뜻과 같은 맥락이다. 보통 사람들이 블록체인 기술을 잘 이해하지 못하고, 암호화폐를 거품으로 오해하는 배경 중 하나는 블록체인을 완전한 '탈중앙화', '무신뢰성', '확장성' 등의 키워드로만 이해하기 때문이다. 실상은 다르다. 블록체인 기술 응용 분야에서는 탈중앙화와 중앙화, 무신뢰성과 신뢰성, 확장성과 비확장성이 함께 존재한다.

다만 블록체인 이전에는 구글이나 아마존 같은 플랫폼이 '중앙화'와 '신뢰성'이라는 정보 산업의 특성을 나타냈지만, 사토시 나카모토의 백서 이후에는 '탈중앙화'와 '무신뢰성'이 미래 산업의 방향성을 보여주는 단어가 되었다. 이 방향은 지금 막 시작하는 제4차 산업 혁명의 한 축이라고 생각해도 좋을 것이다.

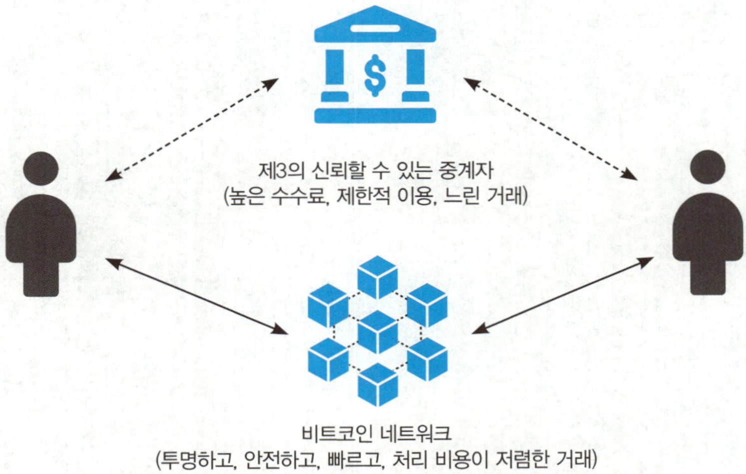

개인간의 거래에서 제3의 신뢰할 수 있는 중계인이 필요없는 무신뢰성 거래

2

비트코인의 기본 이해하기

비트코인에서 자금을 인출한다는 것은 이전 트랜잭션의 '출력'의 스크립트를 실행하는 것인데, 이것을 이전 트랜잭션 출력의 자금이 잠겨 있는 것을 푼다고(unlock) 표현한다. 즉, 이전 트랜잭션의 '출력' 스크립트를 성공적으로 실행시키기 위하여 현재 트랜잭션의 '입력' 정보가 이전 트랜잭션 '출력' 정보와 일치해야 하는 것이다.

2008년, 사토시 나카모토는 비트코인이라는 혁신적인 아이디어를 발표한다. 비트코인 아이디어가 출현한 배경은 누구나 인터넷에 접속만 하면 서로 정보를 보내고 받을 수 있는 세상이 되었고, 공개키 암호화 시스템이라는 보안 기술이 발달했기 때문이다. 이런 인터넷 환경과 보안 기술로 은행과 같은 중앙기관 없이도(탈중앙화) 무신뢰성을 충족하는 금융 거래 시스템을 만드는 방법이 제안된 것이다. 이때 거래되는 금융 자산은 물론 실체가 없는 자산이다.

Yap 섬의 Rai 돌덩어리

이 자산은 옛날 Yap 섬의 큰 돌인 Rai 돌덩어리와 같다고 볼 수 있다. Rai 돌덩어리는 거래되지만 이동시키지는 못한다. 대신 소유권만 바뀌는 사실을 인정받으면 된다. 어떻게 인정받을 수 있을까? 간단하다. Yap 섬의 Rai 돌덩어리는 한국의 홍길동 것이라고 세상의 모든 사람이 합의를 해주면 된다. 물론 세상의 51% 이상의 사람이 나쁜 마음을 먹고 더 이상 Rai 돌덩어리는 홍길동 것이 아니라고 모의하면 홍길동은 소유권을 잃을 수 있다. 그러나 세상 사람 51% 이상이 협력하여 나쁜 마음을 먹는다는 것은 현실적으로 일어나기 어렵다. 자 이제 홍길동이 Rai 돌덩어리의 소유권을 미국의 앨리스에게 넘기려고 한다. 그러면 '홍길동은 앨리스에게 Rai 돌덩어리(100 비트코인)을 보낸다'라는 트랜잭션을 생성한다. 물론 이 트랜잭션에는 홍길동의 개인키로 서명한 디지털서명이 첨부되어 있다. 이 트랜잭션이 이후 어떻게 처리되는지를 설명하기 전에 먼저 이 트랜잭션을 어떻게 구현하는지를 살펴보자. 홍길동, 앨리스 등을 구분할 때는 개인의 신원을 노출시키지 않고 각자 고유한 ID를 사용한다. 그러면 세상 사람이 모두 사용할 수 있고, 중복될 가능성이 극히 낮은 ID를 어떻게 만들 것인가? 해결 방법은 암호학 분야에서 발전된 보안 기술인 공개키 암호화 시스템에서 답을 찾고 있다. 부록에서 설명하고 있는 공개키 암호화 시스템은 항상 공개키와 개인키가 짝을 이루어 사용된다. ID를 표현하기 위하여 공개키에서 유도된 고정 길이의 값을 주소라는 이름으로 사용한다. 이 주소의 길이는 160 bit 이므로 2^160 개의 주소가 사용될 수 있다. 지구에 있는 모든 모래 알갱이의 개수가 2^63개 라고 하니 세상 사람이 모두 이 주소를 사용해도 충돌 가능성은 없어 보인다. 그래서 사용자는 아무 걱정 없이 자신만을 위한 [공개키, 개인키] 짝을 다른 사람의 동의를 구할 필요 없이 스스로 만들어 사용해도 전혀 문제가 안된다. 홍길동이 트랜잭션에 대하여 전자 서명을 할 때는 개인키를 사용하여 서명한다. 그럼 100 비트코인의 가치를 갖는 Rai 돌덩어리를 홍길동이 소유하고 있다는 사실을 어떻게 세상 사람이 알고 있을까? 비트코인에는

UTXO(Unspent Transaction Output)라는 '출력'을 이용한다. UTXO가 세상 사람에게 알려주는 정보는 홍길동의 공개키에서 유도한 '주소'와 '100 비토코인' 정보이다. 즉, 세상 사람은 이 주소가 홍길동의 것이라는 사실은 모른다. 다만 이주소에는 100 비트코인이 들어 있다는 것을 합의로 알고 있을 뿐이다. 그러면 '홍길동이 앨리스에게 100 비트코인을 보낸다' 라는 트랜잭션은 어떻게 생성할까? 이것은 Rai 돌덩어리의 소유권을 앨리스에게 넘긴다는 사실을 홍길동이 약속했으며, 이 약속을 세상의 모든 사람이 확인하면 된다.

비트코인에서는 트랜잭션을 '입력'과 '출력' 으로 구성하고 있다. 입력에는 Rail 돌덩어리의 주소와 관련된 홍길동의 공개키와 홍길동의 개인키로 서명한 전자 서명이 들어 있다. 출력에는 앨리스의 공개키와 관련된 주소와 100 비트코인이라는 정보가 들어 있다. 이렇게 만들어진 트랜잭션은 인터넷을 통하여 세상의 모든 사람들에게 방송된다. 그러면 세상 사람들이 발생시키는 이런 트랜잭션들을 세상 사람이 모두 합의할 수 있는 현실적 방법은 무엇일까? 세상에서 인터넷을 사용하는 인구가 20억 명이라면 20억 명이 모두 모든 트랜잭션을 받아들이고 합의할 필요가 있을까? 20억 명이 모두 합의에 직접적으로 참여하는 것은 불가능하다. 그래서 현실적 대안으로 비트코인에서 제안한 방식이 작업 증명 방식의 합의 메카니즘이다. 이 합의에 직접 참가하는 실체를 채굴자 또는 채굴 노드라 부른다. 채굴노드는 누구든지 원하면 될 수 있지만 어느 정도 이상의 컴퓨팅성능을 갖춘 시설과 메모리 용량을 보유해야 하고, 그리고 컴퓨팅 시설을 인터넷에 항상 접속하고 있어야 한다. 이 채굴자들은 컴퓨팅 시설을 사용하여 합의에 참여하면 장려금을 받게 되는데 그것이 채굴 성공 보상금이다. 채굴 노드의 수가 많으면 많을 수록 더 탈중앙화 되어 있다고 보아도 좋다. 그러나 채굴 노드 수가 너무 많아지면 세상의 모든 트랜잭션들을 합의하는 데 많은 시간이 소요된다. 그래서 적당한 수의 채굴자를 조정할 필요가 있는데, 이것을 경쟁을 통하여 채굴 보상금을 주도록 하여 채굴 노드로서 투자 대 보상 차원에서 경제적 타산이 없을 경우 채굴자로서 실익이 없도록 하는 방법을 사용한다. 노드에는 두 가지 종류가 있다. 하나는 합의 과정에 직접 참여하는 노드로 이를 채굴 노드라고 한다. 채굴 노드는 합의한 모든 트랜잭션들의 기록을 보유할 필요는 없다. 오직 합의 과정에만 참여하면 된다. 또 다른 노드는 일반 노드라고 하는데, 일반 노드는 채굴 노드들이 합의한 모든 트랜잭션들 기록을 하나도 빠짐없이 보관하고 있어야 한다. 일반 사용자들은 전자 지갑을 사용하여 일반 노드에게 합의 기록을 질의하고 응답을 받아서 신뢰할 수 있는 트랜잭션을 확인할 수가 있다.

자 그럼 홍길동이 방송한 트랜잭션은 어떻게 처리될까? 네트워크로 방송된 트랜잭션을 모든 채굴 노드가 모으게 된다. 홍길동이 내보낸 트랜잭션이 어떤 채굴 노드에 도착하면, 이 채굴 노드는 도착한 트랜잭션의 유효성을 검증하기 시작한다. 검증은 홍길동이 트랜잭션의 '입력'에 포함시킨 전자서명을 확인하고, 또 '입력'에 포함된 홍길동의 공개키로부터 홍길동의 주소를 유도한 후에 노드가 보유하고 있는(여러 노드들 간에 동기를 유지하고 있는) UTXO 셋에 이 주소를 참조하여 사용하려고 하는 100 비트코인이 이중 결재가 되지 않았는지 조사한다. 노드가 이와 같은 처리를 할 수 있도록 '출력'에는 간단한 프로그램 코드가 있는데 이를 스크립트라고 하다. 그래서 비트코인에서 자금을 인출한다는 것은 이전 트랜잭션의 '출력'의 스크립트를 실행하는 것인데, 이것을 이전 트랜잭션 출력의 자금이 잠겨 있는 것을 푼다고(unlock) 표현한다. 즉, 이전 트랜잭션의 '출력' 스크립트를 성공적으로 실행시키기 위하여 현재 트랜잭션의 '입력' 정보가 일치해야 하는 것이다. 이렇게 도착하는 트랜잭션들을 일일이 검증한 후, 일정 기간 동안의 거래들을 묶어서 정렬된 트랜잭션들 뭉치로 만든다. 이것을 영어로 'ordered bunch of transactions' 라고 부르며, 'ordered' 되어 있다는 것은 어떻게 블록을 만드는지를 암시하는 단어 이기도 하다. 채굴노드는 검증에 통과하고 일정시간 수집된 트랜잭션들을 Merkle Tree 라는 형태로 정렬한다. 이부분은 블록이 완성되었을 때 블록 몸체를 형성한다. 이 Merkle Tree의 잎에 해당되는 것이 트랜잭션들이고, 역 나무 가지는 잎에 SHA-256 라는 해시 함수를 적용한 해시(값)이다. 이진 역 나무 가지의 최상단은 Merkle Root 라는 최종 해시이다. '블록 생성에 성공했다', '채굴에 성공했다', 또는 '문제를 풀었다'라고 다양하게 표현하는 이 말들은 블록 헤더가 포함하고 있는 중요한 값들을 해시 함수에 적용하여 목표로 하는 해시(값을) 얻었을 경우를 이야기한다. 생성하려고 하는 블록의 해시는 SHA-256(Merkle Root + 이전 블록 해시 + Nonce) 로 간단히 설명할 수 있다. 결국 채굴이라는 과정은 목표로 하는 아주 적은 블록 해시가 만들어질 때까지 Nonce를 변형시켜 가면서 해시 함수를 블록 헤더에 적용시켜 보는 야만적인 시행 착오의 과정이다. 모든 채굴노드들이 경쟁적으로 목표로 설정되어 있는 적은 블록 해시가 얻어질 때까지 컴퓨팅 자원을 소비하게 된다. 가장 먼저 목표치 블록 해시를 구한 채굴자가 채굴에 성공하게 되는 것이다. 비트코인에서 이 채굴 성공 주기를 10분 정도가 되도록 블록해시 목표 값의 난이도를 조정하고 있다

어떤 채굴 노드가 채굴에 성공한 후, 이 채굴 노드는 블록 헤더와 몸체로 이루어진 블록을 네트워크를 통하여 모든 일반 노드로 방송한다. 일반 노드는 채굴자가 새로 만들어 방송한 블록을 받으면, 이 블록이 유효한 것인지 검증을 하게 된다. 검증은 의외로 간단하다. 새로 생성한 블록의 블록 헤더부분을 SHA-256 함수에 적용시켜 보는 것이다. 즉 한번의 해시함수 적용으로 이 블록을 생성한 채굴 노드가 정상적으로 블록을 생성한 것인가를 확인할 수 있는 것이다. 확인을 끝낸 일반 노드는 현재 까지의 블록체인에 또 하나의 신규 블록을 확장한다. 이렇게 일반 노드들은 채굴 노드가 채굴성공한 새로운 블록을 빠르게 검증 후 받아들이기 때문에 전세계에 분산되어 있는 일반 노드들 간의 블록체인 동기가 항상 유지된다. 여기서 블록체인 네트워크란 무엇을 의미할까? 블록 체인 네트워크는 인터넷에 만들어진 전자 지갑을 갖는 사용자, 블록을 생성하는 채굴 노드 그리고 동기된 블록체인을 유지하는 일반 노드들 간의 가상의 네트워크를 의미한다. 이 네트워크는 방송(Broadcast) 방식의 통신을 사용하여 상호 작용한다. 예를 들어 사용자는 지갑을 이용하여 트랜잭션을 만들어

방송 방식으로 모든 채굴 노드가 이 트랜잭션을 받을 수 있도록 전송하며, 채굴 노드가 생성에 성공한 블록 또한 방송 형식으로 모든 일반 노드에게 뿌려지게 된다. 이처럼 방송 형식으로 네트워크가 사용되기 때문에 탈중앙화 시스템에서 특정의 어떤 실체가 트랜잭션이나 생성한 블록의 전송을 제지하거나 검열하는 나쁜 공격을 할 수가 없다. 반면에 51% 공격을 당할 가능성은 존재한다. 51% 공격을 이해하기 위해서는 블록체인에서 인접 블록 간을 연결하는 링크 개념을 이해해야 한다. 블록의 헤더에는 이전 블록의 블록 해시가 포함되어 있다. 이 블록의 블록 해시는 역시 다음 블록의 헤더에 포함된 것이다. 이렇게 가장 초기 블록(제네시스 블록)부터 가장 최근의 블록까지 블록 헤더안의 '이전 블록 해시' 필드로 이전 블록과 링크를 만들어 이어주고 있다. 앞에서 설명했듯이 이전 블록 해시가 다음 블록에 반영되어 블록 해시가 만들어지기 때문에, 만약 어떤 해커가 특정 블록의 몸통 부분에 포함된 어떤 트랜잭션의 내용을 수정한다면 수정된 트랜잭션은 그 블록부터 가장 최근의 블록까지 블록 해시 값을 틀리게 만들 것이다. 그러니 어떤 블록체인에 기록된 어떤 트랜잭션의 내용을 바꾸려고 시도한다면, 그 트랜잭션이 포함된 블록부터 가장 최근의 블록을 생성한 일련의 노드가 투자한 만큼의 컴퓨팅 파워를 투자해야 한다. 그러니 채굴 노드가 블록 하나를 성공적으로 생성하기 위하여 투자해야 하는 컴퓨팅 파워를 고려하면, 한번 온체인 처리된 트랜잭션을 변경하려는 시도는 거의 불가능 하다.

항상 새로 만들어지는 블록은 이전 블록에 링크된다고 하였다. 예를 들어 현재 n번째 블록이 블록체인의 끝(가장 최근)에 자리잡고 있다고 가정하자. 이어 착한 채굴 노드 A는(n+1) 번째 블록을 만들고, 역시 착한 채굴 노드 B도(n+2)번째 블록을 만들어(n+1)번째 블록에 링크 시켰다고 가정하자. 그러면(n+1) 번째 블록에 포함된 트랜잭션들과(n+2) 번째 블록에 포함된 트랜잭션들은 사용자 입장에서 성공적으로 처리 완료된 것으로 볼 수 있는가? 그렇지 않다. 예를 들어보자. 채굴자 C가 나쁜 마음을 먹고(n+1) 번째 블록과(n+2) 번째 블록에 포함된 트랜잭션들을 무효화 시킬 수가 있다. 강력한 컴퓨팅 파워를 가진 채굴 노드 C가 n번째 블록에 또 다른 가지를 치고(Fork 하여), 추가 블록을 하나, 둘, 셋 연속으로 만들어 이 새로운 가지에 링크시켰다고 가정해 보자. 블록 체인은 항상 가장 긴 작업 증명 체인(longest proof-of-chain)만 인정되기 때문에 원래 줄기의 (n+1),(n+2) 번째 블록에 포함된 거래들은 무효화되고 새로운 가지의 체인이 가장 긴 작업증명 체인이 주체인(Main Chain)으로 인정받을 수 있다. 이것을 51% 공격이라고 하는데, 전세계 채굴노드의 51% 이상이 나쁜 의도를 가지고 담합하면 발생할 가능성이 있는 공격이다. 그러나 비트코인의 가정은 전 세계 채굴 능력의 51% 이상이 정상적으로 작동하는 블록 체인을 공격하기 위해서 담합하는 일은 벌어지지 않을 것이란 기대에 바탕을 두고 있다.

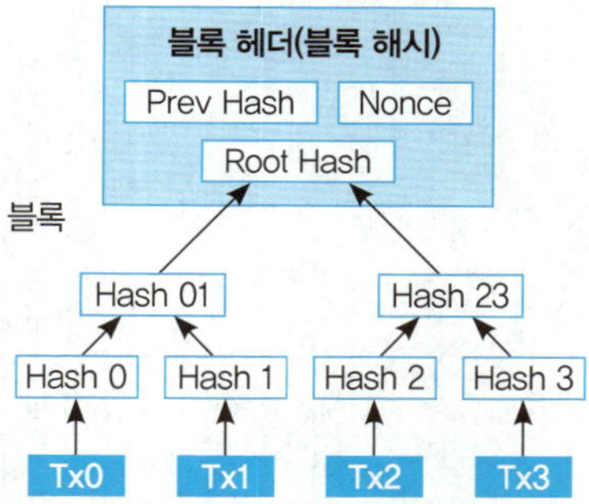

머클 트리(나무)

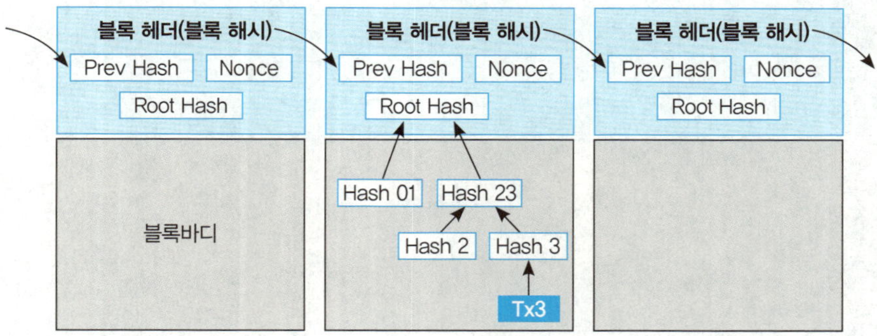

Tx3에 대한 머클 가지

3

비트코인 트랜잭션 구조

트랜잭션의 입력은 이전 트랜잭션 출력에 잠겨 있는 자금을 해제하기 위한 공개키 시스템의 개인키를 사용한 디지털 서명을 포함하고 있다. 어떤 트랜잭션을 네트워크로 보내기 전에 트랜잭션 입력에 각각 서명하여 참조하는 이전 트랜잭션 출력 주소를 제어한다는 것을 증명해야 한다. 이전 트랜잭션 출력을 정상적으로 제어할 수 있는 새로운 거래만 블록 체인에 실릴(온체인될) 자격이 있다.

비트코인 홀더(holder)는 비트코인을 홀더의 컴퓨터에 저장하지 않는다. 비트코인을 소유하고 있다는 것을 '가진다'고 하지 않고 실체가 없는 비트코인의 소유권을 가진다는 뜻으로 'hold'하고 있다고 표현한다. 비트코인은 블록체인이라는 분산 데이터베이스에 들어있는 항목이다. 중앙 집중식 디지털 통화와 달리 비트코인의 블록체인은 계정과 잔액을 저장하지 않고, 트랜잭션을 저장한다. 이 점이 후에 설명할 이더리움과 비트코인이 확연이 다른 모습이다. 트랜잭션이 블록체인에 저장되는 구조를 살펴보자.

트랜잭션은 1개 이상의 출력(TxOut) 부분과 1개 이상의 입력(TxIn) 부분으로 구성된다. 예를 들어 보자. 'A 주소에서 B주소로 1 비트코인을 보낸다'와 'B주소에서 C 주소로 1 비트코인을 보낸다'라는 두개의 연결된 트랜잭션을 같이 시간 선상에서 전과 후 개념으로 보아야 한다. 아무튼 비트코인 블록체인은 트랜잭션들을 기록한 데이터베이스다. 각 트랜잭션 출력(TxOut)에는 금액과 받는 사람 주소라는 두가지 데이터가 있다. 주소는 공개 키에서 파생된다. 따라서 개인 키의 소유자만 TxOut에 저장된 자금을 잠금 해제할 수 있다. 위의 예에서 'B주소에서 C 주소로 1 비트코인을 보낸다'라는 트랜잭션을 네트워크로 내보내려는 사용자는 B 주소(이전 트랜잭션의 TxOut)의 자금을 잠금 해제하기 때문에 사용자의 개인 키로 비트코인 C 주소로 자금을 보내는 거래에 서명해야 한다. 트랜잭션 입력(TxIn)에는 이전 트랜잭션 출력에 대한 참조와 참조하는 이전 TxOut의 자금을 사용할 수 있음을 증명하는 서명이 있다. 이 서명은 비트코인 주소의 공개 키와 연결된 개인 키로 수행해야 한다. 서명이 일치하지 않으면 트랜잭션이 유효하지 않은 것으로 간주되어 네트워크에서 삭제된다.

트랜잭션의 목적은 입력에서 출력으로 자금을 분배하는 것이다. 여기서 이동이라는 말을 사용하지 않고 분배라는 용어를 사용하는 이유는 참조하는 이전 트랜잭션의 출력도 여러 개가 있을 수 있고 이곳의 비트코인을 이동할 출력도 여러 개가 있을 수 있기 때문이다. 트랜잭션의 입력은 이전 트랜잭션의 출력을 참조(ref) 한다. 이때 이전 출력은 소비되지 않았어야 하며, 그렇지 않으면 현재의 트랜잭션은 유효하지 않다. 트랜잭션이 유효하려면 모든 입력 금액의 합계가 모든 출력 금액의 합계보다 크거나 같아야 한다. 입력과 출력의 차이 액수(있는 경우)는 거래 수수료이다. 거래 수수료는 블록에 거래를 포함하는 채굴자가 징수한다.

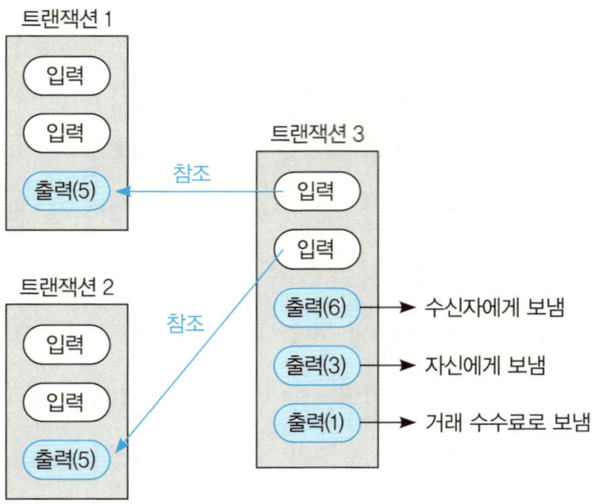

크랜잭션에서 입력과 출력

위 예에서 발신자는 수신자에게 6개의 밀리-비트코인을 보내려고 한다. 그러나 발신자는 정확히 6 밀리 비트 코인의 잔액을 가진 거래 출력을 마음대로 사용할 수 없다. 발신자는 각각 5 밀리 비트 코인의 균형을 가진 두 개의 출력만 제어한다. 따라서 발신자는 이 두 출력을 그룹화하는 트랜잭션을 생성하고 수신자에게 6 밀리 비트 코인을 보낸다. 발신자는 거래에 대한 거스름 돈을 받기 위해 자신이 통제하는 주소에 대한 출력을 포함한다(3밀리비트코인). 발신자는 채굴자에게 수수료로 1 밀리 비트 코인을 남긴다.

트랜잭션의 입력은 이전 트랜잭션 출력에 잠겨 있는 자금을 해제하기 위한 디지털 서명을 포함하고 있다. 네트워크로 보내기 전에 각 트랜잭션 입력에 서명하여 참조하는 주소를 제어한다는 것을 증명해야 한다. 트랜잭션 서명에는 다음 단계가 포함된다. 원본이 손상되지 않도록 트랜잭션 복사본이 만들어진다. 서명은 〈scriptSig〉의 일부이므로 서명할 트랜잭션에는 〈scriptSig〉가 포함되지 않으므로 〈scriptSig〉는 서명 후에 조립된다. 〈scriptSig〉 대신 참조하는 이전 트랜잭션 출력의 주소에 해당하는 공개키인 〈scriptPubKey〉가 복사된다. 그런 다음 전체 트랜잭션이 해시되고 이 해시는 사용 중인 이전 트랜잭션 출력의 비트코인 주소에 해당하는 개인 키로 서명된다.

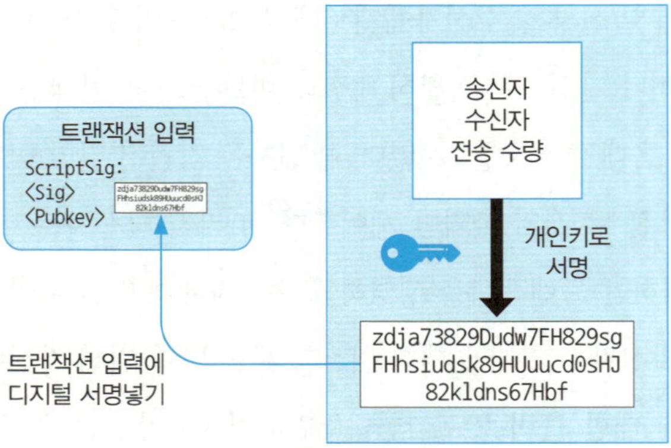

트랜잭션 입력의 디지털 서명

각 입력에 서명이 삽입된 트랜잭션은 네트워크로 전송된다. 트랜잭션을 수신하는 네트워크의 첫 번째 노드는 트랜잭션이 유효한 트랜잭션인지 확인한다. 트랜잭션이 올바르면 노드는 이를 네트워크의 다른 노드로 릴레이 한다. 트랜잭션이 유효한지 확인하기 위해 노드는 다음 단계를 수행한다. 트랜잭션에서 참조하는 이전 출력이 존재하고 사용되지 않았는지 확인한다. 노드는 사용되지 않은 트랜잭션 출력 캐시(UTXO 셀)를 참조하여 이 검사를 수행한다. 다음으로 입력 값의 합이 출력 값의 합보다 크거나 같은지 확인한다. 즉, 트랜잭션이 사용 가능한 입력보다 더 많이 소비하지 않는지 확인한다. 출력 가치의 합과 입력 가치의 합 사이의 차이는 채굴자에게 남은 수수료로 간주되며 코인베이스 트랜잭션에 포함된다. 각 입력에 대한 서명이 유효한지, 즉 각 입력이 참조하는 주소와 연결된 공개 키에 해당하는 개인 키로 서명되었는지 확인한다.

4

사용되지 않은 트랜잭션 출력(UTXO)과 UTXO 셀

Satoshi는 트랜잭션 출력을 더 효율적으로 작동시키기 위해서 입력이 참조하는 이전 출력은 조금도 남기지 않고 완전히 인출되도록 하는 프로토콜을 만들었다. 이 규칙에 따라서 분산된 노드 속 비트코인 소프트웨어는 사용되지 않은 트랜잭션 출력(UTXO)들을 리스트한 UTXO 셀을 추적하고 유지한다. UTXO셀은 사용되지 않은 트랜잭션 출력만 포함하는 데이터베이스이다.

비트코인이 지갑에도 없다면 비트코인 홀더가 소유하고 있는 비트코인은 구체적으로 어디에 있는가? 이 물음에 대한 답은 UTXO(Unused Transaction Output) 또는 UTXO 셀에 대한 이해를 필요로 한다. 블록체인은 입력(송신자 관련 정보 포함)과 출력(수신자 관련 정보 포함)으로 이루어진 트랜잭션을 처음부터 현재까지 블록 단위로 시간의 흐름에 기록해 놓은 것이다. 그런데 사토시 나카모토는 비트코인을 설계할 때, 한번 사용한 어떤 트랜잭션의 출력을 두 번 사용하지 못하게 프로토콜을 만들었다. 즉, 어떤 출력을 사용하려면 그 출력이 보유한 자금을 모두 가져와야 하고, 그 출력에 일부를 남겨 놓을 수는 없다. 그러면 여기서 블록체인에 기록된 트랜잭션 출력은 2 가지 종류가 있다. 하나는 이미 사용되어 의미 없는 트랜잭션 출력과 다른 하나는 아직 사용되지 않은 트랜잭션 출력이다. 이미 사용된 트랜잭션 출력을 포함하는 트랜잭션은 블록체인에 존재하지만 기록으로만 가치가 있고 자금의 흐름을 추적하는 목적으로 이용될 수 있을 뿐이다. UTXO는 블록체인의 트랜잭션 기록 가운데 아직 사용되지 않은 트랜잭션 출력을 의미하고 이런 UTXO를 모두 모아 놓은 집합을 UTXO셀이라고 한다.

모든 블록체인 노드는 블록체인의 전체 사본(블록체인), UTXO 셀 및 미확인 상태(블록체인 탑재를 기다리는) 트랜잭션 메모리 풀(UTMP)을 포함하는 네트워크 상태의 최신 스냅샷을 유지한다. 사용자가 트랜잭션을 만들어 네트워크로 보내면 블록체인 노드가 이 트랜잭션을 수신한다. 수신한 노드가 가장 먼저 하는 일은 이 트랜잭션의 입력이 참조하는 이전 출력이 존재하고 사용되지 않았는지 확인하는 일이다. 그렇다면 무엇을 근거로 확인할 수 있을까? 노드는 사용되지 않은 트랜잭션 출력(UTXO) 셀을 참조하여 이 검사를 수행한다.

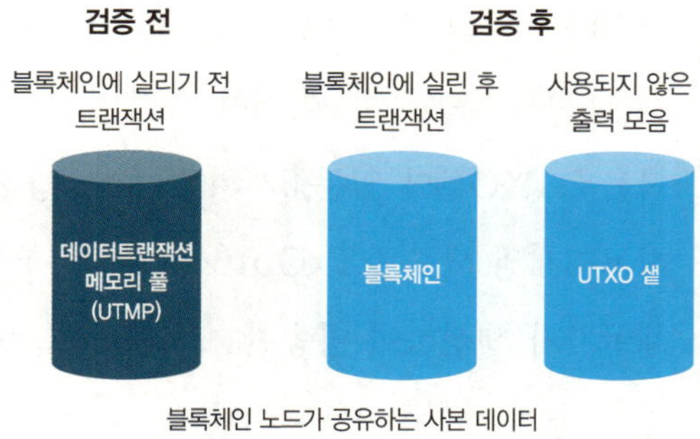

Satoshi는 트랜잭션 출력이 계산적으로 더 효율적으로 작동시키기 위해서 입력이 참조하는 이전 출력은 조금도 남기지 않고 완전히 소비되어야 한다고 강요했다. 이 규칙에 따라서 비트코인의 소프트웨어는 사용되지 않은 트랜잭션 출력(UTXO)들을 리스트한 UTXO 셀을 유지한다. UTXO셀은 사용되지 않은 트랜잭션 출력만 포함하는 데이터베이스이다. 모든 노드가 동일한 UTXO 셀을 보유하고 있기 때문에, UTXO는 새로운 트랜잭션이 유효한지 현지 지역에서 빠르게 확인하는 데 사용할 수 있으므로 매우 유용하다. 새 트랜잭션이 도착하면 해당 입력이 UTXO셀에서 조회된다. 도착한 트랜잭션의 모든 입력이 UTXO셀에서 발견되면 입력은 유효한 이전 출력에서 자금을 가져오기 때문에 트랜잭션은 계속 다음 절차로 정상 처리된다. UTXO셀에서 입력을 찾을 수 없는 경우 트랜잭션이 유효하지 않으며 삭제될 수 있다.

그림을 보며 어떻게 UTXO셀이 관리되는지를 살펴보자. 처음에는 네트워크에 4개의 사용되지 않은 트랜잭션 출력(0-1에서 0-4)이 있으며 UTXO셀은 이 4개의 TxOut(출력)을 보유한다. 다음 단계에서는 세 개의 트랜잭션을 포함하는 블록이 생성된다. 세 개의 트랜잭션은 4개의 TxOut을 사용하므로 이 4개는 UTXO셀에서 제거된다.

그러나 이 블록의 3 개의 트랜잭션은 또한 새로운 개의 출력(1-1에서 1-5)을 제공하며, 이러한 출력은 UTXO셀에 포함된다. 다음 블록은 UTXO셀에 있는 5개의 TxOut 중 3개(1-1, 1-2, 1-3)를 사용하고 3개의 새로운 TxOut(2-1, 2-2, 2-3) 등을 추가한다. 이처럼 채굴자가 생성하여 방송한 새로운 블록이 노드에 도착하면, 노드는 블록 속에 포함된 트랜잭션들을 조사하여 소비된 출력을 UTXO셀에서 제거하고 블록의 트랜잭션에 의해 생성된 새 출력을 UTXO셀에 추가한다. UTXO셀을 유지하는 이점은 전체 트랜잭션 데이터베이스(블록 체인)보다 훨씬 작다는 것이다. 이를 통해 노드는 UTXO 셀을 RAM에 유지할 수 있으므로 새 트랜잭션의 유효성을 확인하는 속도가 상당히 빨라진다. 비트 코인이 어디에 있는지에 대한 질문으로 돌아 가면 비트 코인은 블록 체인에서 사용되지 않은 트랜잭션 출력 모음인 UTXO 셀에 있다고 말할 수 있다.

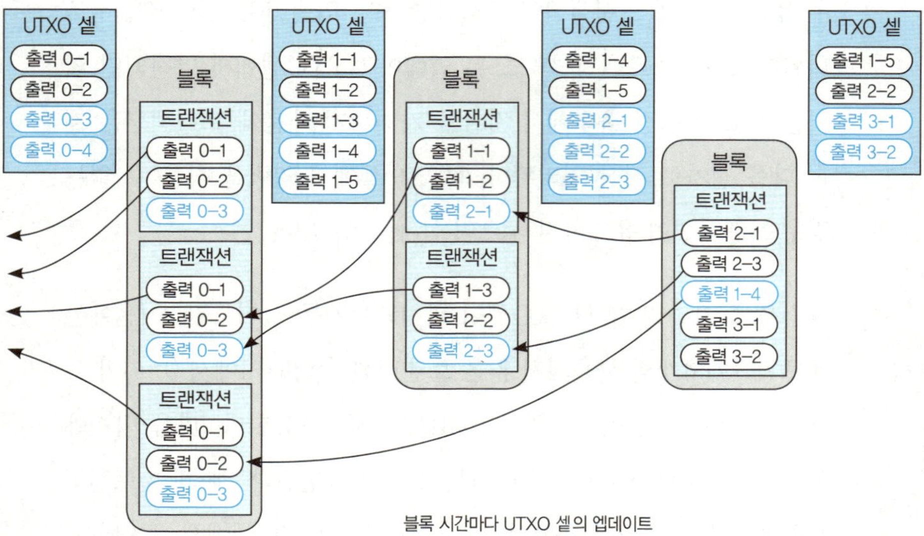

블록 시간마다 UTXO 셀의 엡데이트

5

비트코인 트랜잭션 스크립트

비트코인 노드에서는 트랜잭션의 유효성을 검사하기 위하여 스크립팅 시스템을 사용한다. 네트워크에 있는 모든 노드들이 트랜잭션을 받기 때문에 모든 노드들이 트랜잭션의 유효성을 검사하는 문지기 역할을 하는 셈이다. 스크립트는 스택 기반이며, 의도적으로 간단 명확하게 처리하며 루프가 없는 프로그래밍 언어이다.

비트코인은 누구나 허가 없이(Permissionless) 사용할 수 있는 시스템이다. 거래 처리를 요청하는 트랜잭션들의 유효성을 검사하여 블록체인에 실을 것인지를 먼저 판정하여야 한다. 비트코인 노드에서는 트랜잭션의 유효성을 검사하기 위하여 스크립팅 시스템을 사용한다. 스크립트는 스택 기반이며, 의도적으로 간단 명확하게 처리하며 루프가 없는 프로그래밍 언어이다. 스크립트는 본질적으로 전송되는 비트코인을 사용하려는 다음 사람이 비트코인에 액세스할 수 있는 방법을 설명하는 트랜잭션의 출력에 기록된 지침서라 볼 수 있다. 예를 들어, 비트코인 출력 주소 D로 이체된 비트코인을 아무나 인출하는 것을 막기 위하여 스크립트는 단순히 다음 두 가지 요소로 제동을 걸고 있다. 하나는 스크립트에 포함된 대상 주소 D를 생성한 공개 키〈pubKey〉이고, 다른 하나는 방금 제공된 공개 키에 해당하는 개인 키의 소유권을 증명하는 서명〈sig〉이다.

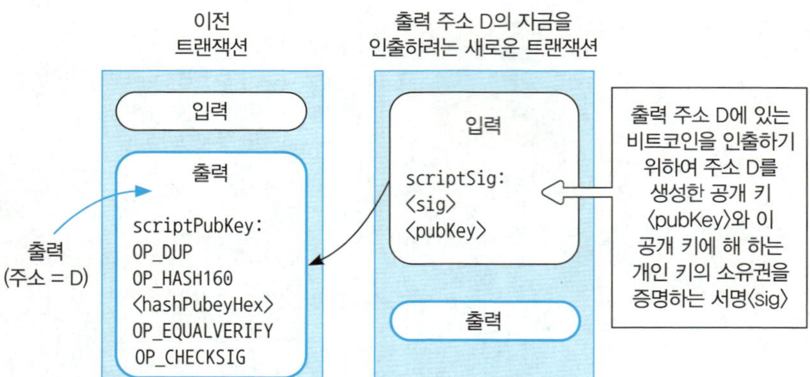

비트코인 스크립트

스크립트 엔진은 먼저 입력의 〈scriptSig〉 를 평가한다. 이 〈scriptSig〉 는 두 개의 데이터 조각을 스택에 배치한다. 스택이 LIFO(선입선출)이므로 〈scriptSig〉 가 스택에 처음 푸시하는 데이터는 스크립트 평가에서 가장 최근에 필요하다. 푸시할 첫 번째 요소는 공개 키〈pubKey〉에 해당하는 개인 키가 있는 새 트랜잭션(TxNew)의 해시 서명인 〈sig〉이다. 스택에 푸시되는 두 번째 요소는 공개 키 〈pubKey〉 자체이다. 〈pubkey〉는 비트코인 주소가 아니라 비트코인 주소가 파생되는 타원 곡선 공개 키이다.

스택에 〈sig〉와 〈pubkey〉가 배치되면 프로토콜은 이전 출력의 〈scriptPubKey〉 를 평가한다. OP_DUP는 이 경우 스택의 마지막 요소인 〈pubKey〉 를 복제하는 명령이다. 이 명령으로 스텍은 〈sig〉, 〈pubkey〉, 〈pubkey〉로 되었다. 다음은 EC 공개 키에서 비트코인 주소(pubKeyHash = Pk Hash)를 계산하는 명령인 OP_HASH160이다. 이 명령으로 스택은 〈sig〉, 〈pubkey〉, 〈pubkeyHash〉가 되었다. 이번엔 〈scriptPubKey〉의 다음 명령은 〈hashPubKeyHex〉를 스택에 배치한다. 이로서 스택은 〈sig〉, 〈pubkey〉, 〈pubkeyHash〉, 〈hashPubKeyHex〉가 되었다. hashPubKeyHex는 이전 출력 작성자가 자금을 보내기로 결정한 Bitcoin 주소이다. 〈scriptPubKey〉의 다음 명령은 OP_EQUALVERIFY이다. 이 명령은 스택의 마지막 두 요소, 즉 pubkeyHash와 hashPubKeyHex가 같은지 확인한다. 그렇지 않으면 트랜잭션이 유효하지 않은 것으로 태그가 지정된다. 이들이 같다는 것을 확인 후 두 요소는 스택에서 제거된다. 마지막 명령은 트랜잭션 서명이 올바른지 확인하라는 OP_CHECKSIG이다. 먼저 TxNew를 해시하고 <sig>가 이 해시에 대한 올바른 서명인지 확인한다. 서명이 올바르면 트랜잭션이 유효하고 스크립트 엔진이 true를 생성한다. 그렇지 않으면 스크립트 엔진이 false를 생성하고 트랜잭션이 거부된다.

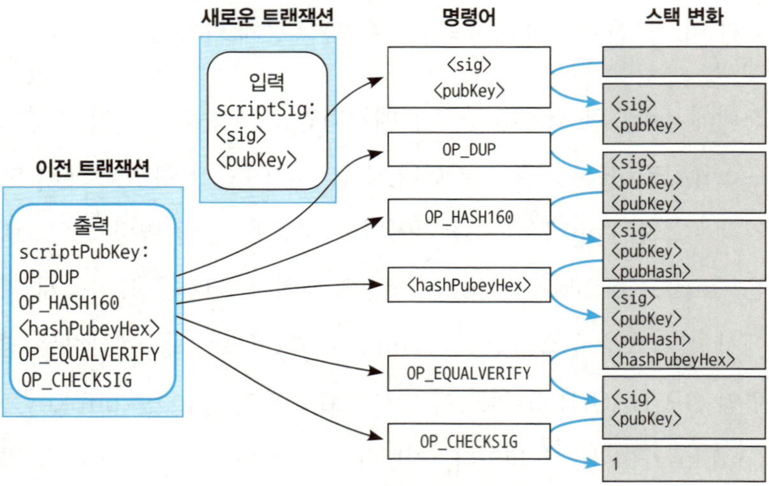

비트코인 스크립트

6

비트코인 작업증명 방식의 아이디어: LINKED TIME-STAMPS

비트코인 블록체인은 시간 도장을 찍은 거래 기록 묶음(블록)을 시간이 흐름에 따라 이어 붙이기를 해 나간다. 각 블록에는 새로운 트랜잭션 그룹과 체인의 이전 블록의 해시, 즉 링크가 포함되어 있다. 비트코인에서 새로운 블록에 대하여 목표 난이도를 만족하는 아주 작은 블록 해시를 찾는 과정(Partial Hash Inversion)은 계산 비용이 많이 든다. 반면에 블록 생성이 정상적으로 이루어졌음을 증명하는 일은 쉽다.

사업장에서 거래 장부를 보관하는 방법도 일정한 시간 간격으로 주기적으로 거래 기록을 장부로 만들어 시간 순서대로 장부를 보관하면 필요시 거래 기록을 찾아서 확인하기 좋다. 'Linked time-stamps'도 비슷한 개념인데, 시간에 따라 주기적으로 거래들을 집합으로 묶고, 연결하고 게시하는 방법을 사용한다. 확장성을 높이기 위해 TSA(중앙화인 경우 연결 기반 타임스탬프 인증 기관)는 주어진 시간 내에 도착하는 타임스탬프 요청을 함께 그룹화할 수 있다. 이러한 각 요청은 시간 순서를 유지하지 않고 함께 집계된 다음 하나의 집합에 대하여 동일한 시간 값(시간 도장)이 할당된다.

예를 들어보자. 24시간 간격으로 TSA의 게시판에 해시를 연속적으로 게시하여 사용자들이 어떤 날짜에 저장한 데이터가 정확한지 확인할 수 있는 시스템이 'linked time-stamps' 방식이다. 2월 20일에 게시할 해시는 두개의 입력으로 만들어진다. 하나는 2월 20일에 생성된 트랜잭션들에 대한 해시이고 또 하나는 2월 19일에 게시된 해시이다. 2월 20일 게시할 해시가 2월 19일에 게시된 해시에 연결되어 있으면 2월 19일에 기록한 트랜잭션들을 더욱 안전하게 보호할 수 있다. 2월 19일에 취급한 일부 트랜잭션을 변경하려는 공격자는 당연히 2월 19일에 게시된 해시에 대한 충돌과 함께, 2월 20일에 게시된 해시에 대한 충돌이라는 이중 충돌을 마주치게 될 것이다. 이렇게 2월 21일에 게시된 해시에도 충돌은 이어질 것이다. 따라서 해시 체인은 이전 해시의 보안을 기하 급수적으로 증가시킨다.

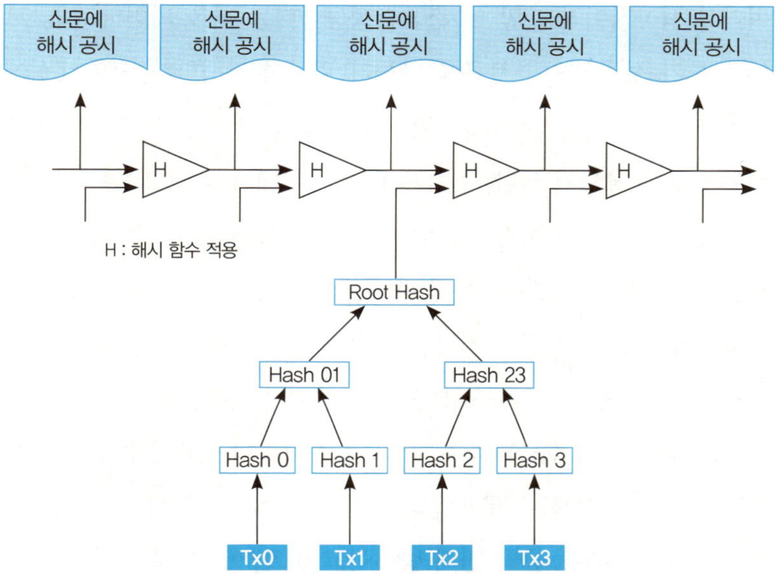

연결기반 시간 도장(Linked time-stamps) 인증 방식

시간적으로 구간을 나누어 해시를 게시하는 타임스탬프 권한은 블록체인에서도 같은 방식으로 작동할 수 있다. 그러나 TSA와 같은 중앙기관이 해시 게시를 담당하면 비용 부담이 있고, 시스템에 대한 중앙 신뢰 지점을 노출하여 DoS 공격에 무너질 수 있는 위험에 직면한다. 그래서 비트코인에서는 중앙기관 대신 탈 중앙화된 분산 노드들을 이용한다. 이 노드는 다음과 같이 처리한다. 첫째, 고객으로부터 타임 스탬프할 트랜잭션은 블록시간(블록과 인접블록 간의 시간 간격) 동안 수집된다. 수집 기간이 끝나면 Merkle 트리를 사용하여 트랜잭션들을 정렬하고 함께 해시된다. 결과 해시(머클 트리의 Root Hash)는 1 블록시간 이전의 최종 해시(PrevHash)와 함께 해싱되고 이렇게 성공적으로 생성된 최종 해시(block Hash)가 게시된다.

여기서 성공적이라는 말은 채굴에 성공했다는 것을 의미하는데, 모든 노드가 성공적으로 블록을 만들기 위하여 경쟁한다. 블록생성에 성공하기 위해서는 난이도가 있는 문제를 먼저 푸는 노드가 블록생성에 성공한 노드가 된다. 이렇게 문제 풀이에 성공한 노드는 성공한 블록을 모든 노드로 방송으로 알려준다. 이 블록을 수신한 노드는 문제풀이가 정말 성공했는지를 검증한다. 이 검증은 간단하다. 문제 풀이가 작업이고, 문제풀이 결과를 검증하는 일이 증명이다. 그래서 이 과정을 작업 증명(Proof-of-Work)라고 부른다. 또 작업에는 많은 컴퓨팅 자원이 소모되는 데 그 이유는 작업이 여려울수록(블록 생성 난이도가 클수록) 블록체인의 보안성이 증가하기 때문이다. 앞에서 예를 든 TSA는 중앙 신뢰 방식이고 비트코인은 분산 신뢰 기반이다. 비트코인 작업 증명은 분산 신뢰를 달성하기 위한 결정적 해결책이다.

좀 더 전문적으로 표현하면, 비트코인은 연결된 타임스탬프와 해시캐시 스타일의 작업 증명에 대한 아이디어를 결합하여 분산 데이터베이스를 보호하는 방법을 사용한다. 이것은 비트 코인이 도입한 주요 혁신이다. 블록 체인은 블록 단위로 계속 성장하는 체인이다. 각 블록에는 새로운 트랜잭션 그룹과 체인의 이전 블록에 대한 링크가 포함되어 있다. 네트워크의 새로운 트랜잭션은 블록 체인에 추가될 블록으로 수집된다. 오래된 트랜잭션은 여전히 블록 체인에 있다: 오래된 블록은 블록 체인에서 제거되지 않으므로 블록 체인의 길이는 계속 증가한다. 비트코인에서 작업 증명이 완료되었음을 검증하는 프로토콜(Solution-Verification Protocol)은 매우 간단하다. 목표 난이도를 만족하는 아주 작은 블록 해시를 찾는 과정, 즉 채굴자가 경쟁적으로 수행하는 Partial Hash Inversion을 해결하는 작업은 계산 비용이 많이 든다. 솔루션을 찾으려면 많은 nonces를 대상으로 시도해 보아야 하기 때문이다. 그러나 작업이 완료되었는지(솔루션을 찾았는지) 확인하는 것은 해시 함수를 한번만 돌려보면 된다. 이처럼 비트코인에서 작업을 증명하는 계산은 매우 저렴하다. 해시 평가는 딱 한번의 해시 함수 적용이면 완료된다. 해시 문제 솔루션을 찾는 작업은 채굴 노드의 몫이고, 올바른 솔루션을 찾은 채굴 노드는 새 블록을 동시에 전체 네트워크에 브로드캐스트하여 PoW 프로토콜에서 제공하는 암호화폐 상금(보상)을 받는다. 어려운 문제 풀이에 참여토록 하는 인센티브이다. 반면에 작업이 정상적으로 이루어졌음을 증명하고 모든 블록에 대해 게시하는 블록 해시를 보유하고 있는 노드가 비트코인 일반 노드들이다. 일반 노드가 새 블록을 받으면 해당 솔루션의 정확성을 쉽게 확인할 수 있다.

정리하면 비트코인 블록체인은 다음 3가지 단계 또는 기술을 자연스럽게 결합해 놓은 시스템이라고 볼 수 있다. 1) 시간 도장을 찍은 거래 기록 묶음(블록)을 시간이 흐름에 따라 이어 붙이기를 해 나간다. 2) 암호학을 사용하여 블록을 안전하게 생성하는데, 변조 방지를 위하여 해시 함수가 이용되고 사용 권한이 있는 소유자임을 입증하기 위해 디지털 서명이 이용된다. 또 탈중앙화된 상태에서 누구나 블록에 대하여 동의하도록 하는 합의 메커니즘이 작동한다. 3) 합의 메커니즘은 합의 프로토콜로 구현되는데 합의 프로토콜은 매우 높은 컴퓨팅 파워를 요구한다. 이는 탈중앙화 시스템이 '신뢰'를 보장하기 위해서 치루는 비용이라 볼 수 있으며, '비잔틴 장군의 문제'로 해결한다.

7

비트코인의 포크

포크는 두 명의 채굴자가 거의 동시에 새 블록을 생성하여 네트워크로 방송할 경우에 발생한다. 이때 일부 채굴자는 포크의 한 분기가 합법적인 블록체인이라고 믿고, 다른 채굴자는 다른 분기를 따를 때 발생한다. 분기가 발생하면 가지 하나는 고아 블록으로 폐기되어야 하는데, 비트코인에서는 탈중앙화 철학에 따라 중앙 당사자나 그룹이 올바른 분기를 결정하는 일을 하지 않는다. 비트코인 프로토콜은 가장 긴 가지의 블록체인이 승자가 되도록 하여 포크를 해결한다.

설령 의도하지 않아도 포크는 두 명의 채굴자가 거의 동시에 새 블록을 생성하여 네트워크로 방송할 경우에 발생한다. 그 이유는 블록 시간 단위로 전세계에 분산되어 있는 채굴자들은 경쟁적으로 채굴 난이도를 만족하는 블록을 생성하여 보상금을 받기 위하여 경쟁하기 때문이다. 동일한 블록 시간 동안 두 블록 모두 불록 생성 목표 난이도를 만족하게 생성된 경우, 그 중 하나만 메인 블록체인의 일부가 될 수 있다. 폐기된 블록을 고아 블록이라고 한다. 결국 포크는 메인 체인의 마지막 블록에서 가지치기가 일어난 현상인데 체인의 어느 가지가 유효한 가지인지를 결정하는 어떤 당사자도 존재하지 않는다. 포크는 여러 블록 동안 지속될 수도 있다. 이해를 쉽게 하기 위하여 네트워크에 분할이 있는 경우를 가정할 수 있다. 일부 채굴자는 포크의 한 분기가 합법적인 블록체인이라고 믿고, 다른 채굴자는 다른 분기를 따를 때 발생한다. 분할된 네트워크가 정상으로 돌아오면 프로토콜은 가장 긴 블록체인이 올바른 블록체인이라고 결정한다. 따라서 일부 채굴자는 고아가 될 것이 분명 해지는 지점에서 즉시 이 분기에 이어지는 블록 생성 작업을 중단해야 한다. 보통 포크는 일반적으로 단 1블록으로 빠르게 해결된다. 평균 포크 수는 약 2%로, 평균적으로 50블록마다 블록체인에 포크가 한번씩 있다. 하나 이상의 블록의 포크는 매우 드물다.

고아 포크 블록에 포함된 트랜잭션은 손실되지 않는다. 포크가 해결되고 블록체인의 가지 하나가 폐기되면 해당 가지의 블록에 포함된 트랜잭션들은 확인되지 않은 트랜잭션의 메모리 풀(UTMP)에 다시 반입되어 다음 채굴될 블록에 포함될 준비가 된다. 이러한 트랜잭션 중 일부는 인정받은 합법적인 가지의 블록에 이미 포함되었을 수도 있다. 이 경우 이러한 트랜잭션은 삭제되고 확인되지 않은 트랜잭션의 메모리 풀에서 제외된다.

비트코인의 탈중앙화 철학에 따라 중앙 당사자나 그룹이 올바른 분기를 결정하는 일을 하지 않는다. 비트코인 프로토콜은 가장 긴 블록체인이 승자가 되도록 하여 포크를 해결한다. 블록체인 길이는 체인에 있는 모든 블록의 난이도의 총 합으로 측정된다. 만약 블록체인 난이도로 승자를 결정하지 않고 가지의 블록 수로 측정하면 공격자는 합법적인 블록체인보다 난이도가 낮은 많은 "유효한" 블록을 생성하여 부정 행위로 블록체인 경쟁에서 승리할 수 있기 때문이다. 비트코인은 블록 생성 난이도의 합으로 포크를 해결하기 때문에 공격자는 이러한 공격을 수행하기 위해 상당한 비율의 네트워크 해시 비율을 사용해야만 한다.

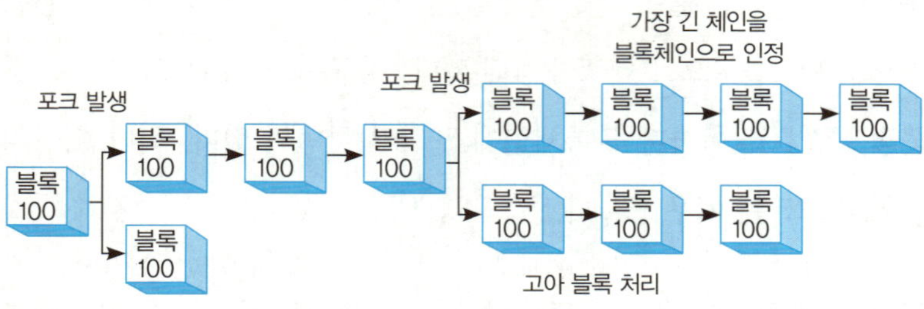

블록체인 포크

8

비트코인의 BTC 통화 발행

부분 해시 반전 문제를 해결할 때마다, 즉 채굴에 성공할 때마다 새로 발행된 비트코인은 이 채굴자에게 보상으로 주어진다. 비트코인은 2100만개 까지만 발행할 수 있도록 설계되었으며, 인플레이션에 대비하기 위해 채굴 과정에 반감기라는 개념이 도입되었다. 2022년 1월 23일 기준, 1회 채굴 보상금은 6.25BTC이다.

목표 난이도를 갖는 블록 해시를 찾아내는 일을 부분 해시 반전(partial hash inversion) 문제를 해결하는 일이라고 한다. 채굴자들은 부분 해시 반전 문제를 해결하려고 계산 능력을 투자하여 경쟁한다. 채굴에 성공하기 위해 계산 능력을 제공하는 개인 또는 기관으로서 채굴자의 도움은 블록체인을 보호하는 데 너무나 중요하다. 이런 이유로 프로토콜은 새로 발행된 비트코인으로 채굴에 성공한 채굴자에게 보상한다. 이것이 유일한 비트코인의 통화 발행 메카니즘이다. 비트코인 맥시멀리스트 들이 비트코인 만이 유일한 가치가 있는 암호화폐라고 주장하는 근거가 바로 비트코인의 발행은 부분 해시 반전 문제를 푼 채굴자에게 주는 보상금으로만 발행된다는 점이다. 발행 과정에 어느 누구도 개입할 수 없고 이미 확정된 규칙에 따라 정해진 만큼만 발행 된다는 것이다.

블록 보상은 채굴자가 부분 해시 반전 문제를 해결할 때마다 지급되는 보상이다. 발행된 새로운 비트코인이 블록체인을 보호하기 위해 계산 능력을 제공하는 채굴자에게 할당되는 것이다. 모든 블록에는 코인베이스라는 특별한 트랜잭션이 포함된다. 코인베이스는 블록이 포함하는 첫 번째 거래이다. 코인베이스는 트랜잭션 입력(TxIn)이 하나만 있으며 이전 트랜잭션 출력(TxOut)에 연결되지 않는다. 반면에 코인베이스는 많은 출력을 가질 수 있다. 이러한 출력의 값의 합은 블록의 채굴 보상에 추가하여 블록에 수집된 거래에 의해 부여된 모든 수수료의 합계를 더한 값과 같다.

여기서 재미있는 일이 벌어진다. 블록에는 일반적으로 코인베이스

외에도 많은 트랜잭션이 포함되는 것이 상식적이다. 그러나 코인베이스를 제외한 트랜잭션을 포함하지 않고 유효한 블록을 만들 수 있다. 실제로 이러한 유형의 블록은 비트코인 네트워크 초기에 거래가 거의 방송되지 않았을 때 매우 일반적이었다. 이러한 "텅빈" 블록도 블록체인을 보호하고 채굴자에게 블록 보상을 수여하는 데 도움이 된다. 채굴자는 채굴한 블록에 포함할 거래를 선택할 수 있으며 일반적으로 지불하는 수수료에 따라 포함하기로 결정한다. 거래 수수료 수입이 없어도 부분 해시 반전 문제를 해결하는 채굴자는 코인베이스를 사용하여 블록 보상을 자신에게 지불한다.

네트워크의 모든 채굴자는 블록을 채굴하기 위해 경쟁한다. 채굴자의 해시 비율은 해시함수 적용 수/초로 측정되는 계산 능력이다. 네트워크 해시율은 네트워크에 있는 모든 채굴자의 총 해시율이며 2022년 10월 기준 비트코인 네트워크 해시율이 초당 321.15 엑사해시(EH/s)에 도달했다. 블록 채굴은 복권 당첨과 비교할 수 있으며, 단일 채굴자의 기회는 네트워크 해시 비율의 점유율에 비례한다.

비트코인은 2100만개 까지만 발행할 수 있도록 설계되었으며, 인플레이션에 대비하기 위해 채굴 과정에 반감기라는 개념이 도입되었다. 블록 보상은 처음에 블록당 50비트코인으로 설정되었다. 210,000 블록마다 또는 대략 4 년마다 블록 보상이 절반으로 줄어든다. 비트코인 통화 생성 알고리즘의 논리는 커뮤니티에서 불변의 것으로 간주된다. 2022년 1월 23일 기준, 비트코인 상황을 보면, 반감기는 3년이고, 1회 채굴 보상금은 6.25BTC이며, 총 채굴량은

18,937,775BTC이고 남은 채굴량은 2,062,225BTC 정도다. 역사적으로 채굴자 보상의 약 99%는 블록 보상에서 나왔고 보상의 1%만이 거래 수수료에서 나왔다.

반감기 차수	반감된(될) 날짜	블록체인 높이	채굴 보상금 (BTC)
0	n/a	0	50
1	2012년 11월 28일	210,000	25
2	2016년 9월 7일	420,000	12.5
3	2020년 5월 12일	630,000	6.25
4	2024년	840,000	3.125
5	2028년	1,050,000	1.5625
6	2032년	1,260,000	0.78125

비트코인 채굴 성공 노드에게 주어지는 보상금의 변화

9

비트코인 지갑(WALLETS)

비트코인 지갑은 비트코인 홀더의 블록체인 내부 자금을 접근하여 거래에 사용할 수 있게 해주는 단순히 개인 키의 모음이다. 지갑 소프트웨어는 관리하는 개인키와 연관된 주소로부터 자금을 인출하는 트랜잭션 생성을 가능하게 하고 필요한 개인키를 생성하는 일을 할 수 있게 해주는 소프트웨어이다. 따라서 지갑을 정기적으로 백업하고 여러 백업 복사본을 다른 안전한 위치에 보관하는 것이 매우 중요하다.

비트코인은 분산 원장인 블록체인에 장부 정리되어 있는 항목이다. 이 원장에는 각 주소에 사용할 수 있는 금액이 들어 있다. 주소와 연결된 개인 키는 해당 주소에서 자금을 사용하는 거래에 서명하는 데 사용해야 한다. 비트코인 지갑은 비트코인 홀더의 블록체인 내부 자금을 접근하여 거래에 사용할 수 있게 해주는 단순히 개인 키의 모음이다.

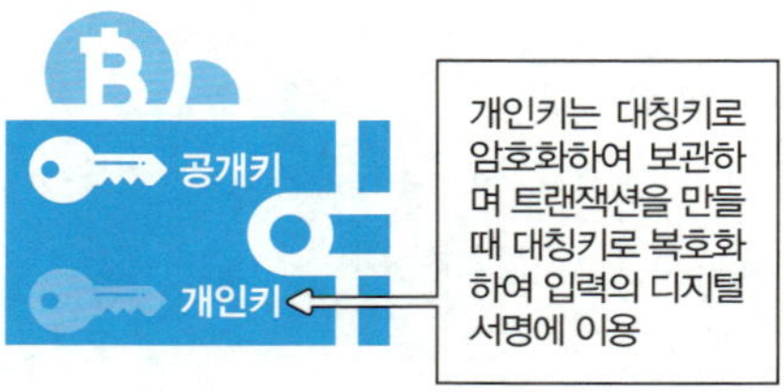

비트코인 지갑

지갑 소프트웨어는 지갑이 통제하는 주소에서 자금을 지출하고 지갑을 관리할 수 있는 소프트웨어이다. 지갑 소프트웨어가 수행하는 작업에는 일반적으로 다음이 포함된다.

- 블록 체인에게 질의(Query)를 보내고 응답(Reply)을 받아 사용자에게 사용 가능한 총 자금을 제시하게 한다.
- 새 주소를 생성하여 새 자금을 받거나 지갑 소프트웨어가 수행한 거래에서 반환되는 거스름돈을 수신한다.
- 주소, 거래 등을 나타내는 QR 코드 생성 또는 읽기 등 사용자와 인터페이스한다.
- 사용자가 선택한 주소로 자금을 보낼 수 있도록 허용한다. 이를 위해 지갑은 1) 통제 범위 안에 있는 충분한 자금이 있는 주소를 수집하고, 2) 확

인된 주소에서 자금을 인출하는 이전 트랜잭션 출력을 모으고, 3) 새 주소를 만들거나 기존 주소를 선택하여 자금을 보내기 위한 지금 트랜잭션 출력을 만들고, 4) 모든 개인 키로 트랜잭션에 서명하고, 5) 트랜잭션을 블록 체인에 게시해야 한다.

- 거래가 완성되었는지 확인 상태를 추적한다.

새로운 개인 키는 지갑 소프트웨어에 의해 생성된다. 따라서 지갑을 정기적으로 백업하고 여러 백업 복사본을 다른 안전한 위치에 보관하는 것이 매우 중요하다. 승인되지 않은 사용자가 지갑의 자금에 액세스하는 것을 방지하기 위해 장치에 저장된 개인 키는 일반적으로 암호화되어 보관한다. 지갑의 개인 키를 암호화하기 위하여 대칭 키 암호화가 사용된다.

지갑의 사용 예를 보기 위하여 지불 프로토콜인 BIP 70에 명시된 비트코인으로 지불하려는 고객과 판매자 간의 통신 프로토콜을 살펴보자. 결제 프로토콜 이전에는 고객이 판매자에게 비트코인으로 지불할 때 판매자의 비트코인 주소를 복사하여 지갑에 붙여 넣어야 했다. 클라이언트는 금액을 선택하고 지갑이 지불을 보내도록 한 것이다. 이 절차는 메시지 가로채기(man-in-the-middle) 공격에 취약하다. 네트워크 연결을 제어하는 공격자는 판매자의 비트코인 주소를 자신의 주소로 바꿀 수 있다. 결제 프로토콜은 판매자 이름, 지불 금액 및 판매자의 추가 메시지가 포함된 메시지로 비트코인 주소를 확장한다. 전체 메시지는 판매자가 X.509 인증서의 개인 키로 서명한다.

X.509는 인터넷에서 PKI(공개 키 인프라)에 가장 널리 사용되는 표준 중 하나이다.

- 지불 요청 메시지에는 Addr-M(판매자 주소), 판매자 이름, 지불 금액, X.509 인증서가 포함되어 있다. 지불 요청 메시지는 판매자가 X.509 공개 키 인증서에 해당하는 개인 키로 서명한다(1).
- 지갑은 메시지가 결제 요청에 포함된 X.509 인증서로 올바르게 서명되었는지, X.509 인증서가 유효한 인증 기관에 의해 서명되었는지 확인한다. 그런 다음 사용자에게 판매자의 이름과 요청된 금액을 표시한다(2).
- 지갑은 Addr-C(고객 주소)에서 자금을 인출할 수 있도록 하는 서명과, 출력에 Add-M과 보낼 자금을 명시하고, 판매자에게 보내는 메시지와 반환 비트코인 주소 등을 함께 포장하여 payment 메시지를 만들어 판매자에게 보낸다(3).
- 판매자는 payment 메시지를 수신하고 서명된 트랜잭션을 추출하여 네트워크에 게시한다. 사실상 이 부분만 온체인 처리하는 부분이다(4).
- 게시한 트랜잭션 온체인 처리가 완료되면, 판매자는 서명된 지불 영수증을 고객에게 반환한다. 이어서 고객은 지불에 대한 즉각적인 확인을 받는다(5).

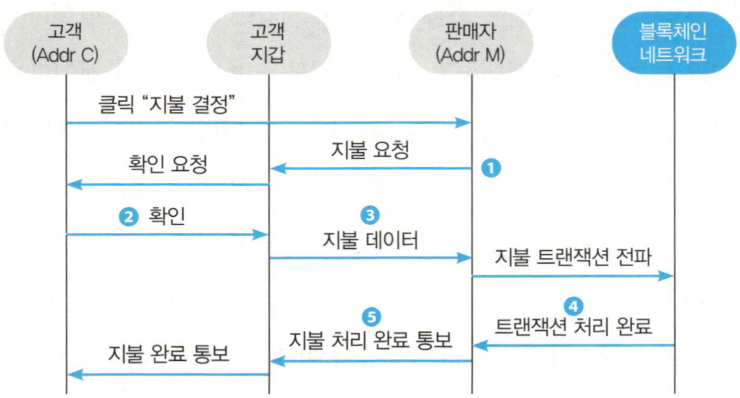

지갑을 사용하는 지불 프로토콜

10

비트코인을 상태 전환 시스템으로 해석

비트코인의 “상태”는 입금되었지만 아직 소비(출금)되지 않은 모든 코인(기술적으로 “사용되지 않은 거래 출력(unspent transaction outputs)” 또는 UTXO)의 모음이다. 기본적으로 n번째 블록이 생성되는 시점에, 이 블록에 포함된 모든 트랜잭션들이 고려되어 n-1번째 상태에서 새로운 n 번째 상태로의 유효한 상태 전환이 한꺼번에 이루어진다. 즉, 상태 전환 시행이 신규 블록 합의와 동시에 이루어지는 방식이 비트코인 상태전환 시스템의 특징이다.

사실 비트코인에서는 상태라는 용어를 사용하지 않았다. 그런데 이더리움이 개발되기 시작하면서 '상태'라는 용어를 사용하기 시작했다. 스마트 계약(프로그램 코드)을 하나의 계정으로 보는 이더리움에서는 상태 전환 시스템으로 이더리움의 운영 원리를 더 논리적으로 설명할 수 있다. 다만 UTXO 모델을 사용하는 비트코인을 상태 전환 시스템으로 해석하는 것은 비트코인을 좀더 논리적으로 이해하려는 의도라고 보면 좋겠다.

기술적인 관점에서 비트코인과 같은 암호화폐의 원장은 기존의 모든 비트코인의 소유권 상태로 구성된 "상태"와 트랜잭션을 취하여 그 결과인 새로운 상태를 출력하는 "상태 전환 기능"이 있는 상태 전환 시스템으로 생각할 수 있다. 예를 들어, 표준 은행 시스템에서 상태(S)는 대차 대조표이고, 트랜잭션은 A에서 B로 $X를 이동하라는 요청(TX)이며, 상태 전환 기능(APPLY 함수)은 A의 계좌 가치를 $X 줄이고 B 계좌의 가치를 $X 증가시키는 일이다. A의 계정에 $X 미만이 보관되어 있는 경우 상태 전환 함수는 오류를 반환한다. 이는 공식적으로 다음과 같이 정의할 수 있다.

```
APPLY(S,TX) -> S' or ERROR
```

위에 정의된 상태전환은 구체적으로 아래와 같이 표현할 수 있다.

```
APPLY(S={ Alice: $50, Bob: $50 }, TX="send $20 from Alice
to Bob") -> S'={Alice: $30, Bob: $70 }
```

또는

```
APPLY(S={ Alice: $50, Bob: $50 }, TX="send $70 from Alice
to Bob") -> ERROR
```

비트코인에서는 입금되었지만 아직 소비(출금)되지 않은 모든 코인(기술적으로 "사용되지 않은 거래 출력(unspent transaction outputs)" 또는 UTXO의 모음)을 "상태"로 간주할 수 있다. 각 UTXO에는 보유 액면가와 소유자 계정번호(본질적으로 암호화 공개 키인 20바이트 소유자의 주소로 정의됨)가 있다. 트랜잭션(거래)에는 하나 이상의 '입력'이 포함되며, 각 입력에는 기존의 아직 사용되지 않은 출력(UTXO)에 대한 참조 및 소유자의 주소(공개키)와 짝을 이루는 개인키에 의해 생성된 암호화 전자서명이 포함되고, 각 '출력'을 이루는 부분에는 상태에 추가될 예정인 하나 이상의 새 UTXO가 포함된다.

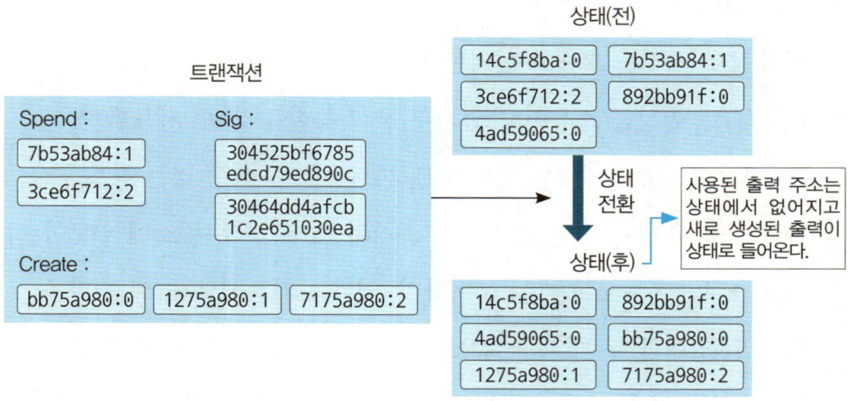

비트코인 : 상태전환 시스템

좀더 구체적으로 상태전환 과정을 설명하면, 상태전환 함수 APPLY (S, TX) -> S'는 아래처럼 표현된다:

- TX의 각 '입력'에 대해 다음을 수행한다.
- 참조된 UTXO가 S에 없으면 오류를 반환한다(거래 발신자가 존재하지 않는 코인을 사용하거나 이중결재하는 것을 방지).
- 제공된 서명이 UTXO의 소유자와 일치하지 않으면 오류를 반환한다(거래 발신자가 다른 사람의 코인을 사용하는 것을 방지).
- 모든 기존 입력 UTXO의 액면가의 합이 모든 예정된 출력 UTXO의 액면가의 합보다 작으면 오류를 반환한다(잔고 부족 처리).
- 모든 기존 입력 UTXO를 제거하고 모든 출력 UTXO를 추가한 상태에서 S를 반환(변경) 한다(입력의 가치는 출력으로 완전히 이동되어 출력에서 가치를 보존하도록 시행).

이를 결제에 사용하기 위한 프로토콜은 다음과 같다. 앨리스가 밥에게 11.7 BTC를 보내고 싶어한다고 가정해 보자. 먼저 Alice는 총 11.7 BTC 이상을 소유하고 있는 사용 가능한 UTXO 세트를 찾는다. 현실적으로 앨리스는 정확히 11.7 BTC를 얻을 수 없는 경우, 그녀가 얻을 수 있는 가장 작은 것이 3 개의 Alice 소유 주소에서 모아서, 6 + 4 + 2 = 12BTC를 준비할 수 있다고 가정해보자. 그런 다음 세 개의 입력과 두 개의 출력으로 트랜잭션을 만든다. 첫 번째 출력은 Bob의 주소를 소유자로 하는 11.7 BTC이고 두 번째 출력은 나머지 0.3 BTC "거스름돈"이며 소유자는 Alice 자신이다.

은행과 같은 신뢰할 수 있는 중앙 집중식 서비스에 접근할 수 있다면 앞에서 예를 든 앨리스가 밥에게 송금하는 거래 시스템을 구현하기가 아주 쉬울 것이다. 상태를 추적하기 위해 중앙 집중식 서버의 하드 드라이브를 사용하여 설명된 대로 정확하게 코딩할 수 있다. 그러나 비트코인을 사용하면 탈중앙화 통화 시스템을 구축하려고 노력하고 있으므로(중앙 서버가 없으므로) 모든 사람이 적법한 거래라고 동의하도록 상태 전환 시스템(state transaction system)과 합의 시스템(consensus system)을 결합해야 한다. 비트코인의 탈중앙화 합의 프로세스는 네트워크의 노드가 "블록"이라고 하는 트랜잭션 패키지를 블록시간마다 지속적으로 생성하려고 시도하도록 요구한다. 네트워크는 10분마다 대략 하나의 블록을 생성하도록 되어 있으며, 각 블록에는 타임스탬프(시간도장), nonce, 이전 블록에 대한 참조 해시(즉, 이전 전체 블록 해시 값) 및 이전 블록 이후에 발생한 모든 트랜잭션 목록이 포함된다. 시간이 지남에 따라 이것은 비트코인 원장의 최신 상태를 나타내기 위해 지속적으로 업데이트되는 지속적이고 계속 성장하는 "블록체인"을 생성한다.

탈중앙화된 노드 입장에서는 채굴 노드가 생성한 블록에 대하여 합의(consensus)를 해야 한다. 즉,일단 생성된 블록은 쉽게 이 블록이 유효한지 확인할 수 있어야 하는 데 그 알고리즘은 다음과 같다.

- 새로운 블록이 링크한 이전 블록이 존재하고 유효한지 확인한다.
- 블록의 타임스탬프가 이전 block의 타임스탬프보다 크고 향후 2시간 미

만인지 확인한다.

- 블록에 대한 작업 증명이 유효한지 블록 해시 값을 확인한다.
- S[1]을 블록체인의 시작(Genesis) 상태라고 하자. TX[i]는 i번째 블록에 기록될 트랜잭션 목록이라고 가정하면, 1, 2, 3, ..., n−1, n의 모든 i에 대해 S[i+1] = APPLY(S[i],TX[i+1])를 설정하여 상태 전환이 이루어진다.

기본적으로 블록에 포함된 모든 트랜잭션들은 블록의 합의가 이루어지는 시기에 실행되기 전의 표준 상태(S[i−1])에서 새로운 상태(S[i])로의 유효한 상태 전환을 한꺼번에 제공한다. 그런데 이더리움에서는 개별 트랜잭션 별로 상태 전환이 시행되고, 이 개별적인 상태 전환은 블록시간 마다 합의에 의해 한꺼번에 정상적인 상태전환임을 합의가 이루어진다. 상태 전환 시행이 합의와 동시에 이루어지는 방식이 비트코인이고, 상태전환 시행이 개별로 일어나고 합의가 나중에 배치(batch)로 일어나는 방식이 이더리움이다.

비트코인에서 S[i]란 i번째 블록의 합의가 일어나는 시기에 한꺼번에 만들어진 표준 상태를 나타낸다. TX[i] 목록은 i번째 블록 내에 존재하지만, 상태 S[i]는 i번째 블록에 존재하는 것이 아니고 여러 블록에 흩어져서 존재한다. 즉, UTXO 셋을 구성하는 UTXO들은 여러 블록에 흩어져서 존재한다. 그래서 비트코인의 상태는 검증하는 일반 노드(채굴 노드가 아님)가 여러 블록들에 포함된 트랜잭션들의 아직 사용되지 않은 출력을 추적해 나가는 순전히 추상화 같은 정보인데, 제네시스 상태에서 시작하여 모든 블록의 모든 트랜잭션을 순차적으로 조사하여(안전하게) 새로운 상태를 계산할 수 있다. 검증하는 일반 노드들 간에 블록이 동기화되어 있기 때문에 각각의 노드는 동일한 최근의 S[n] 상태를 동기화 하여 보유할 수 있다. 다시 말하면 각 노드가 보유하는 동기화된 UTXO 정보는 각 노드가 검증 노드가 동기화한 블록체인에서 간접적으로(추상적으로) 얻은 것이다. 비트코인은 원래 '상태'라는 표현을 사용하지 않았다. 비트코인에서 작동하는 상태를 이해하기 어려운 이유는 우리는 상태라는 단어를 가장 많이 사용하는 계정 모델인 이더리움 방식에 익숙하기 때문이다.

비트코인에서 간과하기 쉬운 가장 큰 특징이 있다. 블록체인이 제네시스 블록에서 시작하여 현재 n번째 블록까지 생성되어 있다고 가정하면, 의미가 있는 것은 S[n]이고, S[1]부터 S[n-1] 까지는 아무 쓸모 없는 과거의 데이터라는 점이다. 여기서 한번 더 상태라는 말의 의미를 되살릴 필요가 있다. 비트코인 블록체인에서 과거 상태(과거 추상화)는 쓸모가 전혀 없고, 현재 상태(현재 추상화)만 사용가치가 있다. 비트코인에서 상태는 현재 추상화이고, 이를 UTXO 셋이라고 부른다.

어떤 트랜잭션이 발생했을 때 이 트랜잭션은 모든 노드로 전파된다. 각 노드가 전파되어 오는 이 트랜잭션을 수신하면 바로 이중지불인지 아닌지를 체크하기 위하여 각 노드가 추상화로 가지고 있는 현재의 '상태'를 보고 판단한다. 비트코인의 경우 10분 동안 누적된 이중지불 문제가 없다고 판단되는 트랜잭션들의 묶음을 보유하게 된다. 이 묶음을 TX[i]라고 하자. 그러면 채굴노드들은 각자가 가지고 있는 TX[i]를 가지고 경쟁적으로 채굴 작업에 들어간다. 여기서 채굴 노드는 TX[i]를 가지고 블록에 태울 목록을 다시 정리한 후에 이를 포함한 예비 블록으로 만들어 경쟁적으로 채굴 과정으로 들어간다.

예비 블록이 블록으로 판정 받을 수 있는 조건이 채굴 성공 조건이다. 비트코인의 채굴방법인 "작업 증명"에 대한 채굴 성공 판정 조건은 256비트 숫자로 처리되는 모든 예비블록의 이중-SHA256 해시(SHA256을 두 번 적용한 해시)가 동적으로 조정된 대상(블록생성 난이도를 의미하며 이 작성 시점 현재 약 2187)보다 작아야 한다는 것이다. 이것의 목적은 블록 생성을 계산적으로 "어렵게" 만들어 sybil 공격자(공격자가 실제로는 한 명이면서 마치 여러 명인 것처럼 속이는 방식으로 공격)가 전체 블록체인을 자신에게 유리하게 다시 만드는 것을 방지하는 것이다. SHA256은 완전히 예측할 수 없는 의사 난수 함수로 설계되었기 때문에 유효한 블록을 만드는(블록을 채굴 성공하는) 유일한 방법은 nonce를 반복적으로 증가시켜 가면서 시행착오를 거치며 계산된 예비 블록의 블록 해시 값이 블록생성 난이도 값을 만족할 때까지 계속 반복하여 해시 함수를 적용해 본다.

비트코인에서 난이도 목표치는 동적으로 바뀌는데, 대략 평균적으로 10 분마다 네트워크의 채굴 노드 중 하나가 채굴에 성공하여 새 블록을 생성할 정도로 난이도 목표 값을 설정한다. 새 블록을 성공적으로 (가장 먼저 블록 해시가 난이도를 만족시킬 때) 생성한 채굴자는 보상을 받는다. 또 트랜잭션 발행자로부터 거래 수수료를 받는다. 또한 거래가 '출력'보다 '입력'의 총 액면가가 더 높은 경우 그 차액은 "거래 수수료"로 채굴자에게도 돌아간다. 참고로, '채굴 보상'은 비트코인의 유일한 발행 메커니즘이며, 총 발행량이 처음부터 설정되어 있다.

이전 블록 해시를 포함하여 블록 생성을 위한 채굴

비트코인의 중요한 확장성 기능은 트랜잭션들을 블록에 실을 때, 다단계 데이터 구조에 저장된다는 것이다. 블록 헤더는 타임스탬프, nonce, 이전 블록 해시 및 루트 해시(블록의 모든 트랜잭션을 저장하는 머클 트리라는 데이터 구조의 해시) 를 포함하는 약 200바이트의 데이터 조각이다. 블록의 "해시"(블록 해시)는 실제로 블록 헤더의 해시이다. 블록의 몸체 부분에 해당하는 머클 트리는 트리 하단에 많은 수의 리프(잎) 노드가 있는 노드 집합(트랜잭션 집합), 각 노드가 두 자식의 해시로 만들어지는 중간 노드 집합, 최종적으로 두 자식의 해시로 구성된 나무(실제로는 나무를 거꾸로 세워놓은 모양)의 꼭대기에 해당하는 단일 루트 노드로 구성된 이진 트리 유형이다. 나무의 꼭대기를 나타내는 루트 노드는 루트 해시 값을 보여준다. 머클 트리의 목적은 블록의 데이터가 하나의 해시 값으로 대표될 수 있도록 하는 것이다. 따라서 노드는 어떤 다른 노드에서 블록의 헤더만 다운로드할 수 있고, 트리의 일부 부분은 또 다른 노드에서 다운로드할 할 때, 여전히 모든 데이터가 정확하다는 것을 확신할 수 있다. 이것이 작동하는 이유는 해시가 위쪽으로 전파되기 때문이다. 악의적인 사용자가 가짜 트랜잭션을 집어넣거나 기존 트랜잭션을 수정하려고 시도하면(머클 트리의 맨 아래인 어떤 잎을 수정하려고 시도하면) 이 변경으로 인해 위의 노드가 변경되고, 또 다음 위의 노드가 변경되어 마지막으로 트리의 루트와 블록의 해시가 변경된다. 블록 몸체에 있는 트랜잭션 내용을 조금만 바꾸어도 프로토콜이 완전히 다른 블록으로 보이게 되고 결과적으로 블록 해시 값이 달라지므로 확실하게 유효하지 않은 블록이 된다.

머클 트리 프로토콜은 장기적인 지속 가능성에 필수적이다. 모든 블록 전체를 저장하고 처리하는 비트코인 네트워크의 "풀 노드"는 (2014년 4월 기준) 비트코인 네트워크에서 약 15GB의 디스크 공간을 차지하며 매월 기가바이트 이상 증가하고 있다. 블록체인을 전체적으로 보유하는 "풀 노드" 대신에, 블록 헤더에 대한 작업 증명을 확인한 다음 블록 헤더를 다운로드하여 블록 헤더 체인만 유지하는 가벼운 노드로 "단순화된 지불 검증"(SPV) 노드도 있다. SPV 노드(라이트 노드)가 어떤 트랜잭션의 작업증명을 검증할 필요가 있을 때는 그 트랜잭션과 관련된 "분기"만을 인접의 풀 노드로부터 다운로드 받아서 자신 SPV 노드가 가지고 있는 블록 헤더 체인을 활용하여 검증할 수 있다. 이를 통해 라이트 노드는 전체 블록체인의 아주 작은 부분인 블록 헤더만을 다운로드하면서도, 비트코인 거래의 상태와 현재 잔액이 무엇인지 강력한 보안성을 보장하면서 확인할 수 있다.

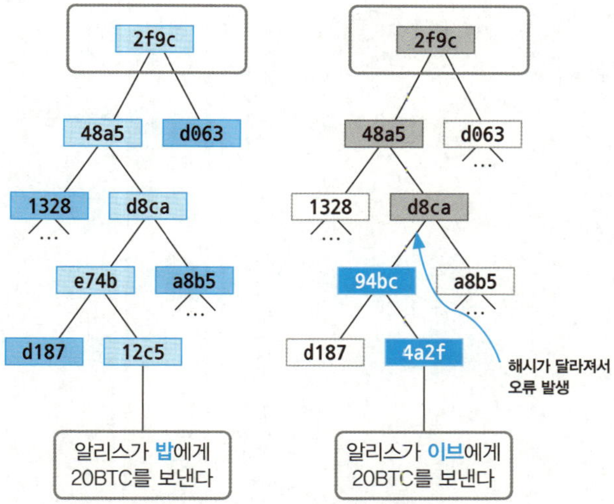

트랜잭션을 변경하려는 시도 때의 머클 트리에서의 오류

2

탈중앙화, 중립성 그리고 투명성

1. 탈중앙화 필요성
2. 블록체인의 중립성과 오픈 소스
3. 블록체인 공간과 불평등 문제
4. 협력과 탈중앙화의 경제적 수혜
5. 신뢰성 논쟁이 불필요한 탈중앙화 시스템
6. 애매한 탈중앙화 현실

1

탈중앙화 필요성

암호화폐 중앙 집중화의 다양한 측면을 식별하기 위해 EDI 방법론은 다양한 계층으로 나누어 분석한다. 예를 들어 합의 수준의 중앙 집중화는 거래 검증에 대한 공격의 위험을 가져오고, 토크노믹스 수준의 중앙 집중화는 가격 조작의 위험을 가져온다. 네트워크 수준의 중앙 집중화는 인프라 등을 통한 실패 또는 검열의 위험을 가져오게 된다. 또 지리적 분포 및 거버넌스 참여와 관련하여 탈중앙화를 이해하는 것이 중요하다.

암호화폐에 관심이 덜한 사람들은 '탈중앙화 자율조직'이니, '탈중앙화 금융'이니 하는 신조어 앞에 붙어 있는 탈중앙이 어떠한 이점을 주는지에 대하여 잘 이해하지 못한다. 암호화폐를 거래하고 투자를 하는 사람들도 '탈중앙화'를 정확히 정의하기 어려워한다. 블록체인 업계 조차도 서로 경쟁하다가 싸움이라도 붙는다면, 서로가 상대방에게 '중앙화' 되었다고 비판할 것이 뻔하다. 이런 싸움을 지켜보는 일반인들도 누구의 주장이 옳은 지 도대체 투명하게 판가름할 수 없다. 또 지금까지 사용해오던 '분산화'라는 단어와 차이점이 무엇인지도 혼란스럽다.

먼저 탈중앙화가 필요한 이유에 대하여 살펴보자. 첫째, 결함 허용성이 있어야 한다. 이는 시스템이 구성 요소를 여러 개로 분리해 놓기 때문에 한곳에 문제가 생긴다고 해서 갑자기 운영이 중지될 확률이 낮은 것이 이유다. 둘째, 공격 저항성이 필요하다. 중앙화된 시스템은 공격자가 공격하기 쉬운 반면 탈중앙화 시스템을 한번에 공격해서 파괴하거나 조작하기 위한 비용이 더 많이 든다. 셋째, 공모 저항성이 있어야 한다. 중앙화 조직에서는 일부 리더들이 작당모의를 해서 일반인들을 대상으로 담합을 하거나 공모하여 이익을 쉽게 취할 수 있다. 반면에, 탈중앙화된 시스템의 구성원들은 소수가 이익을 취하고 다른 다수 구성원이 손해를 보게 하는 공모를 성공시키기가 훨씬 어렵다.

결함에 강한 시스템을 만들기 위해서는 먼저 구조적 탈중앙성을 부여하여야 할 것이다. 구조적으로 탈중앙화되어 있다는 것은 구조적으로 중앙지점이 없다는 뜻이다. 예를 들어 시스템을 여러 대의 실물 컴퓨터로 구성한다면 그 중 한 번에 몇 대까지 고장이 나도 시스템을 유지할 수 있다. 모든 프로토콜을 개발하는 커뮤니티의 탈중앙화도 고려되어야 한다. 시스템을 통제하는 인원 또는 단체가 몇 명인가를 두고 정치적 탈중앙화의 기준으로 볼 수 있다.

공격 저항성 측면에서 탈중앙화를 살펴보자. 협박 또는 특정 노드를 지목하는 DoS 공격과 같은 다양한 상황을 고려하면 탈중앙화의 이점이 선명하게 보인다. 예를 들어 1,000만 달러를 들여 지은 건물 하나를 파괴하는 비용이 10만 달러라고 가정하자. 그런데 이 건물을 10개의 100만 달러의 건물로 분산하여 지었을 경우, 100만 달러 건물을 부수는 데 3만 달러 정도 필요하다고 해보자. 실제로 거의 대부분의 군사 시설은 이렇게 짓는다. 당연히 공격자 입장에서 공격하는 대상이 작아질수록 공격은 더 비효율적이다.

공모, 조작 및 담합이 어렵다는 측면에서 탈중앙화를 살펴보자. 현실세계에서는 특정한 집단이 그들의 이익을 극대화시키기 위해 긴밀히 나쁜 협력을 한다. 이런 협력은 매우 자주 발생하고 공동체에 매우 위험하다. 프로 스포츠 경기에서 서로 담합하여 승부를 조작한 후, 이득을 챙겨가는 이런 조작도 강력하게 금지한다. 이런 원치 않는 협력을 방지하려고 하는 예이다. 블록체인 프로토콜의 경우, 합의 메카니즘의 안전성을 뒷받침하는 수학적 및 경제적 근거는 참여자가 다른 참여자들과의 담합 없이 의사 결정을 했을 것이라는 전제에서 비롯된다. 이 전제가 중요한 이유는 만약 한 명의 채굴자라도 작업 중명 방식의 전체 채굴력의 3분의 1 이상을 얻게 된다면, 그는 '이기적 채굴'로 이익을 챙겨갈 수 있기 때문이다. 블록체인에서 참여자 간의 담합을 더 어렵게 만든다면 이기적인 단일 독립 회사처럼 운영하여 이득을 취하는 것을 더 잘 막을 수 있기 때문에 더 안전하다고 본다. 협력에는 서로 담합하여 능력을 키워 51% 공격 등을 시도하는 '나쁜 협력'과 커뮤니티 회원들이 협력하여 'DoS 공격' 같은 일을 당한 경우 이를 해결하기 위해 대응하는 '좋은 협력'이 있다. 여기서 원하지 않는 협력을 방지하기 위하여 애쓰기보다는 저항할 수 있는 프로토콜을 구축하도록 노력하는 면이 좋다. 좋은 협력을 하는 그룹이 나쁜 협력을 하는 그룹보다 유리한 시스템을 구축하는 것이다. 구체적으로 살펴보면, 작업 증명 방식에서는 채굴하는 컴퓨터를 찾기도 쉬워서 '나쁜 협력'의 공격 대상이 되기 쉽다. '나쁜 협력'에 대응하기 위해서라도 지분 증명 방식이 유리하다. 지분 증명 방식은 협력하면 보상이 주어지고 참여하더라도 협력하지 않으면 패널티가 주어진다. 지분 증명 방식은 좋은 협력을 하여 보상을 받는 것이 나쁜 협력을 하여 이득을 취하는 것보다 유리하다는 규칙이 오픈 소스로 공개되어 누구나 확인할 수 있다.

탈중앙화는 금융 기술 공간 개발의 최전선에서 보안 상의 장점(결함 허용, 공격 저항 및 공모 저항) 때문에 블록체인 시스템을 도입하게 되었다. 소위 디파이(탈중앙화 금융)라고 부른다. 그럼에도 불구하고 정확한 의미는 여전히 논쟁의 여지가 많고 모호하며 탈중앙화를 지지하는 사람도 비평하는 사람도 모두 기존 암호화폐가 연료로 작동하는 블록체인 네트워크의 분권화 수준에 대해 의심의 눈초리를 보내고 있다. 이런 필요성에 솔루션을 찾기 위하여, 카르다노(ADA)를 이끄는 연구 개발 기술 회사인 IOHK의 주도로 영국 에든버러 대학에서는 '블록체인 기술 연구실 네트워크'를 2016년 설립하였다. 여기서 체계적으로 탈중앙화 시스템의 정량적 척도를 나타낼 에든버러 분권화 지수(EDI)를 개발하고 2022년 후반기에 발표하기에 이르렀다. EDI 지수가 필요한 이유는 블록체인 기술에 기반한 암호화폐를 기본 토큰으로 사용하는 블록체인 네트워크는 처리 속도, 즉 확장성 문제로 비교적 쉬운 중앙화의 요소를 일부라도 가지고 있다. 즉, 어떤 탈중앙화 시스템도 완전 탈 중앙화와 중앙화 사이의 어디에 있다고 볼 수 있다. EDI는 시스템의 탈중앙화를 정도를 표시하기 위하여 먼저 계층화된 지표를 수집한다.

EDI를 측정하기 위하여 먼저 탈중앙화와 관련하여 현재 환경의 체계화를 제시하는 접근 방법을 이용한다. 에든버러의 접근 방식은 블록체인 시스템을 여러 계층으로 해부하여 각각 여러 범주를 모듈화 할 수 있으며 각 계층의 분산화를 측정하는 통일된 방법을 사용한다. 계층은 (1) 하드웨어, (2) 소프트웨어, (3) 네트워크, (4) 합의, (5) 경제학("토큰 노믹스"), (6) API(어플리케이션 프로그램 인터페이스), (7) 거버넌스 및 (8) 지역이다. 이 계층화로 분류된 모듈 마다 분산 원장의 관련 속성인 안전, 활력, 개인 정보 보호 및 안정성이 중앙 집중화 요소의 침투로 인하여 위험에 처할 수 있는 가능성을 조사한다. 즉, 탈중앙화라고 하지만, 분산 보관된 거래 정보가 결함 허용, 공격 저항, 공모 저항 측면에서 각 모듈별로 어떤 위험성이 있는지를 분해하여 분석해 본다는 취지이다. 이는 각 모듈 속에 얼마나 중앙화의 요소가 남아있느냐 하는 점을 찾아보겠다는 뜻일 수도 있다. 이런 면에서 탈중앙화 정도를 찾는 일은 중앙화로 작동하는 부분을 찾아내는 일과 통하게 되어 있다. EDI 연구는 분권화를 측정하고 달성하는 데 있어 어려움을 강조하고, 현재 이용 가능한 공개 정보로부터 그러한 평가를 할 수 있는 다양한 기존 시스템의 (탈) 중앙 집중화 정도를 지적하고, 향후 연구가 필요한 잠재적인 지표와 방향을 제안한다. 또한 이 연구소는 블록체인 시스템의 탈중앙화 상태를 평가하는 방법으로 "최소 탈중앙화 테스트"를 도입하고, 직접 이 테스트를 비트코인에 적용하는 시범 사례를 발표했다.

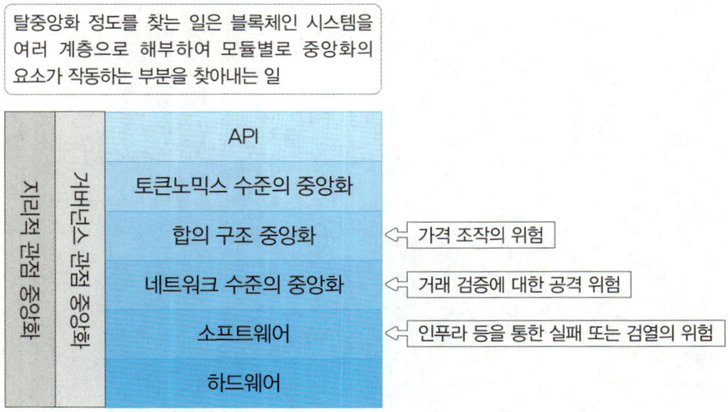

계층적 관련 블록체인 속성에 대한 중앙집중화 위험을 식별

2

블록체인의 중립성과 오픈 소스

암호화폐는 중앙집중식 기관인 구글처럼 신뢰할 수 있기 때문에 좋은 공정성이 제공되는 플랫폼이 아니다. 즉, 암호화폐는 신뢰가 중요한 것이 아니다. 오픈 소스로 동작하는 원칙이 투명해야 하고, 이를 오픈 소스로 검증할 수 있어야 하기 때문에 검증이 중요한 것이다. 암호화폐 관련 프로젝트에서 오픈 소스로 가고 싶지 않은 프로젝트는 장기적으로 보면 외면받을 것이 뻔하다. 암호화폐는 신뢰가 중요한 것이 아니고 검증이 중요하다.

메커니즘은 단순히 특정한 사람이나 결과에 편중하지 않도록 설계되어야 할 뿐만 아니라 대중의 시선에서 그 메커니즘의 프로세스가 넓고 다양한 집단 사이에서 협력을 쉽게 할 수 있게끔 설계되어야 한다. 블록체인, 정치적 체계, 그리고 소셜미디어 메커니즘은 이런 메커니즘이 제대로 작동하려면 메커니즘의 프로세스에 참여하는 사람뿐만 아니라 그 과정을 지켜보는 사람들이 이 메커니즘이 공정하다고 생각해야 한다. 개인간에도 어떤 협력 프로젝트를 같이 할 때, 상대방이 도덕적이라 판단해야 그와 협력할 마음이 생긴다. 만약 상대방이 성과를 속여 이기적으로 본인 위주로 이득을 가져가는 비 도적적인(공정하지 못한) 사람이라면 이런 사람과 협력할 마음은 하나도 없을 것이다. 정치 체계에서 공정도 개인간의 도덕 문제와 같다. 어떤 업무 처리에 참여하는 사람들도 다른 사람도 이 업무 메커니즘이 공정하여 참여하고 협력할 의향이 있다는 것을 알아야 하기 때문이다.

메커니즘의 중립성을 정량적으로 측정할 방법은 없다. 다만 중립성을 달성하려면 보통 사람의 상식 범위에서 메커니즘의 중립성을 매우 쉽게 느낄 수 있어야 한다. 이 메커니즘을 처음 보는 사람도 다른 사람이 그 메커니즘을 믿음이 안 간다며 비난할 때도 그렇지 않다는 것을 간단 명료하게 알려줄 수 있을 정도여야 한다. 블록체인 메커니즘은 인터넷 위에 작동하는 어플리케이션 영역에 속한다. 사용자가 암호화폐 지갑을 사용하거나, 디파이 서비스를 이용하거나 스마트 계약을 이용할 때 어디서도 물리적 주소인 IP 주소를 요구하지 않는다는 사실을 알 수 있다. 이것이 의미하는 바는 블록체인 메커니즘은 100% 소프트웨어 코드로 구현된다. 그래서 블록체인의 중립성과 코드의 성격과는 밀접한 관계가 있다. 블록체인 기술을 사용한 신뢰할 수 있고 중립적인 메커니즘을 구축하기 위해서는 다음과 같은 규칙이 필요하다.

- 메커니즘에 특정한 사람이나 결과를 코드상으로 정의하지 않기
- 오픈소스 및 공개적으로 검증 가능하도록 설계하기
- 메커니즘을 간단하게 설정하기
- 메커니즘을 자주 바꾸지 않기

첫 번째 규칙은, '블록을 채굴하면 3ETH의 보상을 받는다'는 믿을 수 있을 만큼 중립적이다. 그러나 '홍길동은 1,000코인을 얻는다'는 특정인이 언급되어 있으면 중립적이 아니다. '좋아요' 로 참여가 많으면 콘텐츠는 더 잘 보이게 되고, 반대되는 '다운보트(Downvotes) 되면 콘텐츠가 덜 보일 것이다'도 믿을 수 있을 정도로 중립적이다.' 홍길동은 1,000코인을 얻는다'는 바라는 결과를 메커니즘에 코드상으로 명령하는 것이기에 신뢰할 만한 중립적인 메커니즘이 아니다. '블록을 채굴하면 3ETH의 보상을 받는다'는 참여자들의 자율적인 행동(입력)에 의해 자연스럽게 발견되게 하므로 중립적 메커니즘이 된다.

두 번째 규칙은 왜 암호화폐관련 프로젝트들이 오픈소스를 지향하는지를 설명한다. 메커니즘의 규칙은 공개되어야 하며 규칙이 올바르게 실행하고 있는지 공개적으로 확인할 수 있어야 한다. 예를 들어

어떤 암호화폐의 전망을 확인하려면 그 암호화폐의 백서를 조사할 필요가 있다. 백서의 내용이 문제가 있다면 그 암호화폐는 전망이 좋다고 볼 수 없다. 또 백서를 애매 모호하게 공개한 암호화폐도 규칙을 감추고 있어 좋은 점수를 받을 수 없다. 암호화폐 세상에서 특허는 없다. 다만 떳떳하지 못한 규칙을 숨길 뿐이다. 다른 사람이 어떤 암호화폐를 사기라고 비난할 때도 그렇지 않다는 것을 공개된 오픈 소스를 가지고 알려줄 수 있어야 한다. 그러나 데이터 입력이나 출력에 대한 구체적 정보가 공개되는 것은 원치 않을 수 있다. 보안 시스템에서 암호화 알고리즘은 공개하되 입력으로 사용되는 비밀키는 공개할 수 없는 논리와 비슷하다.

세 번째 규칙과 관련하여 메커니즘을 간단하게 설정하는 일은 메커니즘이 덜 구체적이어야 하기 때문에 복잡하게 보이는 모순이 있다. 구조가 간단하고 매개변수가 적은 메커니즘일수록 특정 그룹이 특혜를 차지하려고 비집고 들어오는 공간이 좁다. 설계자가 특정인에 특혜를 주려는 의도로 메커니즘을 만든다면, 이 메커니즘을 복잡하게 하면 특정인이 원하는 목표를 이루기 쉬워진다. 반면 메커니즘이 단순하면 시간이 지날수록 메커니즘을 둘러싼 무지의 장막은 점점 큰 영향력을 발휘하게 될 것이다. 누가 이 메커니즘으로 이득을 볼지 쉽게 예측하기 어려워지게 된다.

네 번째 규칙도 세 번째 규칙과 연관되어 있다. 무지의 장막 이야기는 정치철학자 존 롤스가 진행한 실험적인 아이디어다. 롤스는 사람들이 현실에서 정의 등의 개념에 합의하기 어려운 이유는 사회적 지위나 부의 정도와 같은 계층에 따라 입장이 다르기 때문이라고 보았다. 그래서 사회적인 결정과 결과 사이에 무지의 장막을 만드는 사고 실험을 제안했다. 가령 내가 남자인지 여자인지 결정되지 않은 상태에서 양성평등 정책에 대한 의견을 물으면 대부분 찬성하게 된다는 식이다. 롤스는 무지의 장막을 가정하면 사람들이 어떤 계층에 특별히 유리하거나 불리하지 않도록 조화로운 사회계약을 체결할 수 있게 한다. 메커니즘을 변경하는 것은 결과를 임의대로 만들 의도로 유리하게 메커니즘을 재설정할 수 있다. 이렇게 되면 무지의 장막 효과도 사라진다. 이런 메커니즘을 신뢰할 사람은 많지 않을 것이다. 네 번째 규칙은 비트코인 맥시멀리스트에게 적용하면 이해하기 쉽다. 그들은 초기 비트코인 규칙을 좀처럼 바꾸려 하지 않는다.

중립적인 메커니즘을 구축하기 위한 규칙 중 '오픈소스 및 공개적으로 검증 가능하도록 설계하기'는 암호화폐의 중요한 특징 중 하나인 무신뢰성 특성과 직접적인 연관 관계를 가지고 있다. 암호화폐 작동 메커니즘과 관련하여 '신뢰가 중요한 것이 아니고 검증이 중요하다'라는 말을 한다. 이더리움은 스마트 계약을 가능하게 했고, 계약 당사자들 간에 상호 작용하는 스마트 계약과 관련하여 오픈 소스를 진지하게 받아들이기 시작했으며 이는 '오픈 소스'의 중요성을 의미한다. 계약 규칙이 프로그램으로 코드화 되어 있는 것이 스마트 계약이므로 당연히 프로그램 코드가 투명해야 한다. 또 계약 조건이 쉽게 바뀔 수 있다면, 계약 당시와 상황이 바뀌면 누구나 자기에게 유리한 조건으로 계약을 바꾸려고 시도할 것이다.

이더리움에서는 검증되지 않은 경우(검증되었다는 것은 오픈 소스를 의미함) 어느 누구도 스마트 계약을 사용하려 하지 않을 것이다. 닫힌 소스는 암호화폐의 주요 기둥 중 하나인 신뢰 없이 동작(제3의 신뢰할 수 있는 기관의 도움 없이 동작) 하는 원칙을 깨뜨린다. 그러므로 현재도 닫힌 소스를 사용하는 WingRiders, MinSwap, SundaeSwap 및 기타 업체에 모든 코드를 오픈 소스로 제공하고, 오픈 소스 방침을 준수할 때까지 이들 분산앱(dapp)을 사용하지 않을 것을 커뮤니티에 요구해야 한다. 주 블록체인 프로토콜과 상호 작용할 때 자금이 어떻게 처리되는지 소스 코드를 보고 알 수 없다면 이런 프로토콜로 무엇을 할지 누가 알겠는가? 이런 깜깜이 소스는 블록체인에서 거래를 처리하는 기초가 될 수 없다. 이럴 바에야 차라리 셀시어스 또는 기타 중앙 집중식 거래소에 자금을 예치하는 것이 좋을지 모른다. 그들이 어떻게 내가 맡긴 거래를 처리하는지 깜깜한 것은 마찬가지이다.

사람들이 소스 코드를 읽고 잠재된 문제점이나 악용 가능성을 찾아내고, 수정하며 이러한 프로토콜을 개선할 수 있도록 하는 것이 중요하다. 소스를 공개하지 않을 수 있는 정당한 변명은 절대 없다. 어떤 사람은 오픈 소스 정책을 다음과 같이 비판할지 모른다. "소프트웨어를 만든 적이 있기나 한가? 제품을 만드는 데 1년을 투자한 다음 다른 사람이 더 나은 마케팅으로 일주일 만에 완성된 복제품을 출시하고 시장의 큰 점유율을 차지하는 것이 멋지다고 말 할 수가 있는가? 당신이 실제로 좋은 제품을 가지고 있다면 공간에서 잘 알려진 플레이어가 되기 전에 오픈 소싱은 자살행위이다."

과거의 중앙 집중식 시스템에 익숙한 사람은 누구나 위에서 이야기한 사람처럼 오픈 소스의 위험성에 동의할 것이다. 그런데 현실은 그렇지 않다. 보통 사람들은 항상 이런 핑계를 대지만 실제로는 일어나지 않으며 전혀 관련이 없다. 당신의 제품이 복사하기 쉽다면, 그것은 단순히 좋은 제품이 아니기 때문이다. 암호화폐 프로젝트에는 소스 코드보다 훨씬 더 많은 것이 관련되어 있다. 관련된 비전, 미래 기능, 계획 및 코드 기반에 대한 완전한 지식과 이해가 있다. 소스 코드가 출시될 무렵이면 그 프로젝트는 이미 잠재적 경쟁자보다 2단계 앞서 있다. 그들은 코드를 복사하여 유사 프로젝트를 시도할 수 있지만, 노력하여 처음 출시한 개발자처럼 반복하거나 다른 방향으로 가져갈 수 있는 창의성이 부족할 것이다. 예를 들어 보자. 2022년 9월의 이더리움 'The Merge"는 기존 이더리움을 한 단계 업그레이드 시켰다. 기존 이더리움의 소스를 수정하여 더 성능 좋은 이더리움으로 발전시킨 것이다. 이더리움이 오픈 소스라고 이를 복사하여 더 좋은 이더리움으로 소스를 수정하는 작업을 아무나 할 수 없다. 그러니 만약 이더리움이 복사하기 쉽다면, 이더리움은 좋은 블록체인 네트워크가 아니었을 것이다. 오픈 소스 카르다노도 마찬 가지이다. 아무나, 같은 시기에 이룩한 'Vasil Fork'를 생성해 낼 수 없다.

사용자는 오픈 소스 프로토콜만 사용하는 것이 바람직하다. 2022년 기준 오픈 소스인 분산 거래소(DEX)는 MuesliSwap과 Uniswap이다. SundaeSwap, MinSwap 및 WingRiders는 폐쇄(비공개) 소스이다. 코드를 보지 않고는 그들이 정말로 탈중앙화 되었는지 아닌지조차 알 수 없다. MinSwap 외에도 이러한 DEX를 지원하는 팀은 오픈 소스 전환에 관심조차 없는 것 같다. 누구나 만들 수 있는 암호화폐 지갑도 상황은 마찬가지다. 예를 들어, 카르다노 지갑에서 어떤 문제가 있는가? IIRC(International Integrated Reporting Council)가 인정하는 유일한 오픈 소스 지갑은 Daedalus, Nami 및 Adalite이다. EDIT, Yoroi, 이터널, 게로, Typhon 등은 모두 비공개 소스이다.

암호화폐는 중앙집중식 기관인 구글처럼 신뢰할 수 있기 때문에 좋은 공정성이 제공되는 플랫폼이 아니다. 즉, 암호화폐는 신뢰가 중요한 것이 아니다. 오픈 소스로 동작하는 원칙이 투명해야 하고, 이를 오픈 소스로 검증할 수 있어야 하기 때문에 검증이 중요한 것이다. 암호화폐 관련 프로젝트에서 오픈 소스로 가고 싶지 않은 프로젝트는 장기적으로 보면 외면 받을 것이 뻔하다. 암호화폐는 신뢰가 중요한 것이 아니고 검증이 중요하다. 이 말을 잘 이해해야만이 암호화폐를 잘 이해할 수 있을 것이다.

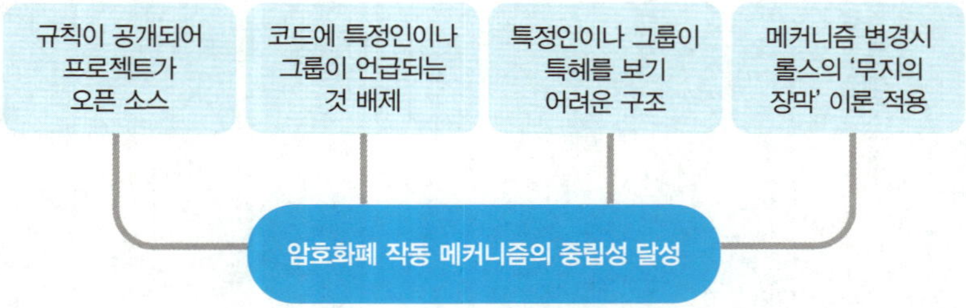

신뢰가 중요한 것이 아니고 검증이 중요한 암호화폐

3

블록체인 공간과 불평등 문제

블록체인 분석 회사인 체이널리시스(Chainalysis)의 보고서에 따르면 2019년 5월 현재 376명의 개인만이 이더리움 유통 공급량의 33%를 통제하고 있다. 토큰은 탈중앙화라는 가치에 기여할 수 있어야 하기 때문에 토큰 소유의 중앙화와 불평등은 퍼블릭 블록체인의 건전성에 역행하는 일이 될 수 있다. 토큰 소유의 중앙화는 네트워크의 '신뢰할 수 있는 중립성'을 위협한다.

지난 수십 년 동안 전 세계적으로 부의 분배 불평등이 극심해졌다. 예를 들어, 2022년 기준으로 상위 10%의 미국인이 미국 부의 거의 70%를 소유하고 있다. 이것은 국민의 90%가 부의 30%만을 집으로 가져가는 것을 의미한다. 많은 시민들은 또한 일반 은행뿐만 아니라 고급 금융 서비스(더 부유한 주민들이 쉽게 이용할 수 있는 금융 서비스)에 대한 접근이 제한적이다. 암호화폐는 소득 평등을 어떻게 해결할 수 있을까? 암호화폐는 사용자가 금융 도구에 더 쉽게 액세스할 수 있도록 하고 보다 저렴한 송금 방법을 제공한다. 개발 도상국의 많은 사람들은 생활비를 돕기 위해 모국에 있는 가족에게 돈을 송금한다. 송금액은 엘살바도르, 아이티, 통가와 같은 국가의 국내총생산(GDP)의 20~38.5%를 차지한다. USD 코인(USDC) 및 테더(USDT)와 같은 미국 달러 고정 스테이블 코인은 중개자가 이체 수수료의 형태로 삭감하지 않고도 수신자가 이체된 자금을 더 많이 받을 수 있도록 보장할 수 있다.

SWIFT 송금은 비용이 많이 들 수 있다. 일부 은행은 3%~5%를 부과하고 다른 은행은 $25~$45의 고정 수수료를 부과한다. Western Union을 통한 송금은 온라인 송금의 경우 평균 $25이다. 반면 USDC와 같은 스테이블 코인은 이더리움에서 보내는 데 3~5달러, BNB 스마트 체인, 트론 및 카르다노 블록체인에서 0.01달러 미만이 소요될 수 있다. 거래 수수료로 $20~$44를 추가로 절약하는 것이 많은 사람들에게는 별 것 아닌 것처럼 보일 수도 있지만, 이는 개발도상국이나 저소득층에게 큰 차이를 만든다. 예를 들어, 베네수엘라의 평균 월급 은 대략 $25이다. 매우 저렴한 수수료와 빠른 거래 시간 덕분에 모국의 가족들에게 더 자주 해외 송금을 할 수 있다. 암호화폐 네트워크는 일반적으로 기존 은행보다 더 많은 접근성을 제공한다. 특히 인프라나 문서의 부족 또는 사회적 지위, 성별, 종교 또는 정치적 관점으로 인하여 많은 인구가 은행을 이용할 수 없는 신흥 시장에서 특히 그렇다.

- 결제 시스템에 더 쉽게 액세스

PayPal은 프리랜서에게 가장 인기 있는 지불 방법 중 하나이지만 사용자는 지불을 현금화하려면 은행에 계정을 연결해야 한다. 이는 사용자가 은행 계좌로만 돈을 인출할 수 있고 PayPal 직불 카드로 돈을 지출하는 유일한 방법이 있기 때문이다. 이것은 은행이 없는 사람들이 온라인으로 생계를 꾸리는 것을 어렵게 만들 수 있다. 반대로 블록체인 기술은 사용자가 은행과 같은 중개자 없이도 결제를 받을 수 있게 했다. 사용자는 다른 사용자로부터 직접 결제를 받기 위해 암호화 지갑 을 제어하기만 하면 된다.

- 금융 도구에 쉽게 액세스

암호화폐는 더 광범위한 사용자에게 금융 도구에 대한 액세스를 제공함으로써 부의 격차를 줄이는 데 도움이 될 수 있다. 주식, 채권 및 지수와 같은 중앙 집중식 금융 도구를 사용하려면 일반적으로 사용자가 플랫폼에 가입하고 소득 증명 및 은행 세부 정보를 포함한 법적 문서를 제공해야 한다.

블록체인 공간 내부의 부의 집중에 대한 문제를 다루는 것은 중요하다. 사람들은 암호화폐가 정말로 반엘리트 주의적 가치를 대체하고 있는지 파악하고 싶어한다. 그래서 부의 집중과 관련된 문제들은 더더욱 블록체인 공간 전체에서 중대한 주제다. 서로 다른 암호 화폐 가치를 비교할 때도 중요한 측정 기준이 된다. 암호 화폐의 초기 발행량에서 특정 내부자에게 할당된 분량은 불평등 함을 보여준다. 이더리움의 초기 발행량 중 12.3%가 내부자에게 제공되었고, 4.2%는 재단 등이 보유한 기초 자분이다. 이더리움은 양호한 편이다. 다른 암호 화폐를 보면 초기에 내부자 또는 기초 지분의 비중이 상대적으로 높다는 것을 알 수 있다. 토큰 분배 및 부의 집중화의 문제에 대한 우려가 점점 커지고 있는 가운데 많은 사람들이 암호 화폐의 지니계수를 계산해 봤다는 것은 전혀 놀랄 일이 아니다.

선정적인 기사가 나오던 2014년을 돌아가 보자. 이 때의 추정치로 비트코인 보유자가 약 백만 명이라는 것이다. 47명의 개인이 약 30%를 보유하고, 또 다른 900명이 추가로 20%를 보유하고, 다음 10,000명이 약 25%를, 또 다른 백만 명이 약 20%를 보유하고 있고, 5%가 손실되었다. 따라서 0.1%가 비트코인 보유량의 약 절반을 나타내고, 1%는 80%에 가깝다. 대부분의 큰 지갑 보유자는 초기부터 제자리에 있었기 때문에 편안히 앉아서 자본이 증가하는 것을 지켜

보기만 하면 되었다. 비트코인의 지니계수는 0.88로 추정되지만 큰 보유자가 여러 개의 지갑을 소유하고 있어 비트코인 부의 전체 집중도인 지니 계수가 더 높을 수도 있다. 반면에 국가별로 부의 집중에 대한 지니 계수의 가장 최근 추정치는 0.85 이상의 국가를 보여주지 않는다. 비트코인 부의 불균등한 분배는 비트코인 지불 및 가치 저장 기술의 신속한 보급을 위해 지불해야 할 대가일 수 있다. 더 나은 쥐덫을 만들면 모두가 당신의 발명으로 이익을 기대하지만 사용자도 이익을 얻으므로 혁신자가 큰 몫을 차지하더라도 사회적 이익이 있다는 점은 인정된다.

비트코인의 불평등한 분배가 얼마나 문제가 될까? 비트코인이 미국 달러/연준 시스템의 혁신적 대안이라는 개념을 품고 있다면(많은 비트코인의 맥시멀리스트가 그렇듯이) 비트코인이 교환의 주요 단위가 된 세상은 심각하게 불평등한 세상이 될 것이기 때문에 이것은 매우 문제가 있어 보인다. 그러나 비트코인을 미국 달러를 보강하지만 대체하지는 않는 지불 시스템으로 본다면 그것이 얼마나 나쁜지 명확하지 않다. 어떤 나라에서든 심각한 불평등은 그 세계에서 쉽게 벗어날 수 없기 때문에 사회적인 문제를 안고 있다. 아무도 비트코인 시스템 안에서 살도록 강요받지 않기 때문에 같은 종류의 사회 문제를 일으키지 않을 것이다. 이는 비트코인이 공급이 고정되어 있기 때문에 디플레이션이 있다는 우려와 조금 비슷하다. 이것은 한 국가가 비트코인을 채택하고 모두가 그것을 사용하도록 강요받는다고 하면 문제가 될 것이다.

암호 화폐가 기존 미국 달러/연준 시스템의 대안으로 이용된다면 암호화폐의 지니계수가 높다는 것은 큰 문제가 된다. 그러나 암호화폐가 미국 달러를 보강하지만 대체하지는 않는 지불 시스템으로 본다면 그렇게 나쁘다는 근거가 없다. 암호 화폐에서 지니계수가 높다는 것은 커뮤니티 참여에 대한 관심 수준의 불평등을 포함한다고 볼 수 있다. 자기 수중에 15달러 밖에 없는 사람은 평균적으로 가난하게 사는 사람일 것이다. 15 달러 어치의 암호화폐를 가진 사람은 재미로 온라인지갑을 개설하고 블록체인 기술을 약간 경험한 사람일 가능성이 높다 이처럼 관심에 대한 불평등은 커뮤니티에는 오히려 좋은 것이다. 커뮤니티에는 재미로 도전해본 사람과 진지하게 참여하는 하드코어 팬이 공존한다. 암호 화폐가 지니 계수가 매우 높은 동시에 이러한 불평등이 관심에 대한 불평등함에서 나온 것이라면 높은 지니계수는 그렇게 무서운 현상도 아니다.

두 가지 종류의 불평등이 고착된 사회를 살펴보자. 디스토피아 A는 인구의 절반이 모든 자원을 동등하게 공유한다. 반면 나머지 절반은 자원을 전혀 보유하지 못하고 있다. 디스토피아 B는 한 사람이 모든 자원의 절반을 가지고 있고, 나머지 다른 사람들은 나머지 절반을 균등하게 나누어 가지고 있다. 이 두 디스토피아는 모두 다 살기가 어려운 사회다. 디스토피아 A의 50% 주민은 끔찍한 대량 기아를 겪으면서 평생 살 것이다. 반면 디스토피아 B는 모든 사람이 좋은 삶을 살지만, 독재자로 인해 지배되는 매우 비민주적인 사회에서 살 수밖에 없다. 디스토피아 B에서는 지혜롭고 자비로운 독재자를 세우는 것이 최선이다. 디스토피아 B 또한 피하는 것이 현명하다. 어떤 암호화폐도 특정 지역을 디스토피아 A 같은 사회 구조로 바꾸지 못한다. 이유는 암호화폐에 대한 접근성은 허가 받지 않고 누구에게나 열려 있기 때문이다. 그러나 초기 토큰 분배를 잘못할 경우 암호화폐는 디스토피아 B처럼 될 수 있다. 코인으로 투표하는 거버넌스가 도입되어 프로토콜에 대한 결정을 내리는데 암호 화폐가 사용될 경우 문제는 더 복잡해진다. 따라서 암호화폐 커뮤니티가 가장 우려하는 부의 집중화를 감지하기 위하여 커뮤니티 구조가 얼마나 디스토피아 B와 비슷한지 측정하는 지표가 필요하다. 탈 중앙화 정도를 측정하는 항목에 코인 소유의 중앙화를 측정하는 지표가 필요하다.

이더리움의 초기 공급에 대하여 살펴보면 현재의 이더리움 소유 중앙화를 대략적으로 짐작할 수 있게 한다. 이더리움 네트워크는 7,200만 이더(ETH)의 공급으로 시작되었다. 그 중 83%(6천만 개)는 2014년 7월과 8월에 실시된 크라우드 세일에서 ETH를 구매한 사람들에게 배포되었다. 기껏해야 수천 명에 불과한 크라우드 세일 참가자들은 이더리움 지갑 주소와 네트워크 출시 시 구매한 ETH를 받겠다는 약속과 교환하여 총 31,000개의 비트코인을 지정된 비트코인 주소로 보냈다. 참가자들은 약 1,800만 달러에 해당하는 금액을 지출했으며, 달러로 환산하면 판매 가격은 ETH당 평균 약 0.30 달러였다. 크라우드 세일에서 모금된 돈은 이더리움 프로토콜 개발, 법적 비용, 커뮤니케이션 및 연구 비용을 지불하는 데 사용되었다. 2015년 네트워크 출시 당시 배포된 나머지 1,200만 ETH 중 절반은 대부분 기여한 시간을 기준으로 프로토콜에 대한 초기 기여자 83명에게 분배되었다. 나머지 절반은 네트워크의 채택 및 추가 개발을 촉진하는 임무를 맡은 비영리 단체인 이더리움 재단을 위해 따로 마련되었다. 상대적으로 적은 수의 크라우드 세일 참가자는 ETH의 초기 배포가 집중되었음을 의미했다. 시간이 지남에 따라 초기 구매자가 보유 자산의 일부를 신규 진입자에게 매각하고 작업 증명 채굴을 통해 공급이 추가됨에 따라 ETH의 배포는 더욱 널리 퍼질 것이지만 ETH는 꽤 오랫동안 고도로 집중된 상태를 유지할 것이다. 예를 들어, 블록체인 분석 회사인 체이널리시스(Chainalysis)의 보고서에 따르면 2019년 5월 현재 376명의 개인만이 이더리움 유통 공급량의 33%를 통제하고 있다. 토큰은 탈중앙화라는 가치에 기여할 수 있어야 하기 때문에 토큰 소유의 중앙화와 불평등은 퍼블릭 블록체인의 건전성에 역행하는 일이 될 수 있다. 토큰이 널리 배포되면 네트워크는 소수의 참가자 그룹에 의한 영향과 담합에 덜 취약하다. 토큰 소유의 중앙화는 네트워크의 '신뢰할 수 있는 중립성'을 위협한다. 부의 집중은 이더리움이 지분 증명 방식 시스템으로 바뀐 후에도 악화될 수 있다. 오히려, 토큰 집중의 위험은 지분 증명 시스템에서 더 심각하다고 알려지고 있다.

다음은 카르다노의 암호화폐 커뮤니티에서 구조적으로 암호화폐 불평등이 있을 것인지 살펴보자. ADA의 최대 공급량은 450억 ADA이다. 약 312억 ADA는 제네시스 블록 배포 중에 발행되었으며 나머지 138억 ADA는 지분증명 방식 블록 생성 보상으로 발행된다.

현재 약 350억 ADA(78%)가 공급되고 있다. ADA의 공급은 에포크당 준비금의 0.3%만큼 발행되어 인플레이션된다. 현재 발행된 ADA를 소각하는 메커니즘이 없다. 현재 카르다노 재무부는 생태계 개발에 사용할 10억 ADA 이상을 보유하고 있다. 초기에 발행한 제네시스 블록 배포를 보면 다음과 같다. 초기 312억 ADA 토큰이 ICO(초기 코인 판매) 참가자(~83%)와 카르다노의 3주요 법인, 즉 IOHK(현재 IOG), 카르다노 재단 및 EMURGO(~17%)에게 배포되었다. ICO 참가자들은 2015년과 2017년 사이에 4개의 트랜치에 걸쳐 ~109,000 BTC 또는 미화 6,300만 달러의 가치로 ~259억 ADA 토큰 바우처를 구입했다. 약 52억 ADA가 IOHK(현재 IOG), Cardano 재단 및 EMURGO에 배포되었다.

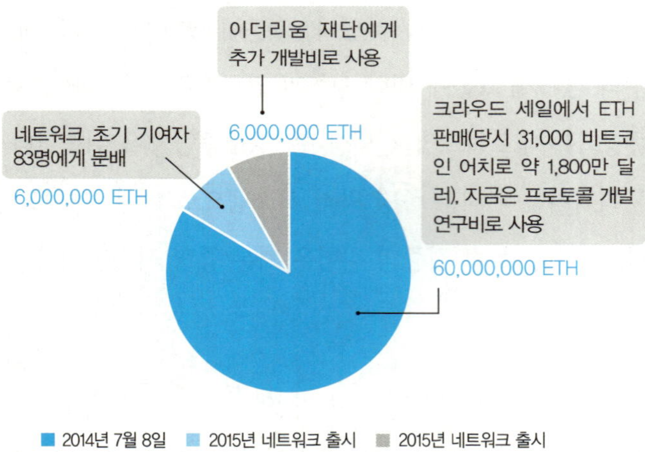

블록체인 분석 회사인 Chainalysis의 조사에 따르면 2019년 5월 현재 376명의 개인만이 순환 공급량의 33%를 통제

이더리움 네트워크의 초기 7,200만 ETH 분배와 부의 집중 문제

4

협력과 탈중앙화의 경제적 수혜

중앙 집권화 조직이 정보를 숨기거나 특정인만 자기들끼리 공유한다면 협력의 길은 더 멀어진다. 암호화폐는 정부나 중앙 은행과 같은 단일 기관에 의해 통제되는 것이 아니다. 암호화폐의 탈중앙화에 영감을 받은 이더리움 개발자 그룹은 2016년 중앙권한이 없는 탈중앙화된 자율 조직(DAO)에 대한 아이디어를 내놓았다 DAO 모델은 정보의 비대칭과 투명성 문제로 발생하는 현대 사회에서의 문제를 해결하여 협력으로 갈 수 있는 대안을 만들어 준다. 이런 맥락에서 탈중앙화는 경제적 수혜로 이어진다.

미국 수학자 Albert W. Tucker가 최초로 공식화한 유명한 죄수의 딜레마, prisoner's dilemma(PD)는 유명하다. 함께 강도를 저지른 혐의를 받는 두 명의 죄수 A와 B는 고립되어 자백을 촉구받고 있는 상황을 가정한다. 각자는 자신을 위해 가능한 한 가장 짧은 징역형을 선고받는 데에만 관심이 있다. 각자는 파트너의 결정을 모른 채 고백할지 여부를 결정해야한다. 그러나 두 죄수 모두 자신의 결정에 따른 경우의 수가 어떤 결과를 낳을 것인지를 알고 있다:(1) 둘 다 자백하면 둘 다 5 년 동안 감옥에 간다.(2) 둘 다 자백하지 않으면 둘 다 은폐된 무기 소지만 증거로 1년 동안 감옥에 간다.(3) 한 사람이 자백하고 다른 사람이 자백하지 않으면 자백자는 석방되고(국가의 증거를 제출하기 위해) 침묵하는 사람은 20년 동안 감옥에 간다.

죄수들의 판단을 따라가 보자. A는 B가 무엇을 할지 확신할 수 없지만, B가 고백하는 경우를 가정하여 자신이 고백하지 않으면 자신은 20년을 복역해야 하므로 자신이 고백하면 5년만 복역하는 것이 유리하다는 판단으로 고백하게 된다. A는 B가 침묵을 지킬 경우를 가정할 때, A는 자신이 고백하면 석방될 것을 안다. 따라서 해결책은 각 죄수가 자백하고 5 년 동안 감옥에 가게 된다. 그러나 역설적이게도 두 강도는 둘 다 침묵을 지키는 비합리적인 전략을 채택한다면 더 잘할 판단일 것이다. 그렇게 하면 각각 1 년 동안 감옥에서 복역할 것이다. 죄수의 딜레마의 아이러니는 두 당사자(또는 그 이상)가 이기적으로 행동하고 다른 당사자와 협력하지 않을 때(즉, 고백할 때) 이기심없이 행동하고 함께 협력할 때(즉, 침묵을 지킬 때) 보다 더 나빠진다는 것이다.

죄수의 딜레마는 단지 흥미로운 가상의 문제가 아니다. 유사한 특성을 가진 실제 상황을 종종 관찰할 수 있다. 예를 들어, 가격 전쟁에 종사하는 두 명의 상점 주인은 죄수의 딜레마에 휩싸일 수 있다. 각 상점 주인은 경쟁자보다 가격이 낮으면 경쟁자의 고객을 끌어 들여 자신의 이익을 높일 수 있다는 것을 알고 있다. 따라서 각각은 가격을 낮추기로 결정하여 결과적으로 고객을 확보하지 못하고 둘 다 더 작은 이익을 얻는다. 마찬가지로 군비 경쟁에서 경쟁하는 국가와 농작물 생산을 늘리는 농민도 죄수의 딜레마의 징후로 볼 수 있다. 두 나라가 군사적 우위를 달성하기 위해 더 많은 무기를 계속 구매할 때 어느 쪽도 이점을 얻지 못하고 둘 다 시작했을 때보다 가난해진다. 한 농부는 생산량을 늘림으로써 자신의 이익을 늘릴 수 있지만, 모든 농부가 생산량을 늘리면 시장 과잉이 발생하여 모든 사람의 이익이 낮아진다.

죄수의 딜레마는 경제 또는 비즈니스 상황에서 개별 인센티브가 행위자가 차선의 결과를 선택하도록 유도하는 이유를 설명하기 위해 자주 사용된다. 경제는 경제와 사회 전체에 유익하거나 해로운 결과를 가져올 수 있는 죄수의 딜레마 사례로 가득 차 있다. 공통된 맥락은 다음과 같다. 개별 의사 결정자가 직면한 인센티브가 그들 모두를 집단적으로 더 나쁘게 만드는 방식으로 행동하도록 유도하는 동시에 모두가 집단적으로 더 나아질 수 있는 선택을 개별적으로 피하는 상황이다. 협력해야 하는데, 개별 인센티브 때문에 경쟁하면 죄수의 딜레마에 빠진다는 것이다. 그러한 예 중 하나 는 공유지의 비극이다. 계속해서 소비할 수 있도록 천연 자원의 공통 풀을 보존하고 번식에 재투자하는 것이 모든 사람에게 집단적 이익이 될 수 있지만, 대신 각 개인은 항상 가능한 한 빨리 가능한 한 많이 소비할 동기를 가진다. 그런 다음 자원을 고갈시킨다. 협력할 수 있는 방법을 찾는다면 분명 모든 사람이 더 나아질 터이다.

초합리성은 도덕성과 협력의 관계를 설명해준다. 개인의 행동을 놓고 게임이론과 경제학에서 다루는 상황은 크게 협력과 경쟁, 두 가지이다. 죄수의 딜레마에서 보듯이 사실 더 좋은 결과를 위해서는 모든 사람이 서로 협력하는 편이 좋다. 하지만 다른 이들이 어떻게 행동하든 자신의 이익만을 생각했을 때에는 경쟁하고 싶어 한다. 이러다 보니 보통은 모든 사람이 서로 경쟁하게 되고 가끔은 집단이 낼 수 있는 최악의 결과로 실패로 이어지기도 한다. '죄수의 딜레마' 게임이 그러한 것처럼. 그러나 '죄수의 딜레마'에서 얻은 교훈 때문이던 아니면 종교적 영향이던 상관없이, 세상에는 많은 사람들이 도덕적으로 행동하고 협력한다. 도덕적인 행동이 그들의 개인적인 상황이나 여건에 도움이 안되거나, 때로는 악화시킬 때도 기꺼이 협력한다. 도덕적으로 행동하고 협력하는 모습은 인간이 '진화의 산물' 이기 때문이라고 주장하기도 한다. 진화에는 초합리성 개념이 담겨 있다. 우리는 매번 어떻게 행동할지 결정해야 한다. 거짓말을 자주하는 사람도 정직한 사람처럼 보이고 싶어한다. 그래서 다른 사람들 앞에서 정직한 척한다. 그러니 거짓말 장이는 결정을 내릴 때마다 이중 계산을 해야 한다. 거짓말을 말할 것인지 진실을 말할 것인지 선택해야 한다. 즉, 거짓말 장이는 뇌가 두배의 계산을 요구한다. 컴퓨터에 두 배의 계산을 요구하면 속도가 느려 진다.

인간도 마찬가지이다. 그래서 정직은 꽤 중요한 재능이고 정직하게 사는 사람은 상대적으로 삶을 영리하게 잘 사는 사람이라고 볼 수도 있다. 마음에서 우러나오는 도덕적 행동은 거짓말장이가 억지로 정직한 척하는 것보다 더 높은 설득력이 있다. 남을 설득하기도 쉽고 사람과의 관계에서 일처리도 매끄럽게 할 수 있다. '나쁜' 일을 하는 것은 아무도 보지 않더라도 사람을 불편하게 만들기 때문에 나쁜 짓을 하지 않는 것이 좋다. 경제학적 측면에서 보면 이런 면이 축적된 합성품이 양심이라고 여겨진다. 따라서 실제로 도덕적인 가치관을 따르는 것이 더 합리적이다. 그럼 이런 논리를 찬성하고 도덕적인 가치를 따르는 사람이 많아지는 사회는 어떤 사회가 될까? 다음 예를 다시 보자. A라는 사람과 B라는 사람이 죄수의 딜레마 게임 상황에 놓여 있다고 가정하자. 이들은 둘다, 상대방을 어느 정도 정확하게 도덕적인지 여부를 알 수 있다. 이때 다음처럼 전략을 짤 수 있다.

1. 상대방이 도덕적인지 판단하라.
2. 상대방이 도덕적이라면 협력하라.
3. 상대방이 도덕적이지 않으면 경쟁하라.

두 명의 도덕적인 사람이 만나면 두 사람 모두 협력하게 되고 더 큰 보상을 받게 된다. 만약 도덕적인 사람이 비도덕적인 사람과 만나면 도덕적인 사람은 경쟁하게 된다. 그러므로 모든 경우에 도덕적인 사람은 적어도 비도덕적인 사람만큼 잘해내고, 종종 더 잘한다. 그러므로 도덕적인 사람이 많은 사회는 협력하는 사회가 되고, 사회 전체의 경제적 가치를 향상시켜 나갈 것이다. 이것이 초합리성의 본질이다. 겉으로는 친근한 척 하지만 실제로는 경쟁하여 상대방을 무너뜨릴 계획을 세우는 부류의 사람들도 있다. 인간 세계를 큰 기계가 돌아가는 것에 비교하면 이런 경쟁하는 부류는 기계 결함 중 하나로 볼 수 있다. 정상적인 사회에서의 고장난 부품이 되어 도덕적이지 못하게 살며, 협력하지 못하고 사회의 발전에 도움이 되지 못하는 이치다.

초합리적 협력은 오랜 동안 인간 사회 발전의 중요한 기반이었다. 하지만 요즘은 많이 달라졌다. 현대의 중앙화된 거대 조직들은 개인 정보 수집을 통하여 사람들의 마음을 읽는 능력을 효과적으로 이용해서 다른 이들을 속일 수 있도록 허용하고 있다. 이런 이유로 초합리적 협력은 점점 더 어려워지고 있다. 인터넷은 종종 조직적이고 정치적인 문제에 대한 새로운 해결책으로 환영받았고, 실제로 정보의 비대칭을 줄이고 투명성을 제공하는데 도움이 된다. 그런데 인터넷은 상황을 더 악화시킬 수 있는데, 사람은 오프라인 보다 온라인에서 본인을 더 잘 감출 수 있기 때문이다. 인터넷 공간에서의 사기가 늘어나는 것도 이 이유다. 암호화폐 공간에서의 사기 문제도 같은 맥락이다. 이런 사기를 해결하려면 개인과 중앙집권화 된 조직의 정보를 투명하게 공개해야 한다. 그러나 이 과정은 스스로 진행되지는 않는다.

그렇다면 바로 조직 스스로 자발적으로 자신을 드러내고 초합리적으로 스스로를 만들 수 있는 방법을 찾을 수는 없을까? 여기에 방법으로 다오(DAO)가 있다. 중앙 집권화된 투명한 조직에서는 외부인이 조직의 기질을 대략적으로 파악하는 것은 가능하다. 만약 중앙 집권화 조직이 정보를 숨기거나 특정인만 자기들끼리 공유한다면 협력의 길은 더 멀어진다. 그런데 다오는 외부인조차 조직의 전체 소스코드를 실제로 볼 수 있다. 그러므로 조직이 누군가를 속이는 것뿐 아니라 조직이 누군가를 속일 마음을 갖는 것조차 불가능하다.

중앙화 시스템에서는 불가능했던 탈중앙화 자율 조직(DAO)은 블록체인이라는 탈중앙화 네트워크로 가능해졌다. 암호화폐는 정부나 중앙 은행과 같은 단일 기관에 의해 통제되는 것이 아니라 다양한 컴퓨터, 네트워크 및 노드로 나누어져 취급된다. 많은 경우에 암호화폐는 이 탈중앙화된 상태를 이용하여 표준 화폐 및 중앙화된 거래에서 일반적으로 사용할 수 없는 개인 정보 보호 및 보안 수준을 달성한다. 암호화폐의 탈중앙화에 영감을 받은 이더리움 개발자 그룹은 2016년 탈중앙화된 자율 조직(DAO)에 대한 아이디어를 내놓았다. DAO의 개념은 기업과 유사한 개체의 감독 및 관리를 촉진하는 것이다. 그러나 DAO의 핵심은 중앙 권한이 없다는 것이다. 지도자와 참가자의 집합적인 그룹이 운영회의 역할을 한다. DAO 작동 방식은 스마트 계약에 크게 의존한다. 논리적으로 코딩된 이러한 계약은 블록체인의 기본 활동을 기반으로 의사 결정을 지시한다. 예를 들어, 결정 결과에 따라 특정 코드를 구현하여 순환 공급을 늘리거나, 예비 토큰을 소각하거나, 기존 토큰 보유자에게 선별 보상을 발행할 수 있게 한다.

DAO의 투표 프로세스는 블록체인에 게시된다. 사용자는 보통 이것 아니면 저것과 같은 상호 배타적인 옵션 중에서 선택해야 한다. 투표권은 보유하고 있는 토큰 수에 따라 사용자에게 분산되는 경우가 많다. 예를 들어, 100개의 DAO 토큰을 소유한 한 사용자는 50개의 토큰을 소유한 사용자보다 두 배의 투표권을 갖게 된다. 이 관행의 배후에 있는 이론은 DAO에 더 많은 금전적 투자를 한 사용자가 선의로 행동하도록 장려된다는 것이다. 어떤 정책 결정을 투표로 했을 때 전체 투표권의 25%를 소유한 사용자를 상상해 보자. 이 사용자도 나쁜 행위에 가담할 수는 있다. 그러나 그렇게 하여 결과적으로 나쁜 정책이 결정되어 시행되어 성과를 내지 못하면 여기에 투표한 사용자는 25% 보유의 가치를 위태롭게 할 것이다.

'죄수의 딜레마'나 '공유지의 비극'에서 보듯이 공공재에 관한 문제는 불행하게도 초합리적 협력의 해결 범위 밖에 있을 수도 있다. 현재까지 제시된 어떠한 DAO 메커니즘도 아직 특정 커뮤니티가 아닌 대규모의 복수 이해관계자에게 모두 혜택이 주어지는 문제를 해결하지 못했다. 기후 문제 해결 등의 결정 투표가 이런 범주에 들어간다. 이처럼 한계는 분명히 있다.

공공재의 경우 개인적 이익을 얻는 사람을 배제하고 공공의 이익을 확장하는 방법이 어렵다는 것이 문제다. 누구든 개인이 이익을 많이 얻으면 공공제 전략은 실패한다. 국가 공공지 부동산을 개발하는 경우도 마찬가지다. 특정 개인에게 개발 이익이 돌아가면 공공의 이익을 위한 정책은 실패할 수밖에 없다. 특정 개인에게 개발 이익이 돌아가게 허용하는 것은 정보의 비대칭 문제 때문이다. 정보가 투명하게 공개된다면 특정 개인만이 공공지 부동산 개발의 이익을 독식할 수 있을까? 검찰 권력도 공공제이기는 마찬가지다. 수사정보가 투명하게 공개된다면 또는 검찰 체제에서 구성원들 만이라도 수사 정보를 공유하여 같이 파악하고 있다면 검찰권의 남용이 허용될까? 정보의 비대칭 때문에 국가권력이라는 공공제로 이익을 보는 사람이 특정 개인 또는 그 한정된 그룹에게만 돌아가는 것이다. 이처럼 정보의 비대칭 문제와 관련된 모든 것은 정보의 투명한 공개 및 탈중앙화라는 해결 범위 내에 있고, 그 응용 범위는 꽤 넓다. 사회가 점점 더 복잡해지면서 점점 더 많은 부정행위가 발생하고 있다. 새로 발생하는 이런 문제들은 경찰이 이해하기조차 어려운 것들도 있을 것이다. DAO를 적용한 금융 시스템은 단지 하나의 예에 불과 하다. 만약 DAO가 무언가를 약속한다면 그것은 이런 정보의 비대칭과 투명성 문제로 발생하는 현대 사회에서의 문제를 해결하여 협력으로 갈 수 있는 대안이 될 수 있을 것이다. DAO 모델에서 조직들이 자신들의 구조를 탈중앙화시키는 이유는 결국 다른 이들이 서로를 더 믿을 수 있게 만들기 위해서 이므로, 스스로 탈중앙화 시기를 따라 잡지 못하는 단체들은 이런 신뢰의 순환에서 오는 경제적인 수혜를 놓치게 될 것이다. 탈중앙화는 경제적 수혜로 이어진다. DAO는 죄수의 딜레마와 공유지의 비극에 관한 문제를 해결할 수 있다. 투명한 정보 공개로 사회가 부정행위 없이 초합리적 해결 범위 안에서 작동하여 특정 커뮤니티가 아닌 여러 이해 관계자에게 골고루 혜택이 주어지게 한다. 이런 시도는 최근 빈부 격차가 심한 도시에서 도시가 발전하는 혜택을 시민들이 골고루 발전 성과를 누리도록 하는 크립토 시티를 건설하는 계기가 되었다.

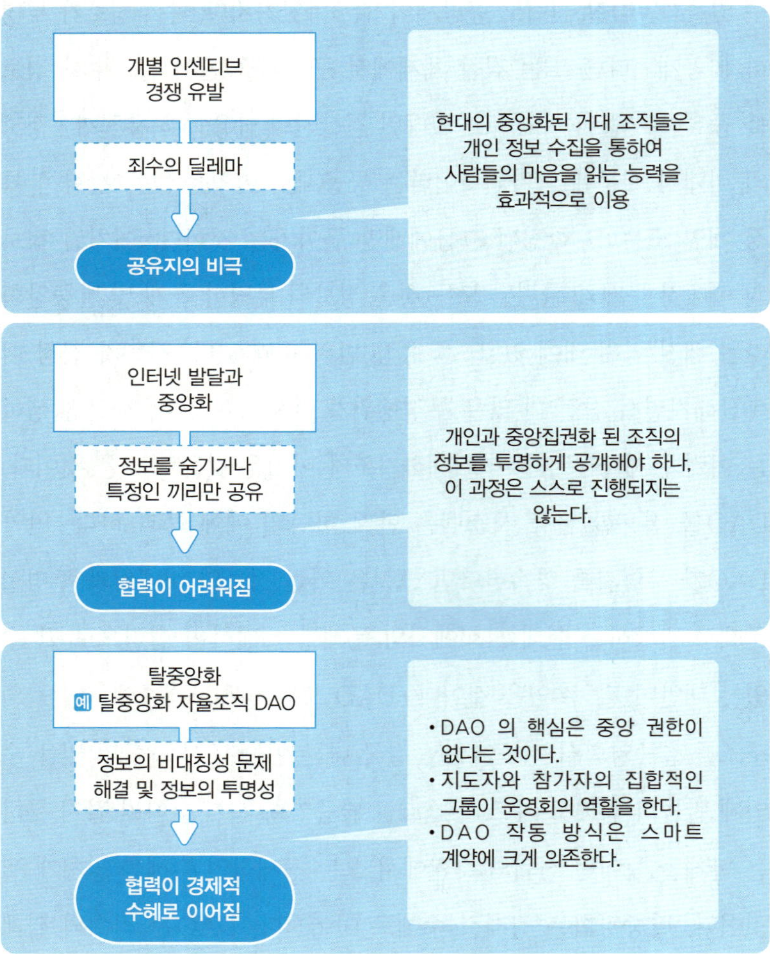

경제적 수혜로 이어지는 탈중앙화

5

신뢰성 논쟁이 불필요한 탈중앙화 시스템

탈중앙화 거래소(DEX)의 경우 코인에 대한 통제, 운영은 완전히 투명하다. 소유자의 동의 없이 누군가가 DEX에서 토큰을 가져와서 다른 용도로 사용할 수 없다. 모든 상호 작용은 피어 투 피어(P2P) 관계로 거래된다. 굳이 중개자의 역할이라고 한다면, 블록체인에 저장된 프로그래밍된 기능을 수행하는 스마트 계약일 뿐이다. 우리는 DEX와 DeFI(분산금융) 서비스의 신뢰성에 대해 논쟁할 필요가 없다. 결론적으로 프로그램 버그만 없으면 탈중앙화 시스템의 신뢰성 논쟁은 불필요하다.

탈중앙화 거래소(DEX)는 Uniswap과 같이 중개소(또는 중개인) 없이 네트워크를 통해 사람들과 토큰을 거래할 수 있도록 하는 디앱(dapp)이다. DEX는 탈중앙화 블록체인, 디파이, 디앱 과 동일 선상에 있는 개념에 속한다. 반면에 중앙화 거래소(CEX)는 암호화폐 거래의 중개인 역할을 하는 중앙화된 기관이다. 탈중앙화 시스템에서 중앙화된 기관이 수익을 쉽게 챙겨 간다는 현실이 필요악처럼 보인다. 그러면서 이 중앙화 기관이 불투명하게 암호화폐를 사용하여 문제를 일으키기도 하고 해킹에 노출되기도 하여 탈도 많다. 그렇다고 탈중앙화 거래소(DEX)만으로 암호화폐 세상이 나아갈 수는 없다. 암호화폐 거래소는 수요와 공급이 만나는 곳이다. 판매자는 자신의 코인에 대한 구매자를 찾고 싶어한다. 공급(매도)이 수요(매수)를 충족하면 거래가 발생한다. 참여자들은 미리 합의된 가치로 서로 코인 또는 토큰을 거래한다. 대부분의 사람들은 거래가 작동하는 원리는 이해하지만, 중앙화 거래소(CEX)와 탈중앙화 거래소(DEX)의 차이는 그렇지 않다.

탈중앙화 세상을 바라는 사람은 빨리 거래소도 탈중앙화 거래소인 DEX로 수렴되어 가길 바랄 것이다. 그러나 현실은 그렇지 못하다. CEX에서 DEX로 전환이 직면한 어려움을 살펴보자. JP Morgan은 2022년 11 월 24 일 문서에서 회사가 "CEX에서 DEX로의 구조적 전환이 회의적"이라고 결론지었다. 탈중앙화 금융(디파이)이 주류가 되기에는 DEX가 직면하게 될 몇 가지 장애물이 있다.

- 적절한 가격 파악의 어려움 — 현재 주로 오라클을 통해 CEX거래소에서 제공한다.
- 디파이 스마트 계약 위험(해킹/프로토콜 공격 가능성이 항상 존재한다).
- 보안이 보장되는 관리/감사 및 거버넌스의 어려움이 있다.
- 담보가치가 특정 수준 이하로 떨어질 경우 자동 청산으로 인해 발생하는 시스템 위험이 존재한다.
- 기존 금융에 비해 디파이는 과도한 담보를 설정해야 하는 단점이 있다.
- DEX에서는 모든 거래 처리가 전면에서 실행(은행에서 창구에서 직원이 모든 거래 처리를 다하는 것과 같다.)
- 지정가(limit) 주문/손절매(stop-loss) 기능이 없다.
- 디파이에서는 투자 위험/투자 수익을 절충하여 평가하기 어렵다.
- 자산을 유동성 풀(LP)에 모으면 기관 투자자 입장에서는 불편할 수 있다.

JP Morgan이 말한다.

"결과적으로 중앙 집중식 거래소가 FTX 붕괴에도 불구하고 가까운 장래에, 특히 대규모 기관 투자자에게 암호화 생태계에서 계속해서 큰 역할을 할 것이라고 믿습니다."

바이넌스 같은 곳이 중앙화 거래소지만, 암호화폐 산업과 같이 간다는 이야기이다.

사용자는 DEX와 CEX가 어떻게 다르게 작동하는지 알아야 한다. 먼저 CEX를 통한 중앙 집중식 거래 작동 방식을 보자. 암호화폐는 사용자 간의 거래를 가능하게 하여 수익을 교환한다. 거래소에 예치금을 예치하고 거래를 실행하고 예치금을 인출하는 데 약간의 수수료를 부과할 수 있다. 거래소는 사용자 간의 거래를 실행하며 반드시 자산을 구매하거나 소유할 필요는 없다. 각 사용자는 거래소에 자신의 계정과 자산을 가지고 있다. 실행된 거래는 매도자와 매수자 계정의 잔액을 변경한다. 사용자가 코인을 거래소(CEX)에 보내려면 거래소에 주소를 만들어야 하는데 이때 주소(공개키)에 해당하는 개인키가 함께 만들어진다. 그래서 거래소로 통제권이 넘어오게 되며 거래소는 코인을 책임지고 개인 키를 보유한다. 거래소 직원은 사용자 코인의 개인키를 가지고 있기 때문에, 코인으로 원하는 모든 것을 할 수 있으며 사용자는 거래소 직원이 정직하게 행동하고 있다고 믿어야 한다. 이래서 중앙 집중식 거래소는 불투명하다. 또 사용자는 거래소가 모든 사용자의 예치금을 실지로 보유하고 있는지 결코 확신할 수 없다. 거래소는 사용자의 동의를 받지 않는 한 사용자의 예치금으로 다른 일을 해서는 안된다. 거래소에 등록할 때 사용자 약관에 동의해야 할 수 있다. 일부 관할권에서는 거래소 운영이 법으로 규제될 수 있다.

FTX와 같은 중앙 집중식 거래소(CEX)가 파산하는 이유는 무엇일까? 투명하게만 처리한다면 중앙화 암호화폐 거래소는 약세장에서도 실패할 이유가 없다. 거래소는 단순히 사용자 계정에 코인을 보유하기 때문에 코인의 시장 가치 하락은 거래소에 직접적인 경제적 영향을 미치지 않는다. 간접적인 경제적 영향은 거래에 대한 사용자 관심의 감소이다. 사용자가 줄고 예치금이 줄면 거래소의 수익이 감소할 수 있는 구조이다. 그렇다면 암호화폐 거래소가 약세장에서 폭락하는 이유는 무엇일까? 거래소에는 엄청난 양의 자본이 있다. 자본은 대부분 사용되지 않고 있다. 그런데 CEO와 경영진이 이 자본을 오용하여 이익을 얻고자 하는 유혹이 매우 크다. 거래소는 마치 금융기관처럼 행동하기 시작할 수 있다. 그들은 자본의 일부를 다른 암호화폐 자산에 투자하거나 레버리지 거래 또는 높은 수익률을 약속하는 디파이 프로토콜에 사용할 수 있다.

사용자가 거래소에 10,000 BTC를 보냈다고 가정해 보자. 10%인 1,000 BTC만 준비금으로 남겨 둔다. 거래소는 4,000 BTC로 다른 암호화폐 XRP를 구매하고, 수동 수입을 목적으로 이더리움 스테이킹 에 5,000 BTC만큼을 잠근다. 구매한 XRP로 이런 투자를 반복해서 할 수 있다. 이런 거래소의 투자 방식은 매우 위험하지만 수익성이 높을 수 있다. 강세장에서는 잘 작동하고 관리 이익이 발생한다. 문제는 약세장이 오고 사용자가 거래소에서 3,000 BTC를 인출하기로 결정하면 문제가 발생하기 시작한다. 구매한 XRP를 팔아야 하지만 이때쯤 XRP가치가 떨어진 상태일 수 있다. 또 스테이킹에 잠긴 5,000 BTC만큼의 이더리움은 사용할 수 없다. 사용자의 3,000 BTC 인출 요구는 비유동적인 것이 되어 버렸다. 거래소는 사용자의 BTC를 반환할 수 없기 때문에 입금 출금을 중단한다. 그리고 고객에게 변명할 수 있다. 이것은 일시적인 조치일 뿐이며 24시간 이내에 인출을 허용할 것이라고 발표할 수 있다. 그리고 24시간 동안 그들은 다른 곳에서 자본을 조달하려고 노력할 것이다. 사용자는 불안해하기 시작하고, 거래소에서 10,000 BTC를 모두 최대한 빨리 인출하기를 원한다. 소위 암호화폐의 뱅크런이다. 거래소가 다른 곳에서 자본을 확보하지 못하면 파산을 선언해야 한다.

위 시나리오를 바탕으로 문제가 무엇인지 검토해 보자. 거래소 소유자는 적절하다고 생각하는 대로 사용자 예치금을 자유롭게 처리할 수 있으며 투명하게 처리할 의무가 없다. 그들은 허가 없이 다른 금융 활동을 위해 사용자의 예치금을 사용할 수 있다. 이것은 중개인의 전형적인 권력 남용이다. 거래소에 대한 규제가 명확하지 못한 지금이 더 문제이다. 사용자가 잘못한 것은 없다. 그들이 코인을 팔거나 다른 코인을 사기로 결정하면 거래소를 통해서만 가장 효율적으로 할 수 있기 때문에 그들을 비난하기는 어렵다. 따라서 그들은 제3자(중앙화 거래소)와 관련된 위험을 감수해야 한다.

지금부터 탈중앙화 거래소(DEX)의 장점을 살펴보자. 일반적으로 탈중앙화는 제3자(거래소)와 관련된 위험을 제거한다. 각 DEX는 커뮤니티 전문가가 심각한 취약점이나 백도어가 없음을 확인할 수 있도록 오픈 소스 프로젝트여야 한다. 모든 소스 코드에는 버그가 있을 수 있다. 그러나 소스 코드를 감사하고 공개적으로 사용하면 버그를 찾아 수정할 수 있다. 사용자는 DEX가 선언된 대로 정확하게 작동한다고 확신할 수 있다. DEX를 사용할 때 어떤 중앙 기관도 자금 관리인 역할을 해서는 안된다. DEX가 정확히 어떻게 작동하는지 아는 것은 사용자가 어느 정도 지식을 가지고 있는 것이 좋다. 코인이

제3자(거래소)가 아닌 스마트 계약에 의해 보유되는 DEX를 찾아서 이용할 수 있다. DEX가 사용자의 개인키를 자체 관리하지 안는다고(비수탁이라고) 웹사이트에 명시되어 있다고 해서 자동으로 믿지 않는 것이 좋다. 신뢰하지 말고 먼저 확인하고 사용할 필요가 있다. DEX를 이용할 때, 다른 디파이 서비스도 마찬가지라고 할 수 있지만 개인지갑에 개인키를 보관해야 한다.

DEX에서 처리하는 스마트 계약의 개별 단계는 자동으로 수행된다. DEX는 탈중앙화 원칙을 준수하도록 프로그래밍 되어야 한다. 즉, 멈출 수 없고 검열에 강해야 하며 계정을 동결하거나 인출을 중단할 수 없어야 한다. 모든 DEX트랜잭션이 블록체인에서 가능하므로 거래 기능은 투명하다. 누구나 온체인 데이터를 분석하고 결과를 게시할 수 있다. DEX는 KYC/AML(고객 신원 확인)이 필요하지 않으며 훨씬 사용하기 쉽다. 등록이 필요하지 않다. 아무도 DEX를 사용하도록 승인할 필요가 없다. 사용자는 지갑을 연결하고 사용하기만 하면 된다. 짧은 시간 안에 그들은 블록체인 생태계의 모든 기존 DEX를 시험해 볼 수 있다. 프라이버시를 중요시하는 사람들에게 DEX는 이상적인 솔루션이다. 이상적인 솔루션이라고 해서 항상 안전하다는 의미는 아니다. CEX 같은 중개자가 없어서 자신이 한 거래는 자신이 모든 책임을 져야 한다. 혹시 개인키라도 잃어버리거나 해커에게 노출된다면 모든 자산을 날릴 수도 있다.

CEX는 파산하는데 DEX가 계속 실행되는 이유는 무엇일까? DEX의 경우 코인에 대한 통제권이 어떤 팀이나 다른 사람에게 주어지지 않으므로 남용할 수 없다. 또한 DEX의 운영은 완전히 투명하다. 이것은 CEX와 비교할 때 매우 중요한 차이이다. 소유자의 동의 없이 누군가가 DEX에서 토큰을 가져와서 다른 용도로 사용할 수 없다. 모든 상호 작용은 피어 투 피어(P2P) 관계로 거래된다. 굳이 중개자의 역할이라고 한다면, 블록체인에 저장된 프로그래밍된 기능을 수행하는 스마트 계약일 뿐이다. 그래서 스마트 계약을 자율화된 에이전트라고 부른다. 블록체인 네트워크가 유효한 경우 트랜잭션을 블록에 삽입하는 것처럼 DEX는 두 토큰을 교환한다. 사용자 입장에서는 개인키를 통한 동작 확인만 요구한다.

DEX는 사용자 예치금을 보유하지 않으며 뱅크런을 할 수 없다. DEX는 항상 유동적이며(자체 볼륨까지) 작동 중에 코인이 손실되어서는 안된다. DEX는 자동화된 서비스일 뿐이며 블록체인 수수료(및 서비스 수수료)를 지불하면 누구나 사용할 수 있다. DEX는 약세장이고 상관없이 계속 실행된다. DEX운영이란 것은 운영팀이 프런트 엔드가 실행되고 있는지 확인하기만 하면 되며, 이는 DEX 운영의 유일한 비용일 수 있다. 운영팀은 개선을 위해 노력하고, 일부 이익을 기대할 수 있다.

DEX의 신뢰성은 CEX보다 훨씬 크다. DEX는 본질적으로 개인의 잘못된 판단, 직권 남용 또는 해킹으로 이어질 수 있는 활동 소홀과 관련된 위험이 없다. 그런데 DEX의 가장 큰 위험은 스마트 계약의 버그이다. 이 버그는 해커에 의해 악용되거나 실패로 인해 코인 손실이 발생할 수 있다. 이 위험은 보안 감사 및 시간 테스트를 통해 제거할 수 있다. DEX가 몇 년 동안 문제없이 운영된다면 사람들은 그것을 신뢰할 수 있다고 생각할 것이다. 그렇지만 CEX는 다르다. CEX의 CEO나 경영진이 바뀌면 큰 위험을 초래할 수 있다. 중앙 집중식 거래소(CEX) 직원도 내부 해킹을 할 수 있다고 보아야 한다.

우리는 DEX와 디파이 서비스의 신뢰성에 대해 논쟁할 필요가 없다. 현재 약세장에서 얼마나 많은 CeFi(중앙 금융) 회사가 파산했는지 살펴보라. 어떤 주요 디파이(분산 금융) 서비스도 파산하지 않았으며 심각한 문제에 처하지 않았다. 생태계를 포함한 모든 주요 DEX는 여전히 강세를 보이고 있다. 결론적으로 프로그램 버그만 없으면 탈중앙화 시스템의 신뢰성 논쟁은 불필요하다.

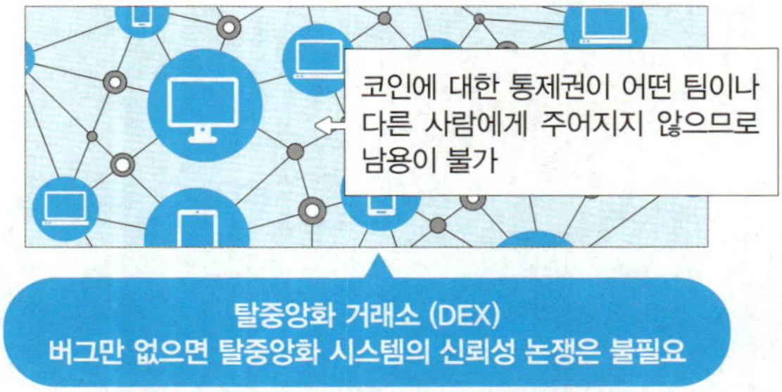

권력 남용이 가능한 중앙화 시스템과 프로그램 버그만 없다면
신뢰할 수 있는 탈중화 시스템

6

애매한 탈중앙화 현실

독일 클라우드 서비스 제공업체인 Hetzner Online GmbH는 2022년 어느 날 갑자기 서버에서 모든 Solana 활동을 차단하기로 결정하여 즉시 1,000명 이상의 Solana 검증인을 오프라인 상태로 만든 적이 있다. 분산된 블록체인 네트워크의 운명을 제어하는 데 있어 중앙화 서비스 제공업체의 영향력이 증가하는 것에 대해 암호화 커뮤니티에서 광범위한 토론을 촉발했다. 탈중앙화의 핵심인 검증인이 중앙화된 서버에 모여 있으면 이것을 탈중앙화라 보아야 할지 아니면 중앙화로 보아야 할지 애매하다.

암호화폐를 수단으로 하여 작동하는 모든 거래 및 스마트 계약, NFT 등은 중앙화 되어 있지 않고 네트워크에 데이터를 분산 보관하는 탈중앙화 형태이다. 구체적으로 지분 증명방식 암호화폐 네트워크는 분산된 검증인(노드)이 똑 같은 장부를 공유하고 있는 형태이다. 탈중앙화의 정도를 측정할 때 합의 메커니즘이나 분산원장의 안전성이 위협받을 수 있는 가능성을 분석하는 일은 중요하다. 이 때 분산 원장의 보관 위치도 중요한 고려 사항이 된다.

최근의 암호화폐의 탈중앙화 이슈에 대하여 솔라나 암호화폐의 예를 가지고 알아보자. 독일 클라우드 서비스 제공업체인 Hetzner Online GmbH는 2022년 어느 날 갑자기 서버에서 모든 Solana 활동을 차단하기로 결정하여 즉시 1,000명 이상의 Solana 검증인을 오프라인 상태로 만들었다. 참고로 현재 Solona 검증자 수는 1,762개이다. 영향을 받는 노드가 대부분 다시 온라인 상태가 되었지만, 이 조치로 인해 분산된 블록체인 네트워크의 운명을 제어하는 데 있어 중앙화 서비스 제공업체의 영향력이 증가하는 것에 대해 암호화 커뮤니티에서 광범위한 토론을 촉발했다. 탈중앙화의 핵심인 검증인이 중앙화된 서버에 모여 있으면 이것을 탈중앙화라 보아야 할지 아니면 중앙화로 보아야 할지 애매하다. 구글 클라우드 엔지니어 Sam Padilla의 독립적인 분석에 따르면 Solana 네트워크 검증인의 약 40%가 최근 8월에 Hetzner 클라우드에서 검증노드 작업을 하고 있었다. Hetzner와 같은 중앙화된 서비스 제공업체에 Solana는 의존하고 있었던 것이다.

Padilla에 따르면 Hetzner는 중앙 집중식 클라우드 서비스 제공업체 Equinix 및 Amazon Web Services(AWS)와 함께 8월에 Solana 지분의 무려 65%의 검증노드 역할을 호스팅했다. Solana 검증인에 대한 서비스를 거부하기로 한 해당 회사의 결정은 Solona 네트워크를 즉시 탈선시키고 오프라인 상태로 만들 것이다. 그러나 이러한 노력에도 불구하고 대다수의 Solana 검증인은 호스팅 요구사항을 위해 여전히 Hetzner, Equinix 및 AWS와 같은 중앙 집중식 회사에 의존했다. 이유는 자체적으로 검증 능력을 구비하기 어려운 영세한 검증인이 기본적으로 클라우드 서비스를 사용하여 검증노드를 Hetzner에 설정하는 것이 검증인 역할을 하고 수익을 올리는 빠르고 간단한 길이기 때문이다. 이 금지 조치의 여파로 카르다노 및 Cosmos를 포함하여 Hetzner에 크게 의존하는 다른 블록체인 네트워크의 검증자들은 네트워크 기능에 심각한 영향을 미칠 수 있는 노드에 대한 유사한 금지를 예상하여 새로운 서비스 제공업체를 찾기 시작했다.

이더리움의 지리적 탈중앙화는 어떨까? 이더리움은 2022년 9월에 작업증명에서 지분증명으로 바꾸는 합병을 성공시켜 탈중앙화의 장점을 살릴 수 있게 되었고, 에너지 사용 및 탄소 발자국의 99% 이상 감소를 포함하여 이더리움 병합으로 약속된 많은 이점이 실현되었다. 그런데 실상은 이렇다. 이더리움 노드는 주로 클라우드 서비스에서 실행된다. 인기 있는 클라우드 서비스 제공업체인 Hetzner는 자사 제품이 모든 이더리움 노드의 약 10%를 대행하여 호스팅한다는 사실을 이야기했다. Hetzner는 오랫동안 암호화폐에 대한 적대감을 표명했다. 8월에 회사는 서버에서 작동하는 이더리움 노드를 금지하기 시작했으며 사용자에게 암호화폐 마이닝과 관련된 모든 응용프로그램에 Hetzner 제품을 사용하는 것은 원격으로 관련되어 있더라도 허용되지 않았다. 여기에는 이더리움이 포함된다. Hetzner의 움직임은 사용자가 중앙 집중식 서비스 제공업체에 대한 블록체인 네트워크의 의존성, 특히 충분한 서버 공간에 의존하는 지분 증명 네트워크의 의존성을 재평가하는 단계에 이르렀다.

이더리움이 9월에 지분 증명 메커니즘에 합병되었을 때, 네트워크는 중앙 집중식 엔티티가 이제 네트워크에 스테이킹된 모든 ETH의 60% 이상을 제어한다는 사실에 대한 비판에 직면했다. 다른 말로 이야기하면, 이더리움의 거래 장부, 스마트 계약 및 NFT 들의 60% 이상 데이터가 중앙 집중식 서버에 보관되어 있다는 사실이다. 이 정도되면 지분 증명방식에서도 지리적 탈중앙화의 정의를 다시 내려야 할지도 모른다. 중앙화된 클라우드 서비스와 탈중앙화라고 외치는 블록체인 네트워크는 실질적으로는 밀접하게 연관되어 있다.

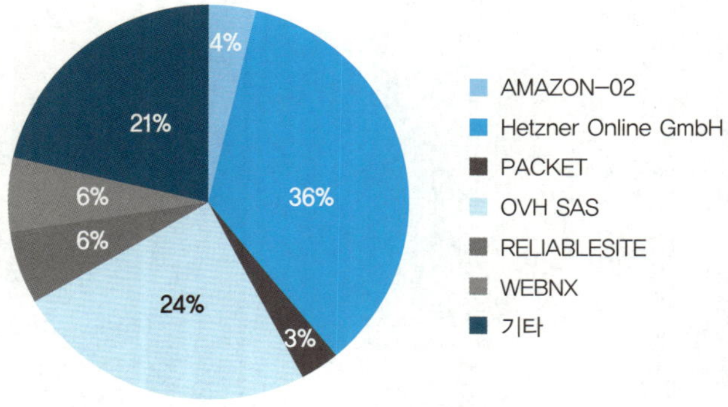

솔라나 검증 노드를 위한 호스팅 서비스 제공 업체

3

이더리움

1

이더리움의 탄생과 함께 스마트 계약 시대로

이더리움을 한마디로 정의하면 이더리움은 스마트 계약을 실행시키기 위하여 설계된 탈중앙화 플랫폼이었다. 스마트 계약 실행은 암호화폐의 대변혁을 가져온 발명이었다. 이더리움은 스마트 계약을 처리해야 하기 때문에 복잡한 계약 조건을 애매함이 없이 처리하기 위한 스크립팅 프로그램이 필요했던 것이다. 그래서 이더리움은 계정(Accounts) 개념을 사용한다. 이더리움 계정을 하나 가지고 있다는 것은 이 계정을 소유하고 있다는 것을 확인해 주는 개인키가 있다는 것을 의미한다. 이 개인키가 없으면 자신의 계정을 사용할 수가 없다. 계정은 [주소, 잔고, 계약 코드]로 이루어진다.

비트코인은 2009년에 출시된 최초의 암호화폐 중 하나이다. 소위 1세대 암호화폐이다. 이더리움은 2세대 암호화폐로 간주되며 2015년에 출시되었다. 2023년 3월 현재 약 22,904개의 암호화폐가 존재하며 모두 활성화되거나 가치가 있는 것은 아니다. 블록체인의 초기 세대는 블록체인 1.0이라고 불리며 단순한 형태의 분산 원장이었다. 이 1세대로 분류할 수 있는 암호화폐는 Bitcoin, Dogecoin, Litecoin 등을 포함한다. Dogecoin과 Litecoin은 비트코인의 두 가지 초기 포크에 해당한다.

1세대의 주요 동기는 기존의 전통적인 금융 시스템을 대체하거나 개선하는 것이었다. 사용자는 제3자에 의존하지 않고 소액의 거래 수수료(또는 가스 수수료)를 지불하여 직접 자금을 이체할 수 있다. 네트워크는 중앙 권한이 없는 탈중앙화 시스템이며 네트워크를 투명하게 유지하는 데 도움이 된다. 비트코인은 또한 디지털 네트워크에서 거래를 중계인 없이 처리하는 것 외에도 Coinbase, Kraken 및 Binance와 같은 중앙화된 암호화폐 거래소의 개발에 필수적인 역할을 했다. 하지만 1세대는 단순 거래에 국한되어 거래에 조건을 추가하기 어려웠다. 2세대 암호화폐인 이더리움은 스마트 계약 개념을 도입하여 이 문제를 해결했다. 스마트 계약은 트랜잭션을 보다 안전하게 만들고 조직적인 방식으로 작동한다. 스마트 계약은 실제로 블록체인에 저장되는 자동화된 계약 처리를 위한 프로토콜이다. 특정 조건이 충족되면 계약 실행이 시작된다.

이더리움은 Javascript 코드를 기반으로 하고 스마트 계약이 포함된 훨씬 더 광범위한 기능을 제공하기 때문에 Bitcoin에 대한 게임 체인저로 판명되었다. 이더리움의 핵심은 스마트 계약이다. 이더리움의 또 다른 특징 중 하나는 개발자가 자신의 dApp을 만들고 배포하는 데 사용할 수 있는 Solidity라는 완전한 프로그래밍 언어를 제공한다는 것이다. 2015년 7월, 비탈릭 부테린과 개빈우드는 이전의 비트코인과는 다른 새로운 암호화폐에 대한 초기 코인 공급(ICO)를 시작하였다. 이 시점을 기준으로 제2세대 블록체인 시대가 시작되었다고들 이야기한다. 2023년 현재 암호화폐들의 플랫폼은 엄청난 발전을 이룩하였다. 발전하는 암호 화폐를 제1세대(비트코인), 제2세대(이더리움), 제3세대(폴카닷, 카르다노 등)로 분류하기도 한다. 그러나 제3세대 암호화폐는 보통 지분 증명 방식으로 새로운 블록을 합의하는 암호화폐를 의미하는데, 제2세대 이더리움은 초기부터 언젠가 작업증명방식에서 지분증명 방식으로의 전환을 계획하고 있었기 때문에 제3세대라고 따로 분류하는 것은 의미가 크지 않다. 구태여 분류하자면 제1세대와 암호 화폐와 제2세대 암호 화폐가 있을 뿐이다. 이렇게 분류하는 이유는 탈중앙화, 무신뢰성, 무허가성, 및 불가역성을 만족하는 플랫폼이 비트코인처럼 거래 데이터만 처리하는 경우와 이더리움처럼 거래 데이터뿐만 아니라 스마트 계약 코드(프로그램)을 함께 처리할 수 있는가 하는 관점 때문이다. 스마트 계약 실행은 이처럼 암호화폐의 대변혁을 가져온 발명이었다. 변혁의 주체는 이더리움이다.

초기 이더리움을 한마디로 정의하면 이더리움은 스마트 계약을 실행시키기 위하여 설계된 탈중앙화 플랫폼이었다. 특징으로는 통제를 하거나, 실패가 염려되는 단일 지점이 없고(no single point of control /failure), 검열에 저항(censorship resistant) 특성이 있고, 계정 기반 블록체인(Account−based blockchain)이며, 또 분산 상태 머신(Distributed state machine)으로 볼 수 있다. 상태 머신으로 보는 이유는 새로이 제기되는 트랜잭션들을 묶은 블록 단위로 '상태'가 변경되어 나가기 때문이다. 하나의 새로운 블록이 만들어지는 시간 간격을 블록시간이라 부르는데 블록시간 마다 상태의 변화가 합의를 통하여 확정된다. 이더리움은 기본 자산인 이더(ether)를 가지는데, 이더는 이더리움 시스템을 이용하게 하는 장려 수단이 될 뿐만 아니라 블록을 생성하는 채굴자에게 지급하는 보상금으로 사용된다. 그 이전의 비트코인과 비교하면, 비트코인은 단지 분산된 자산이라고 볼 수 있고, 자산을 처리하기 위하여 이중 지출 문제를 해결하거나 출금자의 자격을 확인하는 간단한 기능을 스택기반 프로그램으로 수행하면 되었다. 반면에 이더리움은 스마트 계약을 처리해야 하기 때문에 복잡한 계약 조건을 애매함이 없이 처리하기 위한 스크립팅 프로그램이 필요했던 것이다. 이처럼 이더리움은 스마트 계약을 블록체인 위에 배포하는 것이 최우선적으로 고려되었기 때문에 계약 코드, 즉 계약 실행 스크립팅 언어가 비트코인 스크립트 보다 훨씬 강력하였다. 그런 이유로 이터(ETH) 자산은 자산 그 자체보다는 스마트 계약을 실행시키는 동력으로 작용한다고 보아야 한다. 합의 메카니즘은 초기부터 지분 증명 방식(Proof−of−Stake)으로 발전시키기로 계획되어 있었다(실제로 2022년 9월에 지분증명 방식으로 전환되었다). 참고로 비트코인은 그 당시도 그

랬고 지금도 여전히 작업 증명 방식(Proof-of-Work) 방식을 사용하고 있다.

비트코인의 트랜잭션 구조는 여러 개의 입력과 여러 개의 출력으로 구성된다. 비트코인은 사용자의 잔고가 UTXO(unspent transaction outputs)의 합으로 표현되는데 UTXO는 아직 사용되지 않은 출력을 뜻한다. 이 출력 주소의 자금을 사용하려면 이 주소에 대한 개인키가 있어야 한다. 반면에 이더리움은 다르다. 계정(Accounts) 개념을 사용한다. 홍길동이 이더리움 계정을 하나 가지고 있다는 것은 홍길동이 이 계정을 소유하고 있다는 것은 확인해 주는 개인키가 있다는 것을 의미한다. 이 개인키가 없으면 자신의 계정을 사용할 수가 없다. 계정은 [주소, 잔고, 계약 코드]로 이루어진다. 여기서 '계약 코드'가 있는 계정과 없는 계정의 두 가지 종류 계정이 있다. 이더리움의 계정의 또 다른 특징은 어떤 계정의 계약 코드를 다른 계정이 작동시킬 수 있다는 점이다. 먼저 두 가지 종류 계정은 외부 소유 계정(EOA: Externally Owned Accounts) 와 계약 계정(Contract Account)로 정의된다. 외부 소유 계정(EOA)는 블록체인 바깥에 있는 사람 또는 회사가 소유한 계정을 의미하며 [주소, 이더 잔고] 데이터를 가지고 있다. 이 외부 소유 계정에서 다른 계정으로 이더를 보낼 수가 있고, 계약 계정의 계약 코드를 깨울(trigger) 수가 있다. 계약계정은 [주소, 이더 잔액, 계약 코드]로 구성된다. 다른 계약 계정 또는 외부 소유 계정은 트랜잭션이나 메세지를 보내서 어떤 계약 계정의 계약코드를 작동 시작을 유도할 수 있다. 그래서 계약 계정은 안정적인 저장공간을 가지고 있다.

이더리움은 중요한 단어 하나를 정의하고 있는데, 그것은 바로 '상태' 이다. 이더리움 네트워크의 상태라는 것은 세상의 모든 이더리움 계정들을 합한 데이터를 상태라고 부른다. 그러므로 이더리움 상태는 [주소, 이더 잔고]로 이루어지는 모든 외부 소유 계정들의 정보와 [주소, 이더 잔고, 계약 코드]로 이루어지는 모든 계약 계정들의 정보를 합한 데이터이다. 그래서 전체 이더리움 네트워크의 노드들은 모든 계정의 정보를 합의 메카니즘을 통하여 동의하고 공동으로 분산 소유하고 있다. 이런 이더리움의 상태는 새로운 블록이 만들어질 때 마다 업데이트 된다. 그래서 블록이 이더리움의 상태 전환 함수로 볼 수 있다는 것을 알 수 있다. 블록은 이전 상태를 다음 상태로 변환시키는 역할을 하기 때문이다. 다르게 표현하면, 모든 이러리움 노드는 새로운 상태에 대하여 합의를 하여야 한다.(물론 합의는 현재 지분증명 방식으로 이루어지고 있다). 아무튼 이더리움에서 모든 계정들은 이더리움 네트워크의 상태를 나타낸다. 다시 강조하지만 이더리움 네트워크는 스마트 계약 플랫폼이고, 이더리움이 계정 모델을 사용하는 이유는 스마트 계약 코드는 '계정'을 사용할 때 더 실행하기가 쉽기 때문이다.

비탈릭은 훗날 스마트 계약이 탄생하게 된 배경을 이렇게 이야기했다. "많은 사람들(특히 똑똑한 사람들)은 과한 겸손함을 갖고 있어 다른 이들이 어떠한 행동을 취하지 않았다면 그들이 그러지 않는 이유가 분명히 있을 것이라고 치부하는 경향이 있다. 나는 자기 자신의 논리와 추론을 믿는 게 생각보다 어려운 일이라는 사실을 잘 안다. 이더리움을 만들면서 나는 분명 이 프로젝트가 실패할 것이라는 두려움에 휩싸인 적이 있다. 스마트 계약을 작성할 수 있는 블록 체인은 이전 블록체인에 비해 훨씬 좋았다. 그렇다면 이렇게 좋은 아이디어를 당연히 누군가 먼저 생각하지 않았을까? 그래서 나는 이더리움 아이디어를 세상에 알렸을 때 똑똑한 암호학자들이 왜 그것이 원론적으로 구현 불가능한지를 설명하려고 달려들 줄 알았다. 그러나 아무도 그러지 않았다. 물론 과한 겸손함을 이 세상 모든 사람이 느끼는 것은 아니다. 사람들은 겸손한 인식론을 많이 사용해서 자기 행동에 제약을 걸기에, 만약 개인의 논리적 사고가 특정 행동을 하는 쪽으로 결론을 내린다면 이를 따라갈 수 있는 의지가 더 있어야 한다."

비트코인 제 1세대 암호화폐	이더리움 제 2세대 암호화폐
전통적인 중앙화 금융 시스템을 대체하거나 개선할 목적으로 설계된 중앙권한이 없는 탈 중앙화 시스템	스마트 계약 도입으로 자동화된 계약처리를 목적으로 설계된 중앙권한이 없는 탈 중앙화 시스템
비트코인 분산된 자산 (이중 지출 문제 해결하고 출금자 자격 확인이 중요)	**기본토큰 이더 (ETH)** 스마트 계약을 실행시키는 동력 (복잡한 계약 조건을 애매함이 없이 처리하기 위한 스크립팅 프로그램 중요)
비트코인 트랜잭션 구조 사용자의 잔고는 트랜잭션의 출력중 아직 사용되지 않은 것의 합으로 표현	**계정과 상태** 스마트 계약 실행에 유리한 계정 개념을 사용하여 계속 업데이트되는 전세계 모든 계정을 상태라고 표현

이더리움은 비트코인의 혁신

2

지분증명 방식의 보안 보장과 인센티브

스테이킹을 하면 블록생성 경쟁에 참여할 자격이 주어지는 지분증명 방식은 보상이 아니라 처벌로 보안을 보장한다. 블록체인의 블록을 검증해서 기록하는 '검증자'는 해당 블록체인의 새로운 블록을 생성하고 보상 받을 기회를 포착하기 위해서는 먼저 코인이나 토큰을 미리 스테이킹하도록 되어 있다. 스테이킹이라는 말은 공개입찰에 참여하기 위하여 참가 비용을 부과하는 제도와 같다. 만약 부당한 방법으로 공개입찰에 참여한 것으로 판명날 경우, 입찰 참가 비용은 강제적으로 몰수된다.

중앙화 기관이 모든 정보를 수집하고 판단한 후 의사결정을 내리면 일은 쉽다. 문제는 중앙기관이 없는 탈중앙화 시스템에서 발생한다. 탈중앙화된 블록체인에서 '합의' 문제는 복잡하고도 중요하다. 블록체인의 핵심가치인 '탈중앙화'는 모아진 정보, 채굴된 블록에 대해 '맞다. 틀리다'를 판단할 중앙기관이 없다는 의미다. 어떤 거래가, 어떤 노드가 채굴한 블록이 정당한지 판단할 단독 주체가 없다는 뜻이다. 결국 거래의 정당성을 결정할 관리자가 없기 때문에 여럿이 합의할 수 있는 방법이 잘 설계돼 있어야 한다.

탈중앙화를 위한 블록체인 합의 방식은 크게 작업증명 방식과 지분증명 방식으로 나뉘어 진다. 작업증명 방식의 경우, 블록체인의 보안성은 블록 채굴에 대한 보상(인센티브)으로 보장된다. 채굴자가 꾸준히 채굴 활동을 하게끔 하는 인센티브는 내가 잡을 수 있는 '미래'의 블록 보상 기회를 잃을 수 있다'는 인식에서 나온다. 결국 보상이 핵심인 셈이다. 작업증명은 대규모 보상을 통해 채굴자들이 경쟁적으로 보상을 노리고 참여하여 거대한 힘을 생성하는 원리로 작동한다. 작업증명 방식에 가해지는 적의 공격을 방지하려면, 공격할 수 없을 만큼 채굴 네트워크의 규모를 키워야 한다. 즉 채굴자 수를 늘리고 이들을 분산시켜야 한다. 네트워크가 매일 특정 규모 X 만큼의 컴퓨팅 파워를 지속적으로 소비하면 X보다 작은 컴퓨팅 파워를 구비한 공격자는 항상 네트워크의 크기를 뛰어넘을 수 없어 공격할 수 없다. 이 논리는 공격자와 방어자 사이에 컴퓨팅 파워 경쟁 양상을 일으켜 환경을 파괴하는 요인이 될 뿐 아니라, 공격 비용과 방어 비용이 1:1로 같으므로 방어자에게 유리하지 않은 시스템이다.

지분증명은 보상이 아니라 처벌로 보안을 보장한다. 우선 블록체인의 블록을 검증해서 기록하는 '검증자'는 해당 블록체인의 새로운 블록을 생성하고 보상 받을 기회를 포착하기 위해서는 먼저 코인이나 토큰을 미리 스테이킹하도록 되어 있다. 스테이킹이라는 말은 공개입찰에 참여하기 위하여 참가 비용을 부과하는 제도와 같다. 만약 부당한 방법으로 공개입찰에 참여한 것으로 판명날 경우, 입찰 참가 비용은 강제적으로 몰수된다. 스테이킹을 하면 블록생성 경쟁에 참여할 자격, 즉 검증자의 자격이 주어진다. 블록이 생성된 후에도 일정 기간 이 자금은 은행에 예치된 적금처럼 바로 빼서 다른 곳에 사용할 수 없다. 검증자가 블록 생성자로 선택되어 블록을 생성한 이후 블록 검증 작업 등 플랫폼 보안과 운영을 돕는(블록 생성과 합의를 주도하는 일) 대가로 약간의 보상을 받게 되는데, 만약 스스로 플랫폼에 해를 끼치거나, 누군가의 공격으로 인해 트랜잭션이 합의에 이르지 못하고 되돌아가는 일이 발생하면 보상보다 수백 배 또는 수천 배 더 큰 위약금을 물게 된다. 이 위약금은 미리 예치해 놓은(스테이킹된) 코인이나 토큰에서 차감된다. 따라서 지분증명의 철학을 한 문장으로 요약하자면 에너지의 소모로 인한 보안성이 아니라 몰수 가능한 경제적 가치에서 나오는 보안성이다.

지분증명 프로토콜에서는 악의적인 노드가 X달러 상당의 프로토콜 페널티(지분 투자액, 즉 스테이킹한 코인)를 잃을 것을 각오하지 않고는 해당 블록 또는 상태에 대해 같은 수준의 완전성을 공격하여 원하는 공격 목적을 달성할 수 없다. 이런 상태는 X달러의 보안성을 가진다고 볼 수 있다. 이론적으로는 검증자의 과반수가 협력해 지분 증명을 점령한 다음 악의적인 공격을 가할 수 있다. 그러나 1) 이러한 조작으로 인해 얻을 수 있는 추가 이익을 최대한 제한할 수 있다. 더 중요하게는 2) 새로운 검증자의 참여를 방해하거나 51% 공격을 실행하려고 하면 커뮤니티는 하드포크를 진행하고 악의적인 검증자의 지분을 몰수할 수 있다. 그러므로 지분 증명 방식도 플랫폼을 방어하고 유지하는 데 들어가는 비용보다 플랫폼을 파괴하고 공격하는 데 들어가는 비용이 훨씬 더 크도록 유도하는 시스템이므로 사이퍼펑크 정신을 잘 반영하고 있는 것이다.

(참고로 1992년 미국의 수학자이자 프로그래머인 에릭 휴즈(Eric Hughes)는 티모시 메이(Timothy May), 존 길모어(John Gilmore) 등과 함께 사이퍼펑크 모임을 시작했다. 1993년 그는 〈사이퍼펑크 선언〉을 발표하고, 중앙집권화된 국가와 거대 기업들로부터 개인의 프라이버시를 보호하기 위해 암호화된 익명 거래 시스템을 개발할 것을 제안했다. 1997년 아담 백(Adam Back)이 익명성을 보장하고 이중지불을 방지할 수 있는 해시캐시(Hashcash)라는 가상화폐를 만들었고, 1998년 웨이 다이(Wei Dai)가 익명성과 분산 방식의 암호화폐인 비머니(B-Money)를 고안했으며, 같은 해 닉 재보(Nick Szabo)는 스마트 계약 기반의 암호화폐인 비트골드(bit gold)를 고안했다. 그러나 당시의 기술적 한계로 인해 실제 개발이 어려웠으며, 널리 사용되지도 못하였다.)

블록체인 사용자들이 원한다면 지분증명에 대한 51% 공격의 비용이 작업증명에 대한 영구적인 51% 공격의 비용만큼 높게 설정될 수 있다. 지분증명을 더 이해하게 되면 막대한 비용과 비효율성 때문에 그 블록체인에 대한 공격은 거의 시도되지 않을 것이다. 또한 이런 플랫폼을 공격하려면 여럿이 일사분란하게 움직여야 하는데, 실제로는 잘되지 않는다. 이런 부분들이 공격 비용을 비약적으로 상승시키는 역할을 할 것이다.

지분 증명 방식에서 처벌은 중요한 개념이고 악의의 공격자로부터 네트워크를 보호하지만, 선의의 다수의 참여자(보통 검증자)는 네트워크를 유지하는데 결정적인 기여를 하기 때문에 이들에게 참여한 만큼의 인센티브를 제공한다. 이더리움에서 가스의 개념은 처음에는 작업증명 방식 채굴자들이 블록체인을 유지하고 보호하는 작업에 대해 보상하기 위해 도입되었다. 2022년 9월 지분 증명 알고리즘이 출시된 후 가스 수수료는 ETH를 스테이킹하고 검증에 참여하는 것에 대한 보상으로 바뀌었다. 보통 사용자는 검증자에게 스테이킹하는데, 검증자에게 보상으로 주어지는 가스수수료 때문에 더 많이 스테이킹 할수록 더 많은 수익을 얻을 수 있는 것이다.

가스수수료는 “가스 한도”와 “가스 가격”으로 나누어 정의하고 있다. “가스 한도”는 검증자가 특정 트랜잭션을 처리하는 추정 비용에 해당하는 개념으로 추정하는 최대 작업량에 해당한다. 높은 가스 한도는 일반적으로 사용자가 트랜잭션에 더 많은 작업이 필요하다고 믿는다는 것을 의미한다. “가스 가격”은 수행된 작업 단위당 가격이다. 따라서 트랜잭션 처리 비용은 가스 한도에 가스 가격을 곱한 값이다.

많은 거래에는 가스 가격에 추가되는 팁도 포함되는데, 이는 더 많이 지불할수록 거래가 더 빨리 완료된다. 사용자가 자신의 가스 한도를 낮게 추정할수록 대기열에서 우선 순위가 낮아진다. 그래서 거래 수수료는 은행 송금 수수료와 비슷한 개념이다. 네트워크 사용에 대해 서비스 공급자(지분 증명에서 검증자)에게 비용을 지불하고 있다. 네트워크에서 트랜잭션을 확인하고 처리하는 필수 작업을 수행하는 이더리움 유효성 검증자는 이더를 스테이킹하고 블록을 검증하는 대가로 이 수수료를 받는다. 고려해야 할 또 다른 요소는 트랜잭션에 대한 수요와 공급이 가스 가격을 결정한다는 것이다. 네트워크가 혼잡한 경우 가스 가격이 높을 수 있다. 반면에 트래픽이 많지 않으면 가스 가격은 낮을 수 있다.

작업증명 (POW: Proof of Work)	지분증명 (POS: Proof of Stake)

새로운 블록이 생성되려면 채굴자들은 강력한 컴퓨팅 파워를 이용하여 어려운 문제를 푸는데 경쟁적으로 참여	지분을 투자한 검증자들 중에서 알고리즘이 선택한 검증자에게 블록생성 기회를 부여하므로 경쟁할 필요가 없음
보안성 공격에 성공하려면 채굴자들이 투입하는 컴퓨팅 파워의 합보다 더 많은 컴퓨팅 파워를 공격자가 투자할 때 가능	**보안성** 분산된 검증자 들에게 지분 투자한 총 금액보다 더 많은 금액을 투자하면 공격이 가능하나 공격을 감시하는 위원회가 악의성을 판정하면 슬래싱이라는 지분 몰수를 해서 실질적으로 공격이 불가
블록체인 운영 참여 동력 경쟁에서 블록 생성에 성공한 채굴자에게 주어지는 채굴 보상금	**블록체인 운영 참여 동력** 검증자는 제안자와 위원회 멤버로 선정되었을 때 받는 보상금과 수수료

작업증명(PoW)와 지분 증명(POS)

3

비콘 체인, 지분증명, 검증자, 제안자, 위원회, 슬롯 및 에포크

"비콘"이라는 이름이 중심점을 암시하지만, 사실은 모든 가능이 분산되어 있다. 각 참여 노드는 자체 로컬 비콘 체인을 유지하여 다른 노드와 긴밀한 관계를 유지하기 위해 노력한다. 비콘 체인 작업의 주요 부분은 이더리움 시스템 실행을 담당하는 필수 지분을 투자한 노드인 검증자 노드를 유지 관리하는 것이다. 이 일은 검증자와 지분 관리, 각 단계에서 선택된 블록 제안자를 지명하는 단계, 제안된 블록에 대해 유효성을 증명 투표하기 위해 검증자를 위원회로 조직하는 일을 포함한다. 또 합의 규칙 적용, 검증자에게 보상과 벌칙을 적용하는 것을 주도한다.

비콘 체인의 핵심 기능은 자체 및 모든 샤드 체인(아직 정립되지 못함)에 대한 지분 증명 프로토콜을 관리하는 것이다. 지분 증명 프로토콜을 관리하는 일은 검증자와 지분 관리, 각 단계에서 선택된 블록 제안자를 지명하는 단계, 제안된 블록에 대해 유효성을 증명 투표하기 위해 검증자를 위원회로 조직하는 일을 포함한다. 또 합의 규칙 적용, 검증자에게 보상과 벌칙을 적용하는 것을 주도한다.

이러한 기능을 더 자세히 살펴보기 전에 용어에 대한 참고 사항을 살펴보겠다. "비콘"이라는 이름이 중심점을 암시하지만, 사실은 모든 것이 분산되어 있다. 각 참여 노드는 자체 로컬 비콘 체인을 유지하여 다른 노드와 긴밀한 관계를 유지하기 위해 노력한다. 비콘 체인 작업의 주요 부분은 이더리움 2.0 시스템 실행을 담당하는 32 이더의 필수 지분을 배치한 노드인 검증자 노드를 유지 관리하는 것이다. 검증자가 가질 수 있는 몇 가지 상태가 있지만 "활성"으로 표시된 상태만 이더리움 2.0 프로토콜에 참여한다. 노드는 작업 증명 체인(현재 메인넷)의 계약에 지분을 보내 검증자 세트에 합류했으나, 2022년 9월 부터 비콘체인과 메인넷이 합병되었고 지분증명 합병체인으로 작동하고 있다. 지분이 투자되면 계약은 비콘체인 클라이언트로 진입할 수 있도록 해 준다. 그런 다음 노드는 비콘 체인에 설정된 검증자로 유도된다.

검증자로 일단 활성화되면, 검증자는 제안자로 선택되면 블록을 제안함으로써 프로토콜에 참여한다. 검증자는 시스템을 종료하고 참여를 중단하고 싶다는 신호를 보낼 수 있다. 일정 기간(현재 97일이지만 더 유연해질 수 있음)이 지나면 지분투자액과 보상금이 반환된다. 이 모든 것은 비콘 체인에 의해 관리된다. 비콘 체인은 이더리움에 POS(지분증명)을 입하기 위해 설계된 체인이며, 참여자(검증자, 제안자와 위원회)를 관리한다. 어떤 검증자가 블록을 제안해야 할지, 어떤 검증자가 위원회가 되어 해당 블록을 증명해야 하는지, 참여자의 행동에 따라 보상을 주거나 제제를 가한다. 비콘 체인은 정해진 리듬으로 움직인다. 이 리듬을 슬롯(Slot)과 에포크(Epoch)로 정의한다. 슬롯은 12초며, 에포크는 32개의 슬롯이 모인 6.4분 기간을 의미한다. 비콘 체인에서 슬롯에는 하나의 블록이 추가될 수 있다. 향후라도 비콘 체인의 블록은 샤드 체인의 블록과 연결되는데, 비콘 체인의 블록에는 최대 64개의 샤드 블록이 추가될 수 있다. 즉 시스템이 최적으로 실행되고 있다면 매 12초마다, 64개의 샤드 블록이 1개의 비콘 블록에 기록될 수 있다.

비콘 체인은 정해진 리듬에 따라 무엇을 하는 걸까? 비콘 체인은 매 에포크마다 슬롯 단위로 검증자를 블록 제안자로 골고루 선정하고, 각 슬롯당 최소 128개의 검증자를 위원회로 할당한다. 만약 16,384(512 * 32)개의 검증자가 있다면, 1개의 에포크를 구성하는 32개 슬롯에 각각 512개의 검증자가 위원회 멤버로 배정된다.

슬롯에 배정된 검증자들은 블록을 제안하는 제안자가 될 수도, 제안된 블록을 증명하는 위원회가 될 수도 있다. 이 과정에서 공격의 위험을 방지하기 위해 RANDAO라고 부르는 의사 난수 과정을 통해 제안자와 위원회가 결정된다.

작업 증명은 채굴자와 관련이 있지만 이더리움의 검증자는 지분 증명에서 "가상 채굴자"이다. 검증자는 이더리움의 합의를 실행한다. 그들에게는 정상적으로 참여했을 때는 인센티브가 스테이킹 보상금 형태로 주어지지만, 잘못하면 투자한 지분을 몰수하는 슬래싱이라는 패널티가 주어진다. 블록 제안자는 블록을 구축하기 위해 의사 무작위로 선택된 검증자이다. 검증자는 또한 블록에 투표하는 증명자가 된다. 이 블록 증명 투표는 비콘 체인에 기록되며 비콘 체인의 헤드를 구성한다.

- 무작위로 선출된 검증자는 매 슬롯마다 블록을 제안한다.
- 블록을 제안한 검증자는 다른 검증자(증명자)가 이 제안 블록을 투표하여 증명할 때 보상금을 받는다.
- 어떤 슬롯의 블록 제안자로 선정된 후, 만약 이 제안자가 여러가지 이유로 블록 제안을 하지 못하면 이 슬롯 기간동안 블록이 생성될 수 없다.

증명은 검증자의 스테이킹한 지분 투자액에따라 가중치가 부여되는 검증인의 투표에 의해 이루어진다. 블록이 방송되는 것처럼, 증명은 검증자에 의해 방송된다. 검증자는 증명자가 상충되는 투표를 하거나 제안자가 여러 블록을 제안하는 것을 감시하고 보고하는 일을 하며, 다른 검증자를 보고한 것에 대해 보상을 받는다. 비콘 체인의 내용은 주로 검증자 주소 목록, 각 검증자의 상태 및 증명자의 목록이다. 검증자는 비콘 체인에 의해 활성화되며 비콘 체인 검증자 활성화 및 수명 주기에 입각하여 상태가 바뀔 수가 있다.

검증자는 가상이며 스테이커에 의해 활성화된다. PoW에서 사용자는 채굴자가 되기 위해 하드웨어를 구입한다. 반면에 이더리움에서 사용자는 검증자를 활성화하고 제어하기 위해 ETH를 스테이킹한다. 32 ETH가 스테이킹될 때마다 하나의 검증자가 활성화된다. 검증자는 비콘(체인)노드를 사용하는 검증자 클라이언트에 의해 실행된다. 비콘 노드는 비콘 체인을 추적하고 읽는 기능을 가지고 있다. 검증자 클라이언트는 비콘 노드 기능을 구현하거나 비콘 노드를 호출할 수 있다. 하나의 검증자 클라이언트는 여러 검증자를 실행할 수 있다.

위원회는 제안자가 제안한 블록을 증명하는 검증자 그룹이다. 보안을 위해 각 슬롯에는 최소 128명의 검증인으로 구성된 위원회가 있다. 공격자가 위원회의 2/3를 통제할 확률은 1조 분의 1 미만이다. 제안자는 검증자의 지분 투자액(잔액)에 가중치를 두고 RANDAO에 의해 선택된다. 하나의 슬롯에 1명의 검증자가 제안자로 선정되고, 최소 128명의 검증자가 위원회 멤버로 선정되어 제안자가 제안한 블록에 대한 증명 투표에 참여한다. 어떤 검증자도 에포크당 하나의 위원회에만 선정될 수 있다. 일반적으로 8,192명 이상의 검증자가 있으며, 모든 위원회는 동일한 규모이며 최소 128명의 검증자가 있다. 매 에포크마다 검증자는 슬롯에 균등하게 분배된 다음 적절한 규모의 위원회로 세분화된다. 검증인에게 준비할 시간을 주기 위해, 검증인은 한 에포크 전에 위원회에 배정된다. 제안자는 에포크가 시작된 후에만 슬롯에 할당된다. 이유는 제안자에 대한 공격이나 뇌물을 줄 수 없도록 하는 것을 목표로 하기 때문이다.

비콘 체인의 체크포인트는 에포크의 첫 번째 슬롯에 있는 블록이다. 첫번째 블록이 없는 경우 체크포인트는 가장 최근의 이전 블록이 체크포인트가 된다. 그래서 에포크당 항상 하나의 체크포인트 블록이 있다. 모든 활성 검증자의 총 잔액의 2/3가 투표하는 투표는 절대 다수로 간주된다. 에포크가 종료될 때 체크포인트가 2/3의 절대 다수를 차지하면 체크포인트가 정당화된다. 예를 들어 체크포인트 B가 정당화되고 바로 다음 에포크의 체크포인트가 정당화되면 B가 확정된다. 평균적으로 사용자 트랜잭션은 에포크의 중간에 블록에 있다. 다음 체크포인트까지 반 에포크이며, 트랜잭션 최종성은 2.5 에포크(16분)를 시사한다. 예를 들어 어떤 트랜잭션이 에포크의 22번째 슬롯에 포함되었을 경우에, 이 트랜잭션이 처리 완료되었다고 보는 시간은 평균 14분(16+32+22슬롯)이다. 블록의 최종 확인은 블록의 증명, 정당화, 최종성으로 나타난다.

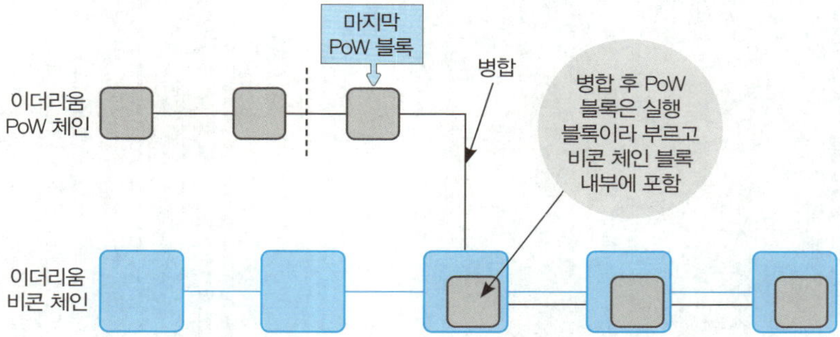

지분 증명에서 검증자, 제안자, 위원회가 참여하는 합의 과정을 조율하는 비콘 체인

4

이더리움 가상 머신(EVM)과 가스(GAS)

계약 코드가 실행된다는 것은 블록체인 노드에 존재하는 EVM 코드가 실행된다는 뜻이다. EVM 코드는 JAVA 가상 머신의 바이트코드 수준의 스택 기반 바이트코드 언어이다. 모든 이더리움 노드는 새로 생성되는 블록을 검증하려고 EVM을 돌린다. 상태 전환 메카니즘으로서의 EVM은 입력으로 [블록 상태, 가스, 메모리, 거래, 메시지, 코드, 스택 그리고 프로그램 카운터] 데이터를 받아서 [변경된 블록 상태, 변경된 가스]를 출력으로 내놓는다.

스마트 계약(Smart contract)의 사전적 의미는 '디지털 계약의 협상 또는 실행을 촉진, 확인 또는 시행하는 코드'이며 신뢰할 수 있는 엔티티는 이 코드를 실행해야 한다. 이 신뢰할 수 있는 엔티티가 분산네트워크인 블록체인이다. 즉 이더리움에서 스마트 계약은 신뢰할 수 있는 중앙화 엔티티(실체)가 존재하지 않은 상태에서 네트워크 자체에서 실행된다. 이는 네트워크 합의로 인하여 신뢰할 수 있는 제3자의 필요성이 제거되기 때문이다. 합의의 결과 아무도 계약을 위반할 수 없다. 또 계약 실행을 날조할 만한 중앙화된 엔티티가 없다. 왜냐하면 계약을 위반하기 위해서는 전체 네트워크 노드들이 합의로 분산 보관하고 있는 코드에 모두 영향을 끼쳐야 하기 때문이다. 그러므로 블록 체인에 영원히 존재하는 안전한 Peer-to-Peer(양자간) 계약을 허용한다.

이더리움의 계약은 이더리움 네트워크 내부에 분산 거주하는 자율 에이전트와 같다. 트랜잭션에 의해 "찌르는" 경우 외부 세계에 반응하게 되어 있는데 찌른다는 것은 함수 호출 방식을 의미한다. 아래의 예, PhilipToken은 Solidity로 작성된 디지털 토큰 계약의 축소 버전이다. 다른 계정간에 전송할 수 있는 토큰의 초기 공급으로 인스턴스화 할 수 있다. 계약자체도 하나의 계정처럼 작동한다. 계약은 자체 이더(ETH) 잔액, 주소, 저장공간 등을 포함하고 있다.

```
 contract PhilipToken {
/* 계정 주소를 토큰 잔액에 매핑 */
mapping(address => uint256) public balanceof;
```

```
/* 계약 작성자에게 초기 공급 토큰으로 계약을 초기화합니다. */
function PhilipToken(uint256 initialSupply)
{
//제작자에게 모든 초기 토큰 제공
balanceOf [msg.sender] = initialSupply;
}
/* 받는 사람 주소로 토큰 보내기 */
function transfer(address to, uint256 value)
{
if(balanceOf [msg.sender] < value) throw;
                                        //발신자가 충분한지 확인
balanceOf [msg.sender] -=value; //보낸 사람에서 빼기
balanceOf[to] += value;    // 수신자에게 동일한 항목 추가
}
}
```

이더리움의 모든 노드에서 실행되는 스마트 계약 코드는 EVM 코드이다. 다르게 이야기하면 EVM이 계약 코드를 실행시킨다. EVM 코드는 JAVA 가상 머신의 바이트코드 수준의 스택 기반 바이트코드 언어이다. 모든 이더리움 노드는 새로 생성되는 블록을 검증하려고 EVM을 돌린다. 상태 전환 메카니즘으로서의 EVM은 입력으로 [블록 상태, 가스, 메모리, 거래, 메시지, 코드, 스택 그리고 프로그램 카운터] 데이터를 받아서 [변경된 블록 상태, 변경된 가스]를 출력으로 내놓는다. 여기서 블록 상태는 세상의 모든 계정이 보유한 잔고와 장기간 저장 데이터 정보를 나타내며, 블록 시간 마다 변경되는 데이터이다. Solidity 또는 Serpent로 작성된 계약 프로그램을 해당 컴파일러로 컴파일하여 EVM 코드를 생산할 수 있다. 계약 코드

가 실행된다는 것은 블록체인 노드에 존재하는 EVM 코드가 실행된다는 뜻이다. 문제는 EVM 코드가 실행되면서 무한 루프를 돌 수 있다는 점이다. 이런 일이 생기면 블록체인 네트워크는 아무 일도 수행하지 못한다. 그러니 이런 경우는 프로그램 개발자의 실수이던 아니면 공격자의 의도된 것이든 반드시 발생하지 않도록 할 필요가 있다.

```
무한 루프의 예를 보자.
function foo()
{
while(true) {
 /* Loop forever! */
}
}
```

이런 무한 루프의 해결책으로 이더리움이 고안한 방법이 '가스(Gas)'이다. 모든 스마트 계약은 계약 실행을 수행하는 연료로 가스를 요구한다.(비트코인 네트워크에서 트랜잭션을 처리하기 위해서는 블록을 생성하는 채굴자에게 수수료를 비트코인으로 지불해야한다.) 그런데 스마트 계약을 실행하는 이더리움 검증 노드에게는 가스를 지불하게 한다. 그래서 EVM 코드는 실행에 필요한 약간의 가스를 요구하는 것이다.

지금부터 가스가 어떻게 책정되는지 살펴보자. 모든 트랜잭션은 'startgas(가스 한도)' 와 'gasprice(가스 가격)'를 명시하여야 한다. 여기서 startgas는 해당 트랜잭션이 기꺼이 지불하려고 하는 가스의 최대량이다. 또 gasprice는 단위 가스당 지불하려는 가격이다.

트랜잭션이 시작될 때 startgas * gasprice 만큼의 이더(ETH)가 이 트랜잭션을 제기한 계정에서 차감된다. 만약 계약이 성공적으로 실행되었다면 실행에 부과된 가스를 제외한 남는 가스는 이 트랜잭션의 계정으로 반환(Refund) 된다. 그러나 이 계약의 EVM 코드가 실행을 마치기 전에 가스를 다 사용해 버리면(가스가 부족하면) EVM 코드는 실행 전으로 되돌아 가고, 약정한 startgas * gasprice는 되돌려 주지 않는다. 그렇다면 EVM 코드의 실행에서 무한 루프는 어떻게 제어될까? 이더리움은 무한 루프를 허용한다. 그러나 무한 루프를 이용하여 DoS 공격을 시도하는 공격자는 DOS 공격을 성공시키기 위해서는 엄청난 가스를 각오해야 한다. 이런 이유로 무모한 공격자는 없다고 보아도 좋다. 그래서 이더리움의 가스는 'Permissionless', 'Trustless' 특징을 갖는 블록체인 네트워크이면서도 공격자의 공격은 막아낼 수 있는 전형적인 아이디어를 보여준다.

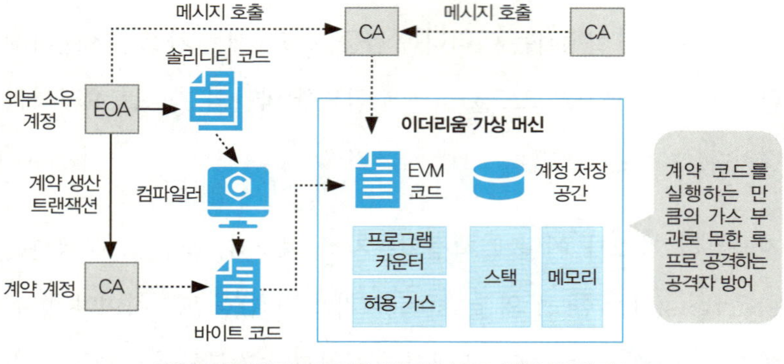

계약 코드를 실행하는 이더리움 가상 머신과 코드 실행에 필요한 가스

5

백서로 본 이더리움

이더리움 블록에는 거래 목록(트랜잭션 리스트)과 가장 최근 '상태'로 이루어진 두 종류의 사본이 모두 포함되어 있다. 그 외에도 블록 번호와 난이도의 두 가지 다른 값도 블록에 저장된다. 지분증명 방식의 이더리움에서는 어떤 슬롯시간에 선택된 검증자(제안자)가 블록을 만들어 방송하면 증명은 선발된 증명 위원회 멤버 노드가 참여하여 투표 방식으로 수행한다. 이들은 일괄처리(batch) 방식으로 트랜잭션 하나 하나에 대하여 상태전환을 해보고 최종상태가 선택된 검증자(제안자) 노드가 생성한 블록과 일치할 때 새로운 블록으로 간주되어 블록체인에 추가된다.

이더리움의 의도는 탈중앙화 애플리케이션을 구축하기 위한 비트코인의 대체 프로토콜을 만드는 것이다. 이더리움은 본질적으로 인터넷 어플리케이션 계층이지만 추상적 기초 계층 형태의 애매하지 않은 프로그래밍 코드가 내장된 블록체인을 구축하여 누구나 소유권, 거래 형식 및 상태 전환 기능에 대한 고유한 임의의 규칙을 만들 수 있는 스마트 계약 및 분산 애플리케이션을 작성할 수 있도록 한다. 특히 이더리움 탄생의 가장 큰 공적은 가치를 포함하고 특정 조건이 충족되는 경우에만 잠금을 해제하는 "암호화 코드"인 스마트 계약이 가능하다는 점이다. 비트코인 스크립팅이 제공하는 "거래 암호화 코드"보다 훨씬 더 강력한 "스마트 계약 암호화 코드"를 이더리움 플랫폼 위에 구축할 수 있다.

이더리움 계정에 대하여 이해하기

이더리움에서 상태는 "계정"이라는 개체로 구성되며 각 계정은 20바이트 주소를 가지며 상태 전환은 계정 간에 가치와 정보를 직접 보내고 받는 것이다. 이더리움 계정에는 4개의 필드가 있다.

- Nonce: 각 트랜잭션이 한 번만 처리될 수 있는지 확인하는 데 사용되는 카운터
- 계정의 현재 이더 잔액
- 계정의 계약 코드(계정이 스마트 계약을 포함한 경우)
- 계정의 Storage(저장소로 기본적으로 비어 있음)

"이더(Ether)"는 이더리움의 주요 내부 암호화 연료이며 거래 수수료를 지불하는 데 사용된다. 일반적으로 계정에는 개인 키로 제어되는 외부 소유 계정과 계약 코드로 제어되는 계약 계정의 두 가지 유형이 있다. 외부 소유 계정에는 계약코드가 없으며 트랜잭션을 만들고 서명하여 외부 소유 계정에서 메시지를 보낼 수 있다. 계약 계정에서는 계약 계정이 메시지를 받을 때마다 계약코드가 활성화되어 내부 저장소를 읽고 쓰고 다른 메시지를 보내거나 계약을 차례로 만들 수도 있다.

이더리움의 "계약"은 "이행"되거나 "준수"되어야 하는 것으로 간주되어서는 안 된다. 오히려 이더리움 실행 환경 내부에 있는 계약 및 비즈니스에 대한 대리인, 즉 "자율 에이전트"에 가깝고, 메시지나 트랜잭션에 의해 찌르는(코드 시작을 촉발하는) 경우 이더리움 가상 머신(EVM) 상에서 특정 코드를 실행하고 자체 이더 잔액과 자체 키/값 저장소를 직접 제어하여 계약 코드에 명시된 영구 변수를 추적한다. 이러한 일들은 모든 이더리움 노드들이 각각 동일한 계약 코드를 독립적으로 실행한다.

트랜잭션에 대해 이해하기

"트랜잭션(거래)"이라는 용어는 이더리움에서 외부 소유 계정에서 보낼 메시지를 저장하는 서명된 데이터 패키지를 나타내는 데 사용된다. 트랜잭션에는 다음이 포함된다.

- 메시지를 받는 사람(수신자)
- 보낸 사람(발신자)을 식별하는 서명
- 발신자에서 수신자에게 전송할 이더의 양
- 선택적 데이터 필드
- 트랜잭션 실행이 수행할 수 있는 최대 계산 단계 수를 나타내는 START GAS 값
- 발신자가 단위 계산당 지불하는 수수료를 나타내는 GASPRICE 값

처음 세 개는 다른 어떤 암호 화폐에서도 사용하는 표준 필드이다. 데이터 필드의 사용 사례의 예로, 어떤 계약 계정이 온체인(On-Chain) 도메인 등록 서비스로 작동하는 경우, 이 계약 계정(수신자)로 전달되는 트랜잭션의 데이터 필드는 두 개의 정보를 포함하는 것으로 해석할 수 있으며, 첫 번째 정보는 등록할 도메인이고 두 번째 정보는 등록할 IP 주소이다. 즉, 계약 계정에서는 트랜잭션 메시지의 데이터 필드에서 이러한 값을 읽고 저장소에 적절하게 배치한다.

스마트 계약은 메시지나 트랜잭션이 유발하는(trigger) 경우 항상 특정 코드를 실행하게 한다. 그래서 우발적이거나 적대적인 무한 루프 또는 기타 코드 계산 낭비를 방지하기 위해 각 트랜잭션은 사용할 수 있는 코드 실행의 계산 단계 수에 대한 제한을 설정해야 한다. 코드 실행의 여러 단계수를 제한하는 STARTGAS 및 GASPRICE 필드는 이더리움의 DoS공격을 방어하기 위해 중요하다. 계산의 기본 단위는 "가스"이다. 일반적으로 단일 계산 단계에는 1 가스가 필

요하지만 일부 작업은 계산 비용이 더 많이 들거나 상태의 일부로 저장해야 하는 데이터의 양을 늘리기 때문에 더 많은 양의 가스가 필요하다. 또한 트랜잭션 데이터 필드의 모든 바이트에 대해 5 가스의 수수료가 있다. 수수료 시스템의 목적은 공격자가 계산, 대역폭 및 스토리지를 포함하여 소비하는 모든 리소스에 대해 비례하여 비용을 지불하도록 요구하는 것이다. 따라서 네트워크가 이러한 리소스를 더 많이 소비하도록 유도하는 모든 트랜잭션에는 증가분에 대략 비례하는 가스 요금이 책정되도록 하고 있다.

메시지에 대해 이해하기

계약 계정은 또 다른 계약 계정에 "메시지"를 보낼 수 있다. 메시지는 사전에 일련화 되지 않고 이더리움 실행 환경에만 존재하는 가상 개체이다. 메시지에는 다음이 포함된다.

- 메시지를 보낸 사람(암시적)
- 메시지 받는 사람
- 메시지와 함께 전송할 이더의 양
- 선택적 데이터 필드
- STARTGAS 값

기본적으로 메시지는 외부 소유 계정의 행위자가 아닌 계약 계정에 의해 생성된다는 점을 제외하고는 트랜잭션과 같다. 현재 코드를 실행 중인 계약이 메시지를 생성하고 실행하는 CALL 명령어를 실행할 때 메시지가 생성된다. 트랜잭션과 마찬가지로 메시지는 코드를 실행하는 수신자 계정으로 연결된다. 따라서 계약 계정은 외부 행위자와 정확히 동일한 방식으로 다른 계약 계정과 관계를 가질 수 있다.

거래 또는 계약에 의해 할당된 가스 허용량(STARTGAS)은 해당 거래와 모든 하위 실행에 의해 소비된 총 가스에 적용된다. 예를 들어 외부 행위자의 외부 계정 A가 1000 가스로 트랜잭션을 계약 계정 B에 보내고, 계약 계정 B가 계약 계정 C로 메시지를 보내기 전에 600 가스를 소비하고, C의 내부 실행에 300 가스를 소비하는 경우, B는 추가로 오직 100 가스를 더 사용할 수 있다.

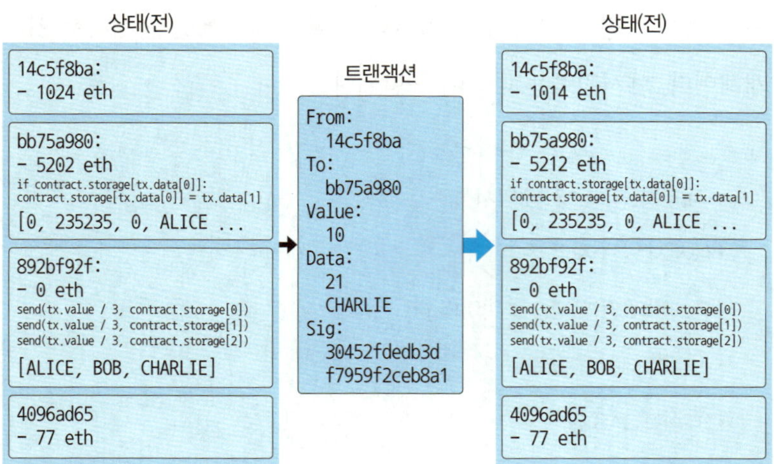

이더리움 : 상태전환 시스템

이더리움 상태 전환 함수 이해하기

S을 어떤 트랜잭션(TX)이 배포되기 바로 전의 '상태'라고 가정하자. TX 트랜잭션을 받은 노드는 어떻게 상태전환 함수 APPLY를 적용하여 상태를 S'으로 전환(APPLY(S, TX) –> S')시키는지 살펴보자.

- 노드가 트랜잭션을 받으면 트랜잭션이 잘 구성되어 있는지(즉, 올바른 수의 잔금(value)이 있는지), 서명이 유효한지, nonce가 보낸 사람 계정의 nonce와 일치하는지 확인한다. 그렇지 않은 경우 오류를 반환한다.
- 거래 수수료를 STARTGAS * GASPRICE로 계산하고 서명을 보고 인출할 주소를 결정한다. 서명자(발신자)의 계정 잔액에서 수수료를 빼고 발신자의 nonce를 증가시킨다. 사용할 만큼의 잔액이 충분하지 않으면 오류를 반환한다.
- GAS를 STARTGAS로 설정하고 바이트당 일정량의 가스가 부과되므로, 트랜잭션의 총 바이트 길이에 해당되는 만큼의 비용을 지불한다.
- 거래 금액을 발신자의 계정에서 수신자의 계정으로 전송한다. 받는 계정이 아직 없으면 새로 만든다. 수신 계정이 계약 계정인 경우 이 계정의 계약 코드를 실행한다. 또는 실행에 가스가 소진될 때까지 계약 코드를 실행한다.
- 발신자에게 충분한 잔고가 없거나 코드 실행에 가스가 부족하여 값 전송이 실패한 경우 수수료 지불을 제외한 모든 '상태' 변경 사항을 원상복귀시키고, 채굴자의 계정에 수수료를 보내준다.
- 그렇지 않으면 남은 모든 가스에 대한 수수료를 발신자에게 환불하고 소비된 가스에 대해 지불한 수수료를 채굴자(검증자)에게 보낸다.

예를 들어 어떤 계약의 코드가 다음과 같다고 가정한다.

```
!self.storage[calldataload(0)]인 경우:
self.storage[calldataload(0)] = calldataload(32)
```

실제로 계약 코드는 저수준 EVM 코드로 작성된다. 이 예제는 명확성을 위해 고급 언어 중 하나인 Serpent로 작성되었으며 EVM 코드로 컴파일할 수 있다. 어떤 트랜잭션의 수신자에 해당하는 계약 계정의 저장소(storage)가 비어 있고, 이 트랜잭션이 10 이더 값을 보내고, 2000 가스(STARTGAS)와 0.001 이더 가스프라이스(GASPRICE)을 사용하며, 선택적 데이터 필드 값으로 64 바이트의 데이터(바이트 0-31은 숫자 2를 나타내고 바이트 32-63은 문자열 CHARLIE)를 사용하는 경우를 가정하자. 이런 경우에 상태전환 함수의 처리 과정은 다음과 같다.

- 거래가 유효하고 올바른 형식인지 확인한다.
- 트랜잭션 발신자가 최소 2000 * 0.001 = 2 이더를 가지고 있는지 확인한다. 그렇다면 발신자의 계정에서 2 이더를 뺀다.
- 가스를 2000개로 설정하고, 트랜잭션의 길이가 170바이트이고 바이트 수수료가 5라고 가정하면 850(170*5)을 빼서 1150개의 가스가 남도록 한다.
- 트랜잭션의 발신자의 계좌에서 10 이더를 더 빼서 트랜잭션의 수신자인 계약 계좌로 옮긴다.
- 트랜잭션의 수신자인 계약 계정의 계약 코드가 실행된다. 이 경우 인덱스 2에 있는 계약 계정의 저장소(stoeage)가 사용되는지 확인하고 사용되지 않음을 알아차리고 인덱스 2의 저장소를 CHARLIE 값으로 설정한다. 이 작업이 187 가스를 필요로 한다고 가정하면 남은 가스량은

1150−187 = 963이다.

- 963 * 0.001 = 0.963 이더를 트랜잭션의 발신자 계정에 다시 추가하고 결과로 상태 전환을 완료한다(S인 상태가 S'으로 전환).

트랜잭션의 수신자가 계약 계정이 아닌 경우(계약 코드가 없는 경우), 총 거래 수수료는 제공된 GASPRICE에 트랜잭션 길이(바이트 수)를 곱한 값과 같으며 거래와 함께 전송된 데이터는 관련이 없다.

메시지는 되돌리기 측면에서 트랜잭션과 동일하게 작동한다. 메시지가 트리거한 계약 계정의 코드를 실행하기에 가스가 부족하면 해당 메시지에 의한 실행과 해당 실행에 의해 또 실행이 시작된 다른 모든 실행이 되돌려지지만 부모 실행은 되돌릴 필요가 없다. 이것은 계약 계정 A가 G 가스로 계약 계정 B를 호출하면 A의 실행이 최대 G 가스를 잃는 것이 보장되는 것처럼 계약이 다른 계약을 호출하는 것이 "안전"하다는 것을 의미한다. 마지막으로 계약을 만드는 연산 코드 CREATE가 있다. 실행 메커니즘은 일반적으로 CALL과 유사하지만 실행 출력이 새로 생성된 계약 계정의 코드를 만든다는 점이 다르다.

코드 실행 이해하기

이더리움 계약 계정의 코드는 "이더리움 가상 머신 코드" 또는 "EVM 코드"라고 하는 저수준 스택 기반 바이트코드 언어로 작성된다. 코드는 일련의 바이트로 구성되며 각 바이트는 연산작업을 나타낸다. 일반적으로 코드 실행은 현재 프로그램 카운터(0에서 시작)에서 작업을 반복적으로 수행한 다음 코드 끝에 도달하거나 오류 또는 STOP 또는 RETURN 명령이 감지될 때까지 프로그램 카운터(PC)를 1씩 증가시키는 것으로 구성된 무한 루프이다. 연산작업은 데이터를 저장할 세 가지 유형의 공간에 액세스할 수 있다.

- 스택(값을 푸시하고 팝할 수 있는 후입선출(last-in-first-out) 컨테이너
- 메모리(무한히 확장 가능한 바이트 배열)
- 계약의 장기 저장소(Storage), 키/값 저장소(계산이 끝난 후 초기화되는 스택 및 메모리와 달리 스토리지는 장기간 유지된다.)

또한 계약 코드는 들어오는 메시지의 값, 보낸 사람 및 데이터 뿐만 아니라 블록 헤더 데이터에 접근할 수 있으며, 계약 코드는 데이터의 바이트 배열을 출력으로 반환할 수도 있다.

EVM 코드의 공식 실행 모델은 놀라울 정도로 간단하다. 이더리움 가상 머신이 실행되는 동안 전체 계산 상태는 리스트(block_state, 트랜잭션, 메시지, 코드, 메모리, 스택, PC, 가스)에 의해 정의될 수 있는데, 여기서 block_state는 모든 계정을 포함하는 전역 '상태'이며 잔액 및 스토리지를 포함한다. 모든 실행 라운드가 시작될 때 코드의 프로그램 카운터(PC)가 지시하는 바이트(또는 PC >= len(code)의 경우 0)를 취하여 현재 명령어가 되며, 각 명령어는 위 리스트에 열거한 항목에 미치는 영향에 대한 자체 정의를 갖는다. 예를 들어 ADD는 스택에서 두 항목을 팝하고 합계를 푸시하고, 가스를 1씩 줄이고, PC를 1씩 증가시키고, SSTORE는 상위 두 항목을

스택에서 밀어내고 두 번째 항목을 첫 번째 항목으로 지정된 인덱스의 계약 저장소에 삽입한다. Just-In-Time 컴파일을 통해 이더리움 가상 머신 실행을 최적화하는 방법에는 여러 가지가 있지만 이더리움의 기본 구현은 수백 줄의 코드로 수행할 수 있다.

이더리움 블록체인 및 채굴 이해하기

이더리움 블록체인은 몇 가지 차이점이 있지만 여러 면에서 비트코인 블록체인과 유사하다. 블록체인 아키텍처와 관련하여 이더리움과 비트코인의 주요 차이점은 비트코인과 달리 이더리움 블록에는 거래 목록(트랜잭션 리스트)과 가장 최근 '상태'의 두 종류의 사본이 모두 포함되어 있다는 것이다. 그 외에도 블록 번호와 난이도의 두 가지 다른 값도 블록에 저장된다. 지분 증명 방식의 이더리움은 어떤 슬롯에 선택된 검증자가 생성한 블록을 검증위원회 노드가 검증하는 방식을 사용한다. 여기서 비트코인과 확연히 다른 점은 비트코인은 노드는 채굴노드가 채굴성공한 블록을 보내주면 이것을 받아 검증하고 난 후에 검증 결과가 유효하면 지역에서 가지고 있는 UTXO 셀 상태를 방금 검증된 블록의 거래에 입각하여 일률적으로 전환한다는 것이다. 이와는 다르게 이더리움에서는 어떤 슬롯시간에 선택된 검증자(제안자)가 블록을 만들어 방송하면 증명은 선발된 증명 위원회 멤버 노드가 참여하여 투표 방식으로 수행한다. 이들은 일괄처리(batch) 방식으로 트랜잭션 하나 하나에 대하여 상태전환을 해보고 최종상태가 선택된 검증자(제안자) 노드가 생성한 블록과 일치할 때 새로운 블록으로 간주되어 블록체인에 추가된다. 그러므로 증명이 정상적으로 끝난 경우는 노드가 개별 트랜잭션별로 수행한 상태 전환을 합의하는 최종적 검토의 완료에 해당되므로, 비트코인처럼 상태를 일괄 전환할 필요가 없는 것이다. 이더리움의 기본 블록 검증 알고리즘은 다음과 같다.

- 참조된 이전 블록이 존재하고 유효한지 확인한다.
- 블록의 타임스탬프가 참조된 이전 블록의 타임스탬프보다 크고 향후 15분 미만인지 확인한다.
- 블록 번호, 난이도, 트랜잭션 루트, 삼촌 루트 및 가스 한도가 유효한지 확인한다.
- 블록에 대한 작업 증명이 유효한지 확인한다(이 부분은 2022년 9월 이더리움 더 머지 이후로 지분증명으로 완전 전환되었으므로 더 이상 유효하지 않음).
- S[0]을 이전 블록의 최종 상태라고 하자(보통 블록은 슬롯마다 만들어진다). TX를 현재 검증하려는 블록에 실린 n개의 트랜잭션 배열(블록의 트랜잭션 배열)로 가정한다. i = 0, 1, ..., n−2, n−1의 모든 i에 대해 하나씩 S[i+1] = APPLY(S[i], TX[i])를 적용한다. 응용 프로그램이 오류를 반환하거나 이 시점까지 블록에서 소비된 총 가스가 GASLIMIT를 초과하는 경우 오류를 반환한다.
- i = 0, 1, ..., n−2, n−1까지 n개의 트랜잭션 배열을 모두 적용한 이후의 마지막 상태를 S[n]이고 이를 S_FINAL이라 하자. 채굴자에게 블록 보상이 지급된다.
- S_FINAL의 Merkle 트리 루트가 블록 헤더에 제공된 최종 상태 루트와 같은 지 확인한다. 같으면 블록이 유효하다. 그렇지 않으면 유효하지 않다.

이 접근 방식은 각 블록과 함께 전체 상태를 저장해야 하기 때문에 언뜻 보기에는 매우 비효율적 인 것처럼 보일 수 있다. 그렇지만 실제로는 효율성이 비트 코인과 비슷하다. 그 이유는 상태도 트리 구조를 사용하여 저장하게 되어 있고, 새로운 블록이 검증 완료된 후에 트리의 작은 부분, 변화가 일어난 일부만 변경해도 되기 때문이다. 따라서, 일반적으로, 두 개의 인접한 블록들 사이에서 상태를 트리로 표현한 이 트리의 대다수는 동일할 것이므로, 따라서 데이터는 한 번 저장된 이후부터 포인터(즉, 서브트리의 해시)를 사용하여 참조될 수 있다. 이더리움의 상태는 "Patricia tree"로 알려진 특별한 종류의 트리가 이를 수행하는 데 사용되며, 여기에는 노드를 효율적으로 변경하는 것이 아니라 효율적으로 삽입 및 삭제할 수 있도록 하는 수정된 Merkle 트리 개념이 이용된다. 또한 모든 상태 정보가 이전 블록의 일부이기 때문에 전체 블록 체인 기록을 다시 저장할 필요가 없다.

일반적으로 묻는 질문은 물리적 하드웨어 측면에서 계약 코드가 실행되는 "위치"이다. 이것의 대답은 간단하다: 계약 코드를 실행하는 프로세스는 블록 유효성 검증 알고리즘의 일부인 상태 전환 함수의 정의의 일부이므로 트랜잭션이 블록 B에 추가되면 해당 트랜잭션에 의해 생성된 코드 실행은 현재와 미래의 모든 노드에 의해 실행된다. 현재와 미래의(블록 B를 다운로드하고 유효성을 검사한) 모든 노드는 블록 B 안의 있는 계약 코드를 실행할 것이다.

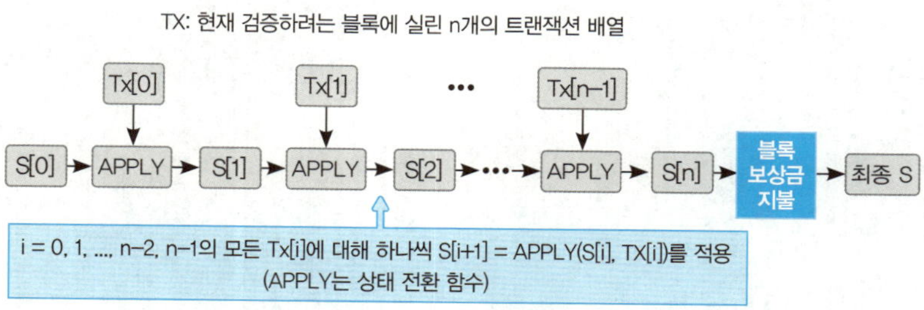

트랜잭션 단위로 상태전환 및 일괄 합의

6

이더리움 스마트 계약

"스마트 계약"은 단순히 이더리움 블록체인에서 실행되는 프로그램이고 이더리움 블록체인의 계약 계정에 있는 코드(함수)와 데이터(상태)의 모음이다. 스마트 계약은 이더리움 계정의 한 유형이다. 스마트 계약은 잔액을 가지고 있고 거래의 대상이 될 수 있지만 사용자가 제어하지 않고 네트워크에 배포되고 난 후에 조건을 만나면 프로그래밍되어 있는 그대로 실행된다. 그래서 스마트 계약을 자율 에이전트에 가깝다고 한다. 스마트 계약은 일반 계약과 같은 규칙을 정의하고 코드를 통해 자동으로 시행할 수 있다.

이 섹션은 이더리움 백서의 내용을 스마트 계약 관점에서 선택적으로 한번 더 설명하려고 한다. 많은 일반인들은 이더리움의 가치는 탈중앙화 되어 있고 이를 개인이 중계자 없이 전달하기 위해서는 여러 노드들이 똑 같은 블록체인을 유지하는 것이 필요하다는 것은 이해한다. 즉, 복사본 장부가 분산 보관되어 있다는 것은 쉽게 이해한다. 그런데 스마트 계약 목적의 계약 코드(소프트웨어 프로그램)가 분산 보관되어 있다고 하면 이 소프트웨어는 언제 어디서 어떻게 실행될지 이해하기 힘들다. 비탈릭 자신도 스마트 계약이 가능한 이더리움을 만들면서 이 프로젝트가 실패하면 어쩌나 하는 두려움에 휩싸인 적이 있다고 할 정도다. 하물며 보통사람은 더 이해하기 어려울 것이다. 우리는 지금까지 소프트웨어는 중앙 서버 또는 CPU(중앙 연산 장치)에서 돌아가는 것만 보아왔기 때문이다. 그러나 스마트 계약 소프트웨어는 완전히 다르다. 지역 노드에서 각각 동일한 계약 코드가 CPU 대신에 EVM이란 가상의 머신에서 실행되며, 실행으로 이루어진 상태 변환 결과는 모든 지역 노드가 수행한 결과가 똑 같다. 즉, 상태 변환이 각 노드에서 독립적으로 이루어지지만 결과적으로 주어진 슬롯 동안의 계약 코드들에 의해 각각 이루어진 상태 변환이 모두 일치한다는 검증이(생성된 블록을 통하여) 가능하다. 각 노드마다 상태 변화가 다르게 일어나면 어쩌나? 그럴 염려는 없다. 왜냐하면 블록체인 네트워크의 각 노드에 배포 중인 계약 코드는 완전히 동일한 코드이기 때문에 프로그램 실행으로 다른 결과를 내어 놓을 수가 없다.

이더리움은 합의 방식 자체가 비트코인과 완전히 다르고, 또 프로그램 코드를 다루는 계약의 처리이기 때문에 이해하기가 어렵다. 다시 비트코인과 이더리움의 차이점을 간단히 이야기하면, 비트코인은 거래 내역을 일정한 시간 간격(블록 시간)으로 묶음을 다르게 하여 일렬로 보관하는데, 이 일련의 장부 묶음들을 모든 노드가 합의된 복사본을 가지고 있다고 볼 수 있다. 반면에 이더리움은 스마트 계약을 대리하여 처리해주는 자율 에이전트가 상태로 관리된다는 것이다. 여기서 자율 에이전트는 계약 계정을 의미하는데, 무수히 많은 계약 계정을 상태로 관리한다는 것을, 거기다가 이 상태의 복사본을 모든 이더리움 노드가 합의된 상태로 분산 유지한다는 것을 이해하기가 어려울 것이다. 상상해 보자. 만약 기존의 모든 보험 회사에서 고객의 보험 관련 업무를 처리해주는 에이전트를 모두 한곳에 모아 계약의 변경 상태를 묶음으로 일괄 관리한다는 아이디어가 실현 가능한 일일까라고 말이다. 그러나 비탈릭은 보통 사람이면 엄두도 못 낼 이런 아이디어를 이더리움을 통하여 구현했다. 비탈리의 업적은 두 가지 관점에서 보통 사람들의 상식을 뛰어넘는 일을 시도했다. 하나는 분산 보관 장부에 돈 거래만 기록하는 것이 아니고 계약 처리 자율 에이전트를 모아 두었다는 것이다. 다른 하나는 그 자율 에이전트가 처리하여 변경하는 계약 관련 데이터를 하나의 글로벌 상태로 일정 시간(블록시간) 단위로 연속적으로 노드들 간에 합의를 보아 나간다는 것이다. 이 보통 사람 입장에서는 말도 안되는 이 작업을 비탈릭은 "Patricia tree" 라는 아이디어로 실현시켰다. 다만 이 두가지 아이디어에 대하여 학문적인 검증 작업은 아직까지 이루어지지 않았다고 본다. 이 두 가지 아이디어를 검증하려면 비틸릭 보다 더 많이 시간을 투자해야 가능할지도 모르겠다. 새로운 천재가 나타나 이더리움의 핵심 아이디어에 대한 반대 논리를 피력할 수 있을까? 그렇지 않는 상황에서는 이더리움이라는 달리는 기관차를 멈출 수는 없어 보인다. 이런 면을 고려하여 이전 백서 내용 설명과 중복되는 부분이 많으나 스마트 계약의 작동 원리를 한번 더 살펴본다.

스마트 계약이란 무엇인지 쉬운 응용 예를 가지고 설명한다. "스마트 계약"은 단순히 이더리움 블록체인에서 실행되는 프로그램이다. 이더리움 블록체인의 계약 계정에 있는 코드(함수)와 데이터(상태)의 모음이다. 스마트 계약은 이더리움 계정의 한 유형이다. 스마트 계약은 잔액을 가지고 있고 거래의 대상이 될 수 있다. 그러나 사용자가 제어하지 않고 네트워크에 배포되고 프로그래밍되어 있는 그대로 실행된다. 그래서 스마트 계약을 자율 에이전트에 가깝다고 한다. 사용자 계정은 스마트 계약 계정에 정의된 기능을 실행하는 트랜잭션을 제출하여 스마트 계약(계약 계정)과 상호 작용할 수 있다. 스마트 계약은 일반 계약과 같은 규칙을 정의하고 코드를 통해 자동으로 시행할 수 있다. 스마트 계약은 기본적으로 삭제할 수 없으며 스마트 계약과의 상호 작용은 되돌릴 수 없다.

전통적인 계약의 가장 큰 문제 중 하나는 신뢰할 수 있는 개인이 계약의 결과를 따라야 한다는 것이다. 다음과 같은 예제를 들어보자. 앨리스와 밥이 자전거 경주를 하고 있다. 앨리스가 밥에게 그녀가 경주에서 이기는 데 10달러를 걸었다고 가정해 보자. 밥은 자신이 이길 것이라고 확신하고 내기에 동의한다. 결국 앨리스는 밥보다 훨씬 앞서 경주를 마치고 확실한 승자가 된다. 그러나 밥은 앨리스가 속임수를 썼다고 주장하며 내기에 대한 지급을 거부한다. 이 간단한 예제는 스마트하지 않은 계약의 문제를 보여준다. 계약 조건이 충족되더라도 여전히 다른 상대방이 해당 계약을 이행할 것으로 신뢰해야 한다. 그러나 상대방이 신뢰할 수 있는 행동을 할지 또는 않을지는 알 수 없다. 스마트 계약은 계약 조건이 충족될 때 자동으로 실행되는 컴퓨터 코드로 계약 조건을 변환하여 계약을 디지털화한다. 스마트 계약에 대한 간단한 비유는 스마트 계약과 다소 유사하게 작동하는 자동판매기가 될 수 있다. 즉, 특정 입력은 미리 결정된 출력을 보장한다. 자동 판매기가 고장나지 않는 한 입력에 대한 결과를 신뢰할 수 있다.

자판기는 모든 요구 사항이 충족된 후에만 원하는 제품을 제공한다. 상품을 선택하지 않거나 충분한 금액을 투입하지 않으면 자판기는 상품을 제공하지 않는다. 스마트 계약이 일반 계약에 비해 우수한 중요한 이점 중 하나는 계약 조건이 실현될 때 결과가 자동으로 실행된다는 부분이다. 사람이 결과를 실행할 때까지 기다릴 필요가 없다. 즉, 스마트 계약은 신뢰의 필요성을 제거한다. 사람이 개입하는 인적 요인은 전통적인 계약의 가장 큰 실패 부분 중 하나이다. 예를 들어, 두 명의 개별 판사가 전통적인 계약을 다른 방식으로 해석할 수 있다. 해당하는 해석은 서로 다른 결정을 내리고 다른 결과를 초래할 수 있다. 스마트 계약은 다른 해석의 가능성을 제거한다. 대신 스마트 계약은 계약 코드 내에 작성된 조건에 따라 정확하게 실행된다.

이 정확도는 동일한 상황에서 스마트 계약이 동일한 결과를 생성한다는 것을 의미한다. 아마도 스마트 계약에 대한 가장 좋은 은유는 Nick Szabo가 설명한 자동 판매기일 것이다. 올바른 입력을 사용하면 특정 출력이 보장된다. 자동 판매기에서 간식을 얻으려면 : [돈 + 간식 선택]이 이루어지면 간식이 나온다. 이 논리는 자동 판매기에 프로그래밍 된다.

자동 판매기가 공급 업체 직원의 필요성을 제거하는 것처럼 스마트 계약은 많은 산업 분야의 중개자를 대체할 수 있다. 누구나 스마트 계약을 작성하여 네트워크에 배포할 수 있다. 즉, PERMISSIONLESS 특징이 있다. 스마트 계약 언어로 코딩하는 방법을 배우고 계약을 배포하기에 충분한 이더(ETH)가 있어야 한다. 스마트 계약을 배포하는 것은 기술적으로 거래이므로 간단한 ETH 이체를 위해 가스를 지불해야하는 것과 동일한 방식으로 가스를 지불해야 한다. 그러나 계약을 블록체인에 배치하기 위한 가스 비용은 훨씬 더 높다.

이더리움에는 스마트 계약 작성을 위한 개발자 친화적인 언어가 있다. Solidity와 Vyper이다. 스마트 계약은 이더리움에 공개되며 개방형 API로 생각할 수 있다. 즉, 자신의 스마트 계약에서 다른 스마트 계약을 호출하여 계약 처리로 가능한 것을 크게 확장할 수 있다. 계약은 다른 계약을 생산할 수도 있다.

원래 스마트 계약만으로는 HTTP 요청을 보낼 수 없기 때문에 블록체인 바깥의 "실제" 이벤트에 대한 외부 정보를 얻을 수 없었다. 이것은 처음에 의도적으로 설계된 동작이다. 외부 정보에 의존하면 합의가 위태로워질 수 있기 때문이었다. 그러나 스마트 계약에서 외부 정보를 사용하는 문제는 오라클을 사용하여 해결할 수 있는 방법이 있다. 스마트 계약은 신뢰할 수 있는 외부 정보를 사용하여 계약의 수준을 더 높이고 활용 범위를 넓혀가고 있다.

이더리움 백서의 내용을 스마트 계약을 집중적으로 설명하면 다음과 같다. 이전 백서 내용 설명과 중복되는 부분이 많으나 스마트 계약의 작동 원리를 이해하기 좋게 한번 더 설명한다. 이더리움에는 두 가지 유형의 계정을 정의하고 있다. 하나는 개인 키로 제어되는 외부 소유 계정(EOA)이고 다른 하나는 계약 코드로 제어되는 계약 계정(CA)이다. 이더리움 계약 계정은 4개의 필드를 포함한다.

- Nonce: 각 트랜잭션이 한 번만 처리될 수 있는지 확인하는 데 사용되는 카운터
- 계정의 현재 이더 잔액
- 계정의 계약 코드
- 계정의 저장소(기본적으로 비어 있음)

계약 계정에서는 계약 계정이 메시지(트랜잭션의 메시지나 계약 계정이 호출하는 메시지)를 받을 때마다 계약코드가 활성화되어 내부 저장소를 읽고 쓰고 다른 메시지를 보내거나 계약을 차례로 만들 수도 있다.

여기서 트랜잭션의 메시지와 계약 계정이 발생시킨 메시지를 구분하

여 이해할 필요가 있다. 트랜잭션 메시지는 블록체인 네트워크를 통하여 도착하는 트랜잭션에 포함된 메시지이며 수신 측 계약 코드를 실행시킬 수 있다. 반면에 계약 계정에서 발생시킨 메시지는 블록체인 네트워크 바깥으로 나가지 않고 블록체인 노드 내부에서 다른 계약 코드를 활성화시킨다.

이더리움의 "계약"은 "이행"되거나 "준수"되는 단순한 프로그램으로 간주해서는 안 된다. 오히려 이더리움 실행 환경 내부에 있는 계약 처리를 대신 해주는 "자율 에이전트"에 가깝다. 즉, 다른 계약을 활성화시키거나 다른 새로운 계약을 생성할 수가 있다. "트랜잭션(거래)"은 이더리움에서 외부 소유 계정에서 계약 계정으로 보낼 메시지를 저장하는 서명된 데이터 패키지를 나타내는 데 사용된다. 트랜잭션에는 다음이 포함된다.

- 메시지를 받는 사람(수신자 계약 계정)
- 보낸 사람(발신자)을 식별하는 서명
- 발신자에서 수신자에게 전송할 이더의 양
- 선택적 데이터 필드(만약 스마트 계약을 통해 DNS 정보를 등록한다고 하면 도메인 이름과 IP 주소 데이터가 여기에 포함된다.)
- 트랜잭션 실행이 수행할 수 있는 최대 계산 단계 수를 나타내는 START GAS 값
- 발신자가 단위 계산당 지불하는 수수료를 나타내는 GASPRICE 값

계약 코드 A 로 만들어진 계약 계정은 다른 계약 계정의 메시지 호출이나, 외부 소유 계정에서 발생시킨 트랜잭션이 메시지를 보낼 경우 항상 계약 코드 A를 실행하게 된다. 여기서 배포된 계약 코드를 갖는 계약 계정은 '상태'로 유지되고 있기 때문에 블록체인에 온체인되어 있다는 것이고, 블록을 다운로드하여 블록체인을 합의로 가지고 있는 모든 노드는 전체 계정의 상태를 유지하고 있기 때문에 계약 코드 A 도 각각 가지고 있다.

계약 계정에서는 다른 계약 계정으로 "메시지"를 보낼 수 있다. 메시지는 이더리움 실행 환경에서만 발생하는 가상 개체이다. 메시지에는 다음이 포함된다.

- 메시지를 보낸 사람(암시적)
- 메시지 받는 사람
- 메시지와 함께 전송할 이더의 양
- 선택적 데이터 필드
- STARTGAS 값

기본적으로 메시지는 외부 행위자가 아닌 계약에 의해 생성된다는 점을 제외하고는 트랜잭션과 같다. 현재 코드를 실행 중인 계약이 메시지를 생성하고 실행하는 CALL(호출) 명령어를 실행할 때 메시지가 생성된다. 트랜잭션과 마찬가지로 메시지는 계약 코드를 가지고 있는 수신자 계정으로 전달된다. 따라서 계약은 외부 행위자와 정확히 동일한 방식으로 다른 계약과 관계를 가질 수 있다.

계약을 새로 만드는 연산 코드 CREATE가 있다. 실행 메커니즘은 일반적으로 CALL과 유사하지만 실행 출력이 새로 생성된 계약의 코드를 결정한다는 점이 다르다. 새로 만들어지는 계약 코드는 새로운 계약 계정을 의미한다. 분산된 모든 노드는 동일한 계약 계정을 신규로 가지게 된다.

이더리움 계약의 코드는 EVM 코드라고 하는 저수준 스택 기반 바이트코드 언어로 작성된다. 코드는 일련의 바이트로 구성되며 각 바이트는 연산작업을 나타낸다. 이더리움가상 머신이 실행되는 동안 전체 상태는 여러 항목들(튜플: block_state, 트랜잭션, 메시지, 코드, 메모리, 스택, PC 및 가스)에 변경된다. 여기서 block_state는 모든 계정을 포함하는 전역 '상태'이며 잔액 및 스토리지를 포함하다. 트랜잭션이나 메시지에 의하여 계약 코드의 실행 라운드가 시작될 때 코드의 프래그램 카운터(PC)가 지시하는 명령어를 취하여 실행되며, 각 명령어는 튜플에 미치는 영향에 대한 고유한 기능이 있다.

이더리움 계약 코드가 블록체인에 올라가는 것도 일반 트랜잭션이 블록에 포함되어 합의를 거치는 과정과 똑 같다. 각 블록과 함께 전체 상태를 저장해야 하기 때문에 계약 코드도 블록에 저장되고 이 블록을 모든 노드가 합의로 보유하고 있으니, 계약 코드도 분산 보관되어 있는 것이다. 계약 코드를 활성화시키는 방법은 두 가지가 있다. 하나는 모든 지역 노드는 각각 독립적으로 블록체인 네트워크를 통하여 도착한 트랜잭션(메시지)의 유효성을 검증하고 수신측 계약 코드를 실행하여 상태를 변경시키는 경우이다. 또 다른 경우는 지역 노드 내부에서 독립적으로 계약 계정이 발생시킨 메시지의 내용에 따라 다른 계약 계정의 코드를 실행하여 상태를 변경시키는 방법이다.

강조하지만 계약 코드가 실행되는 "위치"와 관련하여, 계약 코드는 분산된 모든 노드에서 각각 실행된다. 계약 코드를 실행하는 작업은 상태 전환 함수가 정의하는 작업의 한 부분이므로 계약 코드가 블록에 추가되고(네트워크에 배포되고) 난 후에는, 이후 발생하는 외부로부터 발생된 트랜잭션(메시지)나 계약 계정에서 발생시킨 메시지에 의하여 언급된 수신자 계약 코드는 현재와 미래의 모든 노드에 의해 독립적으로 실행된다.

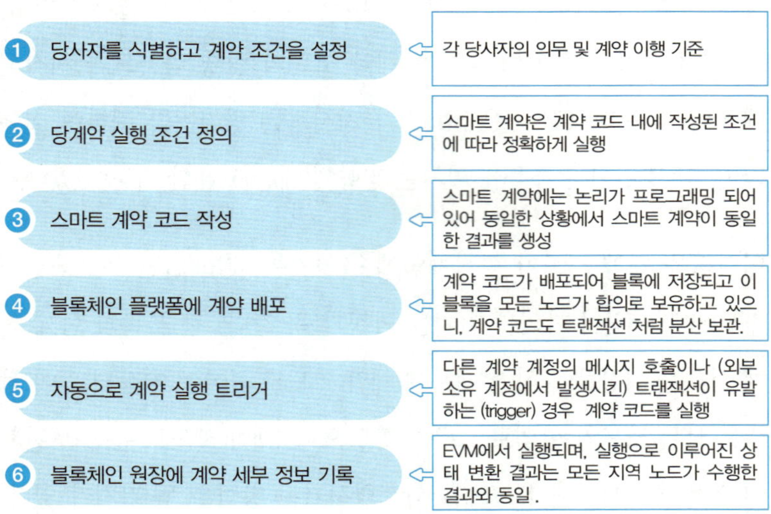

스마트 계약 단계 : 1) 계약준비, 2) 코드 작성, 3) 배포, 4) 계약 실행 트리거, 5) 블록체인에 세부 정보 기록

7

비트코인의 UTXO 모델과 이더리움의 계정 모델

UTXO 모델에서 자산의 이동은 트랜잭션 출력으로 구성된 방향성 비순환 그래프 형태로 기록된다. 따라서 블록이 추가될 때마다 UTXO셋은 업데이트된다. 계정 모델은 상태 변환을 위한 계산은 각자 노드가 실행하고 각자 노드가 계산한 결과의 합의는 한꺼번에 이루어지는 방식이다. 계정 모델에서 잔액은 계정의 전역(Global) 상태로 저장되고, 각 노드에서 유지되며 블록으로 최종 합의된다. UTXO 모델은 검증 모델인 반면 계정 모델은 계산 모델이다.

디지털 화폐가 유용하려면 양도가 가능해야 한다. 블록체인의 자금 이체는 소유자가 거래(트랜잭션)을 생성하고, 이 거래는 얼마나 많은 돈을 이체하려고 하고 또 새로운 소유자가 누구인지에 대한 정보를 방송(브로드캐스트)으로 네트워크에 알린다. 방송을 하는 이유는 받는 노드가 전 세계적으로 분산되어 있는 탈중앙화 시스템이기 때문에 방송으로 보낼 때 모든 노드가 이 트랜잭션 정보를 받을 수 있기 때문이다. 퍼블릭 블록체인인 경우, 전세계에 분산되어 있는 채굴자(또는 검증자)는 일정 기간 내에 도착한 거래들을 묶어서, 작업증명 방식에서는 경쟁적으로, 또는 지분 증명 방식에서는 지분 투자 후의 선정 알고리즘에 의해서 해당 거래들을 포함하는 블록을 생성한다. 블록이 생성되었다는 것은 블록체인의 블록에 새로운 거래정보가 탑재되었고 동시에 상태 정보가 바뀌게 되었고 또 전세계에 있는 분산된 노드들 간에 바뀐 상태 정보가 합의에 이르렀다는 것을 의미한다. 이 상태 정보를 관리하는 방식에 대하여 알아보자. 블록체인에서 사용되는 대표적인 방식으로 회계/잔액 모델이 있다. 대부분의 블록체인은 회계(장부작성)에 UTXO 모델을 사용한다. 그러나 이더리움에 적용된 사용자 잔액을 추적하는 방법은 계정 모델이다.

블록체인은 상태 머신이다. 블록체인은 상태 저장 시스템에 해당한다. 전체 목적은 과거 이벤트 및 사용자 상호 작용을 기록하는 것이다. 새로운 블록과 함께 시스템은 프로토콜에 정의된 상태 전환 논리에 따라 발생하는 상태 전환을 겪는다. UTXO와 계정 모델의 차이점은 부기(bookkeeping)가 처리되는 방식에 있다. 부기란 상태를 기록

하고 한 상태에서 다른 상태로 전환하는 것을 의미한다. 두 균형 모델 간의 첫 번째 중요한 차이점은 시스템 상태가 기록되는 방식이다. UTXO 모델에서 자산의 이동은 주소 간의 방향성 비순환 그래프(DAG)로 기록되는 반면, 계정 모델은 네트워크 상태 데이터베이스를 유지 관리한다.

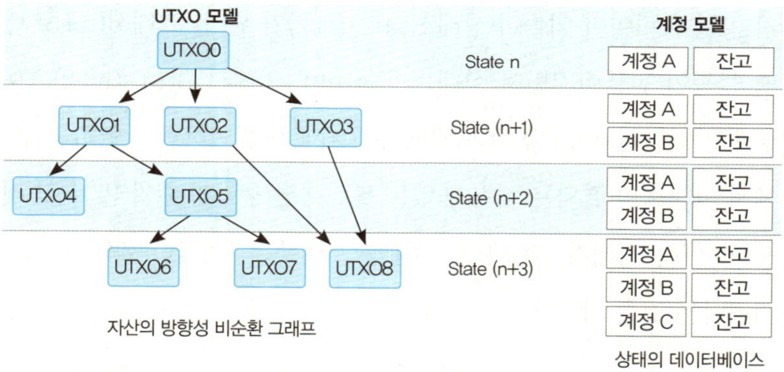

방향성 비순환 그래프로 기록하는 UTXO 모델과 네트워크 상태 데이터베이스를 유지 관리하는 계정 모델

위의 그래픽은 왼쪽에 UTXO 모델의 방향성 순환 그래프를 보여준다. 그래프는 모서리로 연결된 노드 또는 꼭지점의 집합으로 정의된다. 방향성 그래프에서 각 링크에는 일반적으로 화살표를 통해 표시되는 방향이 있다. 방향성 비순환 그래프(DAG)는 노드 간의 순환 관계를 허용하지 않는다. 상태들(State n, State(n+1), State(n+2), State(n+3))은 각각 블록체인의 n번째,(n+1) 번째,(n+2) 번째,(n+3) 번째 블록이 만들어 졌을 때의 상태를 의미한다. 각 트랜잭션 출력(수신자의 주소와 수신 금액을 표시하는 필드로 구성)은 방향성 비순환 그래프의 노드로 구성되며 각 트랜잭션은 하

나 이상의 에지로 표시된다. 따라서 사용되지 않은(아직 이체하지 않은) 트랜잭션 출력에는 해당 출력에서 다시 아래로 연결하는 에지가 없다. 위의 왼쪽 그림에서(n+3) 번째 블록이 만들어질 때, 트랜잭션 출력 4, 6, 7, 8 이 아직 사용되지 않는 출력이며 이들을 UTXO셀이라 부르는 상태 State(n+3)이 된다. 한번 더 예를 들어보면,(n+2) 번째 블록이 만들어질 때, 트랜잭션 출력 2, 3, 4, 5 이 아직 사용되지 않는 출력이며 이들이 상태 State(n+2)가 된다. 그래서(n+3) 번째 블록이 만들어지면서 상태는 State(n+2)에서 State(n+3)으로 상태가 전환된다. UTXO 모델에서는 거래가 빈번하면 당연히 DAG에서 아래로 연결되는 에지가 없는 트랜잭션 출력의 수가 많아 질 것이다. 이는 거래가 많아지면 상태를 보여주는 UTXO 셀의 규모가 커진다는 것을 의미한다.

오른쪽의 그래픽은 계정 모델의 상태 변화를 보여준다. 각각의 새로운 블록과 함께 시스템의 상태는 블록에 포함된 트랜잭션에 따라 업데이트된다. 사용자 또는 스마트 계약의 수가 일정하게 유지되는 한 계정 수는 일정하고 수행된 거래 수와 무관하다. 즉, 상태 정보의 규모는 시간당 거래량과 관련이 없다. 이는 마치 은행의 계좌 수 규모가 창구를 이용하는 거래자의 규모와 무관하다는 것과 같다. 계정 모델에서 글로벌 계정 정보가 상태 정보가 된다. 위의 오른쪽 그림에서(n+2) 번째 블록이 만들어질 때, 계정A, B 가 상태 정보에 해당한다.(n+3) 번째 블록이 만들어질 때는 상태정보는 계정 A, B, C가 상태 State(n+3)이 된다.

UTXO와 계정 모델 비교

높은 수준의 계산 필요성, 확장성, 개인 정보 보호, 스마트 계약 기능의 관점에서 UTXO와 계정 모델의 강점과 약점을 비교하자. UTXO 모델은 검증 모델이다. 즉, 사용자는 수신자가 사용할 수 있는 새 트랜잭션 출력으로 정의된(블록이 생성된 이후에) 상태 전환의 결과를 일으키는 트랜잭션을 제출한다. 그런 다음 노드는 소비된 입력이 사용되지 않았는지 여부와 서명이 지출 조건을 충족하는지 확인한다. 반면에 계정 모델은 계산 모델이다. 이 모델에서 사용자는 상태 전환을 어떻게 할 것인지 노드에 지시하는 트랜잭션을 제출한다. 그런 다음 네트워크(모든 노드)는 지침에 따라 새 상태를 각각 계산한다. 이 방법은 상태 채널 및 샤딩과 같은 두 번째 계층 확장성 솔루션과 관련된 특정 의미를 제공한다. 여기서 특정 의미란 무엇을 말하느냐 하면, 계정 모델을 계산 모델이라고 부르는 이유가 숨겨 있다. 상태 채널이 동작하는 방법을 보자. 상태 채널은 만들어진 채널(오프체인)에서 일정 기간 동안 제출되는 트랜잭션들에 대하여 하나씩 차례대로 상태 변환이 일어난다. 일정 시간이 지나면 상태 채널을 닫으면서 상태 채널을 담당했던 운영자가 그간의 트랜잭션들을 묶어서 배치(Batch) 형태로 일괄로 온체인 합의 처리한다. 비슷하게 계정 모델에서는 개별 노드에서 슬롯 기간 동안 도달하는 트랜잭션에 입각하여 하나씩 도착할 때 마다 노드가 보유한 상태를 새로 계산한다. 이 거래들을 모든 노드가 함께 받았을 것이므로(받는 순서는 다를 수 있음) 모든 노드에서는 각각 상태 변환을 차례로 계산한다. 슬롯 기간이 종료되면, 이 슬롯을 위하여 선정된 검증자 노드가 이 간 동안의 트랜잭션들과 상태를 가지고 블록을 생성하고 이 생성된 블록을 모든 검증 위원회 노드에게 나누어 준다. 이 검증 노드가 정상적으로 블록이 만들어졌는지 검증하고 검증이 완료되면 다시 최종 상태로 확정되는 것이고, 이때가 합의가 이루어진 시점이며 블록에 포함된 모든 트랜잭션들은 처리가 완료되었다라고 한다. 즉, 합의는 슬롯 기간 동안의 트랜잭션들을 묶어서 배치(Batch) 형태로 일괄로 합의 처리한다. 그러니 계정 모델은 상태 변환을 위한 계산은 각자 노드가 실행하고 각자 노드가 계산한 결과의 합의는 한꺼번에 이루어지는 방식이다. 개별 노드가 상태 변환을 각자 계산하기 때문에 계정 모델을 계산 모델이라 부르는 이유다.

확장성

UTXO와 계정 모델의 확장성을 비교하는 데 사용할 수 있는 몇 가지 접근 방식이 있다. 한 가지 방법은 각 시스템의 전반적인 스토리지 요구 사항을 분석해 보는 것이다. 또 다른 방법은 메인 블록체인 위에 두 번째 계층 기술을 배포하는 데 더 적합한 모델을 고려하는 것이다.

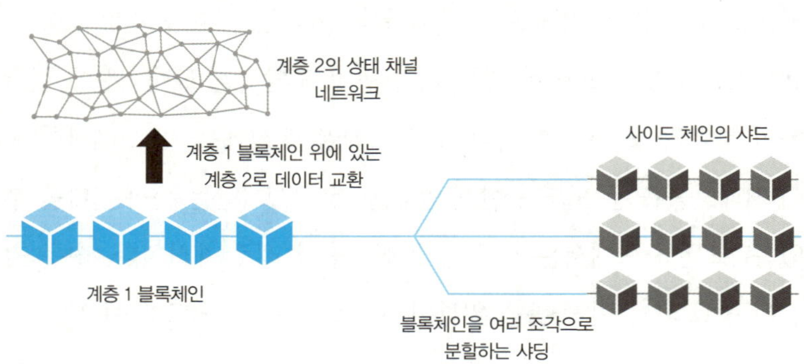

확장성 해결 방안

2 계층 기술 중 하나인 '상태채널'은 메인 블록 체인위에 있는 양방향 통신 채널인 전용 무신뢰성 네트워크로 트랜잭션 처리 임무를 이동시켜 하는 블록체인 확장성 기술이다. 또 중요한 확장성 기술의 다른 접근 방식은 샤딩이다. 2 계층 기술이라고 보기에는 애매하기도 하지만, 샤딩은 전통적인 데이터베이스 세계에서 유래한 용어이다. 샤딩은 각 개별 파티션의 성능을 높여 전체 시스템을 개선하기 위해 데이터베이스를 여러 분할된 데이터베이스로 나누는 메카니즘이다. 호라이젠의 사이드체인은 샤딩 메커니즘으로 간주될 수 있다.

두 회계 방법을 비교하기전에 두 시스템의 사용자 및 트랜잭션 수가 비슷하다고 가정하자. 먼저 블록체인의 크기를 비교해 보자. 계정 모델은 메모리 사용이 더 효율적이다. 사용자가 단일 계정을 사용하여 잔액을 저장하면 사용자의 거래 건 별로 총 잔액을 구성하여 여러 UTXO를 저장하는 것에 비해 메모리가 절약된다. 계정 모델의 트랜잭션은 보낸 사람, 받는 사람, 전송 금액 및 단일 디지털 서명만 지정하기 때문에 크기도 더 작다. 또한 UTXO모델에서는 입력에서 자금을 가지고 와서 출력에 송금액을 명시하고 난 후에 입력과 출력의 차액인 거스름 자금을 자신의 주소로 반환하기 위한 자신의 출력이 또 필요하다. 계정 모델에서는 이런 용도의 자신의 출력이 필요 없기 때문에 많은 데이터를 계정 모델의 트랜잭션에 저장할 수 있다. 개념적 수준에서 이것은 직관적이다. UTXO 모델에서는 트랜잭션이 처리되고 난 후에 거래로 인하여 새로 생성된 출력이 모여서 변경된 상태를 나타낸다. 그러므로 UTXO트랜잭션은 계정 트랜잭션 보다 더 많은 데이터를 포함해야 한다. 또한 UTXO 모델에서는 여러 UTXO를 입력으로 소비할 수(자금을 인출할 수) 있지만, 계정 모델 트랜잭션은 계정에서 금액을 인출한 후 계정 잔액만 변경하면 되기 때문이다. 참고로 이더리움의 계정 모델의 트랜잭션은 약 100 바이트가 필요한 반면, Horizen의 UTXO 트랜잭션은 약 200-300 바이트가 필요하다.

어떤 암호화폐의 지갑을 사용하려고 열려고 시도해보면 지갑에 따라 '상태'를 가지고 오는데(시스템에 온라인 상태가 되기 까지) 상당한 시간이 소요되는 것을 볼 수 있다. 트랜잭션의 데이터 규모가 작다는 것은 동기화하는 데 필요한 데이터가 적기 때문에 계정 모델을 실행하는 시스템에서 새 노드를 온라인 상태로 만드는 것이 더 빠르다는 것을 의미한다. 계정 수는 일반적으로 비슷한 크기의 시스템에 설정된 총 UTXO(아직 사용되지 않은 총 트랜잭션 출력 수) 보다 훨씬 적다.

상태 채널 구축 측면에서 두 모델을 비교해 보자. 현재 가장 진보된 상태 채널 구축 중 하나는 비트 코인의 라이트닝 네트워크이다. 앞에서 설명한데로 채널에서 트랜잭션을 하나씩 일렬로 처리하고, 나중에 자산이 채널에서 온체인으로 나갈 때 증명 제출 및 확인 메커니즘을 사용하여 사용하여 일괄로 처리한다. 위에서 언급했듯이 UTXO 모델은 본질적으로 검증 모델인 반면 계정 모델은 계산 모델이다. 따라서 UTXO 구성은 두 번째 레이어(상태 채널)로 들어오고 나갈 때 증명 및 확인이 용이하기 때문에 확장성 접근 방식에 더 적합하다.

샤딩은 어느 모델이 더 유리할까? UTXO모델을 사용하는 동안 블록체인을 샤드 또는 사이드체인으로 분할하는 것도 더 쉽다. 소비 가능한 트랜잭션 출력을 집계하고 출력을 정의하는 것은 클라이언트 측에서 발생하여 전체 시스템의 스트레스를 줄인다. 계정 모델에서 모든 노드는 서로 다른 샤드에 속해 있는 발신자와 수신자의 계정을 각각 해당 샤드에 현지화 시키고, 또 둘 다 해당 샤드 안에서 수정해야 한다. 물론 샤딩에는 이러한 간단한 수정 문제보다 해결해야할 더 많은 것이 있다. 그래도 일반적으로 UTXO 모델은 데이터 구조 분할을 보다 간단하게 허용한다. 이런 이유 때문일까? 최근 이더리움 스케일링 솔루션(확장성 문제 해결)에 특이한 동향이 감지되고 있다. 이더리움의 가스 사용 부담을 줄이고 확장성을 높이는 방법으로 롤업 방식이 매우 성공적으로 성과를 내고 있다. 이래서 아직 공식적인 발표는 없지만 이더리움은 로드맵에서 샤딩을 완전히 삭제할 것이라는 소문도 있다. 비탈릭은 주로 계층 2 확장 방식인 롤업의 도움을 받아 초당 100,000건의 트랜잭션을 처리할 수 있는 로드맵을 구상하고 있는 듯하다.

개인 정보 보호와 관련하여 UTXO와 계정 모델 모두에 장점이 있다. UTXO 모델은 거래를 특정 소유자와 연결하기가 더 어려워진다. 반면에 계정 모델은 마치 은행을 이용할 때 필요하면 여러 개의 계좌번호를 만들어 때에 따라 골라서 사용할 수 있는 것처럼, 더 나은 대체 가능성을 제공한다. 결과적으로 UTXO 모델에서 주소 변경이 사용되면 계정 모델에 비해 코인의 소유권을 추적하기가 더 어려워진다. UTXO무델에서는 만약 새로이 생성된 주소가 있을 때, 이 새로운 주소의 소유자는 누구인지 알 수 없으며, 필요하면 고급 체인 분석을 통하여 단일 사용자와 연결해야 하는 작업이 필요하다. 계정 모델은 암시적으로 주소 재사용을 장려하므로 단일 사용자에 대한 트랜잭션 기록을 더 쉽게 만들 수 있다. 대체 가능성과 관련하여 계정 모델은 더 나은 개인 정보 보호가 가능하다. 개인 정보 보호 기술이 적용되지 않은 경우 UTXO 모델에서 자산의 이동으로 노출되는 UTXO 움직임의 완전한 투명성이 있다. 그러나 계정 모델에는 일종의 "코인 믹서"가 내장되어 있다. 계정에 여러 거래로 자금이 조달되면 결과는 최종적인 단일 잔액 정보이다. 이 계정에서 지불이 이루어지면 관찰자는 입금된 코인 중 누구로부터 입금된 코인이 사용되고 있는지 확인할 수 없다. Alice가 Bob에게 8 ZEN을 보내고 잔액이 9 ZEN으로 업데이트되는 계정 모델의 예를 보자. Bob 가 이후에 1 ZEN을 소비하면 아무도 단일 ZEN이 Alice에서 유래했는지 아니면 다른 소스에서 유래했는지 확인할 수 없다.

중요한 스마트 계약 기능 측면에서는 계정 모델이 유리하다. 스마트 계약을 구현할 때는 계정 모델이 분명한 이점을 제공한다. 첫째, 계정 모델 논리가 더 직관적입니다. 단순히 잔액을 더하거나 빼는 방법을 통하여 개발자는 상태 정보가 필요하거나 또는 여러 당사자가 관련된 트랜잭션을 더 쉽게 만들 수 있다. 서명된 트랜잭션은 인출할 계정에 거래를 실행할 비용을 지불하기에 충분한 잔액이 있기만 하면 유효하다. 계정 모델에서 잔액을 확인하는 것은 UTXO모델에서 트랜잭션 출력이 사용되었는지 또는 사용되지 않았는지 확인하는 것보다 계산 비용이 적게 든다. 다른 스마트 계약과 상호 작용하는 코드 제어 계약계정의 경우 특히 계정 모델이 유리하다. 계약 간의 내부 거래는 계약 계정의 잔액을 조정하여 블록체인에 기록하지 않고 EVM가상 머신에서 먼저 수행할 수 있다. UTXO 모델은 모든 지출 트랜잭션이 명시적으로 블록체인에 기록되어야 하기 때문에 계산 오버헤드를 생성한다. 예를 들어 i번째 블록이 만들어진 직후(i+1) 번째 블록이 생성되기 전에 어떤 계약에서 자산을 보내는 경우를 생각해 보자. UTXO 모델의 스마트 계약에는 자산을 보낼 때 사용할 출력(i번째 블록이 생성되면서 동기화된 인출할 UTXO)을 선택하는 논리와 변경 출력((i+1)번째 블록과 함께 동기화 될 자산이 넘겨갈 UTXO)을 처리하는 논리가 포함되어야 한다. 계정 모델에서는 일괄 합의 전에 상태 변환이 먼저 일어나기 때문에 이 계정에서 자산을 빼서 다른 계정에 옮기는 일이 동일 슬롯 안에 일어난다. UTXO 모델은 본질적으로 상태 비저장(블록체인에 UTXO가 직접적으로 저장되지 않는)이기 때문에 트랜잭션에 상태 정보가 포함되도록 강제하여 전체 디자인을 복잡하게 만든다.

다른 차이점을 좀 더 살펴보자. UTXO 모델의 한 가지 이점은 스마트 계약에서 트랜잭션의 더 간단한 병렬화를 허용한다는 것이다. 서로 다른 트랜잭션에서 사용되는 여러 UTXO는 모두 독립적인 입력을 참조하므로 동시에 처리할 수 있다. 계정 모델에서 트랜잭션 결과는 입력 상태에 따라 달라진다. 트랜잭션을 병렬로 실행하는 것은 신중하게 처리해야 한다. 일반적으로 동일한 계정에 영향을 미치는 트랜잭션은 병렬 실행이 불가하고 순차적으로 실행되어야 한다. 중요한 점은 간단한 트랜잭션을 처리할 때 UTXO 모델이 더 낫다는 것이다. 계정 모델은 스마트 계약과 같은 더 복잡한 논리를 처리할 때 유용하다. 따라서 현재 스마트 계약 플랫폼에서 인기 있는 추세는 UTXO 모델이 잔액에 사용되고 계정 모델이 스마트 계약에 사용되는 하이브리드 모델을 사용하는 것이다.

하이브리드 시스템

QTUM은 UTXO와 계정의 하이브리드 시스템을 활용하는 블록체인의 한 예이다. UTXO 모델은 개념 당시에 훨씬 더 안전한 것으로 간주되었기 때문에 전체 아키텍처의 기초로 사용되었다. 이 UTXO 계층 위에 있는QTUM은 계정 추상화 계층(AAL)이라고하는 구성을 통해 "이더리움에서 제공하는 계정 모델을 사용하여 스마트 계약을 생성하고 실행"할 수 있다. AAL은 계약 코드에 사용할 수 있는 UTXO가 두 개 이상 있는 즉시 새 트랜잭션에서 특정 계약에 대한 UTXO를 결합한다. UTXO 모델은 기본 계층으로 사용한다.

요약

대부분의 블록체인은 회계에 UTXO 모델을 사용한다. 실제로 계정 모델을 사용하는 이더리움과 같은 몇 가지 예외가 있다. UTXO 모델에서, 어떤 사용자의 주소로 지정된 트랜잭션의 출력은 그 사용자가 트랜잭션을 만들어 자금을 인출할 입력으로 사용할 트랜잭션 입력이 된다. 사람들이 비트코인이 실제로 무엇인지 묻는다면, “비트코인은 UTXO다”가 정확한 답이 될 것이다. 개인 키로 잠금을 해제할 수 있는, 아직 사용하지 않은 트랜잭션 출력이 UTXO이기 때문이다. 블록 체인은 상태 머신으로 간주될 수 있다. 두 경우 모두 트랜잭션은 블록 체인에 새로운 블록이 추가될 때마다 일괄적으로 상태 전환의 합의를 시도한다. UTXO 모델에서 자산의 이동은 트랜잭션 출력으로 구성된 방향성 비순환 그래프 형태로 기록된다. 각 블록이 추가될 때마다 새 출력이 추가된다. 계정 모델에서 잔액은 계정의 전역(Global) 상태로 저장되고, 각 노드에서 유지되며 모든 블록으로 최종 합의된다. UTXO 모델의 트랜잭션은 크기가 더 크고 사용자와 지갑에 더 많은 부담을 준다. UTXO 모델은 검증 모델인 반면 계정 모델은 계산 모델이다. 계정 기반 시스템은 계정의 상태와 트랜잭션의 크기가 더 작기 때문에 스토리지 이점을 제공한다. UTXO는 상태 및 지불 채널 구성과 샤딩과 같은 확장 솔루션을 단순화하는 데 더 효율적이다. 두 모델 모두 개인 정보 보호와 관련하여 장단점이 있다. 계정 모델을 사용하면 트랜잭션을 단일 사용자와 더 쉽게 연관시킬 수 있을 뿐만 아니라 더 높은 수준의 대체 가능성도 제공한다. 계정 모델은 스마트 계약과 관련하여 분명한 이점을 제공한다. 많은 새로운 스마트 계약 플랫폼은 UTXO가 잔액 처리에 사용되고 계정이 계약에 사용되는 하이브리드 모델을 사용한다. 결국 어떤 모델이 작업에 더 적합한지는 사용 사례에 따라 달라 진다.

8

THE MERGE와 지분증명

2020년 12월 1일 이후, 비콘 체인은 메인넷과 별도의 블록체인으로 생성되어 병렬로 실행되고 있었다. 비콘 체인은 원래 메인넷 트랜잭션을 처리하지 않고 대신, 활성 검증자와 그들의 계정 잔액에 합의함으로써 이더리움 운영 참가자들의 상태에 대한 합의를 담당해 왔다. 광범위한 테스트를 거친 후 비콘 체인이 실제 데이터(모든 트랜잭션, 계약 및 잔고 정보 등)에 대한 합의에 도달해야 할 때가 된 것이다. 2022년 9월에 발생한 The Merge(병합)로 인하여 모든 이더리움 상태에 대한 합의는 지분증명으로 처리하게 되었다.

작업 증명은 이더리움 메인넷을 초기 이더리움인 제네시스부터 The Merge(병합)까지 합의에 사용한 방식이다. 이더리움의 역사를 통틀어 개발자들은 작업 증명에서 지분 증명으로의 궁극적인 전환을 준비했었다. 2020년 12월 1일 이후, 비콘 체인은 메인넷과 별도의 블록체인으로 생성되어 병렬로 실행되고 있었다. 비콘 체인은 원래 메인넷 트랜잭션을 처리하지 않았다. 대신, 활성 검증자과 그들의 계정 잔액에 동의함으로써 이더리움 운영 참가자들의 상태에 대한 합의를 담당해 왔다. 광범위한 테스트를 거친 후 비콘 체인이 실제 데이터(모든 트랜잭션, 계약 및 잔고 정보 등)에 대한 합의에 도달해야 할 때가 된 것이다. 병합 이후 비콘 체인은 실행 계층 트랜잭션 및 계정 잔액을 포함한 모든 네트워크 데이터에 대한 합의 엔진이 되었다. 병합은 비콘체인을 블록 생산 엔진으로 사용하는 공식 전환을 나타낸다. 채굴은 더 이상 유효한 블록을 생성하는 수단이 아니다. 대신, 지분 증명 검증자가 이 역할을 채택했으며 이제 모든 거래의 유효성을 처리하고 블록을 제안할 책임이 있다. 병합으로 메인넷이 비콘 체인과 합병되면서 이더리움의 전체 거래 내역도 병합되었다.

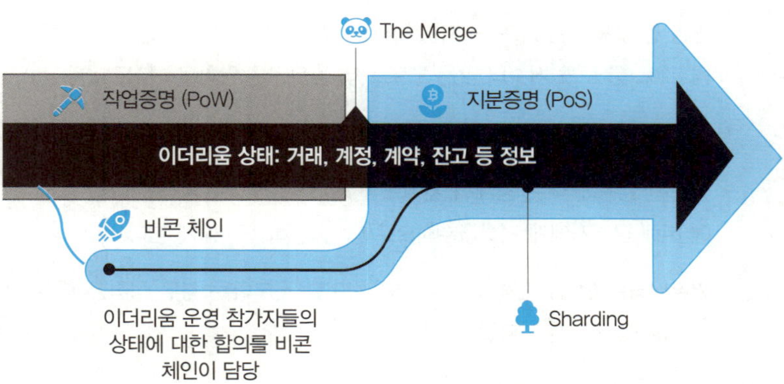

The Merge 이후 모든 이더리움 상태에 대한 합의는 지분증명으로 처리

지분증명(POS)이란 무엇인가?

지분 증명은 블록체인이 분산 합의를 달성하기 위해 사용하는 특정 합의 메커니즘의 기초가 된다. 작업 증명에서 채굴자들은 에너지를 소비함으로써 자본이 위험에 처하는 것을 보호해준다. 이더리움은 검증자가 이더리움의 스마트 계약에 ETH 형태의 자본을 명시적으로 스테이킹하는 지분 증명을 사용한다. 이 스테이킹된 ETH는 검증자가 부정직하거나 게으르게 행동할 경우 파괴될 수 있는 담보 역할을 한다. 그런 다음 검증자는 네트워크를 통해 전파된 새 블록이 유효한지 확인하고 때때로 새 블록 자체를 만들고 전파할 책임이 있다.

지분 증명에는 The Merge 이전에 사용했던 작업 증명 시스템에 대한 여러 개선 사항이 포함되어 있다.

- 더 나은 에너지 효율성 - 작업 증명 계산에 투입된 것과 같은 많은 에너지를 사용할 필요가 없다.
- 진입 장벽 낮추기, 하드웨어 요구 사항 감소 - 고성능 하드웨어라고 해도 새로운 블록을 생성할 기회를 더 많아 지지 않는다.
- 중앙 집중화 위험 감소 - 지분 증명은 낮은 에너지 요구 사항으로 인해 네트워크를 보호하는 더 많은 노드로 더 높은 탈중앙화로 이어진다.
- 참여를 장려하기 위해 ETH 발행이 덜 필요하다.
- 잘못된 행동에 대한 경제적 처벌로 인해 51% 스타일 공격은 작업 증명에 비해 공격자에게 기하급수적으로 더 많은 비용이 들게 한다.
- 커뮤니티는 51 % 공격이 암호 경제 방어를 극복하는 경우 정직한 체인의 사회적 회복에 의지할 수 있다.

검증자

검증자로 참여하려면 사용자는 32 ETH를 예금 계약에 예치하고 실행 클라이언트, 합의 클라이언트 및 검증자의 세 가지 개별 소프트웨어를 실행해야 한다. ETH를 예치할 때 사용자는 네트워크에 합류하는 새로운 검증자의 비율을 제한하는 활성화 대기열에 참여한다. 활성화된 이후부터 검증자는 이더리움 네트워크의 피어로부터 새로운 블록을 받는다. 받은 블록에 대하여 블록 내부의 트랜잭션은 다시 실행되며 블록 서명이 확인되어 블록이 유효한지 확인한다. 그런 다음 검증자는 네트워크를 통해 새로 생성되는 블록에 찬성하는 투표(증명이라고 함)를 보낸다.

작업증명에서는 블록의 타이밍이 채굴 난이도에 따라 결정되는 반면, 지분증명에서는 템포가 고정된다. 지분 증명 이더리움의 시간은 슬롯(12초)과 에포크(32슬롯)로 나뉜다. 한 명의 검증자가 모든 슬롯에서 블록 제안자로 무작위로 선택된다. 이 선택된 검증자(제안자)는 새 블록을 생성하여 네트워크의 다른 노드로 전파시키는 역할을 주도한다. 또한 모든 슬롯에서 검증자 위원회가 무작위로 선택되며, 이 위원회의 투표는 제안자가 만들어 전파한 블록의 유효성을 결정하는 데 사용된다.

이더리움 POS에서 트랜잭션이 실행되는 방법

1. 사용자는 개인 키를 사용하여 트랜잭션을 만들고 서명한다. 이것은 일반적으로 ether.js, web3js, web3py 등과 같은 지갑이나 라이브러리에서

처리되지만 내부적으로 사용자는 이더리움 JSON-RPC API를 사용하여 노드에 요청한다. 사용자는 검증자에게 팁으로 지불할 준비가 된 가스의 양을 정의하는데, 가스는 트랜잭션을 블록에 포함하도록 지급하는 수수료이다. 팁은 검증자에게 지급된다.

2 트랜잭션은 유효성을 확인하는 이더리움 실행 클라이언트에 제출된다. 이는 발신자가 트랜잭션을 이행하기에 충분한 ETH를 가지고 있고 올바른 키로 서명했는지 확인하는 것을 의미한다.

3. 트랜잭션이 유효하면 실행 클라이언트는 트랜잭션을 로컬 mempool(보류 중인 트랜잭션 목록)에 추가하고 실행 계층 가십 네트워크를 통해 다른 노드로 브로드캐스트(전파)한다. 다른 노드가 이 트랜잭션을 수신하면 역시 로컬 mempool에 추가한다.

4. 네트워크 상의 노드들 중 하나는 현재 슬롯에 대한 블록 제안자가 되는데, 이전 슬롯에서 RANDAO를 사용하여 의사 랜덤으로 선택된다. 이 제안자 노드는 이더리움 블록체인에 추가될 다음 블록을 생성하고 이 블록을 브로드캐스트하여 글로벌 상태를 업데이트하는 리더 역할을 한다. 제안자 노드도 실행 클라이언트, 합의 클라이언트 및 검증자 클라이언트의 세 부분으로 구성된다. 실행 클라이언트는 로컬 mempool의 트랜잭션을 "실행 페이로드"로 묶고 로컬에서 실행하여 상태 변경을 생성한다. 이 정보는 합의 클라이언트로 전달되며, 여기서 실행 페이로드는 보상, 페널티, 슬래싱, 증명 등에 대한 정보를 포함하는 "비콘 블록"의 일부로 포장되어 네트워크의 모든 노드가 체인의 가장 최근 블록으로 동의하고 받아들일 수 있도록 한다.

5. 다른 노드는 합의 계층 가십 네트워크에서 새로운 비콘 블록을 수신한다. 제안된 상태 변경이 유효한지 확인하기 위해 트랜잭션들이 로컬로 한번 더 다시 실행되는 실행 클라이언트에 수신한 비콘 블록을 전달한다. 그런 다음 검증자 클라이언트는 블록이 유효하고 체인에 대한 관점에서 논리적인 다음 블록임을 증명한다(즉, 포크 선택 규칙에 정의된 대로 증명의 가중치가 가장 큰 체인을 기반으로 구축됨). 블록은 블록을 증

명하는 각 노드의 로컬 데이터베이스에 추가된다.

6. 블록에 실린 트랜잭션은 "확정된" 것으로 간주될 수 있다. 즉, 트랜잭션을 포함한 블록이 두 체크포인트 사이에 "절대 다수 링크"가 있는 체인의 일부가 된 경우 이 트랜잭션은 되돌릴 수 없다. 체크포인트는 각 에포크가 시작될 때 발생하며 절대 다수 링크를 가지려면 네트워크에 스테이킹된 총 ETH의 66%가 두 체크포인트를 모두 다 증명해야 한다.

최종성

트랜잭션은 상당한 양의 ETH가 소각되지 않고는 변경할 수 없는 합의된 블록 안에 포함될 때 분산 네트워크에서 "최종성"을 갖는다. 지분 증명 이더리움에서는 "체크포인트" 블록을 사용하여 최종성을 관리한다. 각 에포크의 첫 번째 블록은 체크포인트이다. 검증자는 유효하다고 판단되는 체크포인트 쌍에 투표한다. 한 쌍의 체크포인트가 스테이킹된 총 ETH의 최소 2/3에 해당하는 투표를 유치하면 체크포인트가 업그레이드된다. 둘 중 더 최근의 것(대상)이 "정당화"된다. 둘 중 더 이른 것은 이전 에포크의 "목표"였기 때문에 이미 정당화되었다. 이제 "완료"로 업그레이드된다. 확정된 블록을 되돌리기 위해 공격자는 스테이킹된 ETH의 총 공급량의 최소 1/3을 잃을 것을 약속해야 한다. 최종성에는 3분의 2 이상의 찬성이 필요하기 때문에 공격자는 총 지분의 1/3로 투표하여 네트워크가 최종성에 도달하는 것을 막을 수 있다. 그러나 이를 방어하는 메커니즘도 구비하고 있다.

암호화 경제 보안

검증자 노드를 운영하는 것은 약속이다. 검증자는 블록 검증 및 제안에 참여하기에 충분한 하드웨어와 연결성을 유지해야 한다. 그 대가로 검증자는 ETH로 지급된다(스테이킹 잔액이 증가함). 한편, 검증자로 참여한다는 것은 한편으로는 사용자로 하여금 개인적인 이익이나 방해 공작을 위해 네트워크를 공격할 수 있는 새로운 길을 열어주는 길이기도 하다. 이를 방지하기 위해 검증자는 요청을 받았을 때 참여하지 않으면 ETH 보상을 놓치게 되며, 부정직하게 행동하면 기존 지분이 파괴될 수 있다. 부정직한 것으로 간주될 수 있는 두 가지 주요 행동이 있다: 단일 슬롯에 여러 블록을 제안하는 것(모호함)과 모순되는 증명을 제출하는 것이다. 패널티로 지분을 뺏기는 사태, 즉 슬래싱된 ETH의 양은 거의 동시에 얼마나 많은 검증자가 슬래시 되는지에 따라 다르다. 이를 "상관 관계 페널티"라고 하며, 이는 미미하거나 검증인 지분의 100%가 파괴될 수 있다. 이는 1일차에 즉각적인 페널티(최대 0.5 ETH), 18일차에 상관 관계 페널티, 마지막으로 36일차에 네트워크에서 퇴출되는 강제 종료 기간의 중간에 부과된다. 만약 검증자가 네트워크에 존재하지만 투표를 제출하지 않으면 경미한 증명 페널티를 받는다. 이 모든 것은 검증자가 검증자 작업을 악용하여 합의 메커니즘의 정상적인 작동을 공격이 성공하려면 공격자에게 매우 많은 비용이 든다는 것을 의미한다.

포크 선택

네트워크가 최적으로 정직하게 수행될 때 체인의 선두에는 단 하나의 새로운 블록만 존재하며 모든 검증자가 이를 증명한다. 그러나 검증자가 네트워크 지연 시간 또는 블록 제안자가 모호한 이유로 인해 체인의 최신 블록에 대하여 다른 견해를 가질 수 있다. 따라서 합의 클라이언트는 어느 것을 선호할지 결정하는 알고리즘이 필요하다. 지분증명(PoS) 이더리움에 사용되는 알고리즘은 LMD-GHOST라고 하며, 가장 큰 증명 비중을 요구하는 합의로 포크를 식별하여 작동한다.

지분 증명의 보안성

51% 공격의 위협은 작업 증명과 마찬가지로 지분 증명에도 여전히 존재하지만 지분 증명 공격자에게는 훨씬 더 위험하다. 공격자는 스테이킹된 ETH의 51%가 필요하다. 그런 다음 자신의 증명을 사용하여 선호하는 포크가 가장 많이 누적된 증명임을 주장할 수는 있다. 누적된 증명의 '가중치'는 합의 클라이언트가 올바른 체인을 결정하는 데 사용하는 것이므로 이 공격자는 포크를 표준 체인으로 만들 수 있다. 그러나 작업 증명에 대한 지분 증명의 강점은 커뮤니티가 반격을 가할 수 있는 유연성이 있다는 것이다. 예를 들어, 비록 49% 미만의 정직한 검증자라 해도 소수 체인을 계속 구축하고 공격자의 포크를 무시하면서 앱, 거래소 및 풀이 동일한 작업을 수행하도록 장려할 수 있다. 또한 네트워크에서 공격자를 강제로 제거하고 스테이킹된

ETH를 파괴하기로 결정할 수도 있다. 이는 51% 공격에 대한 강력한 경제적 방어이다. 전반적으로 이더리움에서 구현되는 지분 증명은 작업 증명보다 경제적으로 더 안전한 것으로 입증되었다.

지분 증명의 장점

- 스테이킹은 개인이 네트워크 보안에 더 쉽게 참여할 수 있도록 하여 탈중앙화를 촉진
- 검증자 노드는 일반 랩톱에서도 실행 가능
- 스테이킹 풀을 통해 사용자는 32 ETH 없이도 스테이킹에 참여

- 스테이킹은 더 분산
- 규모의 경제가 적용되는 PoW 채굴에 비해 Pos는 규모의 경제가 적용 안됨

- 지분 증명은 작업 증명보다 더 큰 암호화 경제적 보안을 제공

- 네트워크 참여자에게 인센티브를 제공하기 위해 새로운 ETH의 발행을 줄임

지분 증명의 단점

지분 증명은 작업 증명보다 구현하기가 더 복잡하고, 사용자는 이더리움의 지분 증명에 참여하기 위해 세 가지 소프트웨어를 실행해야 한다.

지분 증명의 장점과 단점

9

카르다노(ADA) 대 이더리움(ETH)의 POS(지분증명) 차이점

이더리움은 우회적인 보관 스테이킹으로 중앙 집중화 우려가 더 크다. 보관 스테이킹은 암호화폐를 코인베이스와 같은 거래소에 보관시켜 거래소가 검증자 노드로 참여하도록 하는 우회적인 지분 투자다. 예를 들어, 5개의 ETH가 있다면 프로토콜에 설정된 임의의 제한 때문에 네트워크에 직접 참여할 수 없다. 스테이킹을 고집한다면 리도와 같은 스테이킹 서비스나 크라켄, 코인베이스와 같은 거래소를 이용하면 된다. 이러한 경우, 사람들이 자신의 ETH에 대한 통제권을 Lido와 같은 엔티티와 Kraken과 같은 중앙 집중식 거래소에 양도하고 있음을 의미한다.

카르다노(Cardano)는 2020년 Shelby 업그레이드 이후 PoS 기반 합의 프로토콜을 실행하고 있다. 피어 리뷰 연구를 기반으로 구축된 최초의 블록체인 네트워크이며 2020년부터 단 한번의 버그 없이 실행되고 있다. 또한 처음으로 입증되고 안전한 PoS이다. 카르다노 익스프로러가 보여주는 정보에 따르면, 카르다노는 현재 3,179개의 스테이킹 풀(검증자에 해당)이 지분 증명 작동에 참여하고 있고 스테이킹 자산을 위임한 지갑은 약 91만개에 이른다.

이더리움에서는 PoS 방식으로 완전 병합이 수년간의 개발 끝에 결국 2022년 9월 15일에 발생했다. 이더리움의 PoW(작업증명)에서 PoS로의 전환은 PoW 메인넷을 비콘 체인(별도의 PoS 기반 블록체인)과 병합하여 완성했다. 이더리움 익스플로러에 따르면 현재 56만 개 이상의 검증자가 지분 증명 운영에 참여하고 있고, 평균 스테이킹된 이더는 32.38ETH이며 모든 검증자가 스테이킹한 이더의 총합은 약 1천 7백만 ETH이다. 그런데 대부분의 비트코인 멕시멀리스트들은 합병 이후 이더리움에 대한 잘못된 정보를 퍼뜨리고 있다. 그들은 이더리움PoS가 이제 PoS 기반 네트워크의 업계 표준이라고 주장하면서, 이더리움 PoS의 약점을 잡아 PoS 암호화폐를 공격하기도 한다.

지분 증명은 Sybil 공격(공격자가 다수의 노드를 장악하여 블록체인 네트워크를 공격)으로부터 보호하는 합의 메커니즘이다. 여기에서 네트워크는 담보 형태로 네트워크에 스테이킹한 토큰을 기반으로 주어진 슬롯 시간 동안의 트랜잭션을 모아서 블록을 생성할 자격이 주어지는 검증자를 선택한다. Sybil 공격은 한 사람 또는 조직이 네트워크를 제어하기 위해 여러 계정 또는 노드를 확보하는 보안 위협이다. PoS는 공격자가 스테이킹을 위해 많은 토큰을 구매해야 하기 때문에 공격 비용을 크게 증가시킨다. 암호화폐마다 적용하는 PoS 메커니즘에는 차이가 있으며 각 블록체인은 같은 PoS 방식이지만 차이가 있다는 점에 유의하는 것이 필요하다. 따라서 PoS의 대표격인 이더리움과 가장 먼저 배포된 카르다노 PoS의 차이점을 대조하는 것도 의미가 있다.

이더리움과 카르다노의 PoS 방식 차이점은 트랜잭션 처리 속도, 보안성, 탈중앙화 정도 등에서 엄밀한 비교를 하기가 어렵다. 서로 더 많은 자료를 공개하면서 경쟁 또는 협력하는 자세가 바람직하다. 적절한 이해를 위해 일반인이 체감할 수 있는 이들 간의 차이점을 대략 다음 요소를 기반으로 설명한다.

- 슬래싱(악의적인 검증자에게 금전적 페널티 부과)
- 잠금 기간(후에 잘못이 발각될 수도 있어 투자 지분을 일정기간 잠그는 기간)
- 참여 기준(검증자 자격)
- 보관 스테이킹으로 중앙 집중화 우려

먼저 페널티에 대하여 비교해 보자. 일부 PoS 기반 블록체인은 슬래싱을 악의적인 행동을 방지하는 도구로 사용한다. 또한 이를 사용하여 금전적 처벌을 시행하고 네트워크 참여자의 책임을 강화한다. 이더리움 검증자에게는 스테이킹 페널티가 가장 엄격히 적용된다. 악의적인 행동이 발각될 경우, 스테이킹된 펀드의 약 100%가 위험에 처하게 된다. 경험적으로 슬래싱의 대부분은 악의적인 행동 때문이 아니다. 99%의 경우 정직한 행위자는 검증 노드 운영상의 기술적인 오류로 인해 슬래싱을 경험했다. 슬래싱은 자금 손실을 초래하는 처벌 방법이지만 슬래싱 두려움이 수익을 얻는 유인을 훨씬 초과하기도 한다. 따라서 슬래싱 두려움으로 네트워크 참여도가 낮아 질 수 있다. 많은 사람이나 단체가 네트워크에 완전히 참여하는 것을 주저할 것이라는 염려가 있다. ETH를 스테이킹하면 ETH에 대한 권리를 이더리움 네트워크에 넘긴다. 이는 ETH를 스테이킹하면 슬래싱의 페널티를 각오해야 한다. 이에 비해 카르다노의 PoS 구현에는 슬래싱이 포함되지 않는다. 카르다노는 합리적으로 행동하는 주주에게 보상을 제공하는 독특한 공유 메커니즘을 가지고 있다. 누구나 네트워크에 참여할 수 있으며 카르다노 네트워크에 대한 ADA 토큰에 대한 권리를 잃을 것을 두려워할 필요가 없다. 따라서 카르다노의 PoS 구현은 이더리움보다 더 많은 네트워크 참여를 권장할 수 있기는 하다.

유동성과 관련된 차이가 있다. 이더리움에는 무한 잠금 기간을 설정하고 있다. 병합 후에는 스테이킹한 ETH를 잠금 해제할 수 없다. 스테이킹된 ETH는 움직일 수 없다. 반면 카르다노의 PoS는 잠금 기간이 없다. 모든 ADA 보유자는 제한이나 패널티 없이 언제든지 ADA 토큰을 이동할 수 있다. 따라서 카르다노의 네트워크 참여가 더 쉽고 복잡하지 않다.

참여 기준에도 차이가 있다. 카르다노는 최소한의 스테이킹 요구 사항이 있으며 누구나 검증자 노드를 실행할 수 있다. 이 금액은 5.5 ADA(또는 2.49 USD)이다. 대조적으로 이더리움은 검증자 노드를 실행하기 위해 최소 32 ETH가 필요하다. 이 높은 참여 임계값 때문에 많은 커뮤니티 구성원이 이더리움 검증자가 될 수 없다.

우회적인 보관 스테이킹으로 중앙 집중화 우려가 있다. 보관 스테이킹은 암호화폐를 코인베이스와 같은 거래소에 보관시켜 거래소가 검증자 노드로 참여하도록 하는 우회적인 지분 투자다. 예를 들어, 5개의 ETH가 있다면 프로토콜에 설정된 임의의 제한 때문에 네트워크에 직접 참여할 수 없다. 스테이킹을 고집한다면 리도와 같은 스테이킹 서비스나 크라켄, 코인베이스와 같은 거래소를 이용하면 된다. 이러한 경우, 사람들이 자신의 ETH에 대한 통제권을 Lido와 같은 엔티티와 Kraken과 같은 중앙 집중식 거래소에 양도하고 있음을 의미한다. 따라서 이더리움 네트워크가 어떤 의미에서는 중앙 집중화된다. 반대로 카르다노는 ADA 토큰에 대한 권리를 잃지 않고 언제든지 지분 투자를 철회할 수 있다. 이러한 카르다노의 인센티브 메커니즘과 스테이킹에 대한 더 나은 사용자 경험은 카르다노 네트워크의 분산화에 긍정적인 영향을 미쳤다고 볼 수 있다. 카르다노에는 24개의 엔티티가 담합해야 네트워크의 51%를 제어할 수 있다. 카르다노의 PoS 메커니즘은 네트워크 참여를 장려하고 더 나은 네트워크 분산으로 이어지기 때문에 더 좋다고 볼 수도 있다. 그런데 이더리움은 3개의 엔티티가 네트워크의 51% 이상을 제어할 수 있도록 되어 있다.

이더리움이 The Merge 이후 전체 지분 증명으로 병합되면서 네트워크 보안의 중심에 있는 행위자가 변경되었다. 이전에는 Ethermine과 중국이 설립한 F2Pool이 지배적이었지만 이제는 미국 거래소인 Coinbase와 스마트 계약 Lido가 지배하고 있다. Beaconcha.in에 따르면 Lido는 현재 30%의 검증자를 보유하고 있으며 이론적으로 작업 증명의 51%와 유사한 33% 임계값에 근접했다. 그러나 Lido는 분산된 스테이킹 노드가 수많은 다른 주체에 의해 실행되는 스마트 계약이므로 풀과는 상당히 다르다고 볼 수 있다. 그런 다음 Coinbase, Kraken 및 Binance가 합산 27%로 그 뒤를 이었다. Coinbase는 약 14%의 대부분을 보유하고 있으며 일부 사람들이 두려워하는 것처럼 영향이 지배적이지는 않다.

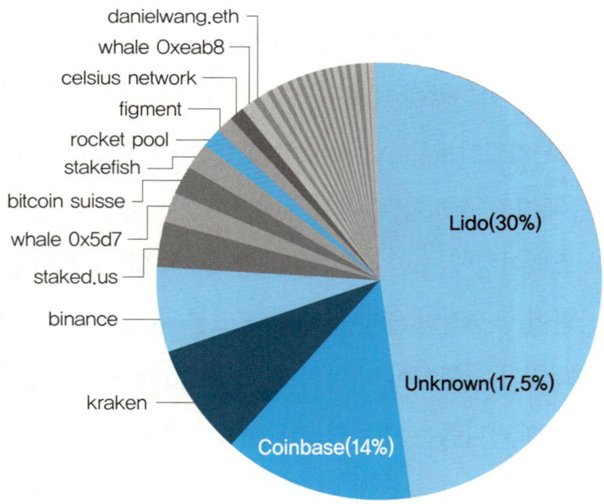

The Merge 이후 이더리움 스테이킹을 지배하는 리도와 코인베이스

10

탈중앙화와 탈중앙화금융(디파이)

디파이(DeFi)는 어떻게 작동하나? 디파이는 암호화폐와 스마트 계약으로 중개인이 필요 없는 서비스를 제공한다. 오늘날의 금융 세계에서 금융 기관은 거래의 보증인 역할을 한다. 돈이 금융 기관을 통해 흐르기 때문에 금융 기관이 엄청난 힘을 갖게 된다. 게다가 전 세계 수십억 명의 사람들은 은행 계좌에 접근할 수도 없다. 디파이에서는 거래 시에 스마트 계약이 금융 기관을 대신한다.

탈중앙화는 기존 금융 시스템의 대안을 가져오게 했다. 디파이(DeFi)는 인터넷 시대에 맞게 구축된 개방적이고 글로벌한 금융 시스템이며, 수십 년 된 인프라와 프로세스에 의해 불투명하며 엄격하게 통제되어 함께 유지되는 중앙화 금융 시스템의 대안이다. 디파이는 개인의 돈에 대한 통제력과 가시성을 개인에게 제공한다. 글로벌 시장으로의 진출과 현지 통화나 은행 옵션에 대한 대안도 제공한다. 디파이 제품은 인터넷 연결이 되는 모든 사람에게 금융 서비스를 제공하며 대체로 사용자가 소유하고 관리한다. 지금까지 수십억 달러 가치의 암호화폐가 디파이 애플리케이션을 통해 유입되었으며 매일 성장하고 있다.

디파이는 인터넷 연결이 되고 (예를 들면) 이더리움을 사용하는 모든 사람에게 접근 가능한 금융 제품과 서비스를 이르는 총칭이다. 디파이를 사용하면 시장은 항상 열려 있고 결제를 막거나 모든 것에 접근할 수 있는 권한을 거부할 수 있는 중앙화된 기관이 없다. 이전에는 느리고 인적 오류 위험이 있었던 서비스가 이제 누구나 점검하고 면밀하게 검사할 수 있는 코드로 처리되어 자동적이고 더 안전하다. 대부, 대출, 이자를 얻는 것 등이 가능한 유행 중인 암호화폐 경제가 도래했다. 기업들은 직원들의 임금을 실시간으로 스트리밍(정해진 조건에 계획된 시점에 지급)하기 시작했다. 어떤 사람들은 심지어 개인 신분증 없이 수백만 달러 상당의 대출을 받아 갚기도 한다.

디파이의 잠재력을 알 수 있는 가장 좋은 방법 중 하나는 현재 존재하는 금융 시스템의 문제를 이해하는 것이다.

- 일부 사람들에게는 은행 계좌를 개설하거나 금융 서비스를 이용할 수 있는 액세스 권한이 부여되지 않는다.
- 금융 서비스에 대한 접근권이 없다면 사람들이 고용되지 못할 수 있다.
- 금융 서비스는 당신이 급여를 받지 못하게 할 수 있다.
- 금융 서비스의 숨겨진 요금은 당신의 개인 데이터이다.
- 정부와 중앙화된 기관들은 마음대로 시장을 폐쇄할 수 있다.
- 거래 시간은 종종 특정 시간대의 영업 시간으로 제한된다.
- 송금은 내부 인적 프로세스로 인해 며칠이 걸릴 수 있다.
- 중개 기관은 그들의 몫이 필요하기 때문에 금융 서비스에는 할증료가 붙는다.

디파이를 이용하면 암호화폐 처리는 다음과 같이 바뀐다(괄호 안은 기존 금융 시스템 이용하는 경우의 화폐 처리).

- 당신이 돈을 소유한다.(기업이 당신의 돈을 소유한다.)
- 당신이 돈이 어디로 송금되고 어떻게 소비되는지 통제한다.(위험한 대출자에게 돈을 빌려주는 것과 같이 돈을 잘못 관리하지 않도록 기업을 신뢰해야 한다.)
- 자금 이체가 몇 분 내로 이루어진다.(결제는 수동 프로세스로 인해 며칠이 소요될 수 있다.)
- 트랜잭션 활동이 가명이다.(금융 활동은 당신의 신원과 밀접하게 연관되어 있다.)
- 디파이는 모두에게 열려 있다.(금융 서비스를 이용하려면 신청해야 한다.)

- 시장이 항상 열려 있다.(직원들에게 휴식이 필요하기 때문에 시장이 문을 닫는다.)
- 투명성을 기반으로 구축되었으며, 누구나 제품 데이터를 보고 시스템이 어떻게 작동하는지 검사할 수 있다.(금융 기관은 알 수 없는 미스터리이다. 대출 내역, 관리 자산에 대한 기록 등을 볼 수 없다.)

탈중앙화의 시초는 비트코인이므로 최초의 디파이 애플리케이션 역시 비트코인이라고 볼 수 있다. 비트코인으로 가치를 소유하고 통제하며 전 세계 어디서든 보낼 수 있다. 이것은 서로를 믿지 않는 많은 사람들에게 신뢰할 수 있는 중개자가 없이도 계정 장부에 합의할 수 있도록 방법을 제공하는 것으로 이뤄진다. 비트코인은 누구에게나 열려 있으며 누구도 규칙을 변경할 권한이 없다. 희소성 및 개방성과 같은 비트코인의 규칙은 기술에 포함되어 있다. 정부가 저축한 돈의 가치를 낮추는 돈을 인쇄할 수 있고 기업이 시장을 폐쇄할 수 있는 기존 금융과는 다르다.

이더리움의 디파이 또한 비트코인 디파이를 기반으로 한다. 비트코인과 마찬가지로 규칙을 변경할 수 없으며 모든 사람이 액세스할 수 있다. 여기에 결정적으로 이더리움은 스마트 계약을 사용하여 이 디지털 화폐를 프로그래밍할 수 있게 함으로써, 가치를 저장하고 보내는 것 이상을 할 수 있다. '프로그래밍 가능한 돈'이라고 하면 이상하게 들릴지 모른다. 비트코인은 돈에 가치만 부여했다면 이더리움은 돈에 지능까지 부여했다. 좀 과장된 비교일지 모르나, 비트코인이 운전하는 자동차라면, 이더리움은 자율주행 자동차다. 이건 이상하게 들리는가? "돈이 돈이면 그만이지 왜 프로그래밍해야 하나?" 이 답에 너무 걱정할 필요가 없다. 그냥 "그것은 이더리움 토큰의 기본 기능이다" 라고 생각하면 된다. 회사에서 임금을 월별로 지급할 때 로직을 만들어 이더리움을 지불금으로 프로그래밍할 수 있다. 그래서 당신은 금융기관이 제공하는 서비스와 마찬가지의 프로그래밍된 돈 서비스를 받을 수 있고, 암호화폐의 통제권과 안전한 가치의 저장 및 전달을 개인 주도로 할 수 있다. 이것을 통해 비트코인으로 할 수 없는 대부와 대출, 결제 일정 수립, 인덱스 펀드에 투자하기 등과 같은 것들을 암호화폐로 할 수 있다. 이더리움의 스마트 계약 덕분이다.

디파이로 할 수 있는 사례를 보자.

- 전 세계로 송금하기
- 전 세계로 돈을 스트리밍하기
- 안정적인 통화에 액세스하기
- 담보로 자금 대출하기
- 무담보 대출하기
- 암호화폐 저축 시작하기
- 토큰 거래하기
- 포트폴리오 확장하기
- 아이디어 자금 모으기
- 보험 가입하기

위 보기에서 골라서 몇 가지만 좀더 살펴보자. 오늘날, 돈을 빌려주고 대출하는 것은 모두 관련된 제 3의 신뢰 기관을 중심으로 돌아간다. 은행은 돈을 빌려주기 전에 당신이 대출을 상환할 수 있는지 알아야 한다. 그러나 탈중앙화 대출은 어느 당사자도 신원을 확인할 필요 없이 가능하다. 대신 대출자는 대출금이 상환되지 않을 경우 대출 기관이 자동으로 받을 수 있도록 담보를 내놓아야 한다. 일부 대출 기관은 NFT를 담보로 받기도 한다. NFT는 그림과 같은 고유 자산에 대한 증서이다. 다음으로 크라우드 펀딩 이야기다. 아이디어가 있으면 자금을 언제든 모을 수 있다. 이더리움은 크라우드 펀딩을 위한 이상적인 플랫폼이다. 잠재적 후원자는 어디서든 나올 수 있다. 이더리움과 이더리움 토큰은 전 세계 어디든, 누구에게나 개방되어 있다. 투명하기 때문에 모금자가 얼마나 많은 돈이 모였는지 증명할 수 있다. 심지어 나중에 자금이 어떻게 사용되는지 추후에 추적할 수 있다. 예를 들면 모금자는 구체적인 기한과 최소 금액이 충족되지 않는 경우 자동 환불을 설정할 수 있다. 디파이는 보험에도 적용된다. 탈중앙화 보험은 보험을 더 싸고, 더 빠르게 돈을 지불할 수 있고, 더 투명하게 하는 것을 목표로 한다. 실행 조건으로 오라클 데이터가 신뢰성 있게 이용되면 보험이 더욱 저렴해지고 지불도 훨씬 빨라진다. 또 보험 청구를 결정하는 데 사용되는 데이터는 완전히 투명하다.

어쨌던 디파이는 사람이 하던 일을 소프프웨어가 처리한다. 이더리움 디파이 제품은 다른 소프트웨어와 마찬가지로 버그와 악용에 시달릴 수 있다. 그래서 현재 이 분야의 많은 보험 상품들은 자금 손실로부터 사용자를 보호하는 데 초점을 맞추고 있다. 삶이 우리에게 던질 수 있는 모든 것에 대한 보험으로 확장 중인 프로젝트가 몇 가지 있다. 이것의 좋은 예는 케냐의 소규모 농부들을 가뭄과 홍수로부터 보호하는 것을 목표로 하는 탈중앙화 보험 프로토콜인 이더리스크(Etherisc)의 농작물 보험이다. 탈중앙화 보험은 종종 일반적인 보험에서 제외되는 농부들에게 더 저렴한 보험을 제공할 수 있다.

디파이는 어떻게 작동하나? 디파이는 암호화페와 스마트 계약으로 중개인이 필요 없는 서비스를 제공한다. 오늘날의 금융 세계에서 금융 기관은 거래의 보증인 역할을 한다. 돈이 금융 기관을 통해 흐르기 때문에 금융 기관이 엄청난 힘을 갖게 된다. 게다가 전 세계 수십억 명의 사람들은 은행 계좌에 접근할 수도 없다. 디파이에서는 거래시에 스마트 계약이 금융 기관을 대신한다. 스마트 계약은 자금을 보유할 수 있고 특정 조건에 따라 송금/환불할 수 있는 일종의 이더리움 계정이다. 스마트 계약이 실행 중에는 아무도 변경할 수 없다. 항상 프로그래밍된 대로 실행된다. 용돈 혹은 주머닛돈을 나눠주도록 고안된 계약은 계정 A에서 계정 B로 매주 금요일에 송금하도록 프로그래밍 될 수 있다. 그리고 계정 A에 필요한 자금이 있는 동안에만 그렇게 할 것이다. 아무도 자금을 훔치기 위해 계약을 변경하고 계정 C를 수령인으로 추가할 수 없다. 또한 계약을 누구나 검사하고 감사할 수 있다. 이는 불량 계약은 보통 매우 빠르게 커뮤니티의 면밀한 조사를 받게 된다는 의미이다.

이더리움이 디파이를 위한 완벽한 기반인 이유를 이더리움 측은 다음과 같이 이야기한다. 아무도 이더리움이나 그것을 토대로 한 스마트 계약을 소유하지 않는다. 이는 모두에게 디파이를 사용할 기회를 준다. 또한 아무도 규칙을 변경할 수 없다. 디파이 제품은 모두 동일하게 이더리움을 사용한다. 이는 많은 제품이 원활하게 함께 작동한다는 것을 의미한다. 한 플랫폼에서 토큰을 빌려주고 완전히 다른 애플리케이션에서 다른 시장의 이자가 붙는 토큰을 교환할 수 있다. 토큰과 암호화폐는 공유된 장부인 이더리움에 내장되어 있다. 거래와 소유권을 추적하는 것은 이더리움의 특기이다. 이더리움은 완전한 재정적 자유를 허용한다. 대부분의 제품은 당신의 자금을 관리하지 않으므로 개인이 통제할 수 있다.

디파이를 레이어 구조로 생각해 볼 수 있다.

- 블록체인 - 이더리움에 거래 내역과 계정 상태가 들어가 있다.
- 자산 - ETH 및 기타 토큰이다.
- 프로토콜 - 자산의 탈중앙화 대출을 허용하는 서비스와 같은 기능을 제공하는 스마트 계약이다.
- 애플리케이션 - 프로토콜을 관리하고 액세스하는 데 사용하는 제품이다.

- DeFi TVL(예치 토큰 가치 총합)이 이더리움에 집중
- DeFi의 최대 90% 가 여전히 이더리움 네트워크에 의존
- 각각 가장 큰 NFT 시장과 탈중앙화 거래소인 OpenSea와 Uniswap이 이더리움 위에 구축

장점

- 고도의 탈중앙화
- 인기있고 잘 확립된 어플리케이션
- Solity, EVM, MetaMask 등의 이용으로 프로젝트 개발이 쉽고 친숙

단점

- 확장성 부족(낮은 TPS)
- 높은 거래 수수료

DeFi와 이더리움의 경쟁력

"케냐에는 750만 명 이상의 소작농이 있으며, 이들 중 다수는 기후 변화의 파괴적인 영향에 취약합니다. 많은 파트너와 긴밀히 협력하여 블록 체인 기반 탈중앙화 보험 플랫폼이 농민의 생계를 보호 할 수 있는 중요한 기회를 제공할 것이라고 보고 있습니다."

Christoph Mussenbrock, Etherisc의 CEO 겸 공동 설립자

이더리움 스마트 계약 플래폼(Etherusc)으로 케냐 농부의 농작물 보험 문제 해결(2023년 3월)

4

블록체인 확장성

1. 빠르고 안전하며 확장 가능한 네트워크
2. 이더리움 사이드체인과 비트코인 사이드체인
3. 온체인인 이더리움과 오프체인인 상태 채널
4. 영지식 롤업(ZERO-KNOWLEDGE ROLLUPS)

1

빠르고 안전하며 확장 가능한 네트워크

블록체인 트릴레마는 분산 네트워크가 탈중앙화(분산), 보안 및 확장성과 관련하여 주어진 시간에 세 가지 이점 중 두 가지만 제공할 수 있다는 널리 알려진 믿음을 나타낸다. 블록체인 트릴레마를 해결하기 위하여 지분 증명, 샤딩, 상태 채널, 사이드체인 기술이 개발되고 있다. 블록체인 기술이 금융에서 예술에 이르기까지 다양한 산업 분야에서 놀라운 유용성을 입증하고 있는 반면, 분산 네트워크의 기본 구조는 중앙 집중식 네트워크와 비교할 때 고유한 문제를 안고 있다.

모건 스탠리(Morgan Stanley)는 Eamon Barrett가 2021년, “이더리움의 작업증명 합의 방식을 빨리 지분증명 방식으로 바꾸지 않으면 이미 지분증명 방식이나 다른 방식을 채택하고 있는 바이낸스, 솔라나, 카르다노에 기반을 잃을 수 있다”고 Fortune 지에 실은 보고서에서 경고한 적이 있다. 모건 스탠리는 투자자들에게 이더리움의 원리를 설명하는 2021년 보고서에서 오늘날 세계의 "탈중앙화 금융(디파이)" 시스템의 기초가 되는 블록체인 기술이 작업증명 방식 때문에 발생하는 네트워크의 높은 비용과 변동성으로 인해 떠오르는 경쟁자들에게 지배력을 잃을 수 있다고 경고했다. 모건 스탠리는 암호화폐 2021: 이더리움이란 무엇인가라는 제목의 1월 보고서에서 다음과 같이 썼다.

- 이더리움의 높은 거래 수수료는 확장성 문제를 일으키고 사용자 수요를 위협한다.
- 높은 비용으로 인해 이더리움은 소액 거래에 너무 비싸다.

직접 가치 교환을 위한 대체 통화로서 가치 저장소로 주로 사용되는 비트코인과 달리 이더리움 블록체인은 '분산형' 플랫폼을 구축하기 위한 기반 기술로 사용된다. 대체 불가능한 토큰(NFTs)은 주로 이더리움 네트워크에 저장 및 거래되며 디센트럴랜드와 같은 메타버스 공간도 이더리움 기술을 기반으로 구축된다. 이더리움은 단일 암호화폐의 거래가 아닌 구축 플랫폼으로 사용되기 때문에 블록체인은 거래 처리에만 사용되는 비트코인보다 훨씬 더 많은 양의 데이터를 전달한다. 추가 데이터를 운반하면 이더리움 실행 비용이 증가하고 이러한 비용은 이더리움이 성장함에 따라 증가한다. 시간이 지남에 따라 이더리움의 스토리지 수요를 변경되지 않는 한 리소스를 초과할 가능성이 높다고 모건 스탠리는 말한다.이더리움의 개발자는 이러한 문제를 해결하려고 시도했다. 네트워크 설립자인 비탈릭 부테린(Vitalik Buterin)은 이더리움이 “작업 증명" 검증 방법에서 "지분 증명" 모델로 전환될 것이라고 수년 동안 약속했으며, 이를 통해 이더리움의 에너지 소비를 99% 줄이고 비용을 절감할 수 있다고 말했다. 그러나 이더리움을 지분 증명 모델로 옮기는 것은 어려운 것으로 판명되었으며 전환은 몇 달 동안 지연되었다. 이더리움 맥시멀리스트들은 "전환은 올해(2022년) 상반기에 완료될 것이라고 낙관하지만, 한편 이더리움 대안은 기존 이더리움 바탕에서 바꾸어야 한다"고 말했다. 다른 여러 것 중에서 눈에 뛰는 이더리움 경쟁자로는 바이낸스, 솔라나 그리고 카르다노라고 모건 스탠리는 쓰고 있다. 이더리움과 마찬가지로 각 네트워크는 가치 교환 목적의 거래뿐만 아니라, 프로그램 코드를 네트워크로 배포하고 조건이 맞으면 자동으로 실행되는 '스마트 계약' 이라는 블록체인(중앙화 기관이 아닌 탈중앙화 시스템) 기반 디지털 계약의 생성을 용이하게 하지만 이더리움과는 다른 가격대로 수행된다. 모건 스탠리 주장에 따르면, 솔라나(Solana)는 이더리움이 제공하는 것보다 "더 빠르고 저렴한 스마트 계약 거래를 허용하도록 설계"된 반면, 다른 두 회사는 잠재적인 경쟁자로 자리 매김하는 규모를 달성했다고 말한다. 그러나 일부 네트워크를 이더리움의 대안으로 인정했음에도 불구하고 이들이 블록체인 네트워크를 유지하려면 네트워크의 "거래" 수가 지속적으로 증가하는 상태에서 비용이 증가하기 때문에 지금의 중앙화 은행이 처리하는 수준의 트랜잭션을 처리할 수 없을 것이라고 주장하며, 이는 블록체인 기술을 거래의 기반으로 사용하는 바로 그 원칙 자체가 지지될 수 없을 수 있다고 경고한다. 이 경고는 '스마트 계약 응용 프로그램의 수요가 증가하면 이 수요를 감당할 충분히 확장 가능한 블록 체인은 없을 수 있다'라는 모건 스탠리 측의 블록체인 기술 전망에 대한 근본적인 회의론적 시각을 의미한다.

이 모건 스탠리의 2021년 보고서는 두가지 사실을 투자자에게 알려주는데, 하나는 이더리움 투자자가 유리하도록 빨리 이더리움을 지분증명 방식으로 바꾸라는 압박이었다. 사실 2022년 9월 이더리움은 지분 증명 방식으로의 변신에 성공했다. 두번째는 확장성 문제를 언급한 것이다. 탈중앙화 시스템으로는 비자나 마스터 카드 같은 기존 금융권이 중앙화 시스템으로 처리하는 방식을 이길 수가 없다는 염려이고, 이는 블록체인 산업 미래에 대한 아픈 지적일 수 있다. 따라서 어려운 탈중앙화 시스템의 '확장성' 문제 해결에 대하여 개발자들의 많은 노력이 필요하다.

블록체인 트릴레마는 분산 네트워크가 탈중앙화(분산), 보안 및 확장성과 관련하여 주어진 시간에 세 가지 이점 중 두 가지만 제공할 수 있다는 널리 알려진 믿음을 나타낸다. 블록체인 트릴레마를 해결하기 위하여 지분 증명, 샤딩, 상태 채널, 롤업, 그리고 사이드체인 기술이 개발되고 있다. 블록체인 기술이 금융에서 예술에 이르기까지 다양한 산업 분야에서 놀라운 유용성을 입증하고 있는 반면, 분산 네트워크의 기본 구조는 중앙 집중식 네트워크와 비교할 때 고유한 문제를 안고 있다. 1980년대 초반에 컴퓨터 과학자들은 아마도 이러한 문제들 중 가장 중요한 문제를 명확히 하기 위해 CAP 정리 라고 하는 것을 개발했습니다. CAP 정리에 따르면 블록체인이 반복되는 분산형 데이터 저장소는 일관성(Consistency), 가용성(Availability) 및 파티션 허용(Partition tolerance)의 세 가지 보장 중 두 가지만 동시에 제공할 수 있다는 것이다. 현대의 분산 네트워크의 맥락에서 이 정리는 블록체인 트릴레마로 발전했다. 퍼블릭 블록체인은 보안, 탈중앙화 또는 확장성 가운데 하나를 희생해야 한다는 것이 블록체인 트릴레마가 시사하는 바이다.

중앙 집중식 네트워크 인프라를 지배하는 클라이언트-서버 관계와 달리, 퍼블릭 블록체인 네트워크는 분산된 합의 메커니즘을 사용한다. 퍼블릭 블록체인은 광범위하게 분산된 노드 네트워크를 관리하여 투명성과 공평한 공개 억세스를 유지하면서 외부 공격에 탄력적인 인프라에 대한 데이터 합의를 달성하려는 도전이다. 예를 들어, 비트코인은 분산되고 안전하지만 초당 약 7개의 트랜잭션(TPS)만 처리할 수 있다. 이더리움의 처리 능력은 초당 64 트랜잭션 정도로 볼 수 있고, 카르다노(ADA)는 250 TPS(초당 트랜잭션 처리량), 비트코인은 4.6 TPS, 솔라나 3,400 TPS 정도이다. Hyperledger의 Fabric 과 같은 엔터프라이즈 블록체인은 안전하고 높은 트랜잭션 처리량을 감당할 수 있지만 매우 제한된 수의 합의 달성 노드가 있는 중앙 집중식이다. 확장성을 높이려는 빠르고 분산된 블록체인(그러나 더 불안정한)은 장기적으로 안전을 유지될 수 없으며 해킹에 취약하다.

구분	Solana	Ethereum	Cardano	Avalanche	Polkadot	Algorand
속도 (TPS) (확장성 측면)	50,000 – 65,000	15–30	250	4,500	1,000	1,100
검증자 수 (탈중앙화 측면)	1,122	250,000+	2,935	1,097	297	396
보안성 (보안 사고 수/년)	2 – 3	0	0	0	0	0

주요 암호화폐 블록체인의 확장성, 탈중앙화, 보안성의 단순 비교(2021년 자료 기준)

인터넷 규모의 트랜잭션 처리량을 관리할 수 있는 동시에 광범위하게 분산된 네트워크를 통해 완벽한 보안을 제공하는 네트워크를 달성하는 것은 블록체인 기술의 성배라고 볼 수 있다. 기업, 신생 기업 및 기술자로 구성된 글로벌 커뮤니티는 이 블록체인 트릴레마를 해결하는 레이어1 및 레이어2 솔루션을 열성적으로 개발하고 있다. 레이어 1은 블록체인 네트워크의 기본 레이어를 나타낸다. 레이어 2는 일반적으로 확장성을 높이기 위해 기존 블록체인 네트워크 위에 구축할 수 있는 다양한 기술 최적화 및 제품을 나타낸다. 두 계층 간의 올바른 균형을 달성하는 것은 블록체인 기술의 채택과 분산 네트워크의 성장을 위한 폭발적인 촉매 역할을 할 수 있다.

현재 제안되고 있는 희망적인 솔루션을 설명하기 전에 블록체인 트릴레마의 각 구성 요소를 다시 간단히 살펴보자.

탈중앙화

탈중앙화는 블록체인 기술의 중심 정신이고, 생태계 전반에 걸쳐 이 목표를 기본으로 한 프로젝트를 추진하고 있다. 분산된 프로세스와 기술을 적용하면 산업 전반에 걸쳐 중개자의 역할이 제거되고 다양한 방식으로 장점이 나타난다. 예를 들어, 금융 상품에서 은행 기관을 제거함으로써 중개자가 아닌 분산 금융(디파이) 플랫폼은 사용자와 더 넓은 커뮤니티에 이익과 거버넌스를 분배할 수 있다. 누구도 탈중앙화 네트워크의 합의를 통해 거래되는 데이터를 제어하거나 검열할 수 없다. 그러나 최적의 탈중앙화를 달성하면 네트워크 처리량이 감소하는 경향이 있다. 이는 광범위한 탈중앙화 시스템 채택의 장애물로 간주된다.

블록체인 보안

블록체인 네트워크에서 네트워크 처리량을 늘리기 위해 블록체인 노드의 분포를 지리적으로나 수적으로 또는 둘 다 줄이려는 인센티브가 있다. 그러나 중앙 집중화를 향한 이러한 피벗은 블록체인 네트워크의 보안을 약화시킨다. 검증 노드 분포가 제한된 개방형 네트워크에서 합의가 이루어지면 해커가 필요한 해싱 파워 를 더 쉽게 축적할 수 있으므로 51% 공격이 발생할 가능성이 더 높아진다. 네트워크를 압도함으로써 해커는 네트워크를 가로채고 금전적 이득을 위해 거래를 조작할 수 있다. 예를 들면, 2020년 8월 이더리움(ETH) 의 포크인 이더리움 클래식(ETC) 블록체인 사태가 있다. 4,000개 이상의 블록을 재구성하는 3번의 51% 공격을 받았다. 이를 통해 가해자는 데이터를 조작하고 ETC 통화를 이중 으로 사용하여 네트워크에서 수백만 달러의 가치를 잃게 되었다. 블록체인 보안은 타협할 수 없는 중요한 네트워크 구성 요소이다.

확장성

블록체인 프로토콜과 관련된 확장성은 높은 트랜잭션 처리량과 미래 성장을 지원하는 블록체인의 능력을 나타낸다. 이는 사용 사례 및 채택이 가속화됨에 따라 블록체인의 성능이 저하되지 않음을 의미한다. 채택(거래 이용)이 증가함에 따라 성능이 저조한 블록체인은 확장성이 부족하다고 한다. 블록체인 트릴레마는 더 큰 확장성이 가능하지만 보안, 탈중앙화 또는 둘 다 결과적으로 어려움을 겪을 것이라고 말한다. 확장성을 높이는 길만이 블록체인 네트워크가 이 시점에서 네트워크 결제 시간과 유용성이 훨씬 우수한 레거시 중앙 집중식 플랫폼과 합리적으로 경쟁할 수 있는 유일한 방법이다. 많은 블록체인 플랫폼이 탈중앙화와 보안을 확립했지만 확장성을 달성하는 것은 오늘날 최고의 탈중앙화 네트워크의 주요 과제로 남아 있다. 그렇다면 어떻게 블록체인 트릴레마를 해결하고 탈중앙화, 보안, 확장성을 동시에 달성할 수 있을까? 해답은 레이어1 및 레이어2 솔루션의 형태로 제공된다.

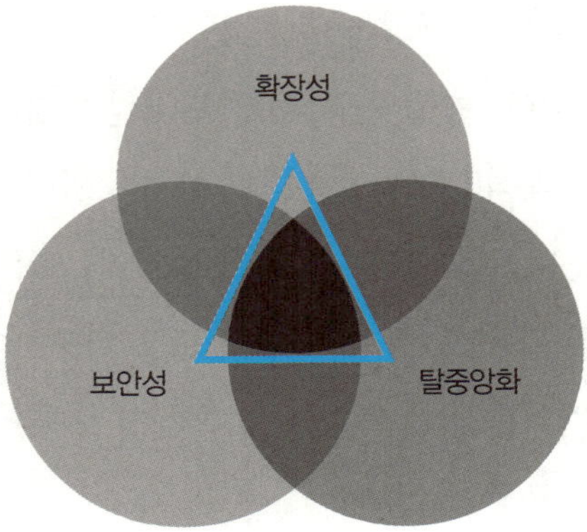

블록체인의 확장성 트릴레마

▶ 블록체인 트릴레마 해결: 레이어 1

탈 중앙화 생태계에서 레이어 1은 비트코인, 라이트코인, 이더리움과 같은 블록체인 프로토콜을 의미 한다. 블록체인 네트워크의 확장성을 직접 개선하기 위해 현재 개발 중이거나 실행 중인 여러 방법이 있다.

- 합의 프로토콜 개선: 작업 증명(PoW)은 비트코인이 블록체인 네트워크에서 사용 중인 합의 프로토콜이다. PoW는 안전하지만 속도가 느리다. 그렇기 때문에 많은 블록체인 네트워크(아마도 가장 주목할 만한 이더리움 2.0 으로의 이더리움 업그레이드)가 지분 증명(PoS) 합의 메커니즘을 선호한다. 채굴자가 상당한 컴퓨팅 성능을 사용하여 암호화 알고리즘을 해결하도록 요구하는 대신 PoS 합의 프로토콜은 네트워크 지분을 기반으로 검증자가 계정 모델이라는 계산 모델을 사용하여 상태 변환을 계산하고 또 블록의 합의를 달성한다. 이는 이더리움 네트워크의 용량을 근본적으로 증가시키는 동시에 탈중앙화를 높이고 보안을 보장할 것으로 예상된다.

- 샤딩: 샤딩은 분산 데이터베이스에서 채택되었으며 블록체인 부문 내에서 다소 실험적인 특성에도 불구하고 가장 인기 있는 레이어 1 확장 솔루션 중 하나가 되었다. 샤딩은 트랜잭션을 "샤드"라고 하는 더 작은 데이터 세트로 나눈다. 이러한 샤드는 네트워크 에서 동시에 병렬로 처리되므로 동시에 수많은 트랜잭션에 대한 순차적 작업이 가능하다. 또한, 각 네트워크 노드가 생성 블록 부터 현재까지 모든 블록의 복사본을 보유하는 대신 이 정보를 분할하고 다른 노드에서 보유할 수 있으며, 각 노드는 일관성을 유지한다. 샤드는 메인체인에 증거를 제공하고, 교차(cross) 샤드 통신 프로토콜을 사용하여 주소, 잔액 및 일반 상태를 공유하기 위해 샤드 간에 서로 상호 작용한다. 이더리움 2.0은 Zilliqa , Tezos 및 Qtum 과 함께 샤드 사용을 탐구하는 유명 블록체인 프로토콜 중 하나이다.

▶ 블록체인 트릴레마 해결: 레이어 2

블록체인에서 레이어 2는 확장성과 효율성을 개선하기 위해 기본 블록체인 프로토콜 위에서 작동하는 네트워크 또는 기술을 나타낸다. 예를 들어, 비트코인은 레이어 1 프로토콜이고, 라이트닝 네트워크는 비트코인 네트워크에서 트랜잭션 속도를 향상시키기 위해 구축된 레이어 2 솔루션이다. 레이어 2 프로토콜은 최근 몇 년 동안 엄청난 성장을 이룩했으며 특히 PoW 은 물론 PoS네트워크의 확장성 문제를 극복하는 가장 효율적인 방법이 될 수 있다.

- 영지식 롤업(ZK 롤업)은 오프체인에서 실행되는 트랜잭션을 모아 놓은 묶음(또는 '롤업')을 의미한다. 영지식 롤업 에서의 오프체인 계산은 블록체인에 게시해야 하는 데이터의 양을 줄인다. ZK 롤업 운영자는 각 트랜잭션을 개별적으로 보내는 대신 모든 트랜잭션을 한번에 일괄 처리하는데 필요한 변경 사항 요약을 제출한다. 또 함께 변경 사항의 정확성을 증명하기 위해 유효성 증명을 생성한다. 유효성 증명은 이더리움 상태를 변경해 달라고 제안하는 변경 사항이 실제로 배치의 모든 트랜잭션들을 실행한 최종 결과임을 암호학적 확실성으로 입증한다.
- 상태 채널은 거래 당사자 간의 양방향 통신 채널이다. 당사자는 기본 블록체인의 일부를 밀봉하고 오프체인 트랜잭션 채널에 연결한다. 이것은 일반적으로 사전 합의된 스마트 계약 또는 다중 서명을 통해 수행된다. 그런 다음 당사자는 트랜잭션 데이터를 기본 분산 원장(즉, 메인 체인)에 즉시 제출하지 않고 오프체인에서 트랜잭션 또는 다수의 트랜잭션 들을 실행한다. 일련의 모든 트랜잭션이 완료되면 채널의 최종 "상태"가 검증을 위해 블록체인에 브로드캐스트된다. 이렇게 오프체인 채널에서 온체인으로 돌아온다. 이 메커니즘을 통해 트랜잭션 속도를 향상시키고 네트워크의 전체 용량을 늘릴 수 있다. 비트코인의 Lightning Network 및 이더리움의 Raiden과 같은 솔루션은 상태 채널을 기반으로 작동한다.
- 사이드체인은 메인체인과 독립적으로 실행되는 별도의 블록체인이며 양방향 브리지로 메인넷에 연결된다. 사이드체인은 별도의 블록 매개변수와 합의 알고리즘을 가질 수 있으며, 이는 종종 트랜잭션의 효율적인 처리를 위해 설계되었다. 그러나 사이드 체인을 사용하면 메인체인의 보안 속성을 그대로 이어받지 않기 때문에 사이드체인의 처리속도와 보안 사이에는 절충이 필요하다. 사이드체인은 '상태' 변경 및 트랜잭션 데이터를 메인넷에 다시 게시하지 않는다. 그래서 사이드 체인은 보통 높은 확장성을 달성하기 위해 일부분 탈중앙화 또는 보안 조치를 희생한다. 그러나 모든 사이드체인은 확장성 업그레이드의 일환으로 탈중앙화 및 보안을 손상시키지 않기 위해 최선을 다하고 있다.

▶ 개인정보 보호와 확장성 문제를 모두 해결하는 ZK 증명

개인정보보호 (프라이버시: Privacy)는 이더리움 사용자의 주요 관심사이다. 금융 데이터와 개인 정보가 노출되는 것을 원하지 않기 때문이다. 그러나 최근 프로젝트 팀은 이더리움에 프라이버시를 추가하기 위해 최첨단 영지식(ZK) 암호화 기술을 활용하고 있다. ZK 증명은 한 당사자가 추가 정보를 공개하지 않고 무언가를 올바르게 수행했음을 다른 당사자에게 증명하는 방법이다. 확장성 및 개인 정보 보호라는 두가지 가치를 동시에 추구한 결과물이다.

최근 zkSync와 Polygon은 ZK Proofs (영지식 증명서)를 사용하여 트랜잭션 유효성을 확인하고 계산 능력, 데이터 스토리지 및 가스 비용을 절약하는 zkEVM을 출시했다. 이것은 확장성 제고의 일환이다. 개인 정보 보호를 위해 ZK Proofs는 사용자의 세부 정보를 대중에게 공개하지 않고 특정 거래를 수행할 수 있는 충분한 자금이 잔고에 있음을 알리는 데 사용할 수 있다.

레일건(Railgun)은 사용자가 블록 탐색기에 노출되지 않고 ERC-20 토큰의 비공개 잔액을 보유할 수 있게 해주는 프로토콜이다. DeFi 및 이더리움의 기존 스마트 계약과 함께 작동하는 완전한 기능을 갖춘 지갑이다. ZK는 암호화폐 분야에서 가장 인기 있는 분야 중 하나이며, 재능 있는 개발자와 빌더는 이제 막 그 유용성을 탐색하기 시작했다. 프라이버시에 관심이 있고 확장성이 중요한 블록체인 공간에 ZK 공간의 개발이 시작되었다. 현재 이더리움 사용자의 개인 정보 보호에 관한 유효한 문제를 해결하기 위한 노력이 진행 중이며, 영지식 증명(ZK 증명)은 이더리움 거래의 프라이버시를 강화하는 데 중요한 역할을 한다.

이더리움 사용자에게 프라이버시와 확장성이 동시에 중요하다. 다행히도 ZK 기술이 이러한 문제를 해결하는 데 도움이 될 수 있다. 레일건 프로토콜은 ZK 증명을 사용하여 스마트 계약 및 DeFi 프로토콜과 여전히 호환되는 동시에 개인 정보를 개선하기 때문에 특히 흥미롭다. ZK 증명이 들어오게 되어 이더리움 공간은 확장성과 개인 정보 보호 측면에서 점점 더 좋아지고 있다.

정리하면 블록체인 트릴레마는 블록체인 기술을 채택하는 데 있어 중대한 도전과제를 제시하지만 새로운 솔루션이 퍼즐을 해결할 수 있다. 목표는 네트워크 보안, 분산화 및 확장성 간의 효과적인 균형을 찾는 것이다. CAP 정리는 거의 40년 동안 유효했지만, 지분 증명 시스템의 출현과 함께 레이어 1 및 레이어 2 솔루션의 구현은 동시에 분산되고 안전하고, 확장 가능한 분산형 블록체인 네트워크로 패러다임의 전환을 실현시켜 나가고 있다. 그런데 2023년부터 확장성을 해결하는 기술에 대한 변화가 감지되고 있다. 이전에는 마치 확장성 솔루션은 레이어 1 솔루션인 샤딩 기술이 될 것이라는 이더리움의 로드맵이 바뀌고 있다. 스마트 계약을 이용하는 레이어 2 솔루션인 롤업 기술이 확장성 로드맵의 킹으로 부상하고 있다. 샤딩 솔루션은 병렬로 운영하는 샤드 간의 크로스 샤드 트랜잭션을 처리하는데 해결할 수 없는 이슈가 자리잡고 있는 이유일 것이다. 스마트 계약을 샤딩 구조에서 처리할 경우는 더욱 복잡해질 것이다. 서로 다른 샤드 간에 호출이 이루어 질 경우 샤딩의 병렬처리 장점보다 트로스 샤드 메시지 처리 문제를 해결해야 하는 부담이 더 커질 수 있다.

2

사이드체인

메인체인에서 사이드체인으로의 정방향 전송은 자산을 메인 체인으로 반환하는 역방향 전송보다 구성이 더 간단하다. 그 이유는 항상 사이드체인은 메인체인을 모니터링하고 있기 때문이다. 사이드체인에서 메인체인으로의 역방향 전송은 다르다. 젠두는 SNARK 기반 증명 시스템을 도입하고 있다. 사이드 체인이 주어진 각 기간 또는 에포크에 대한 SNARK 기반 증명을 생성하여 해당 에포크 동안의 역방향 전송 트랜잭션들과 함께 메인 체인에 제출한다. 역방향 전송 트랜잭션들과 SNARK 기반 증명은 메인 체인과의 통신을 구성하는 특수 컨테이너인 인출 인증서로 그룹화된다.

사이드 체인이나 크로스 체인 기술은 블록체인 체인의 확장성과 상호 운영성을 향상시키기 위하여 해결해야만 하는 기술이지만 어쩌면 아직 개발이 미완성 상태로 계속 발전하고 있는 분야이다. 따라서 디파이 영역에서 해킹도 주로 사이드 체인이나 크로스 체인 기술이 적용되는 브리지 지점에서 많이 발생한다. 2022년 지금까지 도난당한 총 자금의 69%가 브리지 공격에서 발생했다. 이와 같은 문제를 해결하기 위하여 브리지 프로토콜 개발 단계에서도 매우 엄격한 코드 감사가 필요한 정도인 것이다. 일반 독자 입장에서는 이 섹션을 나무 하나 하나를 보지 않고 숲을 보는 식으로 이해하면 좋겠다.

스마트 계약으로 블록체인의 새로운 시대를 연 이더리움은 높은 처리량을 요구받고 있지만 확장성 트릴레마에 곧 직면했다. 이 확장성 문제를 해결하려는 이더리움 사이드체인을 살펴보자. 사이드체인은 이더리움과 독립적으로 실행되는 별도의 블록체인이며 양방향 브리지로 이더리움 메인넷에 연결된다. 사이드체인은 별도의 블록 매개변수와 합의 알고리즘을 가질 수 있으며, 이는 종종 트랜잭션의 효율적인 처리를 위해 설계되었다. 그러나 사이드 체인을 사용하면 이더리움의 보안 속성을 그대로 이어받지 않기 때문에 사이드체인의 처리속도와 보안 사이에는 절충이 필요하다. 레이어 2 확장 솔루션과 달리 사이드체인은 '상태' 변경 및 트랜잭션 데이터를 이더리움 메인넷에 다시 게시하지 않는다. 그래서 사이드 체인은 보통 높은 확장성을 달성하기 위해 일부분 탈중앙화 또는 보안 조치를 희생한다. 그러나 이더리움 사이드체인은 확장성 업그레이드의 일환으로 탈중앙화 및 보안을 손상시키지 않기 위해 최선을 다하고 있다.

사이드 체인은 어떻게 작동할까? 사이드체인은 서로 다른 역사, 개발 로드맵 및 설계 고려 사항을 가진 독립적인 블록체인이다. 사이드체인은 이더리움과 일부 표면 수준의 유사성을 공유할 수 있지만 몇 가지 독특한 특징이 있다. 이더리움 사이드체인의 특성을 합의 알고리즘, 블록 매개변수, EVM 호환성 및 자산의 크로스(CROSS) 이동 측면에서 하나씩 살펴보자.

사이드 체인을 독특하게 만드는 특성 중 하나는(즉, 이더리움과 다른) 사용된 합의 알고리즘이다. 사이드체인은 합의를 위해 이더리움에 의존하지 않으며 필요에 맞는 대체 합의 프로토콜을 자체적으로 선택할 수 있다. 사이드체인에 사용되는 합의 알고리즘의 몇 가지 예는 다음과 같다.

- 권한 증명(PoA)
- 위임된 지분 증명(DPoS)
- 비잔틴 내결함성(Byzantine fault tolerance)

이더리움과 마찬가지로 사이드체인에는 트랜잭션을 확인 및 처리하고, 블록을 생성하고, 블록체인 상태를 저장하는 검증 노드(검증자)가 있다. 검증자는 또한 사이드 체인 네트워크 전체에서 합의를 유지하고 악의적인 공격으로부터 이를 보호할 책임이 있다.

블록 매개변수는 블록 시간(즉, 새 블록을 생성하는 데 걸리는 시간)

과 블록 크기(즉, 가스로 표시된 블록당 포함된 데이터의 양)를 의미한다. 사이드체인에서는 이 블록변수를 어떻게 설정할까? 이더리움은 블록 시간과 블록 크기에 제한을 둔다. 반대로, 사이드 체인은 종종 더 빠른 블록 시간 및 더 높은 가스 제한과 같은 다른 매개 변수를 채택하여 높은 처리량, 빠른 거래 및 낮은 수수료를 달성하는 것을 목표로 한다. 이는 몇 가지 이점이 있지만 네트워크 분산 및 보안에 중요한 영향을 미친다. 빠른 블록 시간 및 큰 블록 크기와 같은 블록 매개 변수는 전체 노드를 실행하는 어려움을 증가시킨다. 이런 이유로 사이드체인은 체인 보안을 담당하는 몇 개의 "슈퍼 노드"를 사용하여 이런 어려움을 극복하려는 솔루션에 관심을 가지게 된다. 이는 탈중앙화의 희생을 의미한다. 이러한 해결책 시나리오에서는 슈퍼 노드를 운영하는 사람들에 의한 검증자 공모 또는 악의적인 체인의 탈취 가능성이 높아진다. 블록체인이 탈중앙화를 해치지 않고 확장하려면 노드를 운영하는 것이 모든 사람에게 열려 있어야 하며, 반드시 특수 하드웨어를 가진 당사자일 필요도 없다.

EVM 호환성도 중요한 사이드체인 특성을 설명한다. 일부 사이드체인은 EVM과 호환되며 이더리움 가상 머신(EVM) 용으로 개발된 스마트계약을 실행할 수 있다. EVM 호환 사이드체인은 솔리디티로 작성된 스마트계약과 기타 EVM 스마트 계약 언어를 지원하므로 이더리움 메인넷용으로 작성된 스마트계약은 EVM 호환 사이드체인에서도 작동한다. 즉, 사이드 체인에서 분산앱(dapp)을 사용하려면 스마트 계약을 이 사이드 체인에 배포하면 된다. 솔리디티로 계약을 작성하고, 사이드체인 RPC(Remote Procedure call)를 통해 체인과 상호작용하면, 사이드체인을 메인넷처럼 사용할 수 있다. 사이드체인은 EVM과 호환되기 때문에 이더리움 네이티브 dapp을 위한 유용한 확장 솔루션으로 간주된다. 사이드체인에 있는 dapp을 사용하면 사용자는 특히 메인넷이 혼잡한 경우 더 낮은 가스 요금과 더 빠른 거래를 즐길 수 있다. 그러나 앞서 설명했듯이 사이드 체인을 사용하려면 상당한 절충이 필요하다. 각 사이드체인은 자체적으로 보안을 책임지며 이더리움의 보안 속성을 상속하지 않는다. 이로 인해 사이드체인 사용자에게 영향을 미치거나 자금을 위험에 빠뜨릴 수 있는 악의적인 행동에 노출될 가능성이 높아진다.

마지막으로 자산의 이동 측면에서 사이드 체인의 특성을 살펴보자. 별도의 블록체인이 이더리움 메인넷의 사이드체인이 되려면 이더리움 메인넷과의 자산 이동을 용이하게 할 수 있는 기능이 필요하다. 이더리움과의 이러한 상호 운용성은 블록체인 브리지를 사용하여 달성된다. 브리지는 이더리움 메인넷과 사이드체인에 배포된 스마트 계약을 처리하기 위한 자금의 양방향 이동을 제어한다. 브리지는 사용자가 이더리움과 사이드체인 간에 자금을 이동하는 데 도움이 되지만 자산은 두 체인을 가로질러 물리적으로 이동하지 않는다. 대신, 일반적으로 발행 및 소각과 관련된 메커니즘이 체인 간에 가치를 전달하는 데 사용된다.

다음은 메인체인과 사이드체인 간의 자산 이동을 좀더 구체적으로 이해하기 위하여 젠두(Zendoo) 사이드체인의 예를 들어본다. 한 체인에서 다른 체인으로 자산을 전송하려면 특별한 거래가 필요하다. 이를 크로스 체인 트랜잭션이라고 한다. 개발자가 사이드체인을 구축하는 첫번째 프로세스는 먼저 사이드 체인을 배포하는 일이다. 다음으로, 사이드 체인의 주소 또는 계정에 자금을 조달해야 한다. 이제 사이드체인으로 전송된 자산은 사이드체인 내의 한 계정에서 다른 계정으로 보낼 수 있다. 마지막으로 돈을 다시 메인체인으로 이체할 수 있다. 이러한 모든 작업을 따라가며 차례대로 젠두 사이드 체인이 작동하는 메카니즘을 살펴보자.

기존 비트코인 기반 블록체인 위에 임의의 수의 사이드체인을 배포할 수 있다. 젠두는 메인체인과 사이드체인 사이의 비대칭 페그를 기반으로 한다. 사이드 체인은 메인 체인의 이벤트를 모니터링하지만 (메인체인 블록에서 사이드체인으로 너머오는 트랜잭션을 추적해야 하기 때문에), 메인 블록 체인은 사이드 체인에 구애받지 않는다.

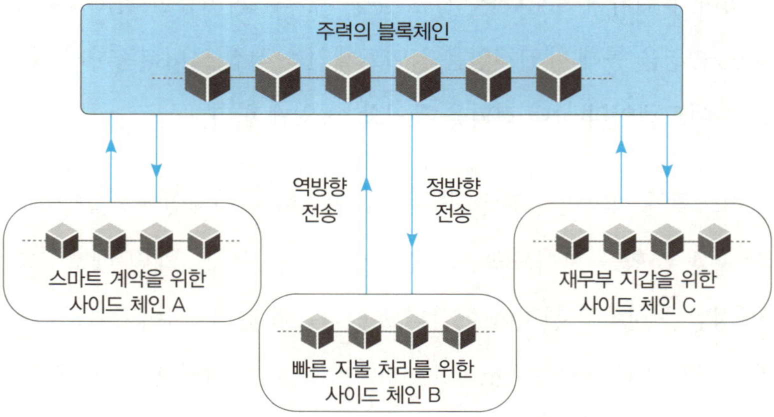

메인 체인과 사이드 체인

메인체인에서 사이드체인으로의 정방향 전송은 자산을 메인체인으로 반환하는 역방향 전송보다 구성이 더 간단하다. 그 이유는 항상 사이드체인은 메인체인을 모니터링하고 있기 때문이다. 사이드체인에서 메인체인으로의 역방향 전송은 다르다. 수신 체인(메인체인)은 들어오는 전송을 쉽게 확인할 수 없다. 젠두는 SNARK 기반 증명 시스템을 도입하고 있다. 사이드 체인이 주어진 각 기간 또는 에포크에 대한 SNARK 기반 증명을 생성하여 해당 에포크 동안의 역방향 전송 트랜잭션들과 함께 메인 체인에 제출한다. 역방향 전송 트랜잭션들과 SNARK 기반 증명은 메인 체인과의 통신을 구성하는 특수 컨테이너인 인출 인증서로 그룹화된다. SNARK 기반 증명 시스템은 ZK 롤업의 유효성 증명(영지식 확장 가능한 투명 지식 전달 값)과 같은 방법인데, ZK 롤업에서는 이더리움(메인체인)에서 롤업 오프체인에서 배치로 일괄처리하는 트랜잭션들을 다시 실행할 필요 없이 롤업 오프체인의 최종상태를 메인체인에서 받아들이며 정확성을 인정하기 위하여 SNARK 기반 증명 시스템을 이용한다. SNARK 기반 증명을 통해 메인체인은 사이드체인을 직접 모니터링하지 않고도 사이드체인의 상태 전환을 확인할 수 있게 한다.

사이드체인 디자인을 활성화하는 데 필요한 메인체인에 대한 몇 가지 수정 사항을 사이드체인 트랜잭션 약속, 사이드 체인 배포 그리고 정방향 전송과 관련하여 살펴보면 다음과 같다. 사이드체인 트랜잭션 약정(SCTxsCommitment)이라는 새 데이터 필드가 메인체인 블록 헤더에 추가된다. 머클 트리의 루트로, 그 잎은 어떤 블록에 포함된 사이드 체인 관련 트랜잭션이 머클 트리의 잎으로 포함되어 있으면, 그 머클 트리의 루트는 SCTxsCommitment가 된다. SCTxsCommitment 데이터를 블록 헤더에 포함하면 사이드체인 노드가 전체 메인체인 블록을 모두 쳐다볼 필요 없이, 메인체인 블록 헤더만 모니터링하고 있다가 SCTxsCommitment 필드를 확인한 후에 들어오는 트랜잭션을 쉽게 동기화하고 확인할 수 있다.

사이드체인 배포와 관련하여, 새로운 사이드 체인의 몇 가지 중요한 매개 변수가 정의되는 특별한 유형의 부트 스트랩 트랜잭션이 도입되었다. 사이드 체인 식별자(ledgerId)와 들어오는 인출 인증서의 유효성을 검사하기위한 확인 키가 설정된다. 이 부트스트래핑 트랜잭션은 포함된 데이터 요소의 수와 유형과 관련하여 사이드체인에서 메인체인으로 증명 데이터가 제공되는 방법도 설명한다.

정방향 전송에 대하여 알아보자. 정방향 전송은 메인체인에서 사이드체인 중 하나로 이동한다. 정방향 전송 트랜잭션의 출력(트랜잭션 구조에서의 출력)은 메인체인에서 사용할 수 없지만, 사이드체인 중 하나로 교환할 수 있다. 메인체인 입장에서는 정방향 전송이지만, 들어오는 트랜잭션에 대해 메인체인을 모니터링하고 사이드체인 블록에 포함시키는 것은 사이드체인 노드(사이드체인 검증 노드)의 책임이다. 젠두 프로토콜 시나리오는 다음과 같다. 메인체인에서 사이드체인으로의 정방향 전송은 "보내기"및 "받기"으로 간주할 수 있는 한 쌍의 트랜잭션으로 표시된다. "보내기"는 정방향 전송을 통해 메인체인 측에서 수행된다. 그리고 "받기"는 집합된 정방향 전송 트랜잭션들을 통해 사이드체인 측에서 수행된다. "보내기"는 메인체인의 코인을 파괴하는 반면, "받기"는 사이드체인이 상응하는 수의 코인을 생성한다.

사용자가 메인체인에서 사이드체인으로 코인을 전송하고자 할 때(메인체인에서 정방향 전송이 시작될 때) 다음과 같은 사이드체인 관련 데이터를 포함하는 트랜잭션을 생성한다.

- ledgerId: 활성 사이드체인의 고유 식별자
- receiverMetadata: 수신자에 대한 정보(예: 주소) 및 기타 사이드체인 관련 데이터

주어진 사이드 체인의 합의 메커니즘 규칙에 따라 receiverMetadata는 다양한 유형의 데이터를 수반한다. 출력의 이 부분은 사이드체인 합의 프로토콜과 무관하기 때문에 메인체인에서 검증되지 않는다. 예를 들어 호라이젠(Horizen) 또는 비트코인(Bitcoin)과 같이 UTXO 모델을 실행하는 블록체인을 고려할 때 "정방향 출력"은 일반 트랜잭션의 많은 출력 중 하나가 될 수 있다. 모든 출력이 사이드체인으로 향하는 "정방향 출력"일 필요는 없다.

```
type Transaction(트랜잭션)
{
 Inputs(입력):
 {
```

```
 Input(addr: 0x013A..., amount: 5, signature: 0x034B...),
 Input(addr: 0x0930..., amount: 3, signature: 0x1AA1...),
 }
 Outputs(출력):
 {
 Output(addr: 0x023B..., amount: 1), //메인넷안의 출력
 Output(addr: 0x0731..., amount: 1.999), //메인넷 안의 출력
  ForwardTransfer(ledgerId: 0x300c..., receiverMetadata:
0x139G..., amount: 2), //사이드체인으로 출력
  ForwardTransfer(ledgerId: 0x300c..., receiverMetadata:
0x8451..., amount: 3), //사이드체인으로 출력
 }
}
```

위의 예에서는 2개의 UTXO에서 총 8개의 코인이 소비된다. 이 거래는 4개의 새로운 출력을 생성하며, 그 중 2개는 메인체인에서 사용할 수 있는 일반 출력이다. 다른 두 출력은 각각 2 개와 3 개의 코인을 단일 사이드 체인(ledgerId 0x300C…)으로 보낸다.

지금부터 정방향 전송을 받은 사이드체인에서 이 트랜잭션을 어떻게 처리하는지 알아보자. 사이드 체인 개발자는 들어오는 정방향 전송을 처리하는 메커니즘을 자유롭게 고안할 수 있다. 작성 당시 사이드체인 합의 프로토콜의 구현은 하나뿐이므로 Latus(사이드체인)가 정방향 전송을 마무리하는 방법을 보자. 전반적인 아이디어는 하나 이상의 메인체인 블록에서 특별한 정방향 전송 트랜잭션(FTTx)으로 정방향 전송을 그룹화하는 것이다. 이 거래는 사이드체인 체인 내부 입력을 포함하지 않는다는 점에서 메인체인의 코인베이스 거래

와 유사하게 처리된다. 사이드 체인에서 보면 입력이 없고 출력만 있는 동전을 발행하는 거래로 간주될 수 있다. 즉, 사이드체인 입장에서 볼 때, 정방향 전송 트랜잭션은 전달 전송의 출력으로만 구성된다. 메인체인 블록 기간 동안 사이드체인으로의 정방향 전송이 없는 경우 사이드체인 입장에서는 받아들일 전송 거래가 없다.

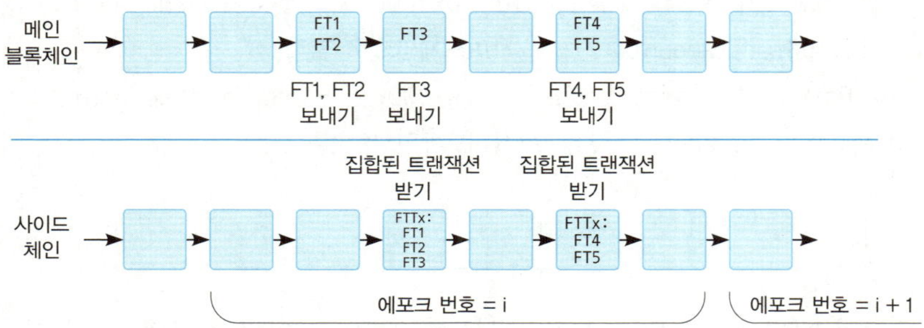

사이드체인의 정방향 전송 처리

Latus에서 receiverMetadata는 사이드 체인의 수신자 주소와 전달 전송이 실패할 경우 메인 체인의 발신자에게 환불하는 데 사용되는 회수 주소를 수반한다. 이는 정방향 전송을 포함하는 메인체인 블록이 참조되지 않거나 수신자의 주소가 올바르게 제공되지 않았기 때문일 수 있다. 후자는 메인체인이 사이드체인별 데이터를 확인하지 않기 때문에 정방향 전송이 사이드체인에 동기화된 후에만 분명해진다. 그래서 전송 실패 결정은 사이드체인에서 이루어진다.

```
type ForwardTransfersTx(mcid: BlockID, ft: List[FT])
{
 outputs: List [UTXO];
 rejectedTransfers: List [BackwardTransfer]
}
```

위의 예에서, 메인체인 식별자(mcid)는 정방향 전송 FTTx가 유래한 메인체인 블록을 식별한다. 동기화된 전달 전송 목록(List[FT])은 일반 메인체인 트랜잭션의 입력과 유사하지만 사이드체인이 유효성을 확인하지 않는다(입력의 전자서명을 확인하지 않는다)는 차이점이 있다. 이유는 그들이 메인체인에서 합의 규칙을 위반했다면 메인체인 블록체인에 포함되지 않았을 것이라고 믿기 때문이다. List[UTXO]는 사이드체인에 새로 생성된 출력으로 구성되며, 사이드체인 합의 프로토콜에 정의된 조건 하에서 사이드체인 내부에서 소비할 수 있다. 마지막으로 처리가 불가능한 정방향 전송 트랜잭션은 다음 출금 증서에 포함되도록 수집된다. 이 메커니즘은 메인체인이 다른 방식으로 실패한 정방향 전송에 대해 자발적인 역할을 하지 않기 때문에 필요하다. 메인체인은 환불 거래 자체를 생성할 수 없다.

사이드체인 내부 거래는 어떻게 이루어질까? 젠두 사이드 체인 내부 거래를 실현하는 방법에는 여러 가지가 있다. 사이드 체인이 메인체인과 정방향과 역방향 전송, 즉, 크로스 체인 전송 프로토콜을 준수하는 한 내부 트랜잭션을 구현할 수 있다. 내부 트랜잭션 모델을 결정할 때 고려해야 할 첫 번째 고려 사항 중 하나는 사이드 체인이 UTXO 또는 계정 모델을 실행하는지 여부이다. 호라이젠의 메인체인과 Latus 사이드체인 구축에 사용된 UTXO 모델만 고집하지 않는 이유는 계정 모델에서 복잡한 스마트 계약 기능을 더 쉽게 구현할 수 있기 때문이다. 또 사이드 체인이 꼭 블록 체인일 필요도 없다. 계정모델에서 사용자 계정 잔액은 보다 전통적인 데이터 구조 또는 DAG(방향성 비순환 그래프)와 같은 매우 진보적인 데이터 구조로 유지 관리될 수 있다. 사이드 체인 내부 트랜잭션을 처리하기 위한 옵션은 매우 다양할 수 있다. Latus는 UTXO 회계 모델을 사용한다. Latus 사이드 체인의 거래는 일반 UTXO 온 체인 거래와 동일하게 작동한다. 각 트랜잭션에서 하나 이상의 트랜잭션 입력이 사용되며 이 입력이 지시하는 UTXO의 지출은 개인키를 이용한 디지털 서명을 통해 승인된다. 생성된 트랜잭션의 출력의 총 양은 사용된 입력이 참조하는 UTXO들이 가진 자금의 총량보다 작거나 같아야 한다.

지금 부터는 사이드체인에서 메인체인으로 자산이 이동하는 역방향 전송에 대하여 알아보자. 젠두의 역방향 전송에는 더 복잡한 메커니즘이 필요하다. 역방향 전송은 일반적으로 출금 인증서에 일괄 처리된 특수 트랜잭션으로 사이드체인에서 시작되고 사이드체인 노드에 의해 메인체인으로 전파된다. 젠두의 역방향 전송은 비대칭 설계로 인해 정방향 전송에 비해 어렵다. 반면에 이런 프로토콜은 사이드 체인 설계에 큰 유연성을 허용한다. CCTP(The Cross-Chain Transfer Protocol)를 통해 수행되는 것 외에 출금 증명서가 생성되는 방법이 역방향 전송을 설명한다.

실제 역방향 전송을 살펴보기 전에 CCTP와 함께 도입되고 모든 역방향 전송에 영향을 미치는 두 가지 개념에 대해 이야기해야 한다. 첫 번째 개념은 주로 역방향 전송을 위한 컨테이너 역할을 하는 출금 증명서이다. 해당 사이드체인의 배포로 정의된 기간(submit_len) 내에 특정 사이드체인에 대해 제출된 출금 증명서가 없는 경우, 해당

사이드체인은 메인체인에 의해 비활성 상태로 간주되며 해당 사이드체인에 대한 추가 출금 증명서는 메인체인에서 수락되지 않는다.

역방향 전송들을 같이 묶어 그룹화하면 개별적으로 브로드캐스트하는 것과 비교할 때 두 가지 이점이 있다. 첫째, 체인 간 통신의 양을 줄여 준다. 수십, 수백 개의 사이드 체인이 있는 시스템에서 이 이점은 무시할 수 없다. 둘째, 사이드 체인에 대한 계산 부담을 줄일 수 있다. 각 출금 증명서에는 트랜잭션을 승인하고 사이드 체인 내에서 올바른 상태 전환을 증명하는 SNARK 증명이 첨부되어 있다. 이 증명을 생성하는 것은 계산 비용이 들며, 사이드 체인에서 채택한 그룹화 증명 시스템에 따라 사이드 체인 업데이트를 메인 체인에 덜 자주 브로드캐스트 함으로써 계산 비용을 줄일 수 있다. 메인체인 합의 프로토콜은 출금 증명서를 정확히 어떻게 생성해야 하는지, 누구에 의해 제출해야 하는지에 대한 규칙을 부과하지 않는다.

출금 에포크의 개념은 사이드체인이 메인체인에 브로드캐스트할 역방향 전송을 위하여 출금 요청 트랜잭션을 일괄 수집하는 기간을 정의하기 위하여 도입되었다. 출금 에포크당 하나의 출금 증명서가 제출되며 모든 역방향 전송이 유효하다는 SNARK 증명이 함께 메인체인으로 제공된다.

다수의 메인체인 블록들 시간 길이에 걸쳐 정의되는 출금 에포크의 길이는 사이드체인이 배치될 때 고정된다. 출금 에포크 길이의 선택은 사이드 체인의 블록 시간(블록과 인접 블록과의 기간)과 같은 매개 변수에 따라 다르다. 예를 들어 사이드체인이 많은 게임 내 소액 결제를 위해 구축되었기 때문에 블록이 높은 빈도로 자주 생성되는 경우 메인체인 블록 측면에서 출금 기간이 짧을 수 있다. 이렇게 하면 포함된 역방향 트랜잭션 수가 커져서 인출 증명서가 너무 커지는 것을 방지할 수 있다. 예를 들어 공급망 추적 시스템과 같이 데이터를 저장하는 데 주로 사용되는 사이드 체인은 메인체인의 블록시간과 호라이젠의 블록 시간을 비슷하게 하여, 더 긴 출금 기간을 선택할 수 있다. 그렇지만 게임의 지불 사이드 체인인 경우는 출금 기간이 짧아야 할 것이다.

UTXO 기반 사이드 체인의 정기적인(출금 에포크 마다 이루어지는) 역방향 전송은 일반 블록 체인 내부 트랜잭션과 매우 유사하게 작동한다. 이전에 사용되지 않은 트랜잭션 출력은 입력으로 소비되며 지출은 디지털 서명을 통해 승인된다. 메인체인에서 사용할 수 있도록, 출력은 수신자의 메인체인 주소와 전송할 금액을 지정해야 한다. 단일 출금 에포크 내에서 시작된 모든 역방향 전송 요청 트랜잭션들은 역방향 전송 트랜잭션(BTTx)으로 그룹화된다. 이것은 모든 출력이 메인 체인에서 소비될 수 있는 정기적인(출금 에포크 마다 이루어지는) 다중 출력 트랜잭션이다. 이 역방향 전송 트랜잭션은 출금 증명서에 배치되어 메인체인에 브로드캐스트된다.

사용자는 메인체인에서 직접 역방향 전송을 요청할 수도 있다. 이는 사이드체인이 잘못 구현되었기 때문에 악의적인 행위자에 의해 제어되거나 비활성화되었기 때문에 발생할 수 있는 상황에 대비하기 위함이다. 모든 사이드체인 노드가 역방향 전송을 브로드캐스트하는 대신, 사용자는 메인체인에서 직접 역방향 전송을 시작할 수 있도록 두 가지 메커니즘인 BTR(역방향 전송 요청) 및 중단된 사이드체인 인출(CSW) 중 하나를 사용할 수 있다. 역방향 전송 요청은 메인체인에서 생성되는 특별한 유형의 트랜잭션이다. 여기에는 사이드 체인, 메인 체인의 수신자 주소 및 전송할 금액을 지정하는 ledgerId가 포함된다. 또한 증명 및 증명 데이터가 BTR과 함께 제출되어 사이드체인 노드가 생성되어 도착하는 역방향 전송 요청을 확인할 수 있다. 증명 데이터에는 BTR에서 입력으로 참조할 하나 이상의 사이드체인 UTXO가 포함되어 있다. UTXO를 사용할 권리, 즉 디지털 서명은 증명 부분에 제공된다.

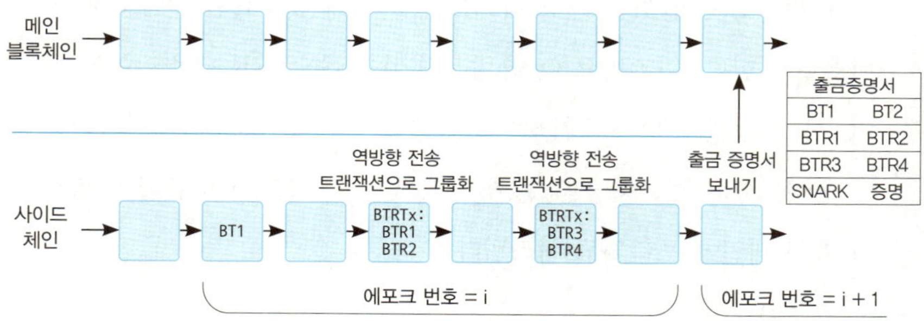

사이드체인의 역방향 전송 처리

역방향 전송 요청이 메인체인에 제출되면, 메인체인은 정방향 전송을 처리하는 데 사용되는 것과 동일한 메커니즘을 통해 사이드체인에 동기화된다. 첫째, 메인 체인의 '사이드체인 거래 약정 머클 트리'에 포함된다. 다음 메인체인 블록 참조와 함께 사이드체인에 동기화된다. 여기서는 FTTx(정방향 전송 트랜잭션)와 유사하게 작동하는 특수 역방향 전송 요청 트랜잭션(BTRTx)에 포함된다. 모든 입력이 BTR을 통해 지정되고 출력이 역방향 전송되는 단일 트랜잭션이다.

이렇게 BTR이 BTRTx에 포함되며, 다음 출금 증명서에도 포함된다. 출금 증명서가 메인체인에 다시 방송되고 채굴자가 이것을 메인체인 블록에 포함시키면 역방향 전송이 완료된 것으로 간주된다. 중단된 사이드체인 인출(CSW) 방법 설명은 생략한다.

단일 출금 에포크 기간 안에 모든 역방향 전송이 함께 제출되면, 사이드체인의 정기 역방향 전송 또는 메인체인의 BTR/CSW를 통해 SNARK 증명과 함께 출금 증명서로 메인체인에 브로드캐스트된다. 이제 이 데이터는 메인체인에서 검증해야 한다. 먼저 메인체인 노드는 ledgerId가 현재 활성화된 사이드체인을 참조하는지 확인한다. 다음으로, epochId는 해당 사이드체인에 대한 유효한 출금 epoch 번호여야 한다. 마지막으로, 증명은 유효한 SNARK 증명이어야 하며, 사이드체인 배포시 제출된 확인 키를 사용하여 true로 평가되어야 한다. SNARK 증명 및 공개 매개 변수가 유효하면 출금 증명서가 메인 체인에 포함되고 처리된다.

3

온체인인 이더리움과 오프체인인 상태 채널

상태 채널은 이더리움과 어떻게 상호 작용하는가? 비록 오프체인 프로토콜로 존재하지만, 상태 채널에는 온체인 구성 요소가 딱 하나 있다. 바로 그 하나는 상태 채널을 열 때 이더리움에 배포되는 스마트 계약이다. 이 계약은 채널에 예치된 자산을 제어하고,(채널을 닫을 때) 상태 업데이트를 확인하며, 참가자 간의 분쟁을 중재한다. 상태 채널을 닫으려면 채널에서 마지막으로 합의된 상태를 온체인 스마트 계약에 제출해야 한다. 온체인 상태 업데이트에서 참조되는 세부 정보에는 각 참가자의 이동 횟수와 승인된 거래 목록이 포함된다.

아래 내용은 상태 채널의 공식적인 설명으로는 가장 최근에 정리하여 발표된 글(2023년 1월 19일 Joshua가 게시한 글)을 많이 참고하였다. 상태 채널은 믿을 수 있는 사람끼리 온체인 상태를 벗어나서 오프체인 상태에서 자유롭게 거래한 후에 필요하면 온체인으로 언제든지 복귀할 수 있는 기술로 블록체인 확장성을 위해 중요한 기술이다. 이 섹션도 일반 독자는 전체적인 맥락만 파악하면 좋겠다.

상태 채널은 거래 당사자 간의 양방향 통신 채널이다. 당사자는 기본 블록체인의 일부를 밀봉하고 오프체인 트랜잭션 채널에 연결한다. 이것은 일반적으로 사전 합의된 스마트 계약 또는 다중 서명을 통해 수행된다. 그런 다음 당사자는 트랜잭션 데이터를 기본 분산 원장(즉, 메인 체인)에 즉시 제출하지 않고 오프체인에서 트랜잭션을 실행한다. 일련의 모든 트랜잭션이 완료되면 채널의 최종 "상태"가 검증을 위해 블록체인에 브로드캐스트된다. 이렇게 오프체인 채널에서 온체인으로 돌아온다. 이 메커니즘을 통해 트랜잭션 속도를 향상시키고 네트워크의 전체 용량을 늘릴 수 있다. 비트코인 Lightning Network 및 이더리움의 Raiden과 같은 솔루션은 상태 채널을 기반으로 작동한다.

이더리움과 같은 퍼블릭 블록체인은 분산 아키텍처로 인해 확장성 문제에 직면해 있다. 온체인 트랜잭션은 모든 지분 증명 노드에서 실행되어야 한다. 노드는 적당한 하드웨어를 사용하여 블록의 사용자들이 발생시킨 트랜잭션 볼륨을 처리할 수 있어야 하며, 네트워크를 분산된 상태로 유지하기 위해 트랜잭션 처리량에 불가피하게 한도를 부과하게 되며 거래 수수료가 증가하게 된다. 채널은 사용자가 최종 결제를 위해 메인 체인의 보안 시스템에 의존하면서 오프체인에서 상호 작용할 수 있도록 하여 이 문제를 해결한다.

채널은 두 당사자가 서로 많은 거래를 한 다음 최종 결과만 블록체인에 게시할 수 있도록 하는 간단한 P2P(Peer-to-Peer) 프로토콜이다. 채널은 암호화를 사용하여 생성한 최종 결과의 요약 데이터가 실제로 중간에 이루저진 트랜잭션들의 최종 결과임을 입증한다. 채널을 사용하면 '상태' 변경이 채널 참가자에 의해 실행되고 검증되어 이더리움의 실행 계층에서 담당하는 계산을 최소화한다. 이것은 이더리움의 혼잡을 줄이고 사용자의 트랜잭션 처리 속도를 증가시킨다. 각 채널은 이더리움에서 실행되는 다중서명 스마트 계약에 의해 관리된다. 채널을 열기 위해 채널 참가자는 채널 계약을 온체인에 배포하고 여기에 자금을 입금한다. 양 당사자는 채널 상태를 초기화 하기 위해 공동으로 상태 업데이트에 서명한 후 오프체인에서 빠르고 자유롭게 거래할 수 있다. 채널을 닫기 위해 참가자는 채널을 열 때 기준, 온체인의 마지막 합의 상태를 제출한다. 그 후, 스마트 계약은 채널을 열기 바로 전 온체인의 마지막 합의 상태와 채널을 닫으려고 할 때의 채널 최종 상태를 함께 고려하여 각 참가자의 잔액에 따라 잠긴 자금을 메인 체인(이더리움)에 분배한다.

채널은 지불 채널과 상태 채널의 두 가지 범주로 나뉜다. 먼저 지불 채널부터 살펴보자. 지불 채널은 두 명의 사용자가 집합적으로 유지 관리하는 "양방향 원장"으로 가장 잘 설명된다. 원장의 초기 잔액은 채널 개설 단계에서 온체인 계약에 잠겨진 예금의 합계이다. 지불 채널이 열린 후에 채널 내부 거래는 실제 블록체인 자체의 개입 없이 즉각적으로 수행할 수 있다. 그러나 채널이 열릴 때의 초기 일회성 온체인 생성과 채널이 최종적으로 폐쇄될 때는 예외이다.

채널이 열린 동안의 채널 원장의 잔액(즉, 지불 채널의 상태)을 업데이트하려면 채널 내 모든 당사자의 승인이 필요하다. 모든 채널 참가자가 서명한 채널 업데이트는 이더리움의 트랜잭션과 마찬가지로 거래 완료된 것으로 간주된다. 지불 채널은 단순한 사용자 상호 작용(예: ETH 이체, 아토믹 스왑, 소액 결제)을 이더리움 블록체인 바깥에서 처리할 수 있도록 하여, 값비싼 온체인 활동을 최소화하도록 설계된 최초의 확장 솔루션 중 하나였다. 채널 참가자는 전송의 순 합계가 예치된 토큰을 초과하지 않는 한 서로 간에 무제한의 즉각적인 수수료 없는 거래를 수행할 수 있다.

다음으로 스마트 계약 처리가 가능한 상태 채널에 대하여 알아보자. 지불 채널은 오프 체인 지불을 지원하기 위하여 채널 참여자의 잔액만 잘 처리하면 되었다. 그러나 상태채널은 값비산 온체인 활동을 최소화하도록 하는 효과는 같지만, 채널 참여자의 잔액뿐만 아니라 스마트 계약 변수 값 등 계약 저장소의 현재 상태를 추적하는 채널이다. 즉, 상태 채널은 범용 계산을 확장하는 데 유용한 채널을 만들기 위해 만들어졌다. 상태 채널은 여전히 지불 채널과 공통점이 많다. 상태 채널의 쌍방이 모두 암호로 서명된 메시지(트랜잭션)를 교환하여 상호 작용한다. 제안된 상태 업데이트에 모든 참가자가 서명하지 않은 경우 유효하지 않은 것으로 간주된다. 그러나 상태 채널은 사용자의 잔액을 보유하는 것 외에, 또한 계약 스토리지의 현재 상태(즉, 상태 채널을 열 때 계약한 변수의 값)를 추적한다. 이를 통해 두 사용자 간의 스마트 계약을 오프 체인으로 실행할 수 있다. 이 시나리오에서 스마트 계약의 내부 상태에 대한 업데이트에는 채널을 만든 두 명의 당사자의 승인만 필요하다. 이렇게 하면 확장성 문제가 해결되지만 보안에 영향을 미친다. 이더리움에서 이더리움에 대한 상태 전환의 유효성은 네트워크의 합의 프로토콜에 의해 시행된다. 이로 인해 메인넷 스마트 계약의 상태에 대한 잘못된 업데이트를 제안하거나 스마트 계약 실행을 변경할 수 없다. 그런데 상태 채널에는 동일한 보안 보장이 없다. 어느 정도 상태 채널은 메인넷의 축소형 버전이다. 규칙을 적용하는 참가자의 수가 제한되어 있으므로 악의적인 동작(예: 잘못된 상태 업데이트 제안)의 가능성이 높아진다. 상태 채널은 사기 방지를 기반으로 한 분쟁 중재 시스템에서 보안을 이끌어낸다.

기본적으로 상태 채널의 활동은 사용자와 블록체인 시스템이 관련된 상호 작용 세션이다. 사용자는 대부분 오프체인에서 서로 통신하지만, 채널을 열거나 채널을 닫거나 참가자 간의 잠재적인 분쟁을 해결하기 위하여 바탕의 블록체인과 상호 작용한다. 다음으로 상태 채널의 기본 워크플로(채널 열기, 채널 사용, 채널 닫기 및 분쟁 해결)을 살펴보자. 채널을 열려면 참가자가 메인넷의 스마트 계약에 자금을 투입해야 한다. 예치금은 가상 소형 금고의 기능을 하므로 참여자는 즉시 지불을 정산할(트랜잭션을 처리할) 필요 없이 자유롭게 거래할 수 있다. 채널이 온체인에서 마무리될 때만(채널을 완료하고 닫는 경우) 당사자들은 서로를 정산하고 가상 소형 금고의 남은 부분을 인출한다. 이 예치금은 또한 각 참가자의 정직한 행동을 보장하는 채권 역할도 한다. 예치자가 분쟁 해결 단계에서 악의적인 행동을 한 것으로 판명되면 계약은 예치금을 삭감한다. 채널 참여자 양쪽은 모두 동의하는 초기 상태에 서명해야 한다. 이는 상태 채널의 기원 역할을 하며, 그 후에 그들은 채널을 사용하여 거래를 할 수 있다.

채널을 사용하는 방법을 살펴보자. 채널의 상태를 초기화한 후 피어(채널 참가자 양쪽)는 트랜잭션에 서명하고 승인을 위해 서로 전송하여 상호 작용한다. 참가자는 이러한 트랜잭션으로 상태 업데이트를 주도하고, 다른 사람의 상태 업데이트에 서명하게 된다. 각 트랜잭션은 [nonce, 채널의 이전 상태, 채널의 새 상태, 거래 정보]로 구성된다. Nonce는 트랜잭션의 고유 ID 역할을 하고 재생 공격을 방지하기 위해 사용된다. 또한 nonce는 상태 업데이트가 발생한 순서를 식별하는 데 사용되어 분쟁 해결을 위해 중요한 값이다. 여기서 '거래 정보'는 예를 들어 'Alice sends 5 ETH to Bob'처럼 상태 전환을 활성화하는 거래를 뜻한다.

채널의 상태 업데이트는 일반적으로 사용자가 메인넷에서 상호 작용할 때와 다르다. 채널의 상태 업데이트는 온체인으로는 브로드캐스트되지 않으며, 이는 온체인 공간을 최소화하려는 상태 채널의 목표와 일치한다. 채널 참가자가 상태 업데이트에 동의하는 한 이더리움 거래만큼 해당 거래는 최종적으로 처리 완료된 것이 된다. 참가자는 분쟁이 발생할 경우에만 메인넷의 합의에 의존하면 된다.

상태 채널을 그만두고 온체인으로 되돌아오려면 어떻게 해야 하나? 상태 채널을 닫으려면 채널에서 마지막으로 합의된 상태를 온체인 스마트 계약에 제출해야 한다. 온체인 상태 업데이트에서 참조되는 세부 정보에는 각 참가자의 이동 횟수와 승인된 거래 목록이 포함된다. 모든 당사자의 디지털 서명을 확인하는 방법으로 상태 업데이트가 유효한지 확인한 후, 스마트 계약은 채널을 마무리하고 채널의 제출 결과에 따라 잠긴 자금을 온체인에서 분배한다. 오프체인에서 이루어진 지불은 이더리움의 상태에 적용되며, 각 참가자는 잠긴 자금의 나머지 부분을 받는다.

위에서 설명한 시나리오는 행복한(큰 탈 없이 작동하는) 경우에 일어나는 일을 나타낸다. 때로는 사용자가 합의에 도달하지 못하고 채널을 마무리하지 못할 수 있는데, 다음 중 하나에 해당할 수 있다.

- 참가자가 오프라인 상태가 되어 상태 전환을 제안하지 못함
- 참가자가 유효한 상태 업데이트의 공동 서명을 거부하는 경우
- 참가자가 온체인 계약에 대한 이전 상태 업데이트를 제안하여 채널을 마무리하려고 시도
- 참가자가 다른 사람이 서명할 수 있도록 잘못된 상태 전환을 제안

채널에 참여하는 행위자 간의 합의가 무너질 때마다 마지막 옵션은

메인넷의 합의에 의존하여 채널의 최종 유효한 상태를 적용하는 것이다. 이 경우 상태 채널을 닫으려면 온체인에서 분쟁을 해결해야 한다.

일반적으로 채널의 당사자는 미리 채널을 닫는 데 동의하고, 스마트 계약에 제출하는 마지막 상태 전환에 공동 서명한다. 업데이트가 온체인에서 승인되면, 오프체인 스마트 계약의 실행이 종료되고 참가자는 각자의 돈이 이더리움의 상태에 반영되고 채널을 떠나게 된다. 그러나 한 당사자는 상대방의 승인을 기다리지 않고 온체인 요청을 제출하여 스마트 계약 실행을 종료하고 채널을 마무리할 수 있다. 앞서 설명한 합의 위반 상황이 발생하면 어느 쪽이든 온체인 계약을 트리거하여 채널을 폐쇄하고 자금을 분배할 수 있다. 이것은 정직한 당사자가 상대방의 행동에 관계없이 언제든지 예금을 뽑아내어 나갈 수 있도록 하는 무신뢰를 제공한다. 한쪽이 온체인 분쟁 해결 시스템을 가동하면 상대방은 제한 시간(챌린지 창이라고 함) 내에 응답해야 한다. 더 상세한 설명을 생략한다.

상태 채널은 이더리움과 어떻게 상호 작용하는가? 비록 오프체인 프로토콜로 존재하지만, 상태 채널에는 온체인 구성 요소가 딱 하나 있다. 바로 그 하나는 채널을 열 때 이더리움에 배포되는 스마트 계약이다. 이 계약은 채널에 예치된 자산을 제어하고,(채널을 닫을 때) 상태 업데이트를 확인하며, 참가자 간의 분쟁을 중재한다. 상태 채널은 레이어 2 확장 솔루션과 달리 트랜잭션 데이터 또는 상태 약정을 메인넷 블록체인에 기록하지 않는다. 그러나 사이드 체인보다 메인 넷에 더 많이 의존하고 있어 다소 안전하다.

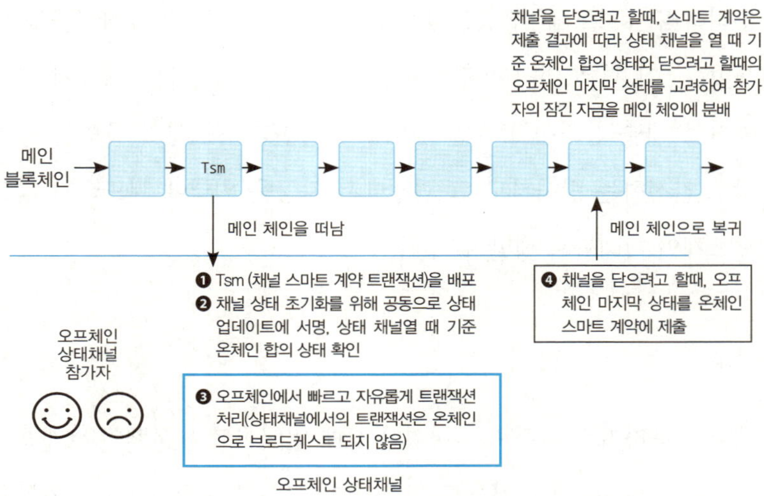

상태태널에서 오프체인 트랜잭션 처리

상태 채널은 다음을 위해 기본 이더리움 프로토콜에 의존한다.

생동감(Liveness)

채널을 열 때 배포되는 온체인 계약은 채널의 기능에 관한 책임을 진다. 계약이 이더리움에서 실행 중인 경우 채널을 항상 사용할 수 있다. 반대로, 사이드체인은 메인넷이 운영되더라도 실패하여 사용자 자금을 위험에 빠뜨릴 수 있다.

보안

상태 채널은 이더리움의 스마트 계약에 의존하므로 어느 정도 보안을 제공하고 악의적인 피어로부터 사용자를 보호할 수 있다. 채널은 사용자가 유효하지 않거나 오래되어 비정상인 업데이트로 채널을 마무리하려는 시도에 이의를 제기할 수 있는 사기 방지 메커니즘을 사용한다. 이 경우 정직한 당사자는 확인을 위해 온체인 계약에 사기 증거로 채널의 최신 유효한 상태를 제공한다. 이 사기 증명을 통해 상호 불신하는 당사자도 그 과정에서 자금을 위험에 빠뜨리지 않고 오프체인 거래를 수행할 수 있다.

최종성

채널 사용자가 집합적으로 서명한 상태 업데이트는 온체인 트랜잭션만큼 신뢰할 수 있는 것으로 간주된다. 그러나 모든 채널 내 활동은 채널이 닫히고 이더리움으로 돌아왔을 때만 진정한 최종성을 달성한다. 정상적인 경우 양 당사자는 협력하여 최종 상태 업데이트에 서명하고 온체인에 제출하여 채널을 닫은 후, 채널의 최종 상태에 따라 자금을 분배한다. 누군가가 잘못된 상태 업데이트를 체인에 게시하여 속임수를 쓰려고 하는 비관적인 경우, 챌린지 기간이 경과할 때까지 트랜잭션이 완료되지 않는다.

상태 채널의 응용 프로그램으로 스마트 계약이 아닌 '지불'에 이용하는 경우 다음과 같은 장점이 있다.

- 처리량: 채널당 오프체인 트랜잭션의 양은 이더리움의 처리량과 무관하다. 트랜잭션을 오프체인으로 실행함으로써 블록체인 채널은 더 높은 처리량을 달성할 수 있다.
- 개인 정보: 채널은 오프 체인으로 존재하기 때문에 참가자 간의 상호 작

용에 대한 세부 사항은 이더리움의 공개 블록 체인에 기록되지 않는다. 채널 사용자는 채널에 자금을 조달 및 폐쇄하거나 분쟁을 해결할 때만 온체인에서 상호 작용하면 된다. 따라서 채널은 더 많은 비밀스러운 거래를 원하는 개인에게 유용하다.

- 대기 시간: 채널 참여자 간에 수행되는 오프체인 트랜잭션은 양 당사자가 협력하면 즉시 정산되어 지연을 줄일 수 있다. 반대로 메인넷에서 트랜잭션을 보내려면 노드가 트랜잭션을 처리하고 트랜잭션과 함께 새 블록을 생성하고 합의에 도달할 때까지 기다려야 한다.
- 비용: 상태 채널은 참가자 집합이 장기간에 걸쳐 많은 상태 업데이트를 교환하는 상황에서 특히 유용하다. 발생하는 유일한 비용은 주 채널 스마트 계약의 개설 및 폐쇄 비용이다.

위의 장점을 보여주는 소액 결제의 예를 살펴보자. 기업이 하나씩 개별 처리하기는 손실이 큰 소액 결제(예: 1달러 미만)는 상태 채널을 사용하면 쉽게 해결된다. 지불 채널은 소액 결제와 관련된 오버헤드를 줄임으로써 이 문제를 해결한다. 예를 들어 인터넷 서비스 공급자(ISP)는 고객에게 지불 채널을 열어 서비스를 사용할 때마다 소액을 지불할 수 있도록 한다. 채널을 열고 닫는 비용 외에 참가자는 소액 거래에 대해 추가 비용을 발생시키지 않는다(가스 수수료 없음). 이는 고객이 서비스에 대해 지불하는 금액에 더 많은 유연성을 제공하고 기업이 수익성 있는 소액 거래를 잃지 않기 때문에 윈-윈 상황이다.

4

영지식 롤업 (ZERO-KNOWLEDGE ROLLUPS)

영지식(ZK) 롤업은 이더리움과 어떻게 상호 작용하는가? ZK 롤업 체인은 이더리움 블록체인 위에서 작동하고, 온체인 이더리움 스마트 계약에 의해 관리되는 오프체인 프로토콜이다. ZK 롤업은 메인넷 외부에서 트랜잭션을 실행하지만 주기적으로 오프체인 트랜잭션들 배치(롤업)을 온체인 롤업 계약에 커밋한다(제출한다). 메인넷 외부에서의 거래 기록은 이더리움 블록체인과 마찬가지로 변경할 수 없으며, ZK 롤업 체인을 형성한다.

> 본 내용은 2023년 1월 19일 Joshua가 게시한 내용을 많이 참조하여 작성한 글이다. 이더리움은 원래 이더리움 네트워크를 확장하는 기술에 대한 로드맵으로 샤딩 기술을 제1순위로 꼽았다. 실재로 샤딩 구조 분야에 많은 연구가 이루어졌으며 다른 블록체인 네트워크에서도 이더리움을 따라갔다. 그런데 2023년부터 이더리움 네트워크의 확장성 기술로 롤업 기술이 1 순위로 고려되고 있다. 그렇다. 샤딩보다는 롤업이 더 유망한 확장성 솔루션으로 인정받기 시작했다. 이런 의미를 염두해 두고 독자들은 이 섹션을 이해하면 좋겠다.

영지식 롤업(ZERO-KNOWLEDGE ROLLUPS이며 줄여서 ZK 롤업)은 컴퓨팅 및 '상태' 스토리지를 오프체인으로 이동하여 이더리움 메인넷의 처리량을 증가시키는 레이어 2 확장 솔루션이다. ZK 롤업은 수천 개의 트랜잭션을 하나의 배치(Batch)로 처리하고 난 다음에 최소한의 요약 데이터만 메인 넷에 한번에 게시할 수 있다. 이 요약 데이터는 이더리움 '상태'에 적용해야 하는 변경 사항과 이러한 변경 사항이 정확하다는 암호화 증거를 함께 정의한다.

ZK 롤업은 오프체인에서 실행되는 트랜잭션을 모아 놓은 묶음(또는 '롤업')을 의미한다. 영지식 롤업에서의 오프체인 계산은 블록체인에 게시해야 하는 데이터의 양을 줄인다. ZK 롤업 운영자는 각 트랜잭션을 개별적으로 보내는 대신 모든 트랜잭션을 한번에 일괄 처리하는 데 필요한 변경 사항 요약을 제출한다. 또 함께 변경 사항의 정확성을 증명하기 위해 유효성 증명을 생성한다. 유효성 증명은 이더리움 상태를 변경해 달라고 제안하는 변경 사항이 실제로 배치(batch)의 모든 트랜잭션들을 실행한 최종 결과임을 암호학적 확실성으로 입증한다.

ZK 롤업의 상태는 이더리움 네트워크에 배포된 스마트 계약에 의해 유지된다. 이 상태를 업데이트하려면 ZK 롤업 노드(운영자)가 확인을 위해 유효성 증명을 제출해야 한다. 앞서 언급했듯이 유효성 증명은 롤업에서 제안한 상태 변경이 실제로 지정된 트랜잭션을 일괄로 실행한 결과라는 암호화 보증이다. 즉, 낙관적 롤업(ZK 롤업과 다른 방식)이 모든 거래 데이터를 온체인에 게시하는 데 비해, ZK 롤업은 롤업된 거래들을 이더리움에 게시하기 위해 유효성 증명만 제공하면 된다. ZK 롤업 계약이 유효성 증명을 한번에 확인하면 종료 트랜잭션이 실행되기 때문에 ZK 롤업에서 이더리움으로 자금을 이동할 때 지연이 없다.

ZK 롤업은 트랜잭션들을 이더리움에 반영하기 위해서 calldata라는 것을 사용한다. calldata는 블록체인 외부에서 스마트 계약 함수를 호출할 때 필요한 데이터를 저장되는 곳이다. calldata의 정보는 블록체인에 게시되기 때문에 누구나 블록체인 외부에 있는 롤업의 상태를 독립적으로 재구성할 수 있다. ZK 롤업은 압축 기술을 사용하여 트랜잭션 데이터를 줄인다. 예를 들어 계정은 주소가 아닌 인덱스로 표시되어 28바이트의 데이터를 저장한다. 롤업 운영자 입장에서 온체인 데이터로 게시하려면 상당한 비용이 들기 때문에 데이터 압축을 통해 사용자의 수수료를 줄일 수 있다.

ZK 롤업은 이더리움과 어떻게 상호 작용하는가? ZK 롤업 체인은 이더리움 블록체인 위에서 작동하고, 온체인 이더리움 스마트 계약에 의해 관리되는 오프체인 프로토콜이다. ZK 롤업은 메인넷 외부에서 트랜잭션을 실행하지만 주기적으로 오프체인 트랜잭션들 배치(롤업)을 온체인 롤업 계약에 커밋한다(제출한다). 메인넷 외부에서의 거래 기록은 이더리움 블록체인과 마찬가지로 변경할 수 없으며, ZK 롤업 체인을 형성한다.

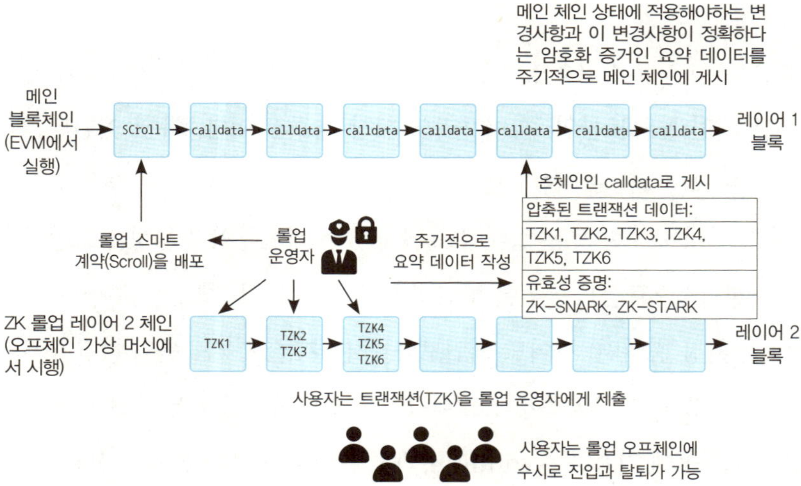

영지식 롤업

ZK 롤업의 핵심 아키텍처는 다음 구성 요소로 이루어진다.

온체인 계약: 앞서 언급했듯이 ZK 롤업 프로토콜은 이더리움에서 실행되는 스마트 계약에 의해 제어된다. 스마트 계약의 역할은 롤업 블록을 저장하고, 예금을 추적하고, 상태 업데이트를 모니터링하는 기본계약을 포함한다. 또 다른 온체인 계약(검증자 계약)은 ZK 롤업 운영자가 제출한 영지식 증명을 검증한다. 따라서 이더리움은 ZK 롤업을 위한 기본 레이어로서 "레이어 1" 역할을 한다.

오프체인 가상 머신(VM): ZK 롤업 프로토콜은 이더리움에 있지만 ZK 롤업의 트랜잭션 실행 및 상태 저장은 EVM과 독립적인 별도의 가상 머신(VM)에서 일어난다. 이 오프체인 VM은 ZK 롤업의 트랜잭션들을 위한 실행 환경이며 ZK 롤업 프로토콜의 보조 계층 또는 "레이어 2" 역할을 한다. 이더리움 메인넷에서 유효성 증명이 검증되었다는 것은 오프체인 VM(레이어 2)에서 이루어진 상태 전환의 정확성을 계층 1에서 보장한다는 의미이다.

ZK 롤업은 독립적으로 작동하지만 이더리움이 보안을 책임져 주는 오프체인 프로토콜인 "하이브리드 확장 솔루션"이다. 특히 이더리움 네트워크는 ZK 롤업이 상태 업데이드를 유효하게 하도록 강요하고, 롤업 상태에 대한 모든 업데이트 뒤에 있는 데이터의 가용성을 보장한다. 결과적으로 ZK 롤업은 보안 속성을 스스로 담당하는(순수한 오프체인 확장 방식인) 사이드 체인보다 안전하다. 또 ZK 롤업은 유효성 증명을 통해 이더리움에서 트랜잭션을 확인하지만 트랜잭션 데이터를 다른 곳에 저장하는 validium과 같은 솔루션보다 훨씬 안전하다.

ZK 롤업은 데이터 가용성, 트랜잭션 완결성 및 검열 저항을 위해 기본 이더리움 프로토콜에 의존한다. 먼저 ZK 롤업은 데이터 가용성 측면에서 이더리움 프로토콜에 어떻게 의존하는지 살펴보자. ZK 롤업은 오프체인에서 처리되는 모든 거래에 대한 상태 데이터를 결국에는 이더리움에 게시한다. 이렇게 이더리움에 게시된 데이터를 사용하여 개인이나 기업이 필요시 롤업의 상태를 재현하고 오프체인 자체의 유효성을 검사할 수 있다. 이더리움은 이 데이터를 네트워크의 모든 참가자가 calldata로 사용할 수 있도록 한다. 유효성 증명이 이미 상태 전환의 진실성을 확인해주기 때문에 많은 트랜잭션 데이터를 추가적인 합의를 위해 L1(레이어 1) 체인에 게시(온체인)할 필요가 없다. 그럼에도 불구하고 데이터를 온체인에 저장하는 것은 여전히 중요하다. 그 이유는 L2(레이어 2) 체인의 상태를 누구나 무허가(Permissionless)로 또 독립적으로 검증할 수 있게 하기 때문이다. 이를 통해 누구나 트랜잭션들을 일괄적으로 제출할 수 있도록 하면서도, 악의적인 운영자가 체인을 검열하거나 동결하는 것을 방지할 수 있다. 사용자가 롤업과 상호 작용하려면 온체인이 필요하다. 상태 데이터에 접근할 수 없으면 사용자는 계정 잔액을 조회하거나 상태 정보에 의존하는 거래(예: 인출)를 시작할 수 없다.

트랜잭션 완결성 측면에서 ZK 롤업을 살펴보자. 이더리움은 ZK 롤업을 위한 결제 계층 역할을 한다: L2 거래는 L1 계약이 유효성 증명을 수락하는 경우에만 완료된다. 이렇게 하면 모든 거래는 메인넷에서 승인되어야 하므로 악의적인 운영자가 체인을 손상시키는(예: 롤업 자금 훔치기) 위험이 제거된다. 또한 이더리움은 L1에서 최종 승인되면 ZK 롤업에서 일어났던 사용자 작업이 되돌릴 수 없음을 보장한다.

마지막으로 검열 저항 측면에서 살펴보자. 대부분의 ZK 롤업은 "슈퍼 노드"(운영자)를 사용하여 트랜잭션을 실행하고, 배치(Batch)를 생성하고, L1에 블록을 제출한다. 이는 효율성을 보장하지만 검열의 위험을 증가시킨다: 악의적인 ZK 롤업 운영자는 사용자의 트랜잭션을 일괄 포함을 거부하여 사용자를 나쁜 방향으로 검열할 수 있다.

ZK 롤업을 사용하면 사용자가 운영자에 의해 나쁘게 검열되고 있다고 생각되는 경우 메인넷의 롤업 계약에 직접 트랜잭션을 제출할 수 있는 보안조치가 가능하다. 이를 통해 사용자는 운영자의 허가에 의존할 필요 없이 ZK 롤업에서 이더리움으로 철수할 수 있다.

ZK 롤업은 어떻게 작동하나? ZK 롤업의 사용자는 트랜잭션에 서명하고 L2 운영자에게 제출하면, L2 운용자는 이를 처리하여 다음 배치(묶음)에 포함시킨다. 보통 운영자는 시퀀서라고 하는 중앙 집중식 엔터티(실체)로 트랜잭션을 실행하고 일괄처리하여 L1에 제출한다. 이 시스템의 시퀀서는 L2 블록들을 생성하고 ZK 롤업 계약에 롤업 트랜잭션(배치 트랜잭션)을 추가할 수 있는 유일한 개체이다. 중앙 집중식 L2 운영자와 약간 다르게 ZK 롤업을 운영할 수도 있다. 이 다른 ZK 롤업은 지분 증명 검증자 그룹을 사용하여 운영자 역할을 순환시켜 맡긴다. 예비 운영자들은 롤업 계약에 자금을 예치하며, 각 지분의 크기는 스테이커가 다음 롤업 배치를 생산하도록 선택될 가능성에 영향을 미친다. 운영자가 악의적으로 행동하면 운영자의 지분이 삭감될 수 있다. 이는 운영자가 유효한 블록을 게시하도록 장려하기 위함이다.

ZK 롤업이 이더리움에 트랜잭션 데이터를 게시하는 방법을 알아보자. 트랜잭션 데이터는 이더리움에 calldata로 게시된다. calldata는 스마트계약 함수에 인수를 전달하는 데 사용되는 스마트 계약의 데이터 영역이며 메모리와 유사하게 동작한다. calldata는 이더리움에서 상태의 일부로 저장되지 않지만 이더리움 체인의 히스토리로그의 일부로 온체인에 유지된다. calldata는 이더리움의 상태에 영향을 미치지 않으므로 데이터를 온체인에 저장하는 저렴한 방법이다. calldata 키워드는 종종 트랜잭션에 의해 호출되는 스마트 계약 함수를 식별하는데 이용되고, calldata는 계약 함수의 입력으로 작용하는 임의의 바이트 시퀀스 형태의 자료를 포함한다. 롤업 운영자는 롤업 계약에서 필요한 계약 함수를 호출하여 간단하게 일괄 처리를 추가하기 위하여 압축된 데이터를 함수 인수로 전달한다. 즉, ZK 롤업은 calldata를 사용하여 압축된 트랜잭션 데이터를 온체인에 게시한다. 이는 롤업 수수료의 상당 부분이 트랜잭션 데이터를 온체인에 저장하는 데 사용되기 때문에 사용자의 비용을 줄이는 데 도움이 된다.

모든 L2 계정 및 잔액을 포함하는 ZK 롤업의 상태는 Merkle 트리로 표시된다. Merkle 트리 루트의 암호화 해시가 온체인 계약에 저장되어, L1의 롤업 프로토콜이 ZK 롤업 상태(L2 상태)의 변경 사항을 추적할 수 있다. 롤업은 새 트랜잭션들의 집합(배치)을 실행한 새로운 상태로 전환된다. 상태 전환을 시작한 운영자는 새 상태 Merkle 루트를 계산하고 온체인 계약에 제출해야 한다. 새로운 배치와 관련된 유효성 증명이 검증자 계약에 의해 인증되면 새 Merkle 루트가 ZK 롤업의 정식 '상태 루트'가 된다. 상태 루트를 계산하는 것 외에도, ZK 롤업 운영자는 배치의 모든 트랜잭션을 구성하는 Merkle 트리의 루트인 '배치 루트(batch root)'도 생성한다. 새로운 배치가 제출되면 L1의 롤업 계약은 이 배치 루트를 저장하여 사용자가 트랜잭션(예: 인출 요청)이 배치에 포함되었음을 증명할 수 있도록 한다. 사용자는 트랜잭션 세부 정보, 배치 루트 및 포함 경로를 보여주는 Merkle 증명을 제공해야 한다.

유효성 증명에 대하여 알아보자. ZK 롤업 운영자가 L1 계약에 제출하는 새로운 '상태 루트'는 롤업 상태를 업데이트한 결과이다. Alice가 Bob에게 토큰 10개를 보낸다고 가정하면 운영자는 단순히 Alice의 잔액을 10씩 줄이고 Bob의 잔액을 10씩 증가시킨다. 그런 다음 운영자는 업데이트된 계정 데이터를 해시하고 롤업의 Merkle 트리를 다시 빌드한 다음 새 Merkle 루트를 온체인 계약에 제출한다. 그러나 롤업 계약은 운영자가 새 Merkle 루트가 롤업 상태에 대한 올바른 업데이트의 결과임을 증명할 때까지 제안된 상태 약속을 자동으로 수락하지 않는다. ZK 롤업 운영자는 일괄 처리된 트랜잭션들의 정확성을 확인하는 간결한 암호화 약속인 유효성 증명을 생성하여 이를 증명한다. 유효성 증명은 당사자가 진술 자체를 공개하지 않고 진술의 정확성을 증명할 수 있도록 하므로 영지식(Zero-Knowledge) 증명이라고도 한다. ZK 롤업은 유효성 증명을 사용하여 이더리움에서 트랜잭션을 다시 실행할 필요 없이 오프체인 상태 전환의 정확성을 확인한다. 이러한 증명은 ZK-SNARK(영지식 간결한 비 대화 형 지식 전달 값) 또는 ZK-STARK(영지식 확장 가능한 투명 지식 전달 값)의 형태로 제공될 수 있다. 이들에 대한 설명은 생략한다.

ZK 롤업에서 유효성 증명은 어떻게 작동하는가? 롤업 사용자가 트랜잭션을 제기하면, 롤업 운영자는 이 트랜잭션을 수락하기 전에 다음과 같은 일반적인 검사를 수행한다.

- 발신자 및 수신자 계정은 '상태 트리'의 일부이다.
- 발신자는 트랜잭션을 처리하기에 충분한 자금을 보유하고 있다.
- 트랜잭션이 올바르고 롤업에서 발신자의 공개 키와 일치한다.
- 발신자의 nonce가 정확하다.

ZK 롤업 노드(운영자)가 충분한 트랜잭션들이 있으면 이를 배치로 집계하고 '증명 회로'의 입력을 정리하여 간결한 ZK 증명으로 컴파일한다. 증명 회로가 만드는 ZK 증명에는 다음이 포함된다.

- 배치에 속한 모든 트랜잭션을 구성하는 Merkle 트리
- 배치에 포함됨을 증명하기 위해 트랜잭션들에 대한 Merkle 증명
- 해당 계정이 롤업 상태 트리의 일부임을 증명하기 위해 트랜잭션들의 각 발신자-수신자 쌍에 대한 Merkle 증명
- 트랜잭션이 모아지는 중간 과정으로 각 트랜잭션에 대한 상태 업데이트를 적용한 후 만들어진 중간 '상태 루트' 들의 집합(ZK 증명 회로는 전체 트랜잭션 배치에 대하여 반복하여 마지막 트랜잭션이 적용된 후 최종 상태 루트가 되는 업데이트 시퀀스를 확인한다. 집합의 마지막 Merkle 루트는 ZK 롤업의 최신 표준 상태 루트가 된다.)

증명 확인은 어떻게 이루어 지는지 살펴보자. L2의 증명 회로가 상태 업데이트의 정확성을 확인한 후 L2 운영자는 계산된 유효성 증명

을 L1의 검증자 계약에 제출한다. L1 계약의 '확인 회로'는 아래와 같이 증명의 유효성을 확인하고 증명의 일부를 구성하는 공개 입력도 확인한다.

- 상태 이전 루트: ZK 롤업의 이전 상태 루트(즉, 현재 일괄 처리될 트랜잭션들이 실행되기 전 상태루트)로, L2 체인 입장에서는 마지막으로 L1 체인에 유효하게 반영한 상태를 반영한다.
- 상태 사후 루트: L2 체인의 최신 상태를 반영하는 ZK 롤업의 새 상태 루트(즉, 일괄 처리 실행 후 상태 루트). 상태 후 루트는 증명 회로에서 상태 업데이트를 적용한 후 파생된 최종 루트이다.
- 배치 루트(Batch root): 배치의 머클 루트로, 배치에서 트랜잭션을 머클리화하고 트리의 루트를 해싱하여 만들어진다.
- 트랜잭션 입력: 제출된 일괄 처리의 일부로 실행된 트랜잭션들과 관련된 데이터이다.

L2가 제출한 '유효성 증명'이 확인회로를 만족하는 경우(즉, 유효함), 롤업을 이전 상태(상태 이전 루트에 의해 암호학적으로 지문화됨)에서 새 상태(상태 사후 루트에 의해 암호학적으로 지문화됨)로 전환하는 유효한 트랜잭션 시퀀스가 있음을 의미한다. '상태 이전 루트'가 롤업 계약에 저장된 루트와 일치하고 증명이 유효한 경우 롤업 계약은 증명에서 '상태 이후 루트'를 가져와 롤업의 변경된 상태를 반영하도록 L1 상태 트리를 업데이트한다.

롤업 오프체인에 진입하고 탈퇴하는 방법을 살펴보자. 사용자는 L1

체인에 배포된 롤업의 계약에 토큰을 예치하여 ZK 롤업에 들어간다. 운영자만 롤업 계약에 트랜잭션을 제출할 수 있으므로 이 트랜잭션은 대기열에 있게 된다. 보류 중인 입금 대기열이 채워지기 시작하면 ZK 롤업 운영자가 입금 거래를 가져와 롤업 계약에 제출한다. 사용자의 자금이 롤업 계약에 들어오면, 사용자는 운영자에게 트랜잭션을 전송하여 거래를 시작할 수 있다.

ZK 롤업에서 L1으로 철수하는 것은 간단하다. 사용자는 롤업의 자산을 소각을 위해 지정된 계정으로 전송하는 종료 트랜잭션을 시작한다. 운영자가 다음 배치에 이 종료 트랜잭션을 포함하면 사용자는 온체인 계약에 출금 요청을 제출할 수 있다. 이 탈퇴 요청(종료 트랜잭션)에는 다음이 포함된다.

- 트랜잭션 배치에 소각하려는 사용자 계정이 포함되어 있음을 증명하는 머클 증명
- 트랜잭션 데이터
- 배치 루트
- 정산 자금을 받을 L1 주소

롤업 계약은 트랜잭션 데이터를 해시하고, 배치 루트가 존재하는지 확인하고, Merkle 증명을 사용하여 트랜잭션 해시가 배치 루트의 일부인지 확인한다. 그 후 계약은 종료 트랜잭션을 실행하고 L1에서 사용자가 선택한 주소로 정산 자금을 보낸다.

5

블록체인 거버넌스

1. 블록체인 거버넌스와 분산된 자율 조직 (DAO)
2. 온체인 거버넌스를 위한 계층 1과 계층 2 거버넌스
3. 공모 저항성 문제 해결과 탈중앙화 신원시스템
4. THE DAO와 거버넌스 작동 사례
5. ENS (ETHEREUM NAME SERVICE)

1

블록체인 거버넌스와 분산된 자율 조직 (DAO)

온체인 거버넌스는 블록체인의 내부적 측면을 주로 다룬다. 현재의 온체인 거버넌스는 온체인 특정 네트워크에 최적화된 코인 기반 투표 메커니즘을 사용하여 직접 민주주의를 하는 것이라 볼 수 있다. 거버넌스를 스마트 계약과 연관시켜 이야기할 때는 온체인 거버넌스라고 이해해야 할 것이다. 또한 블록체인 거버넌스라고 할 때, 블록체인 자체 합의 관련 규칙에 대한 거버넌스에 대해 이야기하고 있는지 또는 CEO재신임 평가처럼 단순히 블록체인을 사용하여 오프체인 도메인에서 온체인 규칙을 시행하고 있는지 구분할 필요가 있다.

블록 체인 공간에서 '거버넌스' 용어는 분산된 자율 조직 (DAO) (2013년 부테린이 사용)과 밀접하게 연결되어 있다. 불행히도 블록 체인 기반 기술과 관련된 거버넌스에 대한 일반적인 이해나 일반적으로 받아들여지는 공식적인 정의는 없다. 블록 체인이 거버넌스 측면에서 모든 종류의 온라인 상호 작용을 위한 기초를 제공하는 법적 프레임 워크 역할을 할 수 있다는 아이디어이다. 예를 들어, Reijers et al. (2016) 은 블록 체인 기술이 어떻게 이더리움 네트워크를 프레임 워크로 사용하여 특정 형태의 정치 조직을 구성할 수 있는지 탐구한다. 마찬가지로 Davidson et al. (2016) 은 합의와 투명성을 통해 서로 동의하는 계약 형태의 신뢰에 대한 필요성을 제거함으로써, 블록 체인이 시장의 법적 조정 속성을 가진 자율 조직을 위한 새로운 유형의 거버넌스를 가능하게 한다는 아이디어를 제시한다. 또한 이러한 분산된 자율 조직과 함께하는 거버넌스는 스마트 계약 (즉, 블록 체인에 배포된 작은 코드 조각으로 스마트 계약 코드라 부르며 계약 코드마다 하나의 계정 역할을 함)을 통해 블록 체인 기반 소프트웨어 시스템으로 구현될 수 있다.

블록체인 거버넌스 개념의 (잘못된) 사용을 이해하려면 먼저 블록체인이 구체적으로 무엇을 가져오는지 고려해야 한다: 블록체인은 절차 준수가 자동으로 시행되고 규범이나 법률 시스템에 의존하지 않으며 개인의 재량에 대한 여지를 남기지 않는 시스템을 가능하게 한다. 물론 법률시스템에 의한 규칙이나 재량권과 집행 가능한 절차를 분리시켜 생각하는 아이디어는 참신하게 받아들일 수 있다. 다만,

블록 체인 기술의 열렬한 지지자들 사이에서 규범과 문화에 대한 모든 질문을 의도적으로 무시하고, 거버넌스를 코딩된 절차 (code is law)와 완전히 동일시하는 경향이 있는 블록 체인 기술의 열렬한 지지자들 또한 찾을 수 있다. 모든 거버넌스가 절차로 의미가 축소되면 블록체인이 모든 것을 바꾼다는 주장이 존립할 수 없다.

블록체인 거버넌스는 일반적으로 오프체인 거버넌스와 온체인 거버넌스로 엄격하게 분리하게 된다. 오프체인 거버넌스는 이더리움 및 비트코인과 같은 기존 암호화폐에 안정성을 제공하는 이상적인 솔루션이다. 오프체인 거버넌스는 전통적인 거버넌스 구조와 유사하다는 것을 알 수 있다. 이유는 오프체인 거버넌스는 생각보다 중앙 집중화되어 있는데, 네트워크 결정에 참여하기 위해 재정 및 기술 지식에 의존하기 때문이다. 오프체인 거버넌스는 사용자, 채굴자, 사업체 및 기타 커뮤니티 당사자를 포함한 다양한 최종 사용자 간을 균형있게 관리한다. 어떤 암호화폐라도 오프체인 거버넌스는 하고 있는데, 커뮤니티 구성원에게 코인 기반으로한 투표 시스템을 사용하지 않고 하는 모든 거버넌스 형태는 오프체인 거버넌스라고 볼 수 있다.

오프체인 거버넌스의 예로, 비트코인의 경우 BIP 제안 시스템은 기여자와 핵심 개발자가 만든 변경 사항을 보존하기 위해 깊이 활용된다. 오픈 소스 분산형 암호화폐인 비트코인은 미래의 핵심 프로토콜 변경을 결정할 중앙 권한이 없다. 따라서 개발은 비트코인 개선 제안(BIP)이라는 개선 제안을 통해 커뮤니티가 내린 결정에 의존한다. 승인 프로세스의 주요 단계는 다음과 같다.

- 누구나 비트코인 코어를 변경하기 위해 BIP를 제출할 수 있습니다. BIP 번호를 할당하고 BIP의 Bitcoin Core GitHub 저장소에 게시합니다 .
- BIP에는 모든 사람이 진행 상황을 평가하기 위해 확인할 수 있는 상태가 할당됩니다.
- BIP는 채굴자의 ~95%에 의해 승인되어야 합니다.
- 커뮤니티는 새 소프트웨어 버전으로 업그레이드해야 합니다.

온체인 거버넌스는 블록체인의 내부적 측면을 주로 다룬다. 현재의 온체인 거버넌스는 온체인 특정 네트워크에 최적으로 사용되는 투표 메커니즘에 대한 직접 민주주의를 하는 것이라 볼 수 있다. 그러나 코인 기반 투표시스템에 의존한 온체인 거버넌스 모델을 만드는 데는 많은 시간이 소요될 수 있으며, 새로운 기술이 있는 경우에는 더 많은 시간이 소요될 수 있다. 또한 블록체인이 분산화됨에 따라 상황이 복잡해질 수 있다.

온체인 방식의 일부 지지자들은 오프 체인 (인간) 세계가 거버넌스를 달성하기 위해 사람, 규범 및 문화에 의존한다는 점에서 구식이라고 폄하하며, 특히 절차가 잘못 정의되거나 불투명 할 수 있다고 주장한다. 오프 체인 집단은 소수 만이 정보를 독점하고 소수만이 결정을 내리는 투명하지 않은 중앙화 속성을 갖는 그림자 계층 구조로 작용한다는 것이다. 이 생각의 핵심은 온체인의 모든 것이 투명하고 공정하며 오프체인의 모든 것은 숨겨져 있고 잠재적으로 사악하다는 것이다. 한편 온체인 거버넌스를 반대하는 극단론자들은 온체인 거버넌스가 법 위반을 돕고 방조할 뿐이라고까지 주장한다. 이들의 목표는 네트워크에 대한 조정된 업데이트는 해서는 안되며 만들어진 규칙은 불변성이 있어야 한다고 주장한다. 이는 비트코인 네크워크의 변수를 바꾸어 업데이트 시키는 방향에 적극적으로 반대하는 논리이다.

블록체인 거버넌스가 사용되는 다른 의미로는 블록체인을 사용하여 거버넌스를 달성하는 데 있어 블록체인을 수단으로 보는 것이다. 이는 의사 결정 패러다임의 절차를 인코딩하는 스마트 계약을 배포하는 데 활용할 수 있는 이더리움처럼 작동하는 블록체인 네트워크의 존재를 전제로 한다. 블록 체인은 절차 준수를 강제/보장하는 데 사용되지만 거버넌스로 결정하는 일은 블록 체인 자체(예를 들어, 업그레이드, 하드 포크 방지하는 것)와 관련이 없다. 오히려 이러한 형태의 온체인 거버넌스의 목표는 DAO(즉, 조례가 코드로 작성되고 블록체인에 의해 시행되는 조직)의 생성 및 운영을 가능하게 하는 것이다. DAO가 일단 블록체인에 배포되면 기본 네트워크의 하드 포크가 아닌 한 더 이상 규칙을 변경할 수 없다. 향후 변경의 필요성을 예상하여 DAO 개발자는 규칙 변경에 대한 규칙을 원래 배포에 통합해야 한다. 우리는 이것을 입법의 기반이 되는 헌법 개정 절차와 결합된 일반적인 입법 과정과 유사하다고 생각할 수 있다.

현재도 DAO 형태 운영을 하고 있는 카르다노 (ADA) 경우는 새로운 프로젝트를 모집할 때 마다 온체인 거버넌스 형태인 코인 기반 투표를 시행한다. 즉, 암호 화폐 자금을 재 할당하기위한 제안이 제시되고 투표 절차가 제안서의 통과를 결정하고 결국 자금이 이동되는 프로세스에 중점을 둔 DAO활동이다. 이 모든 것은 카르다노 블록체인에서 발생하지만, 오프 체인 통신 및 오프 체인 토론이 함께 있기 마련이다. 모든 DAO 프로젝트는 궁극적으로 오프체인과 온체인 요소가 혼합되어 있으며, 블록체인과 암호화폐를 사용하더라도 거버넌스는 코딩된 절차 이상으로 구성된다는 생각을 반영한다는 점은 주목할 가치가 있다.

거버넌스를 스마트 계약과 연관시켜 이야기할 때는 온체인 거버넌스라고 이해해야 할 것이다. 또한 블록체인 거버넌스라고 할 때, 자체 합의 관련 규칙에 대한 거버넌스에 대해 이야기하고 있는지 (예를 들면 블록체인 확장성을 높이기 위하여 블록 크기를 증가시키는 프로토콜 변경을 위한 거버넌스) 또는 문제의 거버넌스 시스템이 단순히 블록체인을 사용하여 관련되지 않은 오프체인 도메인에서 온체인 규칙을 시행하고 있는지 (예를 들어 코인 기반 투표를 통하여 CEO를 평가하고 재신임하는 거버넌스) 여부를 명확히 구분할 필요가 있다.

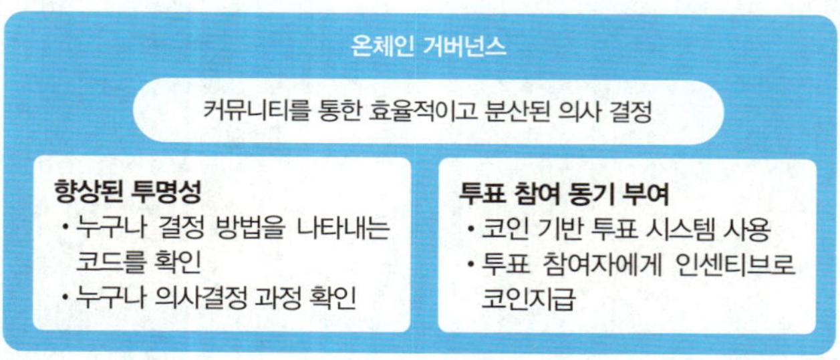

온체인 거버넌스

2

온체인 거버넌스를 위한
계층 1과 계층 2 거버넌스

비탈릭은 블랙체인 거버넌스를 여러 메카니즘과 집단들이 투표를 하고, 궁극적인 결정은 모든 이들의 결과에 따르는 다인자 합의 모델이다. 다인자 합의란 프로젝트의 방향성, 개발진의 합의 그리고 코인 보유자의 투표 등이 복합적으로 결정에 고려되어야 한다는 뜻이다. 그렇다면 코인 투표는 규칙 변경의 실행 여부를 결정하는 여러 수단 중 하나일 뿐이라는 뜻이다. 또 '코드는 곧 법(Code is law)'이라는 경구로 상징되는 암호화폐 업계의 보수적 정서와도 다르다.

Nakamoto(2008)의 획기적인 논문이 비트코인과 그 기본 기술인 블록체인을 소개한 지 14년이 넘었다. 2008년부터 블록체인은 범용 기술로 발전했으며 거래 시스템 등에서 중개자의 '신뢰' 문제를 걱정할 필요없이 (중개자 없이) 작동하는 응용 분야가 빠르게 다양한 프로젝트 형태로 발전하고 있다. 거버넌스는 일반적으로 중앙정부가 일방적으로 정책을 하달하던 방식에서 벗어나 정부, 기업 비정부 가구 등 다양한 행위자가 공동의 관심사에 대한 네트워크를 구축하고 협력하여 문제를 해결하는 새로운 조직 운영 방식을 의미한다. 공용 블록체인 프로토콜은 기본적으로 '탈중앙화'와 '허가없이 누구나 사용'에 대한 철학을 담고 있으므로 '거버넌스의 역설'을 해결하고 적절한 거버넌스를 실현하는 중요한 문제를 안고 출발한다. Vili Lehdonvirta는 이러한 거버넌스 문제를 해결한다면 블록체인이 원래 고유가치 (탈중앙화, 무신뢰, 허가없이 사용하는 시스템)를 잃고 신뢰할 수 있는 중앙 당사자가 규칙을 시행하는 것을 의미하기 때문에 블록체인 거버넌스의 이러한 고유한 모순을 '거버넌스 역설'이라고 불렀다. 거버넌스 역설은 (탈중앙화) 블록체인 시스템의 발전을 위해서는 극복해야 할 또 하나의 (두번째로 중요한) 걸림돌이다. (블록체인 시스템의 응용이 발전한다는 것은 다양한 분야에서 많은 사용자가 블록체인 시스템으로 디파이에 관한 앱을 실행하든지 웹3에 관한 접근을 하든지 시스템의 확장성이 커져야 한다는 요구가 있고 블록체인 트릴레마는 이를 방해하고 있다는 점이 첫번째 부담 이였다.)

거버넌스의 다면적인 특성을 감안할 때, 블록 체인 기술이 조직이나 세상 문제를 어떻게 그리고 어느 정도까지 변화시킬 수 있는지는 복잡한 문제이므로 이에 대한 논의는 학문의 영역으로 넘기고 여기서는 탈중앙화 블록체인 시스템 자체의 설계, 운영 및 유지 관리를 위한 거버넌스 문제에 국한하기로 한다. 블록 체인은 진정으로 분산된 방식으로 허가없는 거래를 허용하는 파괴적인 기술이다. 블록체인의 트랜잭션 규칙은 설계 단계에서 설정되며 결정이 내려지면 시스템 변경에는 승인된 사용자의 동의가 필요하다. '누가 시스템을 변경할 권한이 있습니까?', '시스템 변경시 따라야 할 규칙/절차는 무엇입니까?'는 블록 체인 시스템의 주요 거버넌스 고려 사항이다.

블록체인 시스템 자체의 거버넌스에 대하여 비탈릭 부테린은 두 가지 관점을 소개한다. 하나는 구성원들 의사가 모여 특정한 의사결정이 내려진다고 보는 결정함수적 관점이다. 다른 하나는 거버넌스를 여러 관계 요소와 계층의 총합으로 이해하는 계층적 관점이다. 예를 들어 선거로 대통령을 뽑는다라고 하면 단일 계층 거버넌스로 해결해도 된다. 투표에 의하여 유권자의 표를 많이 받은 사람을 선출하면 되기 때문이다. 그러나 블록체인 거버넌스는 대통령 선거처럼 간단하지 않다. 예를 들어 보자. 이더리움은 합의 메커니즘을 처음에는 작업증명 방식으로 시작하였다. 그럼에도 불구하고 언젠가는 지분증명 방식으로 전환할 것이라고 공고하였다. 그래서 어느 시기에 지분 증명 방식으로 전환할지 구체적인 시기를 결정해야 한다고 하자. 이 결정은 대통령 선거처럼 할 수가 없다. 대신 조정기관이 필요하다. 조정 기관은 최하위 계층 즉, 유권자들을 더 나은 방향으로 조정해 타당성이 있는 시기에 투표하도록 유도하는 기능을 담당한다. 부테린은 이를 크게 둘로 나누어 레이어 1 (유권자 투표)과 레이어 2 (조정 기관의 큰 방향 제시)로 지칭한다. 참고로 블록체인의 확장성을 늘리기 위한 도구로 최근 동안 거론되고 있는 레이더 2 구조와는 다른 기준이니 혼돈하지 말기 바란다.

블록체인 개발자, 검증자 사용자 등 블록체인을 사용하는 모두가 투표에 참여해 정책을 수정하는 방식을 온체인 거버넌스라고 한다. 계층 1 거버넌스를 필히 거쳐야 한다. 계층 1 거버넌스는 결정 함수적 관점이라고 볼 수 있다. 결정 함수적 관점은 다양한 합법적 이해 관계자들의 의사를 뜻하는 입력 값들 (x1, x2, ... xn)이 주어질 때, 결정된 출력 사이를 함수 y = f(x1, x2, ⋯, Xn)로 바라 보는 관점이다. 그래서 결정 함수적 관점은 입력 값만 존재하면 출력 값은 대략 계산할 수 있다. 물론 정확한 예측은 매우 어렵다. 그래도 계층 1은 궁극적인 지배력을 갖는다. 이 계층에 있는 사람들의 행동은 계층 2의 영향을 받는다. 블록체인 시스템에서 계층 1에는 사용자, 검증자, 이해관계자 등 프로토콜을 활용하는 각각의 주체들이 활동하는 공간을 말한다. 이 계층에서는 의사 결정이 빈번하게 이루어 질 수 있다. 회사로 치면 현장 부서장 회의와 비교할 수 있을 것이다.

결정적으로 중요한 계층은 계층 2이며 조정기관 역할을 하는 계층이다. 이 계층은 계층 참여자의 행동을 더 나은 방향으로 조정해 개인이 언제, 어떻게 행동해야 하는지를 도출해내는 기능을 한다. 계층 2가 필요한 이유는 큰 방향을 알려주기 때문이다. 사람들은 혼자 특정한 방식으로 행동하지 않고 다수가 선택하는 방향으로 같이 행동하면 원하는 결과를 더 잘 얻을 수 있다는 인식이 있다. 그래서 조정 기관의 '깃발'이 필요한 것이다. 조정 깃발은 블록체인에서 거버넌스를 뜻하는 모든 것이 집약된 개념이다. 조정 깃발이 없는 거버넌스는 무의미하다. 암호 화폐 세계에서는 하드포크가 일어나고 있는 사실을 알려주는 메카니즘이 조정 깃발에 해당한다. 2022년에 있었던 카르다노의 Vasil 업그레이드 진행 계획 공지도 조정 깃발에 해당할 것이다.

블록체인 거버넌스에서 코인 소유자들의 투표로 안건을 결정하는 시스템이 부활하고 있다. 코인투표는 약결합 코인 투표(Loosely Coupled Coin Voting)와 강결합 코인 투표(Tightly Coupled Coin Voting)로 나눌 수가 있다. 강 결합 코인 투표가 변동사항을 실행하기로 결정난다면 변화는 바로 일어난다. 반면 약 결합 코인 투표는 조정 도구일 뿐이다. 약 결합 투표는 여전히 사용자들에게 소프트웨어를 다운로드하고 포크를 수행하는 소프트웨어를 실행할 것을 요청한다. 이더리움에는 강결합 코인 투표는 거의 하지 않는다. 강결합 투표와 약결합 투표의 장단점은 무엇인가? 약결합 투표에서 변동사항이 실행되어야 한다고 말하는 것은 사람들이 변동사항 업데이트를 다운로드하도록 장려하는 녹색 깃발 (계층 2 거버넌스)이 된다. 만약 소수가 그에 반하는 행동을 하고 싶어한다면 그들은 그저 변동사항 업데이트를 안 할 것이다. 만약 강결합 투표가 변동사항을 실행한다면 변화는 바로 일어난다. 만약 소수가 그에 반하는 행동을 하고 싫어한다면 변동사항을 취소하는 하드포크 업데이트를 설치할 수 있다. 즉, 딴 살림을 차릴 수 있다. 하지만 딴 살림을 차리는데 드는 비용을 감수해야 한다. 이는 매우 중요한 결과로 이어진다. 그중 하나는 다음과 같다. 강결합 투표는 다수가 원하는 블록체인에 찬성하는 게 기본사항이 되게끔 만든다. 이로 인해 소수는 기존 블록체인 속성을 보존하는 상태에서 하드포크를 조정하려면 큰 노력을 기울여야 한다. 반면 약결합 투표는 조정 도구일 뿐이다. 약결합 투표는 여전히 사용자들에게 소프트웨어를 다운로드하고 포크를 수행하는 소프트웨어를 실행할 것을 요구한다.

거버넌스를 위한 코인투표에 부정적인 몇 가지 주장을 살펴보자. 유권자들의 저조한 참여율이 문제 중 하나이다. 낮은 유권자 참여율은 첫째, 투표가 소수의 견해 만을 반영하므로 정당하다는 인식을 얻는 것이 어렵다. 둘째, 적은 양의 코인을 가진 공격자도 투표의 판도를 흔들어 놓을 수 있다. 또 다른 문제는 게임이론 공격이 일어난다는 점이다. 투표 작동에 있어 보통 유권자 개인이 최종 결과에 영향을 충분히 미칠 가능성은 낮다. 그래서 각 유권자가 정직하게 투표해야 하는 개인적인 동기는 거의 미미할 수 있다. 그래서 개인의 지분 규모가 작다면, 정확하게 투표하려는 그들의 동기는 쉽게 매수된다. 작은 뇌물이 전체 결정을 흔들기에 충분한 경우가 있다. 또 다른 문제는 중앙화의 염려와 관계가 있다. '거버넌스의 역설' 문제이다. 이더리움에서 강 결합 투표 형태로 진행한 '가스 한도' 실험이 예이다. 유권자들이 기술적 사항을 잘 모르니 전문가 집단의 지배적인 말에만 순응하는 경우이다. 유권자들의 의사는 의미가 없고 전문가 집단이 중앙화의 구심점이 되어 결정하는 식이다. 이러면 이 거버넌스는 중앙화와 다를 바 없다. 실재로 채굴자들은 핵심 개발자나 이더리움 재단과 논의를 거치지 않고, 가스 한도를 670만에서 800만까지 끌어올렸다.

거버넌스의 역설을 사례로 보여주는 두 가지 예를 살펴보자. 리플은 1000억개의 XRP 토큰을 초기에 발행해 놓고 초기 분배하고, 팔고 또 조금씩 정기적으로 방출하고 있는 중앙화된 서버가 있다. 노골적인 중앙화 거버넌스이다. 2022년 붕괴된 Luna도 앵커라는 중앙화 수준의 서버를 두고 스테이블 코인 UST를 달러에 가치 고정시키는 페깅 역할을 담당하게 하였다. 결국 서버에서 돌아가는 알고리즘이 잘못되어 문제가 생기게 되었다. 앵커 서버가 한 역할은 중앙화 거버넌스다. 중앙화 거버넌스는 블록체인 거버넌스가 아니다. 그러므로 리플 네트워크나 Luna 네트워크는 이들이 무슨 변명을 해도 거버넌스 측면에서 보면 블록체인으로 보기 어렵다.

거버넌스의 구조적 위험성 또 거버넌스 알고리즘의 위험성을 완화시키려고 제안한 방법 중 하나가 '디지털 헌법'이다. 디지털 헌법은 프로토콜이 가져야 할 속성을 수학적으로 명시해 코드가 새롭게 변경될 때 그 코드 변경이 속성의 기준에 부합하는지를 검증 가능한 증거와 함께 제시하는 방법이다. '디지털 헌법'이 조정 깃발의 기능을 수행하도록 하는 것은 좋은 아이디어임에는 틀림없다. 그러나 이런 규범은 강 결합 투표 형태보다 약 결합 투표 방식에서 실행될 필요가 있다. 가치란 매우 복합적인 요소들의 총체이기 때문에 어떤 의미있는 규칙도 종합적인 의미와 취지를 표현하기는 매우 어렵다. 프로토콜의 속성을 위반하는 변경사항은 비록 그것들이 투표로 승인된 것이더라도 정당하지 않은 것으로 간주되어야 한다. 이때 바로 투표 결과를 오버라이딩 시키기 위해 빨간 깃발을 흔드는 조정기관이 필요하다. 비록 변경된 프로토콜이 당분간 규칙으로 작용할 수는 있겠지만, 그것이 프로토콜의 정신을 노골적으로 침해하는 것이라면 정당하지 않은 것으로 간주되어야 한다.

비탈릭은 블랙체인 거버넌스를 다음과 같은 방법으로 제안하고 있다. 그가 추구하는 블록체인 거버넌스는 여러 메카니즘과 집단들이 투표를 하고, 궁극적인 결정은 모든 이들의 결과에 따르는 다인자 합의 모델이다. 그는 다인자 합의 포인트를 다음과 같이 정의한다.

- 로드맵 (프로젝트의 방향성 반영)
- 핵심 개발진들의 합의
- 코인 보유자의 투표
- 시빌 공격을 막을 수 있는 투표 시스템을 통한 사용자들의 투표
- 이미 확립된 규범(공정성을 위하여 너무 자주 규칙을 변경하는 것을 방지)

따라서 코인 투표는 변화의 실행 여부를 결정하는 여러 수단 중 하나가 되는 것이 유용하다.

부테린의 생각이 융통성이 있어 보인다. 물론 '코드는 곧 법(Code is law)'이라는 경구로 상징되는 암호화폐 업계의 보수적 정서와 다른 태도이다. 비트코인 규칙의 불변성을 믿으며 변화를 수용하지 않으려는 비트코인 맥시멀리스트들도 부테린의 생각과 많이 다르다. 그는 계층 1에서 투표로 이루어진 의사결정에 가중치를 부여하지 않고 중립적인 태도를 보인다. 투표로 통과된 어떤 프로토콜의 코드 변경이 사실은 그 프로토콜의 철학을 위배하는 내용이라면, 그에 대해서는 정당하지 않다는 비판과 지적이 나오는 게 맞다는 것이다. 이래서 블록체인 거버넌스는 어렵다. 부테린은 위의 마지막 합의 포인트인 '이미 확립된 규범'을 바꿀 때는 매우 신중해야 한다는 보수적 가치를 이야기하는 측면도 있다. 이미 확립된 규범은 이미 시장에서 검증받은 규범이기 때문일 것이다.

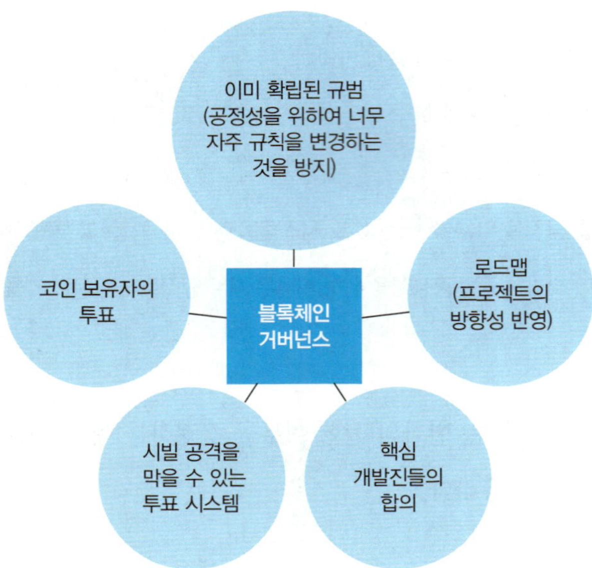

비탈릭이 제안하는 다인자합의모델로서의 블록체인 거버넌스

3

공모 저항성 문제 해결과 탈중앙화 신원시스템

무신원 및 공모방지 방법에 기반한 퓨타키 사례로 암호화폐 프로젝트의 거버넌스 시스템에서는 투표의 결과가 나오면, 투표 참여자는 투표가 진행되던 시점의 가격으로 특정 수량의 토큰을 사야 한다. 나쁜 결정에 투자하면 비싼 투표를 치른 셈이 된다. 나쁜 결정이 통과될 경우 프로젝트 통과를 시킨 사람은 다른 의견을 낸 사람들이 판매한 토큰을 모두 다시 사야 하기 때문이다. 이는 상대적으로 값싼 뇌물 수수 문제를 해결할 수 있다. 뇌물 보다는 참여자의 이해 타산이 투표에 달려있기 때문이다.

블록체인 거버넌스의 방법으로 코인 기반 투표시스템이 사용된다. 분산된 자율 조직 (DAO)은 블록 체인에서 작동하며 코인 보유자들의 투표에 의해 관리된다. 코인 투표는 온라인 상에서, DAO의 회원이 제안을 하고 다른 코인 보유자가 토큰으로 승인한다. 제안 내용을 받아들이는 일정 정족에 도달하면 해당 코인 기반 투표를 실행할 수 있다. 비타릭 부테린은 코인 투표의 접근법에 대하여 합리적인 비판을 하고 있다. 부유한 참가자 (고래)인 소규모 그룹은 코인을 소규모로 보유하는 대규모 그룹보다 결정을 성공적으로 실행하는 데 더 유리하기 때문이라는 점이 비판 근거다.

1. 코인 투표 거버넌스는 커뮤니티의 다른 부분을 희생시키면서 코인 보유자의 이익을 강화한다.
2. 해당 플랫폼과 상호 작용하는 다른 디파이(DeFi) 플랫폼의 토큰도 보유한 코인 보유자에게 이해 상충이 발생한다.
3. 투표권 매수, 코인 대출 후 투표 대출 및 고래 담합과 같은 공격자에 대한 코인 투표의 근본적인 취약성이 있다.
4. 복잡한 게임 이론적 공격에 노출된다.

코인 기반 투표에는 돈이 많은 사람이 합당한 뇌물을 제공하고 사람들을 매수하면, 그 사람 마음대로 블록체인 거버넌스를 통제할 수 있는 위험이 존재한다. 구체적으로 다량의 토큰(투표권)을 보유한 소그룹이 공모나 담합을 통해 투표 결과를 유도하는 것은 충분히 가능하다. 토큰을 보유하지 않더라도 공격자는 대량의 거버넌스 토큰을 대출받아 플랫폼을 좌지우지할 수 있다. 이를 방지하기 위해 신원 보증 제도를 도입한 시스템들은 또 다른 공격, 즉 한 사람이 다수의 가짜 계정을 만들어 네트워크를 공격할 수 있다는 문제에 직면해 있다.

뇌물을 제공하고 사람들을 매수할 수 있는 시장이 마련되면 코인 기반 투표 시스템을 사용하는 거버넌스 통제 시스템은 실패할 수밖에 없다. 뇌물이 통하는 이런 문제에는 어떤 공통 원인이 있다. 경쟁시장에서는 법과 표준이 잘 구성되어 있어도 가격 공모 카르텔, 투표권 매매, 뇌물 수수를 모두 막아내지 못한다. 다수결 게임(Majority game)은 100명의 참여자가 있다고 가정하고 50명 이상으로 구성된 집단이 정해진 보상을 가져가고 분배할 수 있는 게임이다. 이는 기업 거버넌스, 정치 외에도 인간의 삶에 자주 적용된다. 다수결 게임은 기본적으로 불안정하다. 자원이 한정되어 있고 자원을 분배하는 메커니즘이 설정되어 있으면, 51%의 참여자가 공모해 자원을 통제할 수 있게 되고 이들만을 위한 음모를 벌이게 될 가능성이 있다. 이를 해결할 수 있는 두가지 방법을 차례로 살펴보자. 1) 무신원 및 공모방지 방법과 2) 공모 저항성으로 신원 문제부터 먼저 해결하는 방법이다.

무신원 및 공모방지 게임은 실용적이다. 블록체인 합의 메커니즘인 작업증명은 개별 주체가 전체 해시파워를 50%까지 가지기만 하면 공모 방지가 된다. 가능하다. 경쟁 시장은 상대적으로 더 높은 수준까지 합리적으로 공모를 방지할 수 있다. 좋기는 90% 이상이 공모해야만 공모가 성공하도록 하는 방법이 있으면 최고다. 답은 퓨타키에서 이런 효과적인 공모방지 방법을 찾을 수 있다. 퓨타키는 주로 '예측시장 기반 거버넌스'라고 불린다. 이 거버넌스는 '투표'에 의견뿐 아니라 예측도 함께 반영하도록 하는 투표 방법 아이디어다. 투표 후에 제대로 된 결정을 한 사람은 보상하고 아닌 경우에는 벌칙을 부과한다. 보상을 노리거나 벌칙을 피하려면 다수가 투표하는 방향을 고려하여 결정할 수밖에 없도록 하고 있다.

경제학자 로빈 핸슨(Robin Hanson)이 처음 제시한 아이디어인 이퓨타키 모델은 시장 참여자 또는 유권자가 일정 기간 동안 일어날 수도 있고 일어나지 않을 수도 있는 아이디어로 주식을 살 수 있도록 한다. 누구나 돈을 잃는 투표는 하지 않을 것이다. 정책 제안 및 조치에 대하여 정책의 성공 또는 실패 가능성을 앞서 측정하기 위해 예측 시장에서 테스트될 수도 있다. 퓨타키는 이제 DAO 거버넌스의 미래로 제시되고 있는 실정이다. 원래 퓨타키는 정치 및 경제 모델을 기반으로 구축된 모델이고 블록체인과 연결되지 않음에도 불구하고, 지금부터는 블록체인 거버넌스를 위한 실행 가능한 미래를 제안한다. 퓨터키 패러다임 내에서 집단 사용자 그룹은 특정 아이디어에 투표하기로 선택한 다음 각 DAO 또는 블록체인의 기본 암호화폐를 사용하여 예측 시장에 베팅한다. 예측 시장이 이 구현을 선호하는 경우에 한하여 정책이 실행된다. 이것은 DAO와 퓨타키 간의 잠재적 결합에 대한 표면적 통찰력을 제공하지만, 활용되기를 기다리는 블록체인 거버넌스의 꽃이 성숙한 미래를 미리 보여준다. 무신원 및 공모방지 방법에 기반한 퓨타키 사례로 암호화폐 프로젝트의 거버넌스 시스템에서는 투표의 결과가 나오면, 투표 참여자는 투표가 진행되던 시점의 가격으로 특정 수량의 토큰을 사야 한다. 나쁜 결정에 투자하면 비싼 투표를 치른 셈이 된다. 나쁜 결정이 통과될 경우 프로젝트 통과를 시킨 사람은 다른 의견을 낸 사람들이 판매한 토큰을 모두 다시 사야 하기 때문이다. 이는 상대적으로 값싼 뇌물 수수 문제를 해결할 수 있다. 뇌물 보다는 참여자의 이해 타산이 투표에 달려 있기 때문이다.

두 번째 방법인 신원 문제부터 해결하는 방식을 보자. 여권이나 주민등록증과 같이 중앙화되고 보안성이 높은 신원 시스템들의 경우 블록체인 코인 기반 투표에 적용하기 어렵다. 물론 이렇게 중앙 통제 기관이 관여하는 중앙화 시스템을 사용하지 않아도 신원 증명은 어느 정도 가능하다. 우리가 얘기하는 '신원'이란 다양한 요소를 활용해 현재 행동하는 개인이 그 개인이 맞는다는 것을 증명할 수 있으면 된다. 중앙화 신원 시스템이 아닌 방식 중 가장 초기 버전은 HTC 블록체인 핸드폰의 소셜 리커버리 기능이다. 이 기능은 사용자의 개인 키를 신뢰할 수 있는 다섯 사람에게 공유하게 한다. 수학적으로 세 명이 협력하면 개인 키를 복구해낼 수 있다. 하지만 두 명 및 그 이하는 불가능하다. 다섯 명의 친구들은 개인키 복구를 요청해 오는 사람이 당신인지 확인한 뒤 동의해주게 된다. 결국 본인 확인을 하는 신원시스템의 조건에 부합하는 셈이다. 또 이 방법은 개인 계정 보안 문제를 해결하는 특수 신원 시스템으로 고유한 각 개인을 분별하는 중앙화된 신원 시스템과는 본질적인 차이가 있다. 심지어 기술적인 구현 난이도도 낮다. 즉, 개인들이 서로 신원을 확인해주는 것이 안정적 신원 모델로 발전될 수 있다는 의미다.

공모 저항성을 가진 메커니즘을 위한 인프라를 만드는 것과 탈중앙화 신원 시스템을 확보한 시스템을 만드는 것은 매우 어려운 일이다. 하지만 이러한 시스템은 반드시 필요하고, 계속 시도해야 한다. 솔직하게 말하면, 현재 컴퓨터 보안 기술로는 온라인 투표는 하지 말아야 한다는 것이 중론이다. 하지만 우리가 투표기반 시스템을 블록체인 거버넌스에 활용하기 위해서는 뇌물 대책, 공모 저항성 문제를 더 연구하고 탈중앙화된 신원시스템의 실제 적용 사례를 만들어내는 등 부단한 노력이 따라야할 것이다.

중앙화 시스템을 사용하지 않고, 즉 개인 신원 정보를 제3의 중앙기관에 제공하지 않고 현재 행동하는 개인이 그 개인이 맞는다는 것을 신원 증명할 수 있도록 하는 SelfKey라는 탈중앙화 신원 시스템으로 개발되었다. 기본 토큰으로 KEY를 사용하고 있는 SelfKey의 설립과 동작 원리를 소개한다. SelfKey는 자매 회사인 KYC (Know Your Customer) 체인에 의해 2017년에 설립되고 출시되었다. Edmund Lowell은 KYC 체인의 창립자 중 한 명이며 SelfKey의 창립자이기도 하다. 이 프로젝트의 기본 아이디어는 KYC 프로세스를 단순화하고 개인과 회사의 디지털 ID를 보호하는 것이다. 플랫폼에서 설명하는 간단한 단계를 따르면 사용자는 SelfKey ID를 빠르고 쉽게 얻을 수 있다. 다음 단계를 이해하면 디지털 ID가 어떻게 생성되는지를 알 수 있다.

- 사용자는 먼저 지갑으로 로그인하고 참가비를 지불해야 한다.
- 다음 단계는 KYC 인증 절차를 거치는 것이다. 이 방법은 사용자의 신원이 인증되고 필요한 자격 기준을 충족하는지 확인하도록 설계되었다. 확인 프로세스는 일반적으로 다음으로 구성된다.

    ✓ 셀카 확인 중.

✓ 이름 및 주소와 같은 개인 정보를 제공.

✓ 여권 과 같은 정부 발행 신분증 제공.

✓ 또한 사용자는 중복 계정을 만들 수 없다.

- KYC 프로세스가 완료되면 정상적인 사용자는 자동으로 승인된다.
- 프로세스의 마지막 단계는 전단계 입증을 바탕으로한 SelfKey ID NFT를 만드는 것이다. 이 고유한 디지털 자산은 블록체인 기술을 사용하여 생성되며 사용자의 디지털 ID에 안전하게 연결된다.
- 이는 신원 증명의 역할을 할 수 있으며 온라인 마켓 플레이스나 금융기관 등에서 사용자의 신원을 인증하는 데 사용될 수 있다.

SelfKey의 작동 방식을 간단히 살펴보자. SelfKey는 비트코인 시스템과 유사한 방식으로 네트워크 노드 전체에 정보를 배포하고 합의와 보안화 과정을 거치는 탈중앙화 시스템이다. SelfKey는 공개 및 개인 키 암호화를 사용하여 플랫폼에 저장된 중요한 데이터 및 파일에 대한 액세스를 제한한다. 또한 SelfKey는 사용자가 이름, 성별, 연령 또는 기타 필요한 ID 데이터와 같은 기본 정보를 필요할 때 제3자와 즉시 공유할 수 있도록 특별히 구축된 시스템을 갖추고 있다. 이 시스템은 데이터 유출 및 신원 도용을 방지한다. SelfKey에는 사용자가 배포한 정보를 합의하고 보관하는 블록체인 네트워크와 SelfKey 지갑으로 이루어진 주요 구성 요소가 있다. 사용자는 SelfKey 지갑을 통하여 데이터 및 SelfKey 시장과 연결될 수 있다. 사용자는 최고의 개인 정보 보호, 투명성 및 보안으로 지갑 내에서 데이터에 액세스하여 ID 정보와 개인 데이터를 사용, 관리 및 저장할 수 있다. 모든 데이터는 지갑이 설치된 장치에서 사용할 수 있다. SelfKey 지갑은 SelfKey 마켓플레이스의 관문이기도 하므로 사용자는 다양한 금융 상품 및 서비스에 액세스할 수 있다. SelfKey 마켓플레이스는 은행 계좌 개설 및 암호화폐 거래소 계정 생성을 포함하여 300개 이상의 다양한 제품 및 서비스를 호스팅한다. 사용자는 SelfKey 지갑을 통해 시장에 액세스할 수 있으며 자신의 신원을 사용하여 전체 KYC 인증을 요구하는 제품 및 서비스에 액세스할 수 있다. SelfKey의 유틸리티 토큰 KEY는 ERC-20 토큰이며 SelfKey ID 관리 프로토콜은 이더리움 블록체인 위에 구축된다. KEY는 플랫폼의 주요 지불 방법이며 시장에서 서비스 및 제품을 이용하거나 구입할 수 있게 해준다.

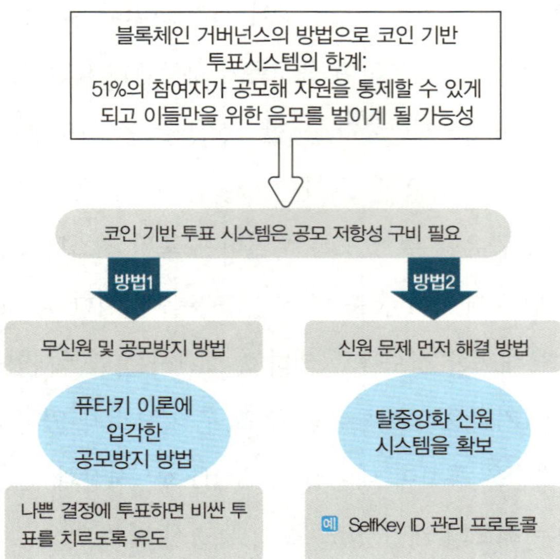

공모 저항성을 구비한 코인 기반 투표 시스템

4

THE DAO와 거버넌스 작동 사례

The DAO는 이더리움 블록체인에 상주하는 일련의 계약으로 존재하는 분산형 자율 조직이었다. 실제 주소나 공식적인 관리 역할을 하는 사람이 없었다. 이 스마트 계약은 두 종류가 있는데, 하나는 투자한 이더 자금을 관리하고, DAO 토큰의 소유권을 관리하며 투표를 관리하는 DAO 코드이고 다른 하나는 제안한 프로젝트와 프로젝트 진행 자금을 관리하는 계약 코드이다. The DAO는 "자금(이더리움 가치 토큰)을 프로젝트에 분산시키는 허브"로 운영하기 위한 것이었다. 투자자는 이더를 투자한 만큼 DAO라는 디지털 주식 토큰을 통해 의결권을 받았다.

The DAO는 디지털 분산 자율 조직이자 투자자 주도 벤처 캐피탈 펀드의 한 형태였다. The DAO 플랫폼을 통해 프로젝트를 가진 사람은 누구나 자신의 아이디어를 커뮤니티에 프로포잘 (제안)을 내고, 제안이 통과되면 제안을 실행할 때 필요한 이더 수량 (프로젝트 진행 예산)을 The DAO로부터 받을 수 있었다. DAO 토큰을 가진 사람은 누구나 프로포잘에 투표할 수 있고 프로젝트가 수익을 낼 경우 보상을 받을 수 있었다. 토큰 판매를 통해 2016년 4월에 출시된 후 역사상 가장 큰 크라우드 펀딩 캠페인 중 하나가 되었다. The DAO는 이더리움 블록체인에 상주하는 일련의 계약으로 존재하는 분산형 자율 조직이었다. 실제 주소나 공식적인 관리 역할을 하는 사람이 없었다. The DAO의 기본 이론은 소수 대표에게 위임된 권한을 제거하고 소유자의 손에 직접 맡김으로써 The DAO가 이사와 펀드 매니저가 투자자 자금을 잘못 지시하고 낭비할 수 있는 능력을 제거했다는 것이다.

The DAO의 완전한 작동을 위하여 필요한 것은 무엇일까? DAO 코드는 "솔리디티" 프로그래밍 언어로 작성되었다. DAO는 이더리움 블록체인에 배포하여 활성화된다. 일단 배포되면 DAO의 코드는 이더리움에서 트랜잭션에 참여하기 위한 사람들을 대상으로 자금 조달 단계로 들어간다. 첫째, DAO는 내부 자산, 즉 조직에서 지출하거나 조직 내의 활동에 대한 보상으로 사용할 수 있는 토큰이 있어야 한다. 둘째, 사용자는 DAO에 투자함으로써 투표권을 갖게 되며, 이를 통해 DAO 운영 방식에 영향을 미칠 수가 있다. DAO의 코드가 배포된 후 DAO의 코드에 정의된 초기 생성 단계에서 이더가 DAO의 스마트 계약 주소로 들어오면, DAO의 코드는 이더를 보낸 사람의 계정에 들어온 이더 만큼 할당된 DAO 토큰을 생성한다. DAO 토큰은 보유자에게 투표권 및 소유권을 부여한다. 생성된 토큰의 수는 전송된 이더의 양에 비례한다. 토큰 가격은 시간이 지남에 따라 달라진다. 생성된 DAO 토큰의 소유권은 이더리움 블록체인에서 자유롭게 양도할 수 있다.

DAO 토큰의 생성 목표량 및 만들기 단계 기간은 배포 시 DAO 코드의 매개 변수로 설정된다. 생성 단계가 끝날 때까지 최소 DAO 생성 목표에 도달하지 못하면 모든 이더가 반환된다. 생성 단계가 종료된 후 모금된 총 이더는 총 이더 E로 표시되고 생성된 DAO 토큰의 총량은 Ttotal로 표시된다. 한 개의 DAO 토큰은 이더 및 기타 이더리움 기반 토큰의 가치를 저장하고 DAO의 계약 코드를 기반으로 소유자에게 전송한다. DAO 토큰은 다른 많은 일을 하지 않는다. DAO 토큰은 제안서 제출자 (계약자)의 제안을 수락하여 계약자를 선택하기 위해 사용된다. 모든 DAO 토큰 보유자는 Etransfer로 표시된 DAO의 이더를 사용하기 위한 프로포잘을 제출하여 계약자가 될 수 있다. 제안이 승인되면 DAO는 제안된 프로젝트를 나타내는 스마트 계약으로 이더를 전송한다. 이러한 스마트 계약은 매개 변수화 될 수 있으며 DAO가 지원하기로 선택한 프로젝트와 상호 작용하고 영향을 줄 수 있다.

DAO의 구성원은 자신이 통제하는 DAO 토큰의 양에 따라 가중치를 부여하여 투표한다. 토큰은 나눌 수 있고 구별할 수 없으며 계정 간에 쉽게 전송할 수 있다. 주어진 제안에 대해 토론하고 투표할 수 있는 정해진 시간 프레임이 있다. 이 예에서 이 기간은 제안서 작성자가 설정하며 일반 제안서의 경우 최소 2주가 필요하다. 토론 시간 프레임이 지난 후 토큰 보유자는 DAO 계약에서 함수를 호출하여 과반수가 제안에 찬성표를 던졌고 정족에 도달했는지 확인할 수 있다. 이 경우 함수는 제안을 실행한다. 그렇지 않은 경우 제안서가 종료된다.

블록 체인 지원 조직으로서 The DAO는 완전히 투명하게 운영되었다. The DAO (스마트 계약)의 계약 코드는 오픈 소스였기에 작동 원리가 투명하게 공개되었던 것이다. 모든 것이 코드에 의해 수행되었으며 누구나 볼 수 있고 감사할 수 있었다. 그러나 코드 베이스의 복잡성과 The DAO의 신속한 배포는 공격이 발생한 후에 의도한 방향으로 작동하지 않는다는 사실을 알았다.

The DAO는 "자금(이더리움 가치 토큰)을 프로젝트에 분산시키는 허브"로 운영하기 위한 것이었다. 투자자는 이더를 투자한 만큼 DAO라는 디지털 주식 토큰을 통해 의결권을 받았다. 의결권을 소유하면 그들은 "계약자"가 제출한 제안서에 투표하고, "큐레이터"라고 하는 자원 봉사자 그룹은 제안서를 제출하는 사람들의 신원을 확인하고 "화이트리스트"로 정리하기 전에 프로젝트가 합법적인지 확인한다. 투자 수익은 이해 관계자에게 다시 돌아간다.

The DAO는 투자자의 돈을 보유하지 않았다. 대신 투자자들은 잠재적 프로젝트에 투표할 수 있는 권한을 부여하는 DAO 토큰을 소유했다. The DAO는 유권자 권리 토큰 (DAO)을 구매한 사람들이 지원하고자 하는 자금 조달 제안에 투표할 수 있도록 하는 비즈니스 모델을 기반으로 ETH를 모금했다. DAO는 2016년 4월 30일 이더리움 블록 1428757에서 시작되었으며, 웹사이트에 자금을 지원하기 위한 크라우드 세일이 28일 있었다.

토큰 판매는 2016년 5월 10일까지 미화 3,400만 달러 이상, 5월 12일까지 이더리움 네트워크의 디지털 가치 토큰인 미화 5천만 달러 이상의 이더(ETH), 2016년 5월 15일까지 미화 1억 달러 이상을 모금했다. 2016년 5월 17일, DAO의 최대 투자자는 모든 DAO 토큰의 4% 미만을 보유하고 상위 100개 보유자는 모든 DAO 토큰의 46% 이상을 보유했다. 2016년 5월 21일 기준, 이 펀드의 이더 가치는 11,000명 이상의 투자자로부터 1억 5천만 달러 이상이었다. 2016년 5 월 기준 DAO는 그때까지 발행된 모든 이더 토큰의 거의 14 %를 유치했으니, 이때 DAO 토큰의 엄청난 총 가치가 짐작할 만하다. 2016 년 5 월 28 일 DAO 토큰은 다양한 암호 화폐 거래소에서 거래 가능하게 되었다.

2016 년 5 월에 발표된 논문은 DAO와 관련된 여러 보안 취약점을 지적하고 The DAO의 투자자가 문제가 해결될 때까지 DAO가 프로젝트에 투자하도록 지시하지 말 것을 권고했다. GitHub의 이더리움 개발자는 "재귀 호출"과 관련된 결함을 지적했다. 2016년 6월 17일, DAO는 재귀 호출과 관련된 취약점을 포함하여 여러 취약점을 악용하는 공격을 받았고, 그 결과 DAO에 약정된 1,150만 이더의

약 3분의 1인 360만 이더가 자회사 계정(28일의 보유 기간이 적용되는 계정)으로 빼돌려 졌다. 스마트 계약은 실제로 사라지지 않았다.

DAO와 이더리움 커뮤니티의 구성원들은 다음에 무엇을 해야 할지 토론했으며, 일부는 공격이 유효하지만 비윤리적인 책략이라고 불렀고, 다른 일부는 이더를 다시 사용할 것을 요구했으며, 일부는 DAO를 종료해야 한다고 요구했다. 결국 이더리움 커뮤니티는 논란의 여지가 있는 이더리움 블록체인을 하드포크하여 거의 모든 자금을 원래 계약으로 복원하기로 결정했다. 이것은 이더리움 블록체인을 각각 고유한 암호화폐가 있는 두 개의 분기로 분할했으며, 원래 포크되지 않은 블록체인은 이더리움 클래식 (ETC)으로 계속되었다.

2016년 9월까지 DAO라는 별명으로 알려진 The DAO의 가치 토큰은 주요 암호화폐 거래소(예: Poloniex 및 Kraken)에서 상장폐지되었으며 사실상 없어졌다.

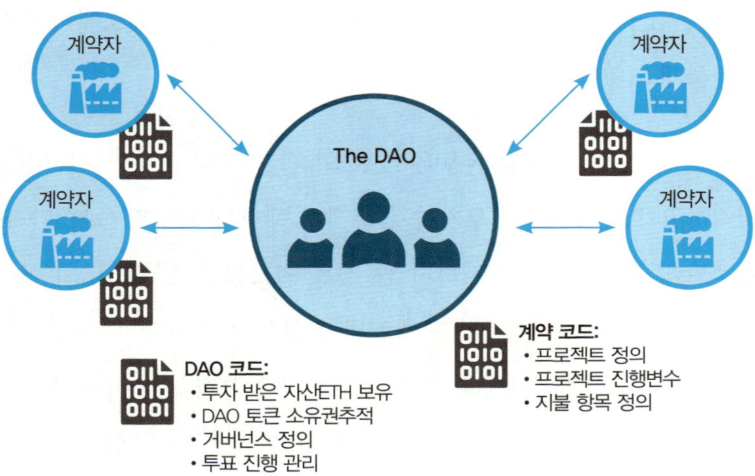

The DAO 거버넌스

5

ENS (ETHEREUM NAME SERVICE)

ENS는 DNS와 유사한 목표를 가지고 있지만 블록체인이 제공하는 탈중앙화와 스마트 계약 기능을 이용하기 때문에 관련 용어는 같이 사용하지만 아키텍처가 크게 다르다. DNS와 마찬가지로 ENS는 도메인이라는 점으로 구분된 계층 이름 시스템에서 작동하며 도메인 소유자는 하위 도메인을 완전히 제어할 수 있다. '.eth' 및 '.test'와 같은 최상위 도메인에서는 '레지스트라'라는 스마트 계약이 하위 도메인 할당을 관리하는 규칙을 계약 코드를 이용하여 지정한다.

암호화폐 세계에서는 모든 사람이 지갑 주소를 가지고 있다. 주소는 나와 같은 사용자의 개별 지갑에 속할 수도 있고 회사에 속할 수도 있다. 주소는 "e32fre43f584bnf2784b3"과 같이 생겼는데 기억하기는커녕 노트북이나 휴대폰에 입력하기가 상당히 어렵다. 친구에게 암호화폐를 보내고 싶거나 암호화폐를 거래소에서 지갑으로 옮기고 싶다면 이와 같은 일련의 영숫자 문자를 입력해야 한다. 암호화폐 주소 입력 때 실수를 할 수 있고, 이 경우 실수는 모든 암호를 잃을 수 있는 위험성이 있다. 해결책으로 DNS의 Web3 버전인 ENS가 등장한다. ENS는 Ethereum Naming Service의 약자이며 이더리움 블록체인의 암호화폐 주소를 훨씬 쉽게 기억하고 입력할 수 있도록 도와준다. 암호화폐 주소가 "fn438fb4873bf"라는 것을 기억하는 대신 ENS 도메인 "john.eth"를 등록하고 암호화폐 주소 대신에 입력할 수 있다. 역으로도 작동하는 데, "fn438fb4873bf"를 입력하면 ENS 도메인 주소가 "john.eth" 라는 사실을 알려준다.

ENS 를 설명하기에 앞서 먼저 도메인 이름 시스템(DNS)을 이해할 필요가 있다. 왜냐하면 DNS는 DNS 루트 이름 서버, TLD 이름 서버, 권한 이름 서버 (Authoritative name server)의 서버 집합을 기반으로 하고 있어 도메인/IP 주소 매핑 정보를 관리한다. 사람이 접속하고자 하는 웹서버의 도메인 이름(예: www.amazon.com)을 사용하여 이들 서버 집합에 질의하면 이들 서버들이 상호 작용하여 컴퓨터가 읽을 수 있는 IP 주소(예: 192.0.2.44)를 응답으로 돌려준다. 이렇게 컴퓨터는 DNS의 도움을 받아 상대방의 이름에 해당하는 주소를 알아낸 후 서로 통신할 수 있게 된다. ENS는 DNS의 DNS 루트 이름 서버, TLD(Top-level domain) 이름 서버, 권한 이름 서버가 협력하여 해 주던 일을 블록체인이 대신해 준다고 보면 된다. 먼저 DNS가 도메인 이름을 가지고 IP 주소를 찾아주는 일련의 과정을 따라가 보자.

1. 사용자가 웹 브라우저를 열어 주소 표시줄에 www.example.com을 입력하고 Enter 키를 누른다.
2. www.example.com에 대한 요청은 일반적으로 케이블 인터넷 공급업체, DSL 광대역 공급업체 또는 기업 네트워크 같은 인터넷 서비스 제공업체(ISP)가 관리하는 DNS 해석기로 보내진다.
3. ISP의 DNS 해석기는 www.example.com에 대한 요청을 DNS 루트 이름 서버에 전달한다.
4. ISP의 DNS 해석기는 www.example.com에 대한 요청을 이번에는 .com 도메인의 TLD 이름 서버 중 하나에 다시 전달한다. '.com' 도메인의 이름 서버는 example.com 도메인과 연관된 권한 이름 서버 (여기서는Route 53 이름 서버)의 이름을 사용하여 요청에 응답한다.
5. ISP의 DNS 해석기는 Amazon Route 53 이름 서버를 선택해 www.example.com에 대한 요청을 이 권역 이름 서버에 전달한다.
6. 권한 이름 서버(Amazon Route 53 이름 서버)는 example.com 호스팅 영역에서 www.example.com 레코드를 찾아 웹 서버의 IP 주소 192.0.2.44 등 연관된 값을 받고 이 IP 주소를 DNS 해석기로 반환한다.
7. ISP의 DNS 해석기가 마침내 사용자에게 필요한 IP 주소를 확보하게 된다. 해석기는 이 값을 웹 브라우저로 반환한다.
8. 웹 브라우저는 DNS 해석기로부터 얻은 IP 주소로 www.example.com에 대한 요청을 전송한다.

9. 192.0.2.44에 있는 웹 서버 또는 그 밖의 리소스는 www.example.com의 웹 페이지를 웹 브라우저로 반환하고, 웹 브라우저는 이 페이지를 표시한다.

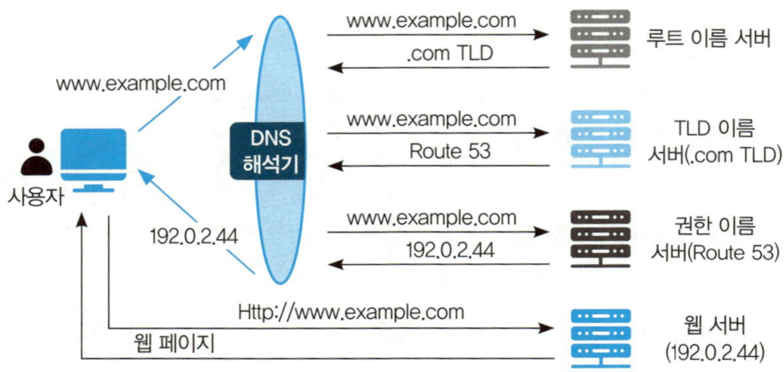

도메인 이름 시스템 (DNS)

ENS (Ethereum Name Service)는 이더리움 블록체인을 기반으로 하는 분산되고 개방적이며 확장 가능한 이름 해결 시스템이다. ENS의 역할은 'alice.eth'와 같이 사람이 편리하게 읽을 수 있는 이름을 이더리움 주소, 기타 암호화폐 주소, 콘텐츠 해시 및 메타데이터와 같은 기계가 읽을 수 있는 식별자에 매핑하는 것이다. ENS는 또한 이더리움 주소로부터 주소 소유자 이름을 확인하는 '역 확인'을 지원하여 정식 이름 또는 인터페이스 설명과 같은 메타데이터를 이더리움 주소와 연결할 수 있다. 예를 들면, 이더리움 이름 "alice.Metamask.eth"이 이더리움 주소인 "0xhh89uio68Tgfy1u586o8o3678o87oo8Sw"와 같이 블록체인에 스마트계약 형태로 등록되어 있어 사용자는 ENS를 통하여 이름을 알면 주소를 물어볼 수 있고, 주소를 알면 이름을 물어볼 수 있는 것이다.

ENS는 DNS와 유사한 목표를 가지고 있지만 블록체인이 제공하는 탈중앙화와 스마트 계약 기능을 이용하기 때문에 관련 용어는 같이 사용하지만 아키텍처가 크게 다르다. DNS와 마찬가지로 ENS는 도메인이라는 점으로 구분된 계층 이름 시스템에서 작동하며 도메인 소유자는 하위 도메인을 완전히 제어할 수 있다. '.eth' 및 '.test'와 같은 최상위 도메인에서는 '레지스트라'라는 스마트 계약이 하위 도메인 할당을 관리하는 규칙을 계약 코드를 이용하여 지정한다. 스마트 계약은 이더리움 체인에서 하나의 계정으로 만들어져, 상태로 유지되기 때문에 탈중앙화의 특성상 이 레지스트라는 모든 이더리움 노드에 배포되어 있다는 것을 의미한다. 누구나 이러한 레지스트라 계약에 의해 부과된 규칙에 따라 자신의 사용을 위해 도메인의 소유권을 얻을 수 있다. ENS는 ENS에서 사용하기 위해 사용자가 이미 소유한 DNS 이름을 가져오기도 지원한다. ENS의 계층적 특성으로 인해 모든 수준에서 도메인을 소유한 사람은 누구나 원하는 대로 자신 또는 다른 사용자를 위해 하위 도메인을 구성할 수 있다. 예를 들어 Alice가 'alice.eth'를 소유하고 있는 경우 'pay.alice.eth'를 만들고 원하는 대로 구성할 수 있다.

ENS 레지스트라 (스마트 계약)는 이더리움 메인 네트워크와 여러 테스트 네트워크에 배포된다. ensjs Javascript 라이브러리 또는 최종 사용자 애플리케이션과 같은 라이브러리를 사용하는 경우 상호 작용 중인 네트워크를 자동으로 감지하고 해당 네트워크에서 ENS 배포를 한다. 여기서 ENS 배포는 해당 스마트 계약을 하나의 계정으로 만들어 계약 코드를 포함한 트랜잭션을 전파하여 등록하는 (온체인 시키는) 일을 의미한다. ENS 관리자 앱을 사용하거나 홈페이지에 있는 많은 ENS 지원 애플리케이션 중 하나를 사용하여 ENS를 직접 사용해 볼 수 있다.

ENS에는 레지스트리와 확인자라는 두 가지 주요 구성 요소가 있다. 모두 스마트 계약이다.

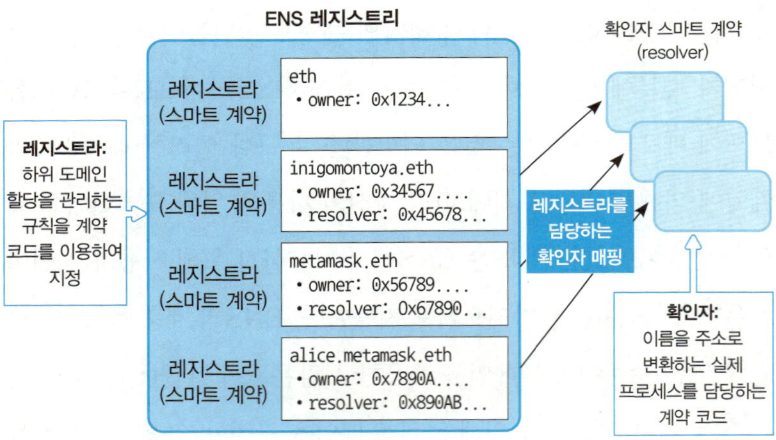

이더리움 이름 서비스(ENS)

ENS 레지스트리(레지스트라를 모아 놓은 곳, 즉 스마트 계약 계정이 모여 있는 곳)는 모든 도메인 및 하위 도메인 목록을 유지 관리하고 각 레지스트라에 대한 다음 세 가지 중요한 정보를 저장하는 단일 스마트 계약 (레지스트라)들로 구성된다.

- 도메인의 소유자
- 도메인의 확인자(Resolver)
- 도메인 아래의 모든 레코드에 대한 캐싱 수명

도메인 소유자는 외부 계정(사용자) 또는 스마트 계약일 수 있다. (참고로 이더리움 계정에는 외부 계정과 스마트 계정의 2 종류 계정이 있다.) 하나의 레지스트라는 단순히 도메인을 소유하고 계약에 정의된 일부 규칙 집합을 따르는 사용자에게 해당 도메인의 하위 도메인을 발급하는 스마트 계약이다. ENS 레지스트리에 있는 도메인 소유자 (스마트 계약 사용자)는 다음을 수행할 수 있다.

- 도메인에 대한 확인자 및 TTL (도메인 정보 유효 기간) 설정
- 도메인 소유권을 다른 주소로 이전하기
- 하위 도메인의 소유권 변경

ENS 레지스트리는 의도적으로 간단하게 설계되어 있다. 이름에서 해당 레지스트라를 담당하는 확인자 (Resolver)로 매핑하기 위해서만 존재한다. 확인자는 이름을 주소로 변환하는 실제 프로세스를 담당한다. 확인자도 스마트 계약이며, 해당 레지스트라(스마트 계약)에 의해서 생성된다. 즉, 레지스트라 스마트 계약이 해당 확인자라는 스마트 계약을 만든다. 범용 확인자 구현은 이름에 대해 자주 변경되지

않는 주소를 제공하는 것과 같이 요구 사항이 간단한 사용자를 위해 제공된다. 각 레코드 유형(암호 화폐 주소, IPFS 콘텐츠 해시 등)은 확인자가 해당 종류의 레코드를 제공하기 위해 구현해야 하는 메서드를 정의한다. 새 레코드 유형은 EIP 표준화 프로세스를 통해 언제든지 정의할 수 있으며, 이를 지원하기 위해 ENS 레지스트리나 기존 확인자를 변경할 필요가 없다.

ENS에서 이름을 확인하는 과정은 두 단계로 진행되며, 먼저 레지스트리에 이름에 대한 확인자가 무엇인지 묻고 (쿼리), 답변을 받는다. 이어서 두 번째로 해당 확인자에게 다시 쿼리에 대한 답변을 요청한다.

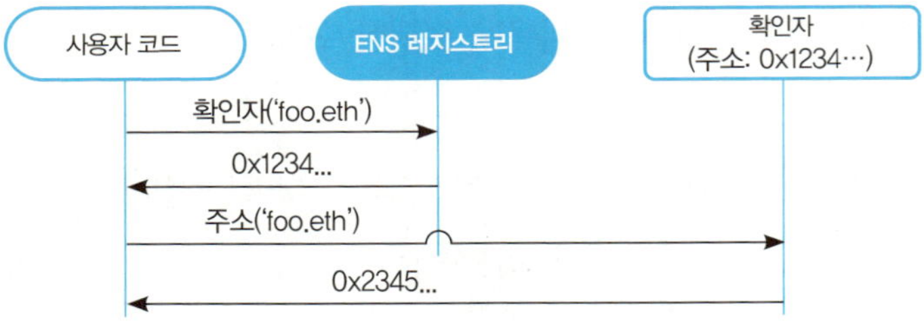

ENS에서 이름을 확인하는 과정

위의 예에서는 'foo.eth'가 가리키는 이더리움 주소를 찾으려고 하는 경우다. 먼저 레지스트리에 어떤 확인자가 'foo.eth'를 담당하는지 물어 응답을 받은 다음 (해당 레지스트라 스마트 계약이 트리거되면서 실행되어 해당 확인자 스마트 계약의 주소를 받고 나면), 그런 다음 해당 확인자에게 이름 'foo.eth'의 주소를 질의한다. 결국 확인자가 이름을 주소로 변환하는 실제 프로세스를 담당한 후에 사용자에게 응답한다 (확인자 스마트 계약이 실행되면서 해당 주소를 응답으로 알려준다).

스마트 계약의 리소스 제약으로 인해 사람이 읽을 수 있는 이름 (길이가 길수도 있고 도메인 이름 마다 길이가 다름)과 직접 상호 작용하는 것이 비효율적이므로 ENS는 고정 길이 256비트 암호화 해시로만 작동한다. 계층적 속성을 유지하면서 이름에서 해시를 파생시키기 위해 Namehash라는 프로세스가 사용된다. 예를 들어, 'alice.eth'의 네임 해시는 0x787192fc5378cc32aa956ddfdedbf26b24e8d78e40109add0eea2c1a012c3dec이며, 이는 ENS 내에서만 사용되는 이름의 표현이다. Namehash는 유효한 도메인 이름에 대해 고유한 해시를 생성할 수 있는 재귀 프로세스이다. 모든 도메인의 이름 해시(예: 'alice.eth')로 시작하여 사람이 읽을 수 있는 원래 이름을 알거나 처리할 필요 없이 모든 하위 도메인(예: 'iam.alice.eth')의 이름 해시를 파생할 수 있다. ENS가 사람이 읽을 수 있는 텍스트 문자열을 내부적으로 처리할 필요 없이 계층 시스템을 제공할 수 있는 것은 바로 이 속성이다.

ENS를 사용할 때의 장점은 다음 3가지이다. 먼저 주소가 단순화된다. ENS는 암호 화폐 주소와 동등한 공개키로부터 만들어진 주소를 사용한다. 예를 들어, 암호화폐 지갑 MetaMask에 암호화폐를 송금한다고 가정하자. 각 지갑에는 '0x...'의 42자리 주소가 있으며, 송금할 때 송금 원본 지갑에 입력해야 한다. 그러나 거래 때마다 주소를 입력하는 것은 번거로운 일이다. 영숫자를 입력할 때 실수할 가능성이 매우 높다. 만약 잘못된 주소에 암호화폐를 송금해 버리면, 송금할 수 없거나 또는 암호화폐가 사라져 버릴 가능성도 있다. 적은 영숫자로 만들어진 ENS의 도메인 이름 사용은 입력의 번거로움이나 송금 실수를 피할 수 있다. ENS를 NFT 크리에이터 이름으로 활용할 수 있다. 최근, NFT의 크리에이터 이름이나 Twitter의 계정명을 ENS도메인 이름으로 설정하고 있는 크리에이터가 증가하고 있다. 앞으로는 크리에이터에 한정되지 않고, 기업 등도 ENS도메인 이름을 사용할 것으로 예상된다. OpenSea에서 판매도 가능하다. ENS도메인 이름은 NFT이기 때문에 NFT 마켓 플레이스의 OpenSea에서 판매할 수 있다. ENS도메인 이름은 경매 형식으로 판매되고 있어, 출품 기간 중에 최고치로 베팅하고 있는 사람이 낙찰한다. 다만, ENS도메인은 유지 비용을 필요로 한다. 판매라는 형태로 ENS의 소유자를 변경할 수 있는 것은 장점이라고 할 수 있다. OpenSea에서 ENS를 매매하기 위해서는 암호화폐 거래소 계좌를 개설하여 이더리움을 거래할 수 있는 상태로 해야 한다.

아직도 궁금한 측면이 있을 것이다. 레지스트라와 확인자 스마트 계약 코드는 실재로 어디에 있는가? 이 물음에 대한 답은 간단하다. '이더리움에서 사용자 계정이 어디에 있는가?'와 같은 답이다. 다음을 참조하기 바란다.

이더리움에서 상태는 "계정"이라는 개체로 구성되며 각 계정은 20바이트 주소를 가지며 상태 전환은 계정 간에 가치와 정보를 직접 보내고 받는 것이다. 이더리움 계정에는 4개의 필드가 있다.

- Nonce: 각 트랜잭션이 한 번만 처리될 수 있는지 확인하는 데 사용되는 카운터
- 계정의 현재 이더 잔액
- 계정의 스마트 계약 코드
- 계정의 저장소(기본적으로 비어 있음)

레지스트라와 확인자의 기능은 스마트 계약 코드 형태로 이더리움 블록체인에 온체인 상태로 있다. 모든 이더리움 노드가 동일한 블록체인 복사본을 가지고 있기 때문에, 이 스마트 계약이 활성화되면(예를 들어, 'foo.eth'의 주소를 질의하면) 해당 스마트 계약 코드는 모든 이더리움 노드에서 각각 시행된다. 그래서 ENS는 탈중앙화 시스템이고 DNS는 중앙화 시스템이다.

6

탈중앙화에 물어가는 중앙화

1. 탈중앙화 내부의 중앙화
2. 탈중앙화 세상의 중앙화 암호화폐
3. 중국의 디지털 위안 (DCEP) 그리고 리플의 XRP
4. 중앙화 앵커 서버로 통제되는 알고리즘 스테이블 코인과 LUNA의 몰락
5. 탈중앙화 시스템 옹호론자

1

탈중앙화 내부의 중앙화

탈중앙화는 대부분의 암호화 프로젝트에서 핵심 요소일 수 있지만 XRP는 Ripple Inc. 팀에 의해 제어되는데 암호화폐 중 가장 중앙화의 속성을 벗어나지 못하고 있는 실정이다. 탈중앙화의 근거로 볼 수 있는 검증 노드의 수도 이더리움이 561,655개 인데 비해 Ripple은 117개로 현재 운영 중이다. 이더리움은 탈중앙화가 거의 완성된 시스템으로 보일 수 있다. 그러나 곧 블록체인의 확장성 문제에 직면하면서, 이더리움의 레이어 2에 전형적인 중앙화의 요소가 숨어 있다. ZK 롤업 운영자는 탈중앙화 시스템에 확장성을 위하여 어쩔 수 없이 끼어든 중앙화된 요소이다.

실제로 중앙화된 암호화폐가 있었다. Cryptocompare가 현장 전반에 걸쳐 2018년 기준으로 조사한 바에 따르면 100개 이상의 암호화폐에 대해 수행한 연구에 따르면 암호화폐 프로젝트의 18%만이 진정으로 탈중앙화된 것으로 나타났다. 2019 년에 중앙 집중화된 최고의 암호 화폐로 XRP, NEO 및 EOS가 여기에 속했었다. 이들은 지금도 상장되어 있는데, 교묘하게 중앙화를 얼마나 벗어나 탈중앙화로 발전하였는지 공개된 자료로 밝히지 않고 있다. 이들 3개의 암호화폐에 대하여 2019년 기준으로 얼마나 중앙화된 암호화폐로 시작했는지를 살펴보자.

XRP (2019년 기준)

Ripple Inc.는 전체 XRP 공급량의 60 %를 소유하고 있다. XRP보다 중앙 집중식 속성을 보여주는 대형 암호화폐 전반에 걸쳐 더 좋은 예는 없다. XRP의 관리자인 Ripple Inc.는 사전 채굴된 코인의 60 %를 보유하고 있다. 또한 Ripple Labs는 회사가 XRP에 대한 엄청난 관심을 감안할 때 XRP 프로토콜 개발의 상당 부분을 통제한다. 탈중앙화는 대부분의 암호화 프로젝트에서 핵심 요소일 수 있지만 XRP는 Ripple Inc. 팀에 의해 제어된다. 팀은 보유 자산을 줄이고 자본을 늘리기 위해 사전 채굴된 자산을 단계적으로 투자자에게 공개할 기간을 계획했다. 중앙 집중식 암호 화폐의 왕이라 볼 수 있다.

NEO (2019년 기준)

XRP의 중앙 집중화는 개발 문제에서 발생하는 반면, NEO의 중앙 집중화 문제는 거버넌스 절차의 영향을 크게 받는다. 중국의 이더리움으로 알려진 이 블록체인은 처음부터 순위가 상승했으며 현재 CoinMarketCap에서 16위를 차지하고 있다 (2018년 기준). NEO는 NEO 재단이 선택한 7개의 고정 노드에 의해 관리되며, 한 노드가 실패하면 블록체인도 실패한다. 재단은 분산된 플랫폼을 갖추기 위해 노력하고 있다.

EOS (2019년 기준)

플랫폼에는 21 개의 블록 생성 노드만 있다. EOS 블록체인은 시스템을 제어하는 선택된 노드의 수가 제한되어 있기 때문에 NEO와 동일한 문제를 겪고 있다. EOS는 새로운 트랜잭션을 확인하고 검증하는 21개의 노드에서만 실행된다. 126 블록마다 21 개의 새로운 노드가 이해 관계자에 의해 선출되며, 이는 매 라운드마다 선출된 노드가 6 개의 새로운 블록을 '채굴'한다는 것을 의미한다. 블록은 0.5초마다 생성되므로 1라운드가 대략 63초 동안 지속된다. 그러나 이 21개 노드는 일반적으로 처음부터 끝까지 투표로 시스템에서 권한과 위치를 증가시키기 때문에 시스템은 중앙 집중식으로 유지된다.

Libra (2019년 기준)

Facebook (메타)의 Mark Zuckerberg가 암호화폐를 개발하려

고 시도한 Libra가 있었다. 2019년 당시 엄청난 페이스북 회원수를 고려할 때, 일부 전문가들조차 결국 미국 달러를 대체할 수 있다고 말한 Libra 암호화 토큰이다. 이 Libra 네트워크는 정해진 연합체의 구성원들만 지분증명 방식의 노드를 운영할 수 있게 계획했었다. 그야말로 중앙화된 블록체인이다. 이 과제는 실패로 끝났지만, 그때의 개발팀의 일부가 최근에 개발한 암호화폐가 Aptos이다. Aptos가 Libra의 중앙화된 블록체인에 기반을 그대로 물려받았는지 아니면 탈중앙화로 방향을 전환했는지는 명확하지 않다. 만약 Aptos가 Libra가 계획했던 네트워크 구조를 그대로 상속받았다면 Aptos도 중앙화 암호화폐이다.

암호화폐 생태계는 중앙화된 거래소가 한 축을 형성하고 있다. 탈중앙화 시스템의 연료로 사용되는 암호화폐이지만, 이 연료는 투자의 대상이 되기 때문에 사고 파는 것을 편리하게 해주는 시장을 운영하는 중개자가 중앙화 암호화폐 거래소 (CEX)이다. 중앙화 암호화폐 거래소는 구매자와 판매자 사이의 중개자 역할을 하며 거래 수수료를 수익으로 영업한다. CEX는 증권 거래소와 유사하지만 암호화폐에 대한 것이라고 상상할 수 있다. 2022년 11월 기준 트래픽, 유동성 및 거래량의 순위로 본 인기있는 중앙화 암호화폐 거래소는 Binance, Coinbase Exchange, Kraken, KuCoin Binance. US, Bitfinex, Gemini 및 Coincheck이다. 주식 거래 웹사이트나 앱과 마찬가지로 이러한 거래소를 통해 투자자는 암호화폐를 현물이라고 하는 일반적인 가격으로 사고 팔거나, 자산이 투자자가 원하는 가격 목표에 도달하면 실행되는 지정가 주문으로 사고 팔 수 있다. CEX는 오더북 시스템을 사용하여 운영되며, 이는 매수 및 매도 주문이 의도한 매수 또는 매도 가격에 따라 나열되고 정렬됨을 의미한다. 그런 다음 거래소의 매칭 엔진은 원하는 총 물량이 주어지면 최상의 실행 가능한 가격을 기반으로 구매자와 판매자를 일치시킨다. 따라서 암호화폐의 가격은 해당 자산의 수요와 공급에 따라 달라진다. CEX는 거래를 허용할 (상장할) 암호화폐를 결정하며, 이는 파렴치한 암호화폐가 CEX상장 목록에서 제외될 수 있다는 의미이다. 중앙화된 기관의 관리 속성을 보여주는 예이다.

확장성 문제를 해결하기 위하여 중앙화 요소를 반영할 수 밖에 없는 실정이다. 이더리움은 탈중앙화가 거의 완성된 시스템으로 보일 수 있다. 그러나 사용자의 외부 계정이나 스마트 계약이 늘어나게 되면서 블록체인의 확장성 문제에 직면하게 되었다. 확장성 문제를 해결하는 레이어 2 방법으로 영지식(ZK) 롤업이 주목을 받고 있다. 이 레이어 2를 운영하는 대부분의 ZK 롤업은 "슈퍼 노드"(운영자)를 사용하여 트랜잭션을 실행하고, 배치(Batch)를 생성하고, 레이어 1에 블록을 제출한다. 이에 이더리움의 레이어 2에는 전형적인 중앙화의 속성이 나타난다. 중앙화된 정상적인 운영자는 효율성을 보장하지만, 악의적인 ZK 롤업 운영자는 사용자의 트랜잭션을 일괄 포함을 거부하여 사용자를 나쁜 방향으로 검열할 수 있다. ZK 롤업을 사용하면 사용자가 운영자에 의해 나쁘게 검열되고 있다고 생각되는 경우 메인넷의 롤업 계약에 직접 트랜잭션을 제출할 수 있는 보완조치가 필요해진다. 롤업 오프체인에 진입하고 탈퇴할 때도 운영자가 중재해야 한다. 이처럼 중앙화는 탈중앙화 시스템에도 존재한다.

스마트 계약은 오라클(Oracle)을 사용한다. 예를 들어 보면, 농부들은 만약의 경우를 대비하여 금융상품인 농산물 파생 보험 상품에 가입하여, 가뭄으로 흉작이 났을 때 이를 보상받기를 원한다. 날씨가 좋지 않아 그해 농사를 망쳤을 때 상품 가입자에게 일시불로 손해를 보전해주는 식이다. 농부는 이를 스마트 계약으로 해결하려고 한다. 이때 날씨 관련 오라클은 한 해 농사가 마무리되는 시기에 스마트계약에 그해에 비가 온 날이 열흘이 채 되지 않는다는 사실을 알려줄 수 있다. 해당 정보를 스마트계약으로 직접 전송해 농부에게 돈을 지급해야 한다는 걸 알려주는 것이다. 반대로 강우량이 충분했다면 날씨 오라클은 스마트계약에 이 사실을 알려 농부에게 돈을 지급하지 않게 할 것이다. 여기서 스마트 계약은 탈중앙화된 블록체인에서 온체인으로 수행되지만, 오라클은 운영 주체가 있어야 데이터 피드가 가능하다. 여기서 이더리움 같은 블록체인은 제3의 중재자의 영향에서 벗어나기 위해 개발됐지만, 오라클은 바로 제3의 중앙화된 중재자로서 역할을 한다. 그러므로 날씨 데이터의 신뢰해야 할지를 따져야만 한다. 일례로 오라클 데이터 피드를 소유한 사람이 스마트계약을 자신에게 유리하게 작동하게 하려고 부정확한 데이터를 올릴 수 있는 것이다. 이래서 중앙화의 속성에 그대로 스마트 계약이 노출된다. 그러면 오라클에 의존하지 않는 스마트계약은 이런 문제가 없다고 해서 오라클을 사용하지 않을 방도가 없다. 스마트 계약에도 중앙화의 속성은 피할 수 없다. 다만 체인링크(Chainlink) 같은 플랫폼들은 오라클이 자사 플랫폼에서 중대한 역할을 맡도록 하고, 거짓 정보들을 걸러낼 수 있는 다양한 방법들을 연구해오고 있다.

작업증명 암호화폐의 채굴 노드수 (2023년 4월 기준)

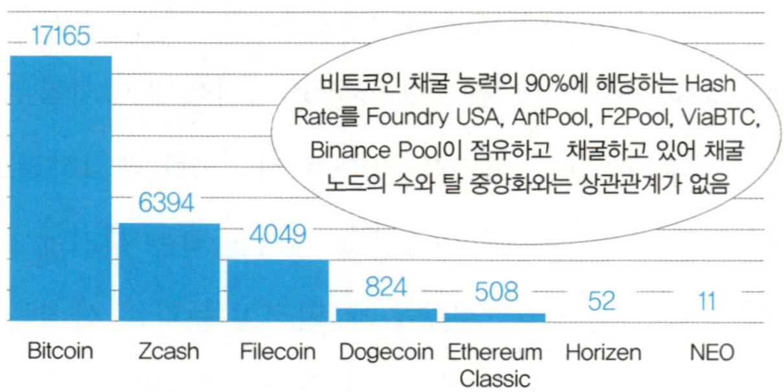

작업증명 암호화폐의 채굴 노드 수

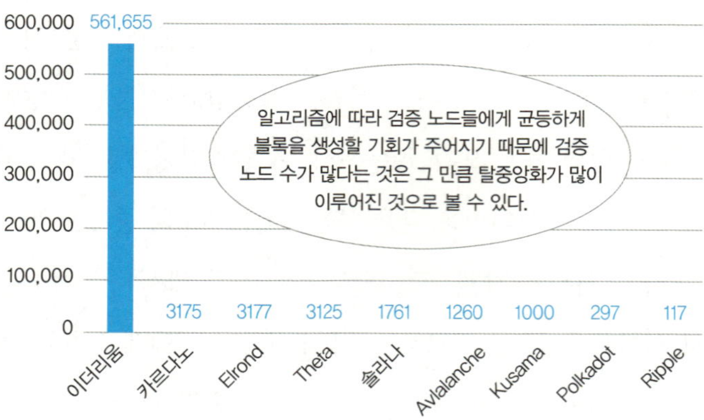

지분증명 암호화폐의 검증 노드 수

2

탈중앙화 세상의 중앙화 암호화폐

'무신뢰'를 바탕으로 하는 다른 암호화폐와는 달리 리플은 '신뢰'를 요구하므로 중앙화 되어 있다고 볼 수 있다. 리플은 비트코인이나 이더리움 등과 같은 암호화폐와 경쟁관계에 있는 것이 아니고, SWIFT와 같은 확립된 금융 인프라 서비스의 경쟁자라는 것이다. 리플 네트워크을 이용하기를 원하는 개인이나 단체는 게이트웨이를 통하여 접근할 수 있다. 게이트웨이는 일반적으로 은행에서 운영한다. 즉, 리플 네트워크 외부의 사람들에게 리플의 진입 점을 제공한다.

대부분의 암호화폐는 블록체인 기술을 기반으로 하고 있고 블록체인은 탈중앙화의 상징이다. 리플의 암호화폐 XRP가 탈중앙화 시스템 안에 머무르고 있는지 살펴보자. 우선 XRP, 리플(Ripple) 및 리플넷(RippleNet)의 차이점을 이해하는 것이 중요하다. XRP는 XRP 원장이라는 분산 원장 데이터베이스 위에 있는 리플넷이라는 디지털 결제 플랫폼에서 실행되는 통화이다. 리플넷은 리플이라는 회사에서 운영하지만 XRP 원장은 오픈 소스이며 블록 체인이 아니라 앞서 언급한 분산 원장 데이터베이스를 기반으로 한다. 리플넷 결제 플랫폼은 전 세계적으로 즉각적인 금전 거래를 가능하게 하는 것을 목표로 하는 실시간 총 결제 (RTGS) 시스템이다. 즉, 실시간 암호화폐 결제 시스템, 환전 및 송금 네트워크이다. XRP는 XRP 원장에 기본으로 사용되는 암호 화폐이지만, 실제로 모든 통화를 사용하여 플랫폼에서 거래할 수 있다. 리플 지불 플랫폼의 아이디어는 2004 년 Ryan Fugger에 의해 처음 표명되었지만 Jed McCaleb과 Chris Larson이 2012 년에 프로젝트를 인수하면서 리플이 구축되기 시작했다 (당시에는 OpenCoin이라고도 함).

비트코인 및 다른 암호화폐는 블록체인 기반의 플랫폼에서 자체 코인을 사용하여 기존 통화 및 중앙 은행에 대한 독립적인 대안으로서의 역할을 하려고 의도하지만, 리플의 목표는 이들과 반대로 글로벌 결제 네트워크 역할을 하기를 원하므로 은행, 결제 제공업체 및 기타 금융 기관과 긴밀하게 협력한다. 리플의 목표는 가치 단위의 교환을 용이하게 하기 위해 유연한 '중개인 통화' 역할을 하는 것이다. 리플은 빠른 글로벌 결재 네트워크에 관심이 있는 대형 은행, 송금 서비스 및 지불 제공 업체와 같은 회사를 유치하여 리플 글로벌 결재 네트워크를 쉽게 이용할 수 있도록 한다. 리플은 비트코인이나 이더리움 등과 같은 암호화폐와 경쟁관계에 있는 것이 아니고, SWIFT와 같은 확립된 금융 인프라 서비스의 경쟁자라는 것이다. 이미 300개 이상의 금융기관이 리플넷 결제 플랫폼에 가입하였다.

현재 은행은 국제 송금 등에 천문학적인 수수료를 부과하기 때문에, SWIFT를 통하여 전 세계로 송금하는 비용이 많이 들 수 있다. 은행의 송금이 수취인의 은행 계좌에 도달하는 데 며칠이 걸릴 수도 있다. XRP 코인은 리플 글로벌 결재 네트워크에 참여하는 은행들이 적은 비용으로 많은 돈을 안전하고 빠르게 보낼 수 있도록 하여 이 문제를 해결하도록 설계되었다. 금융 기관도 이 조치에 적극적으로 참여하고 있다. 예를 들어 미국 달러를 유로로 교환하려는 경우 은행이나 환전소를 통해 직접 환전을 처리하는 대신 리플 네트워크에서 먼저 미국 달러를 XRP로 교환한 다음 이를 사용하여 유로를 구매할 수 있다. 이것은 은행과 송금 기관이 부과할 수 있는 높은 수수료를 지불하는 것보다 훨씬 빠르고 저렴한 접근 방식이 될 수 있다. 국제 송금 거래 측면에서도 XRP는 다른 기존 디지털 통화보다 강력한 이점을 제공한다. 비트코인이 거래가 완료되는 데 1시간 이상이 걸리고 이더리움 지불이 성공적으로 완료되는 데 약 2분이 소요될 수 있지만 리플은 XRP 지불이 3~5초 사이에 완료된다고 리플은 주장한다. 좋게 보는 사람들은 리플이 약 155조달러의 시장규모를 가진 국제송금시스템 SWIFT를 일정 부분 대체할 것이라고 전망하는 사람들도 있다.

리플이 비트코인이나 이더리움과 다른점 (2023년 4월 기준)

리플 설계 방침에 의거하여 리플은 비트코인이나 및 이더리움과 같은 다른 블록체인 기반 암호화폐와 다르게 작동한다. 리플 네트워크는 더 중앙 집중화되어 있다. 누구나 필요한 소프트웨어를 다운로드하여 원장 보유자가 될 수는 있다. 그러나 트랜잭션을 승인하는 소수의 신뢰할 수 있는 검증자 시스템이 있다. 이러한 검증자는 일반적으로 잘 알려진 은행 및 기관이 소유하며 신뢰를 기반으로 한다. 그러므로 '무신뢰'를 바탕으로 하는 다른 암호화폐와는 달리 리플은 '신뢰'를 요구하므로 중앙화 되어 있다고 볼 수 있다.

모든 거래는 검증자의 과반수가 동의하는 경우에만 승인된다. 네트워크에서 새로운 트랜잭션이 이루어질 때마다 검증자는 이를 검증하고 몇 초 안에 원장을 업데이트한다. 소프트웨어는 원장이 조정되도록 보장하고 불일치가 발생할 경우 불일치가 해결될 때까지 트랜잭션이 보류된다.

중앙화 되어 있는 만큼 거래는 낮은 거래 수수료로 몇 초 만에 처리된다. 현재 네트워크는 초당 최대 155건의 트랜잭션을 처리하며 평균 수수료는 0.0002 USD이다. 리플 네트워크을 이용하기를 원하는 개인이나 단체는 게이트웨이를 통하여 접근할 수 있다. 게이트웨이는 일반적으로 은행에서 운영한다. 즉, 리플 네트워크 외부의 사람들에게 리플의 진입 점을 제공한다. 게이트웨이는 거래를 완료하려는 두 당사자 간의 신뢰 체인에서 중개자 역할을 한다. 게이트웨이는 고객이 리플 네트워크를 사용하여 암호화폐는 물론 기존 화폐 및 암호로도 자금을 이체할 수 있도록 해준다.

XRP 채굴 방법

XRP는 어떻게 발행되는지 살펴보자. 마이닝이라 부르는 PoW 합의 방식은 대부분의 블록체인 기반 비트코인이 사용하는 분산 검증 시스템이다. 마이닝은 블록 장부를 계속 작성해 나가는 일을 통하여 거래를 촉진한다. 그런데 세상에 무료 봉사가 없다. 이 일을 하는 수행자에게 보상금으로 줄 암호화폐가 신규 발행되는 메커니즘의 원리다. 여기서 신규 발행은 네트워크를 지원하는 작업에 대한 검증자에 대한 보상금이다. 그런데 XRP는 이 마이닝 원리를 따르지 않았다. XRP는 사전 채굴되었는데, XRP 원장에는 1000억 단위를 초기에 생성한 다음 정기적으로 출시한다. 리플은 유통되는 XRP의 일부를 소유하고 있으며 이것은 시간이 지남에 따라 암호화폐가 성장하고 성공할 수 있도록 돕는 인센티브이다. XRP의 또 다른 비율은 판매를 통해 시장에 정기적으로 출시될 수 있도록 예비로 보유된다.

리플의 유통수량은 387억개이다. 사전 채굴된 총 1000억개의 발행량을 기준으로 387억개만 시중에 유통되었고, 나머지 613억개 중 550억개는 리플랩스가 보관하고 있고, 나머지는 마케팅 목적으로 다양한 거래소 및 기관에 뿌려진 상태이다. 이는 중앙집중화된 리플의 실제 모습이다. 리플은 중앙집중형 서버를 두고 소수의 마스터 노드를 배치해 빠른 전송속도를 보여준다. 리플은 보안을 위해 엄청난 컴퓨팅 자원을 소비하거나 세밀한 블록 검증 같은 합의 메커니즘이 필요 없다. 왜냐하면 구글이나 아마존과 같은 중앙화 시스템이기 때문이다. 이런 중앙집중형 코인의 최대 리스크는 리플이 어떤 이유로 정부의 눈 밖에 났을 때, 언제든지 미국정부가 리플랩스를 셧다운하고 없애 버리거나, 아니면 인수해서 리플의 발행수를 대폭 조정하여, 미국정부의 입맛에 맞게 마음대로 조작이 가능하다는 것이다. 그래서 검열 저항(censorship resistance)이 필요한 것이고, 이것을 위해 암호화폐들이 탈 중앙화의 길로 가고 있는데 비해 리플은 그렇지 않다. 미국의 연방은행이나 각국의 중앙은행이 새 화폐를 마음대로 찍어냈듯이 XRP와 같은 중앙집중형 코인들은 그 코인의 주인 (중앙화 기관)이 마음대로 변경해서 찍어낼 수가 있다.

리플 합의 메카니즘

신뢰할 수 있는 선택받은 소수의 노드들만이 합의에 참여토록 하면서, 이들 간에 최소의 연결성만으로 전체 네트워크를 유지한다. 그러므로 리플 네트워크는 분산화 형태를 취하고 있지만, 합의 방법에서는 일부 중앙화되어 있는 형태이다. 리플 네트워크는 블록체인에서 실행되지 않으며 기본 암호 화폐 XRP는 비트코인과 같은 작업 증명 알고리즘에 의존하지 않는다. 이러한 이유로 더 빠른 트랜잭션 속도를 허용하면서 많은 에너지와 컴퓨팅 성능이 필요하지 않다. 대신 리플 네트워크에서 트랜잭션의 합의 (동기, 동의 모두 같은 뜻임)는 중앙화된 확인 서버를 통해 실행된다. 리플의 검증 서버는 Hash Tree라는 합의 메커니즘을 사용한다. 리플 네트워크와 작업 증명 블록체인의 주요 차이점은 모든 데이터를 비교하는 것이 아니라 원장의 데이터를 요약하여 파생된 단일 값만 비교하여 합의에 도달한다는 것이다. 이러한 독립적인 검증 서버는 개인 또는 은행 및 기관에서 운영한다. 현재 117개의 검증 노드가 작동하는 것으로 파악된다.

XRP에 대한 SEC 조치

대부분의 탈중앙화를 추구하는 암호화폐와 달리 XRP는 리플이라는 중앙화된 단일 회사에 의해 통제된다. 리플 네트워크의 암호화폐 XRP는 리플 회사에 의해 개발되고 발행되었다. XRP는 현재 총 1000억 개의 XRP 토큰 중 483억 4000만 개의 토큰이 유통되고 있다. 리플랩스는 처음에 600억 개의 XRP 토큰을 소유했으며 매월 10억 개를 판매할 수 있다. 이것을 암호화폐라고 가만히 두고 볼 미국은 아닌 듯하다. SEC 은 2020년 12월 리플을 상대로 XRP는 출시 시기를 결정할 수 있으므로 회사가 이를 증권으로 등록했어야 한다며 소송을 제기했다. 회사는 혐의를 부인했다. 이미 발행해 놓고 일부 유통시키고 나머지는 가지고 있으면서 조금씩 팔아먹는 리플이 어떤 변호를 했는지는 자세히 알 길이 없다. 리플 옹호자이자 전 연방검사였던 제임스 K. 필란은 자신의 관점에 따라 SEC의 소송에 제기한 주장을 몇 마디로 요약했다. 그는 SEC가 XRP 자체를 증권으로 명시하고 있지는 않지만 SEC 이 XRP건을 다루는 주장의 주된 목적은 경제적 현실의 문제로 XRP를 구매하는 것은 다른 XRP 보유자와 XRP를 보유한 리플 회사에 대한 투자라는 것이다. SEC에서 보는 관점은 XRP는 그 자체로 증권이 아닐 수 있지만, XRP를 제공하거나 판매할 수 있는 방법이 증권과 같은 맥락이라는 것이다. 중앙화 기관이 사전에 발행하고 시기를 정하여 방출하는 것이므로 사실이 그렇다. 리플은 재판 전에 사건의 기각을 요청하는 신청서를 제출했다. 회사는 XRP가 투자자의 권리를 부여하거나 발행자가 그들의 이익을 위해 행동하도록 요구하는 "투자 계약"이 없기 때문에 증권으로 간주될 수 없다고 주장했다. SEC의 전면적인 주장은 XRP의 모든 단위가 리플과의 투자 계약을 구성하고 리플과 관련이 없고 알려지지 않은 사람이 2차 시장에서 사고 파는 경우에도 등록되지 않은 증권이라는 것이다.

SEC의 소송 제기는 수많은 XRP 사용자에게 피해를 입혔다. SEC가 2020년 크리스마스 직전에 이 소송을 제기했을 때 150억 달러의 XRP 가치가 밤새 지워졌다. SEC의 조치로 인해 미국의 거의 모든 디지털 자산 거래소에서 한 때 XRP를 상장 폐지했다. 그래도 리플의 CEO인 Brad Garlinghouse는 판사가 배심원 없이 결정할 충분한 증거가 있기 때문에 이 사건이 재판에 회부되지 않을 수도 있다는 낙관론을 유지했다. SEC입장은 토큰 구매가 “다른 XRP 보유자 및 리플과 공동 회사에 대한 투자”이며 투자자가 토큰 구매를 통해 이익을 얻을 것으로 기대한다고 말하면서 유리한 판결을 요청하고 있다. 지금까지 XRP 보유자가 서명한 2,500개의 진술서가 제출되었으며 사람들이 XRP를 획득한 이유와 방법에 대해 증언했으며 일부는 비투자 이유를 포함하여 XRP를 획득했을 때 리플에 대해 알고 있었는지 여부를 증언한다.

SEC 소송은 XRP 에게 유리하게 진행되는 듯하다. 소송이 결과가 어떻게 될지 모르지만 리플넷은 미래 탈중앙화 방향의 산업과는 거리가 있다. 암호화폐 세상에는 비트코인, 이더리움, 카르다노, 폴카닷 등과 같은 탈중앙화 시스템만 있는 곳이 아니고 리플의 XRP처럼 중앙화된 암호화폐도 있다. XRP는 블록체인 산업과 직접 관련이 없는 암호화폐이다. 이는 FTX 같은 중앙화 거래소가 디파이 (탈중앙화 금융)와 관련이 없는 것과 같은 맥락이다. FTX가 하루 아침에 붕괴되었다는 것을 기억하는 것이 좋겠다.

기존 SWIFT 금융 인프라 서비스의 경쟁자인 리플 네트워크

3

중국의 디지털 위안 (DCEP) 그리고 리플의 XRP

DCEP는 위안화의 디지털 버전으로 중국이 국가 주도로 개발하고 있는 중앙 은행 디지털 통화(CBDC)이다. DCEP는 중앙 집중식 사설 블록체인 네트워크에서 실행되는 디지털 통화인데 중국 중앙 은행은 통화에 대한 완전한 액세스 및 제어 권한을 가지고 있다. 이미 페이스북이 리브라를 시도할 때인 2017년 무렵 리브라와 DCEP는 방향이 비슷하고 기술력도 비슷했다. 그러나 리브라는 기존 금융권의 반발로 프로젝트가 사라졌지만, 중국의 DCEP는 국가 주도로 차근히 기술을 발전시키고 사용자를 늘려 왔다. 2022년 12월 말 현재 유통되는 디지털 통화의 양은 136억 1천만 위안인데 2022년 말 현재 유통되는 전체 위안화 잔액(13조6100억 위안)의 약 0.13%에 해당한다.

중앙 은행 디지털 통화(CBDC)의 성격을 알아보기 전에 CBDC와 가까운 중국의 디지털 위안에 대하여 살펴보자. 먼저 이해를 돕기 위해서 비트코인의 특성부터 먼저 보자.

블록체인 형태: Public 블록체인

중앙화: 탈 중앙화

운영주체: 분산 채굴자에 의한 완전 분산 동기

가치안전성: 불안정

금융관리: 돈의 이동이 100% 기록되지만 제3자 개입 불가

보안 기술 적용: 공개키 암호화 기술, PoW

그런데, 중국의 디지털 위안 (Digital Currency Electronic Payment)인 DCEP 코인의 성격을 정리하면

블록체인 형태: Private 블록체인

중앙화: 국가 주도 중앙화

운영주체: 중국 인민 은행

가치안전성: 1DCEP = 1 위안 유지

금융관리: 돈의 이동이 100% 기록되고 개입하는 금융관리

보안 기술 적용: 공개키 암호화 기술, PoS

중국 인민은행 대표가 우연히 카르다노(ADA)의 공동 창립자인

Charles Hoskinson에게 ADA와 같은 지분 증명 방식 암호화폐인 디지털 위안화 (DCEP)에 대한 프레젠테이션을 했는데, 이를 들은 Charles Hoskinson은 DCEP 시스템이 정교하게 설계되었고 이미 확장되어 많은 사람들이 이용하고 있다는 사실에 매우 놀라웠다고 한다. 암호화폐 최고의 기술 전문가가 중국의 암호화폐 기술의 우수성을 인정하고 있다. 이는 중국이 비트코인 같은 PoW 방식 암호화폐 사용을 금지하면서 실질적으로는 국가 주도로 지분 증명 방식 (PoS) 암호화폐를 개발하고 테스트해 왔다.

현재 DCEP는 사용자 4천만 명에 달하고, 초당 10,000건의 거래를 처리할 정도로 확장성이 있으며, 준 계정 모델 (참고로 카르다노는 eUTXO 모델을 사용하고 이더리움은 계정 모델을 사용함)을 사용하여 스마트 계약 등의 스크립트 처리가 용이하며, WeChat, Alipay와 같은 기존 지불 시스템 중 일부와 매우 긴밀하게 연결되어 기존 시스템과 상호운영성도 있는 상태이다. 중국의 야망은 이 디지털 통화 (DCEP)와 사회 신용시스템을 결합시키고, 일대일로 프로그램과 묶는 것이 분명해 보인다.

미국이 선점한 암호화폐 기술의 정확한 규제 범위와 방향을 제시하지 못하고 있는 동안 중국은 국가 주도로 놀라울 만큼 훌륭히 중국의 암호화폐를 준비해 오고 있다. 미국은 암호화폐 개발과 산업을 민간 주도로 맡겨 두고 있다. 암호화폐 기술을 협력하여 통일된 방향으로 발전시켜 나가는 방법 보다는 각 암호화폐를 독자적으로 발전시키며 협력할 것은 협력한다는 전략을 가지고 있다. 그러니 암호화폐로 추구하는 방향이 제각각 다르다. 원래 탈중앙화 암호화폐는 기존 금융 시스템의 통제를 벗어난 자유로운 금융 거래 세상을 지향하고 있다.

암호화폐계의 좌파, 자유주의자(암호화폐계에서는 좌파가 자유주의자 임)인 Hoskinson에 따르면, 중국의 현재 모델은 결국 소수의 개인이 수십억 명의 삶을 경제적으로 통제할 수 있게 해준다고 보는 것이다. 그는 이에 대한 해독제가 중앙 은행 디지털 통화(CBDC)보다는 자유에 초점을 맞춘 탈중앙화 디지털 자산이 되어야 한다고 말한다. DCEP는 국가 주도로 뛰어난 기술과 뛰어난 정신을 바탕으로 하는 활발한 프로젝트이다. 이미 페이스북이 리브라를 시도할 때인 2017년 무렵 리브라와 DCEP는 방향이 비슷하고 기술력도 비슷했다. 그러나 리브라는 기존 금융권의 반발로 프로젝트가 사라졌지만, 중국의 DCEP는 국가 주도로 차근히 기술을 발전시키고 사용자를 늘려 왔다.

DCEP는 이미 4천만 명의 사용자가 베타 버전으로 사용 중이며 처음에는 중국 전역으로, 그 다음에는 위안화, 인민화폐를 기축통화로 채택하는 모든 국가에 들불처럼 퍼질지도 모른다. 이것이 미국의 당국이 직시해야 하는 현실이다. 그럼 미국도 CBDC를 준비해야 하나? 아마 암호화폐 기득권들도 CBDC가 아니라 자유가 있는 자산을 가진 암호화폐, 즉 탈중앙화 암호화폐가 나아갈 방향이라고 주장할 가능성이 높다. 그러면서 속내는 미국이 암호화폐 프로젝트가 언젠가는 세계 금융 시스템이 될 수 있도록 탈중앙화 암호화폐에 유리하게 암호화폐 규정을 채택하기를 바랄 것이다. 즉, 탈 중앙화된 지분 증명 방식 암호화폐가 세계의 금융 운영 체제가 되기를 바랄 것이다.

탈 중앙화 방향과 다른 생각을 하는 중앙화 암호화폐 방향도 있다. ISO 20022 호환 디지털 자산은 CBDC 와 함께 작동할 수 있기 때문에 규제 시행의 표준이 될 수 있다. 중앙화 암호화페인 리플의 XRP와 Stellar Lumens의 XLM은 CBDC 생성에 적합한 유일한 토큰이라고 주장한다. 중앙기관이 운영하는 암호화폐이기 때문이다. ISO 20022는 SWIFT(세계은행간금융통신협회)를 통해 금융 기관 간에 전자 메시지를 교환하기 위한 글로벌 표준이다. 이 시스템은 은행이 통신하는 방식을 변경하고 상호 운용성을 향상하도록 설정한다. 또한 비트코인 및 이더리움과 같은 주요 암호화 자산을 SWIFT 생태계에 통합하고 ISO 번호를 부여하면 디지털 자산과 법정 화폐가 상호 작용하는 방식이 근본적으로 바뀔 것이라고 말한다. 또한 유럽 연합(EU)은 대량 국경 간 거래를 촉진하기 위해 2022년 11월에 ISO 20022로 전환하고 있다. 여기에는 EU 블록 내 모든 중앙 은행이 채택한 금융 결제 플랫폼인 Target 2 시스템이 포함된다.

미국 연방준비제도(Fed)는 2023년 11월 ISO 20022 시스템으로의 전환을 계획하고 있다. 전문가들은 ISO 호환 암호화폐가 디지털 자산 환경을 바꿀 것이며 규제 기관은 ISO 20022 자산을 다루는 데 있어 엄격한 입장을 완화할 것이라고 믿는다. 그들은 이러한 움직임이 표준의 광범위한 채택을 촉진할 것이라고 믿고 있다.

두 가지 검증 가능한 ISO 20022 호환 디지털 자산은 리플 (XRP)

및 Stellar Lumens(XLM)이다. 리플의 기본 토큰인 XRP는 가장 큰 ISO 20022 호환 자산 중 하나이다. ISO 표준 기관에서 최고 순위를 차지한 리플은 ISO 20022 표준을 개발하고 구현하는 데 중요한 역할을 할 것이다. 비트코인과 같은 다른 기존 암호화폐와 달리 리플의 ODL (On Demand Liquidity의 약자로 기존 xCurrent, xRapid, xVia. 라는 세가지 상품을 통합하여 리네이밍한 리플사의 송금시스템) 기술은 디지털 결제 시스템 및 은행과 기타 금융 기관 간의 빠른 결제 플랫폼으로 설계되었다. 지불을 위한 담보로 활용되는 것 외에도 XRP는 통화 변환 및 국가 간 거래에 사용된다. SWIFT를 대체하기 위한 것이었음에도 불구하고 ISO 20022는 XRP와 SWIFT 간의 동기화를 증가시켜 리플 생태계를 더욱 강화할 것이다. 한편 비트코인, 이더리움과 같은 암호화폐는 설계상 ISO 20022 표준을 충족하기 어려울 것이다.

리플의 XRP는 중앙화 암호화폐이다. 리플 네트워크는 검증에 블록체인 기술이 필요 없다. 블록체인 기술은 사용하지만 중국의 DCEP는 사설 블록체인이며 중앙화 되어 있다. ISO 20022에 블록체인 기술이 필요 없다면 이해가 되는가? 이처럼 기존 금융시스템의 대안으로도 중앙화 암호화폐에 대한 집착은 놀랍다. 그 결과로 중앙화된 CBDC를 기대하고, ISO 20022 호환 자산으로 중앙화 자산인 리플(XRP)에게 좋은 점수를 주고 있다. 블록체인 기술로만 보면 리플은 암호화폐라고 보기는 궁색한 면도 있다. 그런데 중앙화 암호화폐란 이유로 ISO 20022 호환 자산으로 대접받는다는 사실이 놀랍다. 중앙화된 DCEP식 접근법도 앞으로의 스마트 계약 시장에서 통할지 의문이다. 그렇다면 중앙화된 리플의 XRP 같은 암호화폐도 탈중앙화 암호화폐와 함께 계속 발전할 수 있을까? 이 질문에 대한 답은 간단하지 않다. 다만 현실은 탈중앙화 암호화폐와 중앙화 요소가 강한 암호화폐로 양분되어 있다. 마치 탈중앙화 암호화폐 거래소와 중앙화 암호화폐 거래소가 양분되어 있는 것처럼.

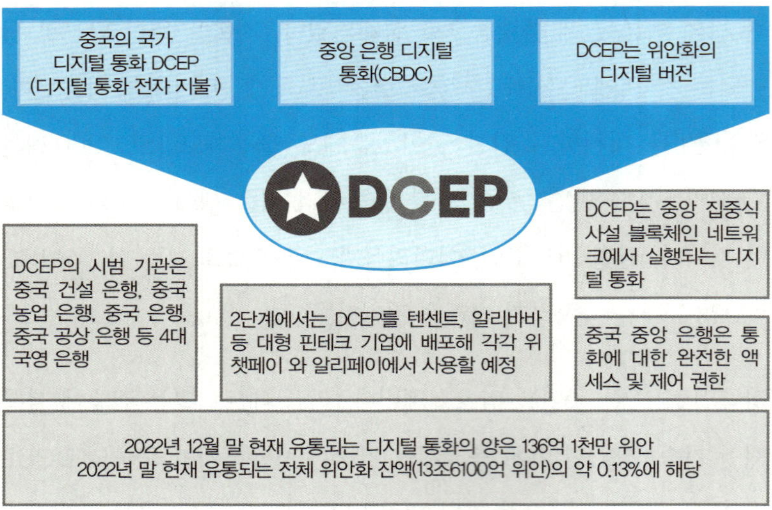

중앙은행 디지털 통화인 중국의 암호화폐 DCEP

4

중앙화 앵커 서버로 통제되는 알고리즘 스테이블 코인과 LUNA의 몰락

2022년 5월 7일, 20억 달러 이상의 UST가 스테이킹되지 않았고 (앵커 프로토콜에서 빠져 나갔고) 수억 달러가 빠르게 청산되었다. 이로 인해 암호화폐 공간에 엄청난 패닉이 발생했고 UST가 디페그를 시작하면서 Anchor에서 엄청난 UST 인출이 목격되었다. 공황 상태에서 더 많은 사람들이 UST를 매각하여 더 많은 Luna를 발행하고 Luna의 순환 공급을 증가시켰다. 엄청나게 빠른 속도로 Luna 가격이 내려가기 시작했다.

2022년 5월 TerraUSD(UST)와 Terra Luna(LUNA) 의 90% 가격 하락은 암호화폐 시장을 뒤흔들었다. 이러한 하락은 UST의 디페깅 (스테이블 코인의 가치가 고정 환율 이하로 하락하는 조건)과 두 토큰 (LUNA와 UST) 공급의 급격한 증가로 인해 발생했다. UST는 알고리즘 스테이블 코인이다. 알고리즘 스테이블코인이란 무엇인가? 스테이블코인 (Stablecoin)은 가격을 안정적으로 유지하기 위해 법정 화폐 (미국 달러)나 금과 같은 다른 종류의 자산에 가격을 묶는 암호 화폐이다. 이러한 자산은 유동 자산과 예비 자산 간의 균형을 유지하면서 가격 안정성에 도달하도록 특별히 설계되었다. 그러나 암호화 자산 거래소를 통해 거래되는 다른 모든 암호화 자산과 마찬가지로 이러한 알고리즘 자산 가격은 시장의 수요와 공급에 따라 변동한다.

알고리즘 스테이블코인은 안정적인 가치를 달성하는 것을 목표로 하고 있기 때문에, 가치를 유지하기 위해 여러 메커니즘을 활용하여 설계되었다. 스테이블코인 작동 메커니즘은 프로토콜에 기록되어 모든 사람이 볼 수 있도록 블록체인에서 정보를 공개적으로 사용할 수 있다. 스테이블 코인 가격 디페깅을 피하기 위해 알고리즘 스테이블 코인 가격은 실시간으로 시장 상황을 밀접하게 따른다.

디페깅: 특정 스테이블 코인의 가치가 고정 가치 이하로 하락하는 조건

페깅: 두 통화 간에 고정 환율로 복귀하려는 시도

디페깅의 경우 코인의 효율성과 원하는 가격 페그 (고정 환율 유지)를 유지

하는 능력에 의문이 제기될 것이다. 즉, 디페깅은 일반적으로 스테이블 코인에 재앙을 의미한다.

테라USD(UST)는 다음과 같이 작동하려고 의도되었다. UST는 Terra(LUNA)에서 지원하므로 동일한 양의 LUNA를 소각하여 1 UST를 발행할 수 있다. 반대로 1 UST의 소각은 US $1 어치의 LUNA발행을 의미한다. 2022년 5월 UST는 뱅크런을 경험하여 가치가 하락했다. Terra는 더 많은 LUNA를 발행하여 원래 고정 가치로 복원하려고 했다.

테라에 무슨 문제가 있었을까? Terra(UST)는 Terra 블록체인 알고리즘 스테이블코인으로 민트 (발행) 및 소각 과정을 활용하여 UST 및 LUNA 코인을 생성한다. 이 과정은 코인의 수요와 공급에 직접적으로 의존한다. UST에 대한 수요가 높을 경우, UST 가격이 상승하면 UST 코인을 발행하게 되고 그 만큼 LUNA를 소각한다. 반면 UST의 수요가 낮을 경우, UST가 고정 가치 이하로 떨어지는 디페깅이 발생하게 되고, 이때 UST를 소각하여 UST 가치를 고정 가치로 끌어 올릴려고 시도한다. UST를 소각하면서 그 만큼의 LUNA를 대신 발행하게 된다. 이러한 프로세스의 목적은 UST 가격과 미국 달러 간의 균형을 유지하는 것이다. 그러나 이 시스템에는 제어할 수 없는 한계가 있다. 이 프로세스는 많은 양의 코인을 발행하고 소각할 수 없다. 그러면 루나 붕괴가 일어나기 초기부터 과정을 따라가 보자.

루나 코인은 4월에 약 116달러에 거래되었고 결국 상장폐지되기 전에 페니 정도로 떨어졌다. 그 전에는 코인의 가치가 2021년 초에 1달러 미만에서 1년 이내에 많은 암호화폐 백만장자를 창출했다. 이로 인해 (일부) 소매 암호화폐 투자자들 사이에서 권 도형씨의 컬트 영웅 지위가 생겼다. Luna 토큰은 2022년 4월 정점까지 2개월도 채 되지 않아 약 135% 급등했다. 가장 큰 인센티브는 UST 보유 자산을 앵커 대출 플랫폼에서 스테이킹(지분투자)하여 연간 20%의 수익률을 얻을 수 있다는 것이었다. 많은 분석가들은 이 터무니없는 비율이 지속 불가능하다고 생각했다. 그런데 일반적으로 스테이킹된 자산은 투자자도 투자를 받은 측도 자산을 잠그게 된다. 이유는 지분 증명 방식에서 검증자가 정상적으로 블록을 생성하지 않고 악의적인 해동을 할 때 압수하기 위한 자금 성격 (슬래싱)의 담보물로 잡아 놓기 때문이다.

앵커 프로토콜은 테라 블록체인을 기반으로 구축된 분산형 '돈 시장'이었다. 이 플랫폼에 토큰을 예치한 UST 보유자에게 앞서 언급한 20%의 수익률로 인기를 얻었다. Anchor의 매력적인 수익률과 UST 독점성은 Terra의 스테이블 코인에 대한 막대한 수요를 창출했다. 이러한 수요는 또한 시장에서 유통되는 UST의 지속적인 확장으로 이어졌다. 그런 다음 앵커 플랫폼은 돌아서서 예금을 다른 투자자에게 빌려주었다. 스테이킹 된 담보물 (UST)을 다시 대출해 준 셈이다. UST를 대출받으려는 사람은 LUNA나 이더를 담보로 제공해야 했다. LUNA의 수요가 증가했다. LUNA의 가격이 올라갔다.

LUNA로 대출받은 UST를 스테이킹하면 연간 20% 수익이 있었다. 어떤 사람들은 이것을 명백한 폰지 사기 구조라고 생각했다. 한때 UST의 72%가 앵커에 예치되었는데, 이는 플랫폼이 Terra에 대한 수요의 주요 동력이었기 때문이다. 20% 이자를 주는데 안정적이기만 하면 누구라도 UST를 구입하여 스테이킹을 하고 싶었을 것이다. 이것은 매우 짧은 시간에 LUNA 가격이 10달러 미만에서 116달러까지 상승하게 만든 구조이다. 구입한 LUNA를 담보로 빌린 UST로 엥커 서버에 스테이킹하면 20% 이자도 받고, 담보로 예치한 LUNA 가격도 올라가고.

앵커 프로토콜의 예치금이 최고조에 달했을 때 2억 4,800만 달러 규모의 UST가 Curve와 Binance에서 처분되었다. 이로 인해 암호화폐 공간에 엄청난 패닉이 발생했고 UST가 디페그를 시작하면서 Anchor에서 엄청난 UST 인출이 목격되었다. UST에 무슨 일이 일어난 일련의 사건을 정리해 보자.

- 이 암호화폐 재앙을 살펴보기 전에 스테이블코인에 대해 간략하게 논의할 필요가 있다. 스테이블 코인은 미국 달러와 같은 보다 안정적인 통화에 고정되어 있다. 테더와 USDC는 모두 USD에 묶여 있다. 스테이블코인은 암호화폐 공간의 변동성을 제거하는 데 사용된다. 예를 들어 이더의 가격이 $1,000라고 가정해 보겠다. 하나의 이더를 1,000 USDC 토큰으로 교환할 수 있다. 투자자들이 암호화폐 시장에서 타격을 기대하면 자산을 보호하기 위해 스테이블 코인에 돈을 넣는다.
- UST 코인은 실제 미국 달러가 아니라 알고리즘 스테이블 코인으로 뒷받침되었다. 테라재단에서는 USD(미국 달러)를 묶어 놓지 않고도 UST의

페그를 유지하기 위해 수십억 달러의 비트 코인 준비금과 함께 영리한 메커니즘을 사용할 수 있다는 믿고 있었다.

- UST 가격이 상승하면 1달러로 고정시키려고 UST를 발행하고 그에 상응하는 만큼 Luna를 소각해야 한다. 예를 들어 Luna 토큰의 가격이 $85일 때 하나의 1Luna를 소각하여 85 UST를 만들 수 있다. 이 디플레이션 프로토콜은 Luna의 장기적인 성장을 보장하기 위해 설계되었다.
- UST가 페그를 유지하려면 UST 하나를 언제든지 1달러 상당의 루나로 변경할 수 있다. UST의 가격이 하락하면 거래자는 UST를 구매한 다음 Luna로 교환하여 돈을 벌 수 있다. 즉, UST를 소각하면서 Luna를 발행하는 것이다.
- Luna와 UST는 UST가 달러에 대한 페그를 잃자 모두 추락했으며, UST는 스테이블 코인으로서의 자격을 상실하게 되는 것이다.
- UST는 현금, 국채 또는 인기 있는 스테이블 코인 밧줄과 같은 기타 전통적인 자산으로 뒷받침되지 않았기 때문에 위험했다. UST의 안정성은 값을 Luna에 연결하는 알고리즘에서 파생되었다. 처음부터 많은 전문가들은 알고리즘이 두 개의 토큰을 안정적으로 유지할 수 있는지에 대해 회의적이었다. 여기서 일반인은 잘 모르는 점이 있다. 암호화폐 공간의 변동성은 없어지지 않고 이동할 뿐이다. UST에서 변동성을 잡았다면 그 변동성은 Luna로 옮겨간 것이고 Luna에서 변동성을 잡았다면 그 변동성은 UST로 옮겨간 것이다.

LUNA가 붕괴한 이유는 무엇입니까?

- 루나 암호화폐 폭락은 테라 네트워크의 알고리즘 스테이블 코인인 UST와의 연결로 인해 발생했다.
- 5월 7일, 20억 달러 이상의 UST가 스테이킹되지 않았고(앵커 프로토콜

에서 제외됨) 수억 달러가 빠르게 청산되었다. 이것이 금리 상승에 대한 대응으로 발생했는지 아니면 Terra 블록체인에 대한 악의적인 공격인지에 대한 논쟁이 있다. 어찌 되었던 20% 수익도 싫었거나, 앵커 프로토콜의 불안함을 알고 미리 선수를 친 것일 수도 있다. 엄청난 매도세로 UST 가격은 1달러에서 0.91달러로 떨어졌다. 결과적으로 거래자들은 90센트 상당의 UST를 Luna의 $1로 변경하기 시작했다. UST를 소각하고 LUNA를 발행한 것이다. 10% 이익이 있으니 당연하다. LUNA 가격이 안정되어 있었으면 문제가 없었을 것이다. 즉, 이 변동성을 Luna가 흡수해 주어야 하는데 그것이 작동하지 않았다. Luna가 변동을 보이며 가치가 하락했다.

- 많은 양의 UST가 오프로드되자 스테이블 코인은 디페그되기 시작했다. 공황 상태에서 더 많은 사람들이 UST를 매각하여 더 많은 Luna를 발행하고 Luna의 순환 공급을 증가시켰다. 엄청나게 빠른 속도로 Luna 가격이 내려가기 시작했다.
- 이 충돌 이후 암호화폐 거래소는 Luna와 UST 짝을 상장폐지하기 시작했다. 간단히 말해서, Luna는 쓸모 없게 되면서 버려졌다.

루나 추락 후 무슨 일이?

- 루나 붕괴는 전체 암호화폐 시장에 영향을 미쳤는데, 당시 이미 변동성이 크고 어려움을 겪고 있었다. 루나 폭락은 결국 비트코인 가격을 폭락시키고 전체 암호화폐 공간에서 3,000억 달러의 가치 손실을 초래한 것으로 추정된다.
- 암호화폐 리더인 보이저(Voyager)와 셀시우스(Celsius)는 파산 신청을 했다. 캐피탈(3AC)은 청산을 강요당했다.
- 많은 사람들이 Luna 암호화폐 붕괴로 인해 평생 저축한 돈을 잃고 재

정적 어려움을 겪었다. 한 소매 암호화폐 투자자는 Luna에서 저축한 $20,000를 잃었다고 고백하기까지 했다.

- 유일한 승자는 충돌 전에 자신의 위치를 떠난 사람들이었다. 우리가 강조해야 할 승자 중 하나는 헤지 펀드 판테라 캐피탈이다. 그들은 170만 달러의 초기 투자에서 100배의 수익을 보았다. 이 회사는 붕괴 전에 Luna 포지션을 청산하여 1억 7,100만 달러의 수익을 올렸다.

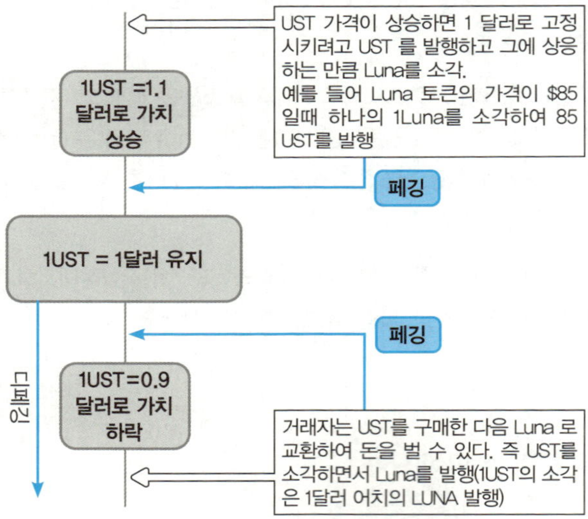

알고리즘 스테이블 코인 UST 작동 메카니즘

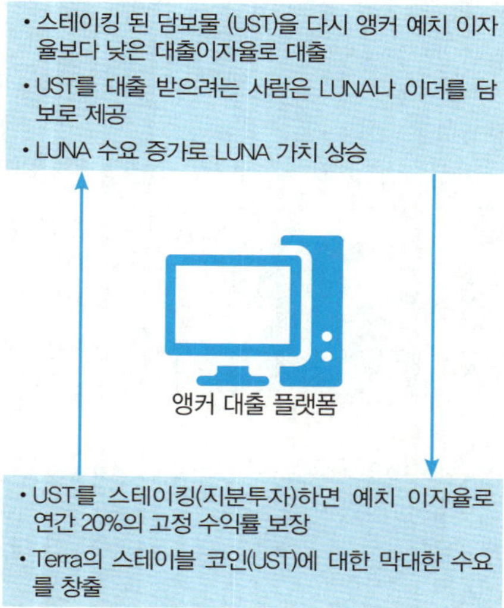

높은 예치 이자로 UST를 유치하고 LUNA를 담보로 예치된 UST를
다시 낮은 대출 이자율로 대출해주는 앵커 플랫폼앵커

5

탈중앙화 시스템 옹호론자

2022년 현재의 경제 침체가 시작되었을 때 많은 사람들은 FTX, Three Arrows Capital 및 Terraform Labs (Luna)와 같은 암호화폐 실패가 전통적인 금융으로 확산될 것이라고 우려했다. 사실은 이는 암호화폐 실패로 볼 수 없다. 이들은 탈중앙화와는 상관이 없는 중앙화 거래소와 중앙화 서버의 실패이기 때문이다. 그런데 실리콘 밸리 은행의 실패가 스테이블 코인 시장에 직접적인 영향을 미쳤기 때문에 정반대의 일이 발생했다. 전통금융의 실패가 암호화폐에 영향을 끼친 것이다.

2023년 3월, 실리콘 밸리 은행, 실버 게이트 은행 및 시그니처 은행의 실패는 시장에 계속 파문을 일으키고 미국 은행 주식을 급락시키고 있다. 이 세 중앙화 은행의 실패를 보며 사람들은 2008년 금융위기를 떠올리기도 한다. 암호화폐 영역에서 2008년 무슨 일이 얼어났는가? 비트코인 네트워크는 2008년 금융위기에 대한 직접적인 대응으로 만들어졌는데, 당시 많은 근면한 사람들이 정부와 중앙화 금융 시스템이 자신들에게 불리하게 작용하고 있다고 느꼈던 시기였다. 사실, 비트코인의 첫 번째 블록에는 코드에 “The Times 03/Jan/2009 Chancellor가 은행에 대한 두 번째 구제 금융을 앞두고 있습니다”라는 문구가 새겨져 있었다.

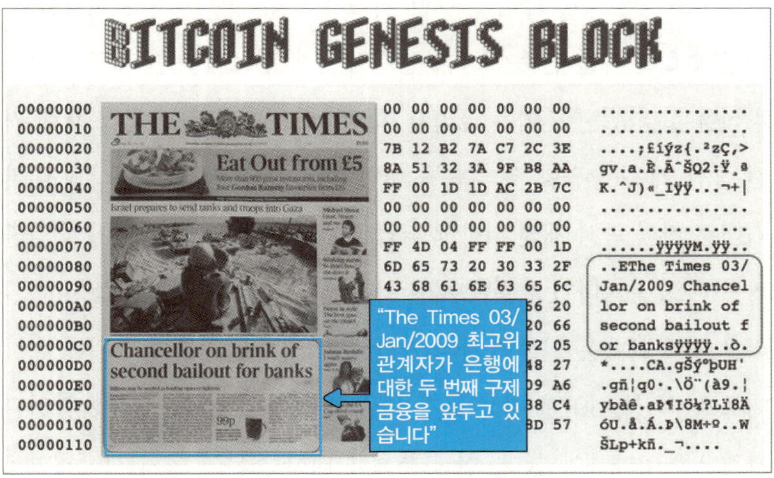

2008년 금융위기 대응으로 탄생한 비트코인의 최초 블록 기록 문구

연방 준비 은행은 공격적인 통화 정책을 주도하지만 열악한 위험 관리에 노출되고 있고 붕괴된 중앙 집중식 금융 기관을 지원할 수 밖에

없는 2023년 지금 다시 비트코인 제네시스 블록에 명시된 Satoshi Nakamoto의 메시지에 귀를 기울여 볼 필요가 있다. 탈중앙화 시스템으로 변화가 일어나야 한다고 주장하는 사람들은 중앙 집중식 기관을 신뢰하는 것을 중단해야 한다고 하며 탈중앙화를 옹호한다. 예를 들어 디파이의 투명하고 오픈 소스로 이루어진 시스템은 중앙화를 운영하는 사람보다 더 똑똑하다는 것이다. 중앙화 시스템을 운영하는 사람들은 결정에서 실수를 저지르지만 디파이 코드는 신뢰할 수 있다는 논리이다.

탈중앙화 시스템 옹호자들은 실리콘 밸리 은행(SVB), 실버 게이트 은행 및 시그니처 은행의 실패 등 일련의 사건을 지켜보면서 인간이 운영하는 중앙 집중화의 오류를 더욱 분명하게 지적하기 시작했다. 지난 수요일 파월 연준 의장은 연준의 정책 경로에 대한 새로운 접근 방식을 설명했는데, 이는 금리가 이전에 예상했던 것보다 더 오랜 기간 동안 계속 상승할 수 있음을 나타낸다. 장기간 금리 인상에 대한 기대는 거의 즉시 채권 시장에 파급 효과를 일으켰고, 가격이 수익률과 반대로 움직이기 때문에 채권 가격이 급격히 하락했다. 동시에 실리콘 밸리 은행은 인출 증가의 기간 동안 의무를 이행하기 위해 대차대조표에 있는 10 년 미국 국가 채권 중 일부를 20% – 30% 할인된 가격으로 판매해야 했다. 현금 부족에 대한 소문이 돌기 시작하면서 은행에 대한 전면적인 감독이 이어졌고 규제 기관이 인수했지만 이것은 더욱 공황을 일으켰다. 다른 지역 은행도 파산할 수 있을까? 결국, 부분 은행 규칙에 따르면 이러한 은행의 대부분은 자본의 5% –

10%만 준비금으로 보유하므로 모든 은행이 뱅크런에 취약하다.

작년에 현재의 경제 침체가 시작되었을 때 많은 사람들은 FTX, Three Arrows Capital 및 Terraform Labs (Luna)와 같은 암호화폐 실패가 전통적인 금융으로 확산될 것이라고 우려했다. 사실은 이는 암호화폐 실패로 볼 수 없다. 이들은 탈중앙화와는 상관이 없는 중앙화 거래소와 중앙화 통제의 실패이기 때문이다. 그런데 실리콘 밸리 은행의 실패가 스테이블 코인 시장에 직접적인 영향을 미쳤기 때문에 정반대의 일이 발생했다. 전통금융의 실패가 암호화폐에 영향을 끼친 것이다. 스테이블 코인이 달러 페그를 잃는 일이 벌어졌다.

USDT에 이어 두 번째로 큰 미국 달러 고정 스테이블 코인인 USDC는 Circle에서 운영한다. Circle의 모델은 간단한데, 사람들은 돈을 주고 USDC라는 디지털 쿠폰 (USDC)을 살 수 있다. Circle은 그런 다음 돈을 가지고 초 유동성 3 개월 미국 재무부 채권(현재 수익률 4.87 %)에 투자한다. Circle은 합리적으로 USDC 발행량 만큼의 현금을 보유하고 채권 형태로 6 개의 다른 은행 파트너(그 중 하나가 실리콘 밸리 은행)에 분산 예치하고 있다. 실리콘 밸리 은행이 무너지기 시작하면서 Circle은 실리콘 밸리 은행에 33억 달러를 예치하여 대차대조표에 5% 이상의 구멍을 만들었다고 발표했다. 이 영향으로 USDC가 달러 페그를 잃고 토요일에 87센트 아래로 떨어지면서 (디페깅) 패닉이 뒤따랐다. 트레이더들은 USD 최대 스테이블 코인인 테더 (USDT)로 빠르게 전환했지만 발행자의 비즈니스 관행과 준비금에 대한 의문이 제기되었다. USDC의 디페깅은 발행하는 스테이블 코인만큼 달러를 예치하면서 고도로 규제되고 안전한 비즈니스로 간주되는 Circle 조차도 중앙화 기관의 영향을 받는다는 점이 이번 사태에서 입증되었다. 이 사건은 투자자들에게 경종을 울려 은행뿐만 아니라 모든 중앙 집중식 기관, 심지어 스테이블 코인을 운영하는 기관에도 위험이 적용된다는 것을 보여주었다. Circle은 부족분을 충당하기 위해 기업 자원을 사용할 것이라고 발표함으로써 신뢰를 회복하려고 노력했으며, 이로 인해 스테이블 코인 시장은 일요일 저녁까지 반등했다. 결과적으로 USDC와 DAI(상당한 USDC 준비금을 보유한)는 달러 페그로 돌아갔고 USDC는 이제 SVB 예금자를 보상한 후 액면가로 거래될 것으로 예상된다.

사태는 일단 마무리되었지만 중앙화 기관의 위험 충격은 남아 있다. 중앙 집중식 기관을 어떻게 신뢰할 수 있는가? 어떻게 하면 은행에 있는 돈을 FDIC 보험 한도인 $250,000 이상 까지 안전하게 지킬 수 할 수 있을까? 동일한 중앙화 은행 파트너를 사용하는 스테이블 코인에 어떻게 돈을 보관할 수 있을까? 이 지점에서 과장된 면이 있지만 탈중앙화를 강조한다는 점을 감안하고 비트코인 맥시멀리스트들의 주장을 들어 보자.

"비트코인의 아름다움은 인간이 검증하거나 지원할 필요 없이 수학이 뒷받침하는 분산된 방식으로 가치를 저장할 수 있는 능력에 있습니다. 아무도 이익을 내기 위해 예금의 90 %를 빌려주지 않으며, 뱅크런의 가능성이 없고, 아무도 힘들게 번 돈으로 채권으로 도박을 하지 않습니다. 비트코인은 이 순간을 위해 만들어졌고 시장도 이에 동의하는 것 같습니다. 위대한 탈중앙화의 길은 비트코인이 가장 가치 있는 자산이자 궁극적인 가치 척도인 미래를 전제로 합니다. 그것은 우리가 부를 저장하는 데 사용하는 것이며, 아마도 우리의 일상적인 비용을 지불하기 위해 스테이블 코인을 위해 작은 조각을 판매하지만 그럼에도 불구하고 이 분산된 가치 저장소인 비트코인만 신뢰합니다."

무신뢰성의 원천이 되는 탈중앙화만 중요한 것이 아니다. 암호화폐를 이용하는 사람들이 확장되려면 탈중앙화 시스템은 확장성 문제가 해결되어야 한다. 탈중앙화 시스템이 유일한 기존의 중앙화 시스템의 문제를 해결한 유일한 방법이라고 믿으면서도 탈중앙화 시스템의 발전의 주축인 확장성 문제에는 관심이 없는 비트코인 맥시멀리스트의 자세는 그야말로 모순 덩어리이다. 물론 탈중앙화의 원칙은 중요하다. 그럼에도 탈중앙화 시스템이 발전하려면 비트코인 맥시멀리스트의 관점의 한계를 뛰어넘어야 한다. 이런 맥락에서 탈 중앙화의 방향은 정해진 듯하다. 합의 메커니즘은 작업증명 방식에서 지분 증명 방식으로 발전하여야 하고, 확장성을 제공하기 위하여 계층 2 보조 체인을 운영하는 방식으로 나아가야 한다. 너무 탈중앙화만 강조하다가 보니 이더리움 블록체인도 확장성을 증진시키려고 계층 1 샤딩 구조로 발전시켜 나가는 것으로 로드맵을 설정했지만 지금은 분위기가 바뀌었다. 탈중앙화 샤딩 구조에 대한 기대가 점점 사라지는 분위기다. 대신에 많은 전문가들은 계층 2 스케일링 솔루션의 진화를 기대하고 있다. 특히 영지식 롤업은 낙관적 롤업보다 우수하며 계층 2에서 훨씬 더 많은 확장성을 제공할 수 있다. 여기에서 눈 여겨 볼 점은 계층 2 보조 체인은 중앙화 시스템으로 운영될 가능성이 높다는 것이 현재 추세다. 이더리움도 계층 2가 더 많이 확장되어 가스 요금을 더욱 줄일 수 있다. 이러한 롤업의 초기 성공은 매우 성공적이어서 이더리움은 로드맵에서 샤딩을 완전히 삭제하려고 하는 사고의 전환도 느껴진다. 확실하게 확인할 수는 없지만 비탈릭은 계층 2 롤업의 도움을 받아 초당 100,000건의 트랜잭션을 처리하는 실현 가능성이 높은 로드맵을 구상하고 있는 듯하다. 그러고 보면 탈중앙화도 비트코인 맥시멀리스트가 주장하는 원론적인 탈중앙화는 지향할 방향이 아니라는 것이다. 문제는 이런 사실을 인정하면 비트코인의 가치는 온전하지 못할 것이기에 그들은 블록체인 기술의 지분 증명 방식과 레이어 2 확장 기술에 대한 미래 방향에 동의하지 않는다. 비트코인 맥시멀리스트들은 완전한 탈중앙화 암호화폐는 비트코인 뿐이며, '합의 방식으로 지분 증명을 사용하는 암호화폐는 증권이다'고 일관되게 주장한다.

구글이 그렇고, 아마존이 그렇고, 트위터가 그래 왔듯이 지금 까지는 중앙화 시스템이 제3차 산업 혁명을 이끌어 왔다. 그러나 분권화의 개념, 탈중앙화의 개념은 지역 사회를 운영하고, 자원을 할당하고, 정부가 통제해야 할 것과 통제해서는 안되는 것을 결정하는 방법과 같은 다른 영역에도 적용된다. 상당한 변화가 진행 중이며 앞으로 더 많은 사람들이 기존 중앙화 시스템에서 탈퇴하여 탈중앙화 시스템으로 옮겨 갈 것이다. 단 조건이 있다. 이더리움 같은 지분증명 방식의 기술과 롤업 같은 확장성 기술이 동반 성장할 때 탈중앙화 시스템으로의 변화가 탄력을 받을 것이다. 그래서 비트코인 맥시멀리스트가 주장하는 탈중앙화는 답이 아니다. 원론적인 면으로 돌아가서 탈중앙화의 핵심은 '중앙화된 곳의 도움이 전혀 없이 분산된 노드들간에 어떻게 거래 정보 또는 계약 프로그램 코드에 대하여 합의의 문제를 해결할 것인가?'이다. 비트코인의 작업증명 합의 방식으로는 구글이, 아마존이, 트위터가 처리하는 양의 1%도 탈중앙화 시스템으로 처리할 수가 없을 것이다. 비트코인 작업 증명 방식 암호화폐만 소중하다고 하는 것은 비트코인이 최초로 주창한 탈중앙화의 길에 큰 바위 덩어리로 막아서는 모순된 상황을 행동으로 보이는 것과 같다.

7

예측시장

1. 예측 시장에 사용하는 스테이블 코인
2. 예측 시장과 퓨타키(FUTARCHY) 이론
3. 퓨타키 거버넌스 모델과 예측 시장 참여 사례

1

예측 시장에 사용하는 스테이블 코인

메이커(MKR) 생태계는 CDP(담보 부채 포지션)와 같은 "스마트 계약"을 기반으로 한다. CDP는 이더리움 블록체인에서 실행되는 스마트 계약이며 메이커 생태계 내에 있다. 이 스마트 계약을 은행의 주택 담보 대출에 비유하면, 집을 이더로, 은행을 스마트 계약으로, 대출을 다이로 볼 수 있다. 메이커의 CDP 스마트 계약에 이더리움을 주면 대출로 다이를 받을 수 있다. 이더리움의 가치가 특정 임계값 아래로 떨어지면 은행처럼 스마트 계약을 상환해야 하거나 이더리움을 최고 입찰자에게 경매한다.

스테이블 코인은 블록체인에 존재하는 비트코인 및 이더리움과 같은 토큰이지만, 비트코인이나 이더리움과 달리 변동성이 없다. 다이 (DAI)는 스테이블 코인의 일종이다. 메이커(Maker) 조직의 첫 번째 제품이 '다이'이다. 메이커 팀은 2017년 12월 다이 스테이블코인 시스템의 백서를 공개했다. 다이가 상대적으로 안정적이려고 하는 자산은 미국 달러이다. USDT 와 마찬가지로 1 다이는 1 달러의 가치를 유지한다. 약간의 가격변화는 존재하지만 중앙화된 tether와는 달리 탈중앙화된 코인인 다이 가 1 달라를 유지한다. 가치안정화 코인인 다이는 2022년 미국 대선 예측 시장에서 인기를 끌었다. 다이 코인은 담보 시스템을 사용하여 1달라를 유지하며 이 담보는 MRK 토큰 홀더들에 의해 관리된다.

MKR 토큰은 다이 스테이블 코인의 중추 역할을 하는 메이커 플랫폼의 유틸리티 암호화페이다. 이더리움 네트워크에서 출시된 최초의 ERC-20 토큰 중 하나인 다이와 메이커는 MKR 토큰을 통해 관리되는 복잡한 관계를 가지고 있다. MKR토큰은 거버넌스를 포함하여 메이커 생태계에서 다양한 용도를 제공한다. MakerDAO는 높은 수준의 투명성을 특징으로 하고 참가자에게 Maker 플랫폼에 대한 제어를 제공하는 적극적인 제안 스마트 계약을 시작하고 사용하는 최초의 분산 형 자율 조직 (DAO) 중 하나였다. MKR토큰은 메이커가 취한 리스크 관리 조치, 신규 담보 통화 추가 및 DAI 발행 시 리스크 매개변수 수정과 같은 기타 변경 사항과 같은 결정에서 중요한 역할을 한다.

항상 1달라에 고정되는 코인, 가치 안정화 코인인 다이가 필요한 이유로는 크게 두가지가 있다. 첫째, Tether의 위험성 때문이다. 폴로닉스나 비트렉스등 거래소에서 USDT (tether)가 사용되고 있는 Tether 코인은 예치된 만큼의 달러만큼 발행된 코인이다. 이런 코인은 은행 계좌에 USD를 보유하고 이러한 달러로 뒷받침하면서 블록체인에서 토큰을 발행하는 스테이블 코인이다. 이것은 합법적으로 뒷받침되는 차용증 코인이라고 볼 수 있다. 차용증이란 암호화 토큰을 유지하기 위해 법률 시스템에 의존하는 것으로 중개인이 무신뢰의 블록 체인에 삽입되는 모순이 있다. 최근 테더를 발행한 만큼의 현금을 가지고 있는지의 의문을 해결하고 있지 못하기 때문에, 탈중앙화이며 1달라의 가치를 가지는 다이가 주목을 받고 있다. 둘째, 가치 안정화의 중요성 때문이다. 스테이블 코인은 블록체인 기술의 약속을 완전히 실현할 수 있게 해주는 것이다. 예를 들어 소비자 대출과 같이 블록체인에서 실행 가능하기 위해 낮은 변동성 임계값이 필요한 모든 애플리케이션은 비트코인 및 이더리움과 같이 하루에 10-20% 변동하는 통화로 표시할 수 없다. 비트코인을 사용하여 한 국가에서 다른 국가로 송금하는 경우 한 블록 확인 기간 (블록 생성 주기) 동안의 가격 움직임(블록체인에 거래가 포함되는 데 걸리는 시간 동안의 가격 움직임)이 Western Union 또는 PayPal에서 부과하는 수수료보다 클 가능성이 크다. 6개월 후에 구입하는 물건을 당겨서 구매 계약을 쓰고 변동성이 큰 현재 암호화폐로 선 결재할 일도 없어야 하기 때문이다. 가장 중요한 것은 가치 안정화 코인은 분산형 거래소 (DEX)를 구현 가능하게 해 해킹위협을 줄일 수 있고 더이상 거래소에서 변동성이 큰 이더나 비트가 기축 통화가 아니라 가치 안정화 코인이 기축 통화 역할을 하므로 '일반' 사용자가 이해하기 편하다.

메이커가 다이 토큰의 안정성을 생성하는 방법을 이해해 보자. 다이는 이더를 담보로 뒷받침된다. 여러분이 이더 보유자이고 다이를 만들고 싶다고 가정해 보자. 첫 번째 조치는 이더리움을 약칭 CDP로 알려진 "담보 부채 포지션"으로 보내는 것이다. CDP는 블록체인(이더리움 블록체인)에서 실행되는 스마트 계약이며 메이커 생태계 내에 있다.

전체 메이커 생태계는 위에서 언급한 CDP와 같은 "스마트 계약"을 기반으로 한다. 블록체인의 스마트 계약을 이용하면 "이 특별한 조건을 만족하면 이 날짜에, 이 시간에 내 이더를 A 지점에서 B 지점으로 보내십시오"라고 말할 수 있다. 메이커의 핵심 스마트 계약은 CDP이다. 은행에서 주택 담보 대출을 요청하는 비유를 들어 보자. 당신은 당신의 집을 담보로 내놓았고 그들은 당신에게 대출로 현금을 준다. 집값이 떨어지면 대출금을 갚으라고 요청할 것이다. 대출금을 갚을 수 없다면 그들은 당신의 집을 경매로 가져갈 것이다. 이것을 메이커에게 대비시키면, 집을 이더로, 은행을 스마트 계약으로, 대출을 다이로 볼 수 있다. 메이커의 CDP 스마트 계약에 이더리움을 주면 대출로 다이를 받을 수 있다. 이더리움의 가치가 특정 임계값 아래로 떨어지면 은행처럼 스마트 계약을 상환해야 하거나 이더리움을 최고 입찰자에게 경매한다. 요약하면, CDP는 단순히 메이커 시스템의 담보(이더)가 보관되는 곳이다.

이더가 CDP 스마트 계약에 포함되면 다이를 생성할 수 있다. 생성할 수 있는 다이의 양은 CDP에 넣은 이더의 양에 따라 결정된다. 이 비율은 고정되어 있지만 시간이 지남에 따라 변경될 수 있다. 내가 넣은 이더에 비해 생성할 수 있는 다이의 양을 담보 비율이라고 한다. 이더가 현재 $100의 가치가 있고 담보 비율이 150%라고 가정해 보자. CDP 스마트 컨트랙트에 1 이더($100)를 보내면 이제 66 다이를 생성할 수 있다. 이것은 이더의 현재 가치에서 내가 만든 각 100 다이가 1.5 이더 담보로 뒷받침된다는 것을 의미한다. CDP 스마트 컨트랙트에 이더를 보내면 이더는 잠긴 상태가 된다. CDP로 보낸 이더는 66 다이를 갚을 때까지 거기에 담보물로 역할만 한다. 다음 다이어그램은 CDP를 열고 닫는 방법을 보여준다.

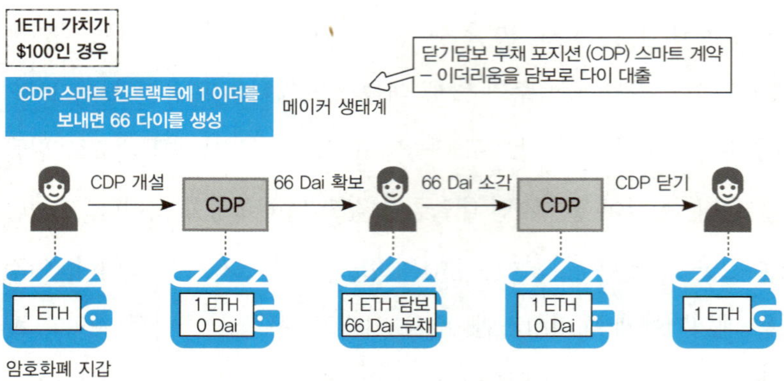

이더리움을 담보로 다이를 대출하는 메이커 생태계

다이의 안정성은 어떨까? 이더 가격이 변동하지 않는다면 그것 만으로도 다이의 안정성을 보장할 수 있다. 그러나 이더 가격의 변동이 없다면 애초에 다이가 필요하지 않을 것이다. 집을 담보로 잡은 은행이 집 값이 올라가면 문제가 없는 것처럼, 이더가 올라갈 때는 전혀 문제가 없다. 시스템은 더 잘 작동되고 다이는 더 강해진다. CDP로 다이를 만들려는 사람들보다 다이에 대한 수요가 더 많아지면, 다이가 강해질 수 있다. 메이커는 다이의 가격이 1달러 이상으로 거래될 경우 사용자가 더 많은 다이를 생성하도록 장려하는 메커니즘을 가지고 있다. 그러나 이더 가치가 내려 가면 이제 문제가 발생할 수 있다. 담보로 보유한 이더의 가치가 담보로 되어 있는 다이의 가치보다 낮다면, 다이는 1달러의 가치가 없을 것이고 시스템은 붕괴될 수 있다. 다이 시스템은 이를 방지하기 위해서 3가지 단계적인 해결책을 제시한다.

첫째, 담보된 이더의 가치가 발행된 다이보다 낮아지기 전에 팔리도록 한다. 마진콜의 시스템과 비슷하며 내부의 옥션 시스템에서 가장 높게 배팅을 한 자에게 팔린다. 메이커는 CDP를 청산하고 이더의 가치가 뒷받침하는 다이의 양보다 적기 전에 내부 이더를 경매함으로써 이에 맞서 대응한다. CDP 스마트 계약은 담보가 부족하면 바로 청산 과정에 들어간다. CDP로의 가격 피드가 이더리움의 가치가 특정 임계값 아래로 내려갔다는 것을 나타내면(담보율 150%에 임계값을125%로 가정), CDP는 "청산"되고 CDP에서 추출한 것을 상환하기에 충분한 다이가 있을 때까지 CDP 내부의 이더는 다이를 위해 경매한다. 1 이더의 가치가 \$100에서 \$75로 떨어지면 CDP는 경매하여 1 이더를 돌려주고 빌려준 66DAI를 회수한다.

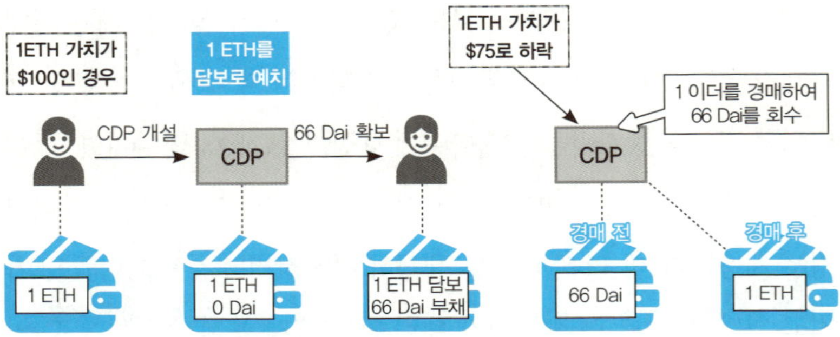

CDP 스마트 계약은 담보가 부족하면 바로 청산 과정에 진입

둘째, 이더리움의 가격이 너무나 떨어져 담보시스템이 무너질 경우를 대비하여 메이커MKR 토큰이 존재한다. 이더리움 가격이 첫번째 방법으로 시스템이 처리하기에는 너무 짧은 기간에 100% 담보 비율보다 훨씬 낮게 추락하는 상황이 문제가 된다. MKR은 메이커 스마트 계약에 대한 거버넌스 권한을 가진 이더리움 블록체인의 토큰이다. 예를 들어, CDP의 담보 비율은 MKR 보유자의 투표로 설정된다. 시스템을 규제하는 대가로 MKR 소지자는 수수료를 보상받는다. 그러나 MKR 보유자가 되는 데는 임무가 부여된다. 그들은 최후의 수단으로서 구매자 역할을 한다. 다이 시스템의 담보된 이더가 다이의 양을 충당하지 못한다면 MKR이 생성되고 오픈마켓에 팔리게 되며 부족한 담보를 충당 받는다. 이는 MKR 보유자가 CDP가 다이를 발행할 수 있는 매개변수를 책임감 있게 규제할 수 있는 강력한 인센티브를 제공하며, 이는 시스템이 실패할 경우 궁극적으로 다이의 보유자가 아니라 MKR의 손해로 이어지기 때문이다. MKR의 메커니즘은 가장 중요한 부분이고, 역할에 대해 더 많은 설명이 필요하지만 여기서는 이 정도로 설명한다.

셋째, 최종 보호 조치가 있다. 블록체인 분야에서 최고의 개발자들에 의해 3년 동안 개발되었고, 엄격한 바이트 코드 수준의 감사를 견뎌냈으며, 몇 달 동안 사고 없이 메인넷에 개발자 중심의 스테이블 코인인 다이가 있었음에도 불구하고 그들도 완벽한 것은 없다는 것을 알고 있다. 시스템을 최대한 안전하게 유지하고 예측할 수 없는 상황을 방지하기 위해 메이커 팀은 글로벌 결제 (최종 보호 조치)라는 프로세스를 추가했다. 글로벌 결제가 시작되면 전체 시스템이 동결되고 모든 다이 및 CDP 보유자에게 기본 담보가 반환된다. 다이와 담보는 담보비율 100%에 의해 정상적으로 돌아간다. 내가 100다이를 가지고 있고 1이더가 $100 라면, 1이더를 돌려받게 되는 것이다. 글로벌 결제는 글로벌 결제 키를 보유한 신뢰할 수 있는 개인 그룹에 의해 착수될 수 있다. 이 서명자들은 무언가가 끔찍하게 잘못되는 것을 발견하면 키를 입력하여 시스템을 정상적으로 종료하는 프로세스를 시작한다. 이 글로벌 결제 거버넌스는 중앙 집중식 요소가 있다. 그러나 그렇게 걱정할 필요가 없다. 글로벌 결제가 할 수 있는 유일한 일은 담보를 돌려주는 것이다.

이러한 3가지 단계적 해결책으로 다이 토큰은 1달라에 현재까지는 잘 고정하고 있다. 다이 뿐만 아니라 가치안정화 토큰들이 계속해서 다른 해결책을 가지고 나오고 있으며 이더리움 생태계를 위해서도 필요하다. 다이 생성 과정을 이해하면 흥미로운 결과를 눈치 챌 수 있다. 변동성은 파괴될 수 없으며 단지 이전될 뿐이다. 다이와 같이 변동성이 제거된 안정적인 토큰이 있다면 그 변동성은 어디로 갔을까? 메이커 시스템에서 변동성은 전적으로 MKR 보유자에게 이전된다. 앞의 예를 사용하여 1 이더를 포함하는 CDP에서 66 다이를 인출하면 가격이 청산 비율보다 높을 경우에만 해당 1 이더를 소유하게 된다. 다이는 사실상 내 이더 가치에 대한 대출이다. 이것은 우리를 흥미로운 결과로 이끈다. 누구나 빌린 다이를 가지고 더 많은 이더를 사는 데 사용할 수 있다. 이렇게 함으로써, 기본적으로 마진으로 이더를 구매하는 방법은 완전히 분산된 레버리지이다. 이제 메이커와 통합된 분산형 거래소에서 거래할 때 실제보다 2 배, 3 배 또는 더 많은 자금으로 이더 가격에 베팅 할 수 있다. (참고로 이런 종류의 레버리지를 사용하는 극단적인 경우가 LUNA의 앵커 프로토콜이다. 앵커 프로토콜을 사용하면 LUNA를 구입하여 이를 담보로 스테이블 코인 UST를 년 4% 정도의 이자를 내고 빌린다. 대출받은 UST를 다시 앵커 서버에 스테이킹한다. 그러면 년 20% 정도 까지 이자를 받을 수 있었다. LUNA의 수요가 많아지고 가격도 올라갔다. 결국은 UST의 디페깅과 LUNA의 가치 하락의 페닉이 일어나면서 LUNA 암호화폐는 막을 내렸다.)

2

예측 시장과 퓨타키(FUTARCHY) 이론

퓨타키(Futarchy) 이론은 마침내 이더리움 커뮤니티에서 자리를 잡았다. 이더리움 커뮤니티는 퓨타키 개념이 구현에 더 가까워질 수 있는 길을 제공했다. 퓨타키 구현을 예로 들면, 상장 기업은 최고 경영자에게 주어진 기간 동안 특정 주가를 달성할 책임을 물을 수 있다. CEO를 믿는 사람들은 "예" 토큰에 투자할 수 있으므로 회사의 미래 성공을 지원하고 목표 주가를 달성한 경우 보상을 받을 수 있는 위치에 있다. CEO를 믿지 않는 참가자는 "아니오" 토큰에 투자할 수 있으며, CEO의 목표주가의 달성이 실패하면 "아니오" 토큰 투자 참가자가 보상을 받을 수 있다.

사회 과학에 의하면 두 민주주의 국가간에는 다른 국가 조합보다 서로 전쟁할 가능성이 적고, "깨진 창문"이 있는 지역에서 범죄가 발생할 가능성이 더 높으며, 국내 총생산이 250 달러인 나라는 500 달러인 나라보다 내전 가능성이 거의 두 배나 높다는 것을 확인했다. 우리는 불확실하고 복잡한 세상에 살고 있다. 올바른 결정을 내릴 때 비판적 사고와 신뢰할 수 있는 정보가 필요하다. 정량화된 예측은 매우 중요하지만 아직 잘 사용되지 않는 도구인데, 예측 시장은 중요한 정량화된 예측 도구로 보인다.

예측 시장이란 무엇인가? 예측 시장은 새로운 것이 아니다. 개인은 고대부터 사건의 미래 결과에 베팅했다. 그리고 "군중의 지혜"라는 신조어는 20세기 초 영국으로 거슬러 올라갈 수 있다. 1906-1907년 버밍엄 출신의 과학자이자 수학자이며 다윈의 친척인 프랜시스 골턴 경 (Sir Francis Galton)은 영국 플리머스에서 약 800 명의 마을 사람들이 황소의 무게를 추정하는 데 도전하는 대회를 목격했다. 각 개별 추정치가 너무 높거나 낮았지만 Galton은 중앙값이 대회 심사 위원이 측정 한 가중치의 0.8 % 이내임을 관찰했다. 평균 추정치가 정확히 맞았다. 예측 시장은 참가자가 특정 주제에 대한 미래 결과에 대해 거래하는 시장이다. 예측 시장은 일반적으로 바이너리 (Yes or no)이며 주어진 시장에 대해 두 개의 대체 가능한 자산을 제공한다. "예" 또는 "아니오"라는 이러한 자산은 0%에서 100% ($0에서 $1 사이)에서 거래되며 현재 시장 가격은 군중 합의를 나타낸다. 예측된 이벤트가 발생하면 올바른 결과의 주식을 구매한 거래자는 소유한 각 주식에 대해 $1를 받는다. 오랫동안 확립된 주식 시장에서 예측 시장 참여자의 주요 인센티브는 이익인 반면 암호화폐를 이용하는 예측 활동의 부산물은 가치 있는 정보다.

오늘날의 예측 시장을 보면, 일부 예측 시장은 중앙 집중화되어 있으며 거래를 지원하기 위해 미국 달러를 사용한다. Polymarket과 같은 회사는 부분적으로 분산되어 있으며 스테이블 코인 USDC를 사용하여 거래된다. 그리고 Augur와 같은 것들은 완전히 분산되어 있으며 분산된 질문 해결을 용이하게 하기 위해 분산된 오라클로 완성된다. 예측 시장이 새로운 방법을 사용하기 시작한 출발점은 Robin Hanson의 퓨타키(Futarchy)에 대한 논문 때문이었다. 퓨타키의 작동 방식은 사려 깊게 참여하는 시민들에게 보상이 돌아가게 하는 것이다. 앞으로의 예측 시장은 예측의 정확성을 높이고, 참여를 높이는 것 외에도 미디어를 개혁하고 소셜 미디어에서 커뮤니티를 유도하며, 퓨타키와 같은 시스템을 통해 민간 및 공공 부문의 주요 의사 결정권자에게 정보를 제공하는 데 도움이 될 수 있게 한다.

퓨타키(Futarchy) 이론을 발표한 이후 16년 동안 이 개념이 구현 측면에서 별로 성과를 보지 못했다. 그런데 이 아이디어는 마침내 이더리움 커뮤니티에서 자리를 잡았다. 이더리움 커뮤니티는 퓨타키 개념이 구현에 더 가까워질 수 있는 길을 제공했다. 퓨타키 구현을 예로 들면, 상장 기업은 최고 경영자에게 주어진 기간 동안 특정 주가를 달성할 책임을 물을 수 있다. CEO를 믿는 사람들은 "예" 토큰에 투자할 수 있으므로 회사의 미래 성공을 지원하고 목표 주가를 달성한 경우 보상을 받을 수 있는 위치에 있다. CEO를 믿지 않는 참가자는 "아니오" 토큰에 투자할 수 있으며, CEO의 목표주가의 달성이 실패하면 "아니오" 토큰 투자 참가자가 보상을 받을 수 있다.

CEO는 자신의 성공 또는 실패가 결정되는 조건을 설정하고, 시장 투자자는 가장 가능성이 있다고 믿는 결과를 예상하고 토큰을 구매하여 해당 거버넌스 구조 내부에 참여한다. DAO(Distributed Autonomous Organization)라고도 하는 블록체인 기반 기업 구조에 적용할 때, 예측 시장 개념은 이해 관계자가 결과에 대한 믿음에 투표하여 결과가 자신의 결정과 일치할 경우 보상을 받는 구조이다.

DAO는 블록체인 (또는 광범위하게 말하면 웹3)에서 탈중앙화된 집단의 소유권을 실험하기 위한 대행 기관 역할을 한다. DAO는 디지털 협동조합주의의 운영 원칙에 관하여 자발적인 연관성으로 설명될 수 있다. 자발적인 협회로서, 그들은 낯선 사람, 친구 또는 서로 잘 모르는 동맹국이 토큰 모델, 인센티브 및 거버넌스에 의해 지원되는 공통의 목표를 향해 가명으로 모일 수 있는 기반을 제공한다. DAO의 구성원 개인은 토큰을 통해 디지털 자산의 소유권을 가질 수 있으며, 토큰은 종종 투표권과 같은 거버넌스 권리와 네트워크 유틸리티 역할을 동시에 수행한다.

좀 과장하면 캄브리아기의 생물 대폭발에 비교되는 최근의 DAO의 폭발로 인해 이더리움 커뮤니티의 많은 사람들은 DAO를 구현할 EVM 호환 체인을 찾기 시작했다. 치솟은 메인넷 가스 가격때문에 지속 가능한 솔루션을 찾아서 DAO를 이더리움 사이드체인인 DAO 사이드 체인으로 보냈다. 새로운 예측 시장 플랫폼으로서 DAO 사이드 체인인 그노시스는 2021년 9월 이더리움 네트워크에 출시되었다. 그노시스 체인 (Gnosis Chain)은 최초의 이더리움 사이드체인 중 하나이며 이더리움의 가치를 따르고 있다. 레이어1 블록체인 네트워크인 그노시스 체인이 2022년 12월 이더리움으로 이어 두 번째로 체인 병합을 통해 PoA(Proof of Authority) 합의 메커니즘에서 지분증명(PoS) 합의 메커니즘으로 전환했다. 과거 PoA 환경에선 그노시스 체인은 20개 검증인들이 네트워크를 보호하다 보니 매우 중앙화된 구조로 운영됐다. 하지만 이번 업그레이드로 10만개 이상 검증자들을 확보하여, 보다 탈중앙화된 블록체인 네트워크로 전환하게 됐다.

커뮤니티 구성원이 직접 운영하는 체인이라 할 수 있을 정도로 10만명 이상의 세계의 기여자들이 그노시스 체인의 노드를 쉽게 운영하고 있다. 다양한 검증자 세트와 커뮤니티 거버넌스는 그노시스 체인이 이더리움 메인넷보다 훨씬 저렴한 가격대에서 신뢰할 수 있는 중립성을 유지하도록 한다. 그노시스는 이더리움 가상 머신 기반 체인이기 때문에 개발은 거의 이더리움과 동일하다고 보면 된다. 그노시스는 특히 집단지성의 과학 원칙을 이용하여 한 사람의 전문가보다 더욱 높은 정확성을 가진 실시간 예측 데이터를 플랫폼에 구현할 수 있다. 뿐만 아니라 누구든 어디서나 현실에서 일어날 수 있는 미래의 사건을 예측시장에 쉽게 개설하여 대다수의 의견을 종합할 수 있다.

그노시스는 어거와 유사한 블록체인 기반의 예측 플랫폼이다.

이 프로젝트를 통해 사용자는 스포츠 경기나 선거 결과에 대해 질문하고 답변함으로써 향후 이벤트에 베팅할 수 있다. 그노시스의 설립자인 마틴 쾨펠만(Martin Köppelmann)은 그노시스가 예측 시장을 사용하는 실험적인 거버넌스 형태인 푸타키를 통합하는 기능을 가진다고 말한다. 마틴 쾨펠만은 그노시스 기술을 사용하여 푸타키에 대한 세 가지 개별 실험을 수행하기 위해 이더리움 재단으로부터 $15,000 보조금을 받았다. 그 가운데 한가지 실험은 "이 CEO를 고용해야 하는가" 테스트였다.

xDai 토큰을 사용하는 그노시스 체인은 안정적인 거래를 위한 관련 실행 계층 EVM 사이드 체인이며 다양한 프로젝트 및 사용자 그룹을 포함한다. 이들 중 다수는 DAO들이다. DAO를 소개하는 DAOhaus에 따르면, 그노시스 체인은 총 2,000개 중 1,116개 이상의 DAO가 온체인에 배치된 가장 인기 있는 사이드 체인이다. 스테이블 코인으로 표시되는 낮은 가스 요금과 네트워크의 일반적인 안정성은 구체적으로 중요한 측면에서 DAO가 그노시스 체인에 배포해야 하는 주요 가치 제안이다. DAO는 제안서, 온체인 투표 또는 재무 관리와 같은 거버넌스 메커니즘을 ETH 메인넷 수수료의 일부만으로 실행할 수 있게 한다.

선택된 성공 지표가 10 년의 시간이 경과한 후 수조 달러의 GDP달성에 대하여 예측하고 은행 구제 라는 제안된 정책이 있다고 가정

Step 0: 성공 지표 및 성숙 기간 선택

- 10년 성숙기간 후에 수조 달러의 GDP 달성 (성공 지표)

Step 1: 제안서 작성 및 게시

- 은행을 구제한다 제안된 정책

STEP 2: "예"와 "아니오"에 대한 예측 시장 설정

- 10년 후 GDP 1조 달러당 토큰당 11달러를 지불할 것을 약속하는 "예" 와 "아니오"에 대한 두 개의 자산이 출시
- 일정 기간(예측 기간: 2주) 동안 둘 다의 평균 가격을 참조
- "예" 토큰은 $24.94의 평균 가격을 가져오고(시장은 10년 후 GDP가 $24.94 조가 될 것이라고 시장이 생각함을 의미)
- "아니오" 토큰은 평균 가격이 $26.20을 가져옴
- 결과적으로 예측 시장은 "아니오" 로 결정

Step 3: 두 시장을 모두 닫고 더 높은 가격으로 정책을 시행한다

- 은행은 구제금융을 받지 않는다

Step 4: 예측 시장에서 패배로 인정받은 토큰 모든 거래 되돌리기

- "예" 토큰의 모든 거래는 예측 시작 단계로 되돌려진다

Step 5: 성숙을 기다렸다가 성공 지표를 측정합니다.

- GDP 측정

Step 6: 보유한 토큰 수에 비례하여 승리한 시장의 모든 사람에게 보상

- 10년 후 "아니오" 시장에서 자산을 보유한 모든 사람은 개당 $26.20를 받는다

futarchy가 어떻게 작동하는지 알아보기 위한 예제

3

퓨타키 거버넌스 모델과 예측 시장 참여 사례

예측 시장이 구체적으로 어떻게 작동하는지 이해하기 쉽도록 비탈릭이 직접 설명한 참여 사례를 정리해 보았다. 먼저 베팅 목적으로 발행된 토큰을 보면, 1) ITRUMP: 선거 결과가 부적합하여 승패 판정이 어려운 경우 1달러씩 받는 토큰, 2) NTRUMP 토큰: 선거 결과 트럼프가 지면 1달러씩 받는 토큰, 3) YTRUMP 토큰: 선거에서 트럼프가 이기면 1달러씩 받는 토큰이 있다. 트럼프 패배에 베팅할 수 있도록 NTRUMP 토큰을 확보하려고 어거 안에 '파운드리' 기능을 통해 1 DAI를 '1 INTRUMP+1 YTRUMP +1 ITRUMP'로 바꾸고 YTRUMP는 필요 없으므로 캣닙에 파는 방법을 사용하였다. 비탈릭은 트럼프가 선거에 지고 베팅에 성공하여 33만 DAI를 평균 2달 동안 예치하고 6만 5,803 달러의 수익을 볼 수 있었다. 연간 이자율로 따지면 175% 수익이다.

페이스북, 구글, 아마존과 같은 중앙화 거버넌스에 익숙한 사람들은 탈중앙화 방식을 바라보면 답답하기만 하다. 탈중앙화 시스템에 끼어드는 나쁜 침입자를 청소하고, 분쟁을 해결하고, 인프라를 관리하며 인프라 자체를 업그레이드를 하는 일을 알아서 해주는 주체가 애매하다는 것이다. 그럼에도 불구하고 탈중앙화 거버넌스는 필연적이다. 비교적 잘 구축된 초기 블록체인 프로젝트에서의 탈중앙화 거버넌스는 그런대로 문제가 없었다. 초기 블록체인은 네트워크 보안 문제를 잘 해결만 하면 되었다. 탈중앙화 합의 알고리즘인 작업 증명(또는 지분 증명)에 따른 보상을 고정적으로 지급해주면 보안 문제는 해결되었다. 이 보상을 위해서는 상당한 자본의 발행이 필요했지만, 초기 암호화폐 공개(ICO) 분위기와 함께 불어 닥친 2차 암호화폐 버블이 있었기 때문에 가능했다. 2010년에서 2013년의 극적인 비트코인 상승, 2014년에서 2017년의 이더리움의 경우도 '더 다오 사태' 만 제외하면 거버넌스에 흠잡을 만한 문제점이 제기되지 않았다. 최근에도 지분 증명 방식으로 바꾸어 환경 피해 문제를 해결한 것과 확장성을 가져올 롤업 등 계층 2 체인 등의 개발이 잘 진행되고 있다. 그러나 지금부터 문제다. 탈중앙화 방식에서 중앙 집중화의 유혹에 빠지지 않으면서, 프로토콜의 유지 및 보수, 업그레이드, 그리고 연구개발을 위한 자금 확보 및 자금 운영에 관한 문제점을 해결할 방법을 찾을 때가 되었다.

탈중앙화 거버넌스의 사례로 코인 기반의 투표 시스템에서 우려하는 부분은 두 가지다. 공격자가 없다고 가정해도, 불평등한 인센티브 불일치 상황이 발생할 수 있고 다양한 형태로 투표자 매수 공격이 있을 수 있다. 암호화폐 소유자들이 투표(Voting)를 통해 결정하는 방안에서는 암호화폐 소유자들이 진실성에 기초하여 의사 결정에 참여한다고 가정한다. 그러나 특정한 상황에서 상당수의 암호화폐 소유자들이 진실되지 못하게 투표할 가능성이 존재한다. 코인 투표 방식은 1코인 1표 방식을 채택할 수 있는데, 이 방식은 기업의 주주총회에서 1주 1표 방식으로 의사 결정을 내리는 방식과 유사하다. 이런 코인 투표방식은 코인을 많이 보유한 부유한 코인 홀더들에게만 힘을 집중시키고 어떤 방식이든 코인 가격을 올리는 게 중요하다고 여기는 그들에게 유리하게 작동한다. 다음으로 투표권 매수로 뇌물을 주어 부정적인 결론을 내리도록 하는 공격이 있다. 시스템의 공격자는 사용자에게 뇌물을 주어 부정적인 결정을 내리도록 유도하면서, 각 사용자에게 집단이 겪은 피해보다는 적은 보상을 나눠주는 게 된다.

나심 니콜라스 탈레브는 인간이 예기치 못한 사건을 이해하고 극복해내는 방식에 대한 독창적이고 대담한 관점을 제시했다. 그는 '스킨 인 더 게임'이라는 표현을 하면서 '책임이라는 것은 리스크 관리의 기본이면서, 우리 사회 모든 측면에서 진지하게 다루어져야 하는 가치'라는 메시지를 전한다. 결과에 책임을 지게 만드는 스킨인더 게임 전략은 코인 투표 시스템의 문제를 해결할 방법 중 하나가 될 수 있다. 기존 코인 기반의 투표 시스템은 투표자들이 집단으로 결정에 대한 책임을 지기 때문에 실패한다. 즉, 투표 결과에 대하여 다 같이 책임을 지는 연대 책임이다. 끔찍한 결정은 결정에 참여한 누구나 가진

코인의 가치가 급락할 것이다. 투표를 잘못한 사람에게만 책임이 돌아가지 않는다. 끔찍한 결정으로 코인이 급락해도 지지한 사람과 반대한 사람이 지는 책임의 무게에 차이가 없다. 이러한 구조를 바꾸어, 투표자가 자신이 내린 결정에 대하여 일괄적인 책임이 아니라 각자 개별로 책임을 지우는 투표 시스템이 필요하다.

스킨인더 게임 전략으로 포크가 대안이 될 수 있다. 파멸적인 결정이 내려지고, 이 결정에 대해 프로토콜 내에서 반대해 본들 아무 소용이 없는 경우 사용자들은 스스로 포크를 해버릴 수 있다. 그러면 기존 코인과 또 포크로 갈라진 코인이 있는 상황에서, 나쁜 결정을 내린 코인의 가치가 붕괴될 수 있다. 정치에서 어느 정당이 문제가 많은 경우 개혁을 바라는 그룹이 새로운 정당을 창당하고 분기해 버리는 경우와 같다. 문제가 많은 기존 정당은 사람들의 관심에서 멀어질 수 있는 것과 비교할 수 있다. 이 포크를 사용하는 방법은 아주 극단적인 의사 결정의 경우에 해당한다. 공격자가 거버넌스를 조작해 부정적 결과를 낳되, 시스템의 붕괴까지는 일으키지 않을 정도의 미미한 공격일 경우에는 어떤 방법이 있을까? 가장 인기 있는 방법은 로빈 해슨이 2000년대 초에 설계한 퓨타키일 것이다. 퓨타키에서 '정확하게 예측하면 더 많은 코인을 얻을 것이고, 예측에 실패하면 코인을 잃게 될 것이다'라는 명백한 논리에 따라 각자가 책임을 지게 된다.

다음은 2020년 미국 대통령 선거에서 예측 시장이 각광을 받을 때, 트윗에서는 코인을 가지고 하는 예측 시장을 혼란에 빠뜨리는 세력이 있다고 하면서, 비탈릭에게 도움을 요청하며 이들에 맞서 베팅해 달라고 추천하는 트윗들이 점점 늘어나게 되었다. 이에 결국 비탈릭이 예측 시장에 참여하게 되었다. 비탈릭의 예측시장 참여 결과에 입각하여 예측 시장 참여 방법과 코인 기반 예측시장이 얼마나 잘 작동했는가를 먼저 살펴보자. 예측시장의 효율을 인증하기 위하여 기존의 방법으로 예측한 방식과 비교할 필요가 있다. 기존의 방식이란 미국의 통계학자인 네이트 실버의 베이즈 정리에 따른 예측 분석 기법이다. 대통령 선거에서 바이든이 결국 승리했다. 결과적으로 네이트의 예측은 바이든이 승리할 확률을 90%로 보았고, 코인 기반 예측 시장에서는 60%로 보았다. 어느 것이 더 옳은 답을 제공한 것인가? 바이든이 이겼으니 더 높은 확률로 예측한 네이트의 예측이 더 우수한 것으로 보일 수도 있다. 그러나 분포를 보면 코인 기반 예측 시장의 희망이 보인다. 네이트 실버의 확률 분포를 보면 538개의 선거인단 투표 중 370표 정도가 바이든 승리로 가는 것이었다. 이에 비해 코인 기반 예측 시장에서는 바이든 승리로 300표 정도가 나온 것으로 간주된다. 실제 결과는 306표로 바이든이 승리했다. 사람들은 누가 몇 표를 얻느냐 보다 누가 승리할 것인가를 더 잘 예측하는 것이 예측 정확도가 더 높다고 생각할 수도 있다. 한편으로는 득표수를 정확하게 예측한 즉, 득표수 분포까지 예측한 코인 기반 예측 시장이 더 예측 정확도가 높다고 볼 여지도 있다. 두 사례의 승부를 가리기 어렵다.

예측 시장이 구체적으로 어떻게 작동하는지 이해하기 쉽도록 비탈릭이 직접 설명한 참여 방법을 정리해 보았다. 먼저 베팅 목적으로 발행된 토큰을 보면, 1) ITRUMP: 선거 결과가 부적합하여 승패 판정이 어려운 경우 1달러씩 받는 토큰, 2) NTRUMP 토큰: 선거 결과 트럼프가 지면 1달러씩 받는 토큰, 3) YTRUMP 토큰: 선거에서 트럼프가 이기면 1달러씩 받는 토큰이 있다. 트럼프 패배에 돈을 걸 수 있는 두 가지 방법이 있는데, 1) DAI를 사용하여 캣닙에서 NTRUMP 구매, 2) 어거 안에 '파운드리' 기능을 통해 1 DAI를 '1 INTRUMP+1 YTRUMP +1 ITRUMP'로 바꾸고 YTRUMP는 필요 없으므로 캣닙에 판다.

- 비틸릭은 '파운드리' 방법을 사용하여 트럼프가 선거에 지는 쪽에 베팅하기로 한다.
- 스테이블 코인 DAI를 확보하고 NTRUMP 구매 방법으로, 먼저 1 ETH (편의상 600 달러 가치로 가정)를 DAO 중 하나인 메이커 다오에 담보로 맡기고 DAI를 받는 CDP (collaterized Debt Position)을 열었다. 스마트 컨트랙트에 의해서 맡긴 ETH 가치의 최대 3분의 2를 DAI로 빌려서 쓸 수 있는데 실재로는 3분의 1인 200DAI를 빌렸다 (나중에 빌린 원금과 이자 3.5%를 되돌려주면 담보금을 되찾을 수 있다).
- 빌린 DAI로 어거 안의 파운드리 기능을 이용하여 200 YTRUMP, 200 NTRUMP, 200 ITRUMP를 구매한 후에 캣닙을 통하여 200 YTRUMP를 판다. 그러면 결국 30 DAI, 200 NTRUMP, 200 ITRUMP를 가지고 베팅하고 있는 상태다.
- 이렇게 2 달이 경과될 때 까지, 36만 7,000개가 넘는 NTRUMP 토론을 모았다. 이 이야기는 600 달러를 담보로 맡기고 결국 200 NTRUMP를 샀으므로, 36만 개 정도의 NTRUMP를 확보하려면 600 x 360,000/200 달러 =1,080,000 달러를 메이커 다오에 담보로 맡긴 상태가 된다.

- 자본 투자 비용을 분석해보면, 이더리움 약 100만 달러를 예치해 놓고 CDP를 안전하게 사용하기 위해 담보 비율이 3배였으니 33만 달러의 DAI를 빌려 쓴 것이다.
- 트럼프가 선거에 지고 베팅에 성공하여 33만 DAI를 평균 2달 동안 예치하고 6만 5,803 달러의 수익을 볼 수 있었다. 연간 이자율로 따지면 175% 수익이다.

그러나 트레이더가 보기에는 덜 매력 적일 수 있다. 만약 담보로 맡긴 ETH의 가치가 2달 동안 10% 떨어진다면, 2달 동안 10만 달러 손실을 입을 것이다. 그렇다면 6만 5천 달러의 수익이 무슨 의미가 있는가? 아직 해결되어야 할 여러 문제가 많은 것은 분명하다.

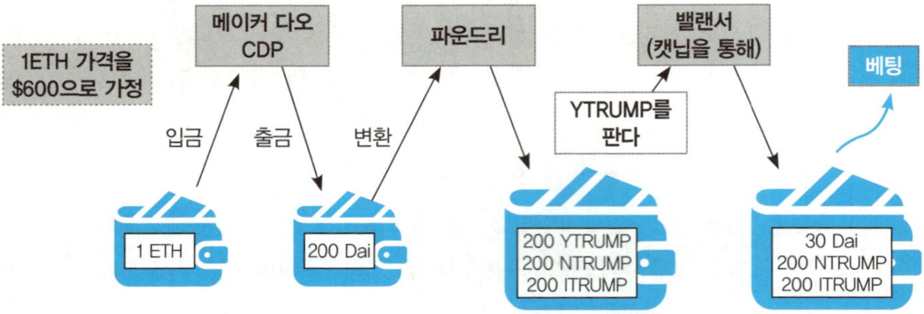

예측시장 서비스 캣닙(Catnip)를 통한 참여 사례

참고

- 메이커 다오: 메이커다오(MakerDAO)는 이더리움을 담보로 잡고 달러에 연동된 스테이블코인인 다이(DAI)를 발행하는 프로젝트이다. 주택을 담

보로 대출을 받는 것과 비슷한 개념이다. 1다이는 1달러 가치를 갖는다. 메이커다오는 2017년 말 공개된 이후 지금까지 9,000만 달러 규모의 대출을 발생시켰다.

- 캣닙: 캣닙(catnip) 은 오픈 소스 방식의 예측 시장 플랫폼인 어거의 탈중앙화 자율 조직(DA))이 만든 서비스이다. 어거의 프런트엔드 서비스이며, 발란서의 백엔드로 구동된다. 보다 간단하고 낮은 수수료로 이용할 수 있도록 하여 보다 많은 이들이 예측 시장을 사용할 수 있도록 한다.
- 어거: 어거(Augur)는 블록체인 기반의 미래 예측을 위한 베팅(betting) 플랫폼을 위한 암호화폐이다. 2016년 10월 잭 피터슨(Jack Peterson)과 조이 크루그(Joey Krug)가 공동 창시했다. 어거는 이더리움 기반 예측시장 피투피(P2P) 프로토콜로서, 집단지성의 과학 원칙을 이용하여 한 사람의 전문가보다 더욱 높은 정확성을 가진 실시간 예측 데이터를 플랫폼에 구현할 수 있다. 뿐만 아니라 누구든 어디서나 현실에서 일어날 수 있는 미래의 사건을 예측시장에 쉽게 개설하여 대다수의 의견을 종합할 수 있다. 어거의 화폐 단위는 RFP이다. 어거와 유사한 블록체인 기반의 예측 플랫폼으로 엔도르(Endor), 뉴머라이(Numerai), 노시스(Gnosis)가 있다.

8

환경 문제와 규제 및 추적

1. 채굴 방식 합의 메커니즘의 환경 피해
2. 암호화폐가 증권이라고 주장하는 측의 근거
3. 바람직한 암호화폐 규제 방향
4. 규제 전에 명확한 규칙과 지침 수립이 먼저
5. 국가적 암호화폐 해킹 조직과 추적 기술

1

채굴 방식 합의 메커니즘의 환경 피해

2000년대 초반부터 채굴 하드웨어가 발전하여 비트코인 채굴 전용 칩인 응용 프로그램 맞춤형 집적 회로(ASIC)로 만들어진 전용 채굴장비가 중국기업에서 개발되었다. 이 채굴 전용 장비는 채굴공장을 형성하고 막대한 양의 전기 소비를 유발한다. 채굴 공장 규모를 키우면 키울수록 채굴 성공의 기회가 높아진다. 현재 17,506곳의 채굴 장비가 있지만, 내용면에서는 7개 정도의 대형 채굴 공장이 90% 이상의 채굴 성공 보상금을 독점하고 있다. 비트코인 탈중앙화 시스템의 중앙화가 소리없이 진행되어온 형국이다. 이 채굴장비에 사용되는 전기는 대부분 화석 연료에서 생산된다. 이러한 연료를 태우는 것은 지구의 기후를 따뜻하게 하고 인간의 건강에 해를 끼치는 오염을 일으키는 온실 가스를 방출한다.

2022년 8월 "비트코인의 탄소 발자국 재방문"이라는 제목의 연구 에서는 비트코인이 연간 65.4메가톤의 탄소 배출량에 대한 책임이 있음을 보여주었다. 이는 그리스 전체가 배출하는 탄소 배출량과 거의 같은 양이다. 비트코인 채굴에 대한 중국의 단속은 예상했던 수치를 완전히 감소시키지는 못했다. 주로 나중에 중국에서 채굴이 중단되지 않는다는 사실이 밝혀졌기 때문이다. 간단히 말해서, 단속했지만 탄소배출량을 줄이지 못했다. 비트코인은 규제와 검열에 저항할 수 있도록 설계되었기 때문에 국가가 채굴을 금지하더라도 개인이 집에 채굴 장비를 설치하고 채굴에 참여하는 것을 막지는 못할 것이다.

비트코인 채굴 과정의 높은 에너지 소비는 결함 때문이 아니다. 비트코인의 에너지 소비는 비트코인 합의 메커니즘이 작동하는 기능 그 자체이다. 비트코인 채굴은 제3자의 개입 없이 토큰 거래를 검증하는 프로세스이다. 비트코인의 이 검증 프로세스는 수만 개의 마이닝 머신의 계산 능력을 사용하여 많은 양의 에너지를 사용한다. 현재 기준으로 보면 17,506개의 마이밍 머신이 경쟁적으로 채굴에 참여하고 있다고 볼 수 있다. 초기에는 전체 프로세스는 분산화된 고만고만한 성능의 가정용 컴퓨터에서 검증 프로세스가 이루어졌다. 전세계적으로 분산화된 1만개 이상의 데스크 탑들이 채굴 머신을 돌렸기 때문에 각각 서로 비슷한 채굴 성공의 기회가 주어졌던 셈이다. 그러므로 원래 비트코인 네트워크는 에너지 소비형이기는 했지만, 탈중앙화라는 중요한 장점이 있었던 것이다. 그런데 2000년대 초반부터 채굴 하드웨어가 발전하여 비트코인 채굴 전용 칩인 응용 프로그램 맞춤형 집적 회로(Application-Specific Integrated Circuits)로 만들어진 전용 채굴장비가 중국기업에서 개발되었다. 이 채굴 전용 장비는 채굴공장을 형성하고 막대한 양의 전기 소비를 유발한다. 채굴 공장 규모를 키우면 키울수록 채굴 성공의 기회가 높아진다. 이제는 데스크 탑 컴퓨터 정도로 채굴할 때 채굴 성공 가능성은 0이라고 보아도 좋다. 한 마디로 규모의 경제다. 그러니 채굴 성공 보상금이 전기 소비 비용보다 크기만 하다면 채굴 시설을 확장하면 할수록 좋게 된 것이다. 현재 17,506곳의 채굴 장비가 있지만, 내용면에서는 7개 정도의 대형 채굴 공장이 90% 이상의 채굴 성공 보상금을 독점하고 있다. 비트코인 탈중앙화 시스템의 중앙화가 소리없이 진행되어온 형국이다. 이 채굴장비에 사용되는 전기는 대부분 화석 연료에서 생산된다. 이러한 연료를 태우는 것은 지구의 기후를 따뜻하게 하고 인간의 건강에 해를 끼치는 오염을 일으키는 온실 가스를 방출한다. 문제는 여기서 끝나지 않는다. 채굴자들 간의 채굴 경쟁 (블록 생성 경쟁)은 에너지 사용을 증가시키고, 비트코인의 가치가 올라갈수록 그 경쟁은 더욱 치열해진다. 캠브리지 대학교 전력 소비 지수에 따르면 2022년 6월까지 글로벌 비트코인 네트워크는 14.34기가와트 의 전력 생산이 필요했으며, 이는 거의 1,440만 미국 가정에 전력을 공급하기에 충분한 양이다. 이는 대략 126테라와트시(TWh)이다. kWh 당 평균 10.6센트 를 계산하면 약 134억 달러에 달한다. 아주 고약한 점은 이러한 비트코인의 구조적 에너지 낭비 방식에 기인한 환경 피해를 체계적으로 설명하지도 않는다는 사실이다. 이 시점에서 우리는 비트코인 채굴의 환경에 미치는 악영향을 상쇄하기 위해서는 2억

8,400만 그루의 나무를 심어야 한다.

블록체인 기술과 암호화폐는 금융 및 은행에서 미디어, 의료, 엔터테인먼트 및 전자 상거래에 이르기까지 모든 산업에 새로운 기회를 제공한다. 그러나 암호화폐의 미래 산업에 미칠 장점을 강조하다가 보니, 불행하게도 이러한 골치 아픈 환경적 악영향 통계는 초점이 흐려지고 또 그것이 환경에 얼마나 해로운지 스포트라이트를 비추지 못하고 있다. 크게 보면 암호화폐는 4종류로 나눌 수가 있다. 1) 탈중앙화 작업증명 방식 암호화폐 (비트코인, 이더리움 클래식 등), 2) 탈중앙화 지분 증명 방식 암호화폐(이더리움, ADA, DOT 등), 3) 중앙화 지분 증명 방식 암호화폐 (DCEP), 4) 중앙화 비블록체인 암호화폐(리플의 XRP)이다. 세번째와 네번째 암호화폐는 환경 피해 문제와 결부시킬 필요가 없다. 문제는 첫번째 암호화폐이다.

좀 더 분발하여 지분 증명(Proof-of-Stake) 모델로 성능 개선 노력이 이루어져 채굴 방식의 모델을 제거하기 위한 명분을 입증하는 수밖에 없다. 지분 증명(Proof-of-Stake) 모델이 2030년까지 목표로 하는 탄소 중립에 기여할 수 있다는 분석 데이터를 계속 광고도 해야 한다. 채굴 방식 (PoW) 모델을 사용하는 암호화폐를 도태시키기 위해서는 이더리움 "The Merge" PoS 전환의 성공이 순조로워야 한다. 이더리움의 "The Merge" 성공이 많은 사용자들이 스마트 계약의 실용화를 할 수 있는 계기가 되어야 한다. 여기에 확장성 문제가 해결되고 오라클의 신뢰할 수 있는 데이터 피드 기술이 발전한다면 미래는 채굴 방식을 과거의 기록으로만 기억할 수 있을 것이다.

2022년 9월 카르다노의 R&D를 지원하는 블록체인 기술 회사인 IOG의 공동 창립자이자 CEO인 Charles Hoskinson은 최근 발표된 백악관 보고서가 미국에서 비트코인에 대해 우려스러운 그림을 그리는 이유를 설명했다. 이 모든 것은 조 바이든 대통령이 디지털 자산의 책임 있는 개발 보장에 관한 행정 명령에 서명한 3월 9일에 시작되었다. 그런 다음 목요일 (9 월 8 일) 백악관 과학 기술 정책국은 "미국의 암호 자산의 기후 및 에너지 영향"이라는 보고서 를 발표했다. The Daily Hodl의 기사에 따르면 Hoskinson은 보고서의 의미에 대해 다음과 같이 말했다. "Environmental Protection Agency (EPA) 및The Department of Energy (EPA와 DoE)는 기본적으로 암호화폐 작동 방식을 변경하도록 암호화폐 회사와 대화를 시작할 것이다."

"유도하는 방향은 매우 낮은 전기 사용, 높은 에너지 집약도, 낮은 물 사용량, 낮은 소음 발생, 운영자의 청정 에너지 사용을 강화하는 방향이 됩니다."

"이러한 조치가 영향을 줄이는 데 효과가 없는 것으로 판명되면 행정부는 집행 조치를 모색해야 하며 의회는 암호화폐 자산 채굴을 위한 고에너지 집약도 합의 메커니즘의 사용을 제한하거나 제거하기 위한 입법을 고려할 수 있습니다."

Charles Hoskinson은 미국 정부의 새로운 권고가 비트코인(BTC) 및 기타 암호화 자산에 좋은 징조가 아니라고 경고했다.

"EPA와 DoE가 참여하여 기본적으로 준수할 수 없는 표준을 만들어 비트코인을 부드럽게 금지할 것입니다. 그리고 당신이 할 수 없을 때, 기본적으로 당신이 그것을 할 수 없도록 방지하기 위해 어떤 형태의 행정 명령이나 법안을 만들 것이고, 이익 마진을 파괴하여 더 이상 미국 PoW 방식 암호화폐 채굴 산업에 수익성이 없도록 유도할 것입니다." 행정부는 집행 조치를 모색할 것이며, 의회는 높은 에너지 집약도 합의의 사용을 제한하거나 제거하는 법안을 고려할 수 있다. 암호화폐 네트워크를 운영하기 위한 합의 메커니즘은 매우 낮은 에너지 집약도, 낮은 물 사용량, 낮은 소음 발생, 운영자의 청정 에너지 사용량에 이르도록 유도하는 암호화폐 표준화 정책 방향으로 나아갈 것이다. 바람직한 방향이다.

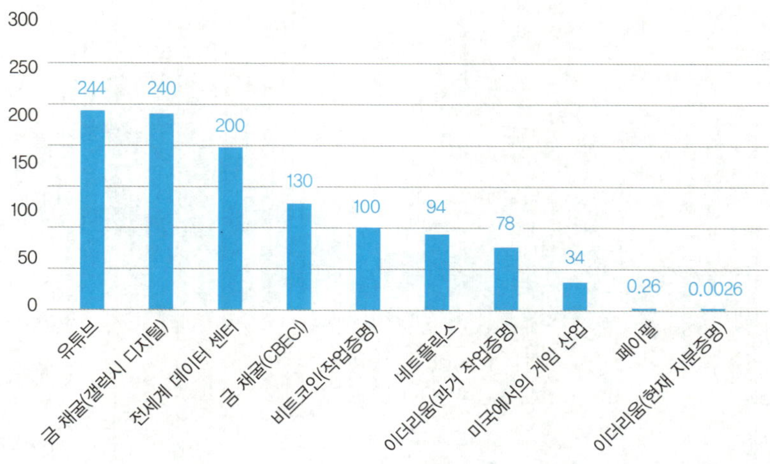

연간 에너지 소비량(TWH/년)

2

암호화폐가 증권이라고 주장하는 측의 근거

암호화폐를 증권으로 분류하기를 주장하는 측의 논리는 다음 세 가지로 요약할 수 잇다. 첫째, ICO를 통해 이더리움에 자금을 지원했다는 사실 때문이다. 둘째, 일부에서는 이더리움 네트워크 및 관련 프로젝트의 성공이 통화로서의 사용보다는 이더리움의 가치와 관련이 있다고 주장한다. 이것은 이더리움이 통화나 상품보다 증권에 더 가깝다는 것을 암시한다. 마지막으로, 특히 네트워크 업그레이드와 관련된 결정과 관련하여 개발자가 이더리움을 중앙 집중식으로 제어하는 것은 이더리움이 분산된 통화보다 증권에 더 가깝다는 것을 나타낼 수도 있다는 우려가 있다.

2022년 7월 MicroStrategy의 CEO인 Michael Saylor가 PoS (Proof-of-Stake) 블록체인 카르다노의 기본 코인인 ADA를 증권이라고 주장했다. 최근의 인터뷰 중 하나에서 Saylor는 하드 포크와 초기 코인 제공 (ICO)을 거친 디지털 자산이 유가 증권이라고 주장했고, 이더리움을 포함한 많은 자산이 유가 증권으로 분류되어야 한다고 주장했다. 노골적으로 오직 비트코인 만을 대놓고 지지하는 인물로 잘 알려진 Michael Saylor이다. 대표적인 비트코인 맥시멀리스트이다. 암호화폐의 깊은 약세장 아래에서 그의 회사 MicroStrategy는 비트코인 자산 구매를 추가했을 정도이다. 이에 대해 카르다노의 창시자인 Charles Hoskinson은 ADA가 증권이라고 주장한 CEO인 Michael Saylor가 엉터리라고 반응했다. (지독한 비트코인 맥시멀리스트인) Vayes는 비트코인을 제외한 모든 디지털 자산을 사기라고 비난함으로써 암호화폐 부문에서 돌출한 행동을 보였었다. 이런 류의 비트코인 맥시멀리스트들은 비트코인 PoW (Proof-of-Work) 방식 만이 합의 구조가 분산화되어 있다고 믿는듯 하다. 그들은 PoS 방식의 암호화폐는 블록 생성자를 선정하기 때문에 일면에서는 합의 구조가 분산화된 것이 아니라고 생각하며, 블록생성자 선정 과정에 중앙화된 방식이 내재되어 있다고 주장한다. 물론 언뜻 보면 PoW 방식의 비트코인이 더 분산화되어 있는 것처럼 보인다. 그러나, 실재로는 7개 정도의 대형 채굴자들이 전세계 채굴노드의 총 컴퓨팅 파워 (해시 파워)의 90% 정도를 보유하고 있다. 이들 대표들이 친분을 보이며 모여 있는 사진을 보면 비트코인이 분산화되어 있다고 믿기에는 섬뜩하기까지 하다.

카르다노의 Hoskinson는 ADA가 비트코인보다 더 분산화되어 있다고 주장한다. 또한 그는 카르다노가 비트코인보다 더 유용하다고 말하며, 비트코인의 주요 용도가 오직 가치 저장이라고 주장한다. 그는 Saylor가 비트코인보다 더 많은 사용 사례 (예, 스마트 계약)를 가진 암호화 자산에 레이블 (증권이라는 딱지)을 붙이면서도, 선호하는 비트코인을 증권으로 분류하는 것을 거부하는 이유에 대해 의아해했다. Hoskinson은 비트코인 맥시멀리스트가 "토론하기조차 불쾌하며 쓸모 없는 개인"이기 때문에 ADA에 대해 Saylor와 토론하는 것은 비효율적일 것이라고 주장한다. 그는 또 비트코인이 이전 최고점에 도달하지 않으면 Saylor가 파산할 수 있다고 경고하기까지 한다.

그러면 왜 암호화폐를 증권으로 분류하는 것을 싫어할까?

상품에 대한 규제는 원칙에 기반을 두고 있으며 대부분 수동적인 반면, 증권 규제는 훨씬 더 까다롭다. 피할 수만 있다면 괜히 암호화폐를 증권으로 처리하여 SEC (증권 거래 위원회)의 관할권에 속하는 것을 원하지 않는다. '증권'은 Howey 테스트에 의해 정의되며 증권이라고 판정하려면 다음 4가지 모든 항목을 충족해야 한다.

1. 구입에 돈을 투자

2. 투자는 공동 기업에 들어간다.

3. 이익을 기대하고 투자한다.

4. 이익은 오로지 타인의 노력에서 나온다.

보통의 탈중앙화 방식 암호화폐는 2), 3) 4)와는 맞지 않는다고 주장할 수 있다. 그러면 증권이 아닌 것인가? 탈중앙화 프로젝트의 개발비 확보를 위하여 ICO(초기 자금 조달) 단계가 있었고, 자금 조달 방식이 중앙 집중식으로 보인다면 자산이 증권으로 보이는 일부 순간이 있을 것이다. 그러나 이것 만으로 해당 자산이 항상 유가 증권임을 자동으로 추론하지는 않는다. 그들이 프로젝트를 개발하고 운영하기 위해 사람들로부터 돈을 모으는 경우, 일정 기간 동안 벌금을 부과하는 것은 괜찮아 보이기는 하다. 그러나 기본 자산이 충분히 탈중앙화 되고 유용성이 있는 경우 자동으로 그 이후에 영원히 유가 증권으로 간주할 수 없다. ADA의 경우도 ICO가 있었기 때문에 유가 증권으로 해석될 소지는 일부 있다. 그러나 미국 시민은 ICO에 참여할 수 없었다. 미국 SEC는 유가 증권의 해외 판매에 대한 관할권이 없기도 하다. 그러나 탈중앙화 방식이 아니고 중앙화 암호화폐인 리플의 XRP에 대하여 다시 증권 판정 규정을 적용해 보자.

- 구입에 돈을 투자: 돈을 투자한다. O
- 투자는 공동 기업에 들어간다: XRP는 리플이 중앙발행한 것으로 초기에는 투자는 리플 회사로 들어간다. O
- 이익을 기대하고 투자한다: XRP를 구매할 때 이익을 기대한다 O.
- 이익은 오로지 타인의 노력에서 나온다: XRP를 가지고 있으면 Ripple Net 결제 플랫폼의 사용자가 늘어날수록 이익이 나온다. O

위를 보면 중앙화 암호 화폐인 경우에는 증권이라고 판단할 수 있는 여지가 많다. 아무튼 탈중앙화 암호화폐 세상에 쉬운 방법인 중앙화 암호화폐로 끼어들었으니 뭔가 차별 대우를 받을 만도 하다. 암호화폐가 증권인지 아닌지 판단하는 근거를 탈중앙화에 두는 것은 미국 증권거래위원회 (SEC)의 탈중앙화 및 형태를 통한 접근 방식에 기인한다.

2014년 이더리움 ICO와 그 뒤를 이은 다른 암호화폐의 ICO 붐 이후 SEC 직원은 암호화 자산이 증권인지 여부를 명확히 하기 위한 분석 프레임워크를 암호화 산업에 제공했다. SEC Corporation 재무부장 William Hinman의 2018년 연설에서 처음 제시된 후 2019년 직원 지침에서 더 자세히 설명했던 핵심 아이디어는 블록체인 프로젝트가 충분히 분산된 경우 프로젝트와 관련된 암호화 자산이 1946년 대법원 사건의 이름을 따서 명명된 소위 Howey 테스트에 따른 "투자 계약"이 아니거나 증권이라고 볼 이유가 없다는 것이다. 따라서 이 설명으로는 암호화 자산은 증권이 아니다.

2019년 SEC 직원 지침에 따라 프로젝트의 분산화 수준은 프로젝트 고유 및 외부 특성을 포함하는 50개 정도의 요소를 기반으로 결정된다. 이러한 요소는 광범위하며 예를 들어 "기획자, 스폰서 또는 기타 제3자"를 포함할 수 있는 소위 "적극적인 참여자"가 수시로 개발, 마케팅, 개선 또는 운영에 역할을 하는지 여부를 포함한다. 이러한 요소는 특정 시점에서 평가하기 위한 것이다. 따라서 블록체인 프로젝트의 탈중앙화 수준은 시간이 지남에 따라 변할 수 있으며 실제로 변할 것으로 예상된다. 결과적으로 암호 자산은 예를 들어 프로젝트 스폰서가 투자자에게 처음 판매할 때 증권으로 수명을 시작할 수 있으며 어느 시점에서 프로젝트가 충분히 분산됨에 따라 비 증권으로 변형될 수 있다.

프로젝트 탈중앙화를 기반으로 암호화폐의 증권 여부를 분류하는 것은 실용적인 문제에 대한 능숙한 관료적 해결책이었다. 그것은 두 개의 가장 큰 암호화폐인 비트코인과 이더가 증권이 아니거나 적어도 더 이상 증권이 아니라는 확신을 주는 데 도움이 되었다. 이들을 증권으로 보고 싶어하는 반대 관점에서 볼 때, ICO처럼 자산을 일반에 처음 판매하는 것은 증권 공모에 대한 등록 및 공시 요건을 위반했다고 볼 수 있다. 그리고 암호화폐 거래소 및 딜러와 같은 중개인과 토큰의 초기 투자자는 불법 미등록 증권 거래소, 중개, 거래 또는 인수 활동에 관여했다고 볼 수 있다. 초기 공모에서 0.3 달러이던 이더리움이 지금 대략 2000 달러이며 그간 거래된 수십억 달러의 가치를 감안할 때 그렇다.

2019년 SEC 직원 지침이 모호한 상황에서 시장 참여자는 공개적으로 사용할 수 없는 정보를 기반으로 하는 많은 모호한 요소에서 암호자산과 기본 프로젝트를 분석해야 한다. 분석은 다루기 힘들고 최악의 경우 불가능하다. 특히 증권으로 보아야할 어떤 요인이 다른 요인보다 더 중요할 수 있는지에 대한 지침이 없고 규칙이나 실질적인 소송을 통한 설명이 거의 없다. 블록체인 프로젝트의 개발 초기 ICO에 참여하는 참여자의 경우 SEC 직원의 지침은 도움이 되지 않는 실정이다. 탈중앙화 및 변형 이론 (프로젝트의 탈 중앙화 정도는 시간에 따라 바뀐다.)은 그것을 만든 규제 기관조차 혼란스럽게 만드는 것 같다. SEC는 집행 맥락에서 이론을 일관되지 않고 때로는 혼란스럽게 전개했다. 경우에 따라 SEC는 암호화 자산을 증권으로 설명한다. 다른 경우에 SEC는 암호화 자산을 증권에 준하는 것으로 설명한다. 또 다른 경우에는 암호화 자산 자체가 증권인지 여부에 관계없이 암호화 자산이 증권 거래의 일부로 설명한다. 이러한 불일치는 더 나은 접근 방식이 필요함을 시사한다.

2023년 상반기까지 결론이 나지 않은 상태지만, SEC의 입장은 이더리움이 등록되지 않은 증권으로 분류되어야 한다고 믿고 있으며, 그 이유를 다음 이더리움의 몇 가지 속성으로 설명한다. 첫째, ICO를 통해 이더리움에 자금을 지원했다는 사실 때문이다. 암호화폐 공간에서 신생 기업이 사용하는 일종의 자금 조달 메커니즘인 ICO가 행하여지는 동안 투자자들은 투자 수익을 기대하며 이더리움 토큰을 구매할 수 있었다. 이로 인해 일부 사람들은 이더리움 토큰이 증권과 유사한 이더리움 네트워크에 대한 소유권을 나타낸다고 주장했다. 두번째로, 일부에서는 이더리움 네트워크 및 관련 프로젝트의 성공이 통화로서의 사용보다는 이더리움의 가치와 관련이 있다고 주장한다. 이것은 이더리움이 통화나 상품보다 증권에 더 가깝다는 것을 암시한다. 마지막으로, 특히 네트워크 업그레이드와 관련된 결정과 관련하여 개발자가 이더리움을 중앙 집중식으로 제어하는 것은 이더리움이 분산된 통화보다 증권에 더 가깝다는 것을 나타낼 수도 있다는 우려가 있다. 이러한 주장에도 불구하고 이더리움이 이더리움 생태계 내에서 유틸리티 토큰으로 (디지털 골드가 아닌 디지털 가스로) 사용된다는 점에서 이더리움이 증권보다 상품에 더 가깝다고 믿는 사람들도 많다.

암호화폐 투자자들은 상황을 면밀히 주시하고 있다. 이더리움이 증권으로 분류되면 투자자들은 암호화폐 시장 전체에 대한 투자에 더욱 신중해질 수 있다. 또한 이더리움 및 관련 알트코인의 가치가 하락하여 투자자에게 상당한 손실을 입힐 수 있다. 이더리움의 분류에 대한 SEC의 판결의 의미는 암호화폐 시장을 넘어 확장될 것이다. SEC의 판결은 블록체인 기술의 규제 및 사용에 있어 매우 중요하다. 이더리움에 대한 SEC의 판결은 향후 다른 암호화폐의 규제에 영향을 미칠 수 있다. 이러한 어려움에도 불구하고 암호화폐 시장은 계속해서 성장하고 발전해 왔다. 많은 사람들은 블록체인 기술이 산업을 혁신하고 우리가 세상과 상호 작용하는 방식을 바꿀 수 있는 잠재력이 있다고 믿는다. 블록체인 기술을 둘러싼 규제 환경은 여전히 불확실하다. 규제 기관은 혁신을 촉진하는 동시에 투자자를 보호하는 프레임워크를 만들기 위해 많은 노력을 기울여야 한다. 암호화폐 시장이 발전함에 따라 규제 당국이 혁신과 보호 사이의 균형을 맞추는 것이 중요하다. 이더리움이 증권인지 상품인지 분류에 대한 SEC의 판결은 올바른 방향으로 나아가는 단계가 될 수 있다.

미국 증권거래위원회 겐슬러 의장은 2023년 2월 27일 비트코인을 제외한 어떤 암호화폐도 증권으로 분류해야 한다는 그의 견해를 다시 한번 확인 했다.

이더리움을 증권으로 분류하려는 겐슬러 SEC의장

3

바람직한 암호화폐 규제 방향

겐슬러는 예전처럼 비트코인만 상품으로 보고 다른 모든 암호 화폐를 증권으로 본다고 말하고 있다. 겐슬러의 진술은 비트 코인 맥시멀리스트가 살고 있는 인터넷의 한 구석에서는 축하의 장이 펼쳐질 일이다. 비트코인 맥시멀리스트는 비트코인만 증권이 아닌 특별한 지위를 부여받고, 다른 암호화폐가 증권으로 지위를 부여하는 데 겐슬러의 견해를 찬양하고 있다. 그러나 암호화폐가 지분 증명 방식으로 가야 한다고 믿는 대부분의 사람들은 비트코인 투자자들이 이런 겐슬러의 규제를 축하하는 것이 참 이상하게 보인다.

2021년 4월 Gary Gensler (겐슬러)가 SEC(미국 증권 거래 위원회) 의장으로 취임했을 때 암호화폐 업계의 많은 사람들이 기대를 보냈다. 이유는 그는 금융을 전공했지만, 2018년 MIT에서 "Blockchain and Money"라는 유명한 과정을 가르쳤으므로 암호화폐에 친숙한 자세를 유지할 것으로 보았기 때문이다. 그러나 그는 기대와는 다른 스텝을 취하기 시작했다. 지난 여름 야후 파이낸스의 보도에서 경고했듯이 유명한 암호화폐 수업을 가르친다고 해서 반드시 그가 암호화폐 팬이라는 의미는 아니다. SEC 직장에서 16개월이 지난 지금, 그가 정말로 암호화폐 팬이 아니라는 결론을 내리는 것이 정확하다고 생각이 든다. 그가 2018년 "Blockchain and Money" 강의에서 블록체인이 어떻게 "금융 부문의 변화를 위한 촉매"가 될 수 있는지에 대해 활기차게 이야기하는 것을 보는 것은 지금 생각해보면 다소 당혹스럽다. 그는 공식적으로 자신을 인정하진 않았으나 그는 비트코인 맥시멀리스트 중 한명으로 보였다. 어쨌던 그는 암호화폐 산업에 학자로서 드물게 야생으로 뛰어 들었다. 그래서 암호화폐와 금융 산업 혁신 분야에서 화제의 인물이 되었지만, 이제는 암호화폐 업계에서는 자랑스러운 악당이 된 기분이다. 지금 Gensler는 암호화폐 동네의 보안관이 되고 싶어한다. 이제 보안관이 총을 뽑았다. 그는 강의를 할 때부터 비트코인에 대하여 유독 우호적이었다. 그런 사연인지 모르겠지만, 비트코인을 제외한 거의 모든 토큰을 유가 증권으로 간주한다는 수사학을 통해 지난 1년을 보냈다. 이제 그의 수사학은 시행으로 바뀌고 있다. 지난 달 SEC 은 코인베이스에 상장된 9개의 암호화폐를 증권으로 분류하고, 조사를 시작한 것으로 알려졌다. 지난 주, 2017년에 1,650만 달러의 ICO(초기 코인 제공)를 시행한 블록체인 플랫폼 Dragonchain을 고소했다.

겐슬러의 메시지는 분명하다. ICO 붐으로 인한 모든 토큰 판매가 주목받고 있다. '겐슬러가 온다'. 겐슬러의 최신 월스트리트 저널 (Wall Street Journal) 기고문에는 암호화폐 대출 기관이 "SEC 직원에게 와서 이야기할 것"을 요구하는 내용이 포함되어 있다. Mark Cuban 은 트윗에서 "들어와서 SEC의 누구와 이야기해? 약속을 누가 어떻게 정하세요? 암호화폐 대출/금융을 이해하고 있으니 조사 담당자 라인을 투명하게 보여줄 수 있어?"라고 겐슬러를 비꼬기까지 한다. Cuban은 또한 지난 가을 Coinbase에 SEC의 접근 방식에 대하여 "공격을 계속"하도록 권장했다. 코인베이스의 CEO 브라이언 암스트롱은 SEC의 접근 방식을 "비공개 위협 전술"이라고 설명했다. 이번 주 Forbes의 기술 컨설턴트 Roslyn Layton의 기고는 "암호화폐에 대한 SEC의 '명확한' 속임수를 끝낼 때"라고 선언하고 Gensler에게 사임을 촉구했다.

암호화폐의 탈 중앙화 금융(디파이)와는 관계도 없는 FTX 사태가 암호화폐 시장을 하락시키는 촉매가 되었듯이, 탈중앙화 암호화폐 세상에서 중앙화 암호화폐인 리플은 겐슬러가 오기 전부터 이미 SEC의 타켓이었다. 2020년에 13억 달러 상당의 XRP 미등록 코인 판매에 대해 리플 암호화폐 회사와 여러 경영진을 미국 증권 거래 위원회는 고소했다. 2022년 9월 29일, 미국 지방 법원 판사는 전 SEC 재무 부서 이사인 William Hinman이 이더(ETH)가 증권이 아니라고 말한 연설과 관련하여 작성한 이메일 및 기타 서신을 공개하기로 판결했다. SEC의 직원이 증권이 아니라고 했다면 분명 리플에게 유리한 형국이다. 이 판결은 2년에 가까운 소송에서 리플에게 유리하게 전개될 법적 전략의 초석이 될 것이다. 리플은 SEC이 암호화폐를 규제하는 데 불분명하고 모순적이며 자의적인 접근 방식을 취했음을 증명하려고 한다. 리플이 이 소송에서 성공한다면 이 사건은 암호화폐 산업에 중요한 선례를 남길 수 있다. Hinman의 연설의 최종 버전은 이렇다.

"분산 네트워크에서 교환 수단으로만 기능하는 리플 자산이 증권처럼 포장되어 판매될 수 있다고 해도 증권은 아닌 것이다."

리플의 암호화폐인 XRP는 은행들이 국제 송금에 이용할 수 있게 도와주는 은행과 경쟁 관계가 아닌 협력 관계에 있는 성격이 다른 암호화폐이다. SEC이 소송을 제기했지만, XRP가 증권이라고 반박할 리플에 대한 자료 및 기타 문서를 투명하게 공개하지 못하고 있다. 여기에서 SEC의 투명성에 대한 혐오감은 스포츠맨답지 않다고들 비난한다. 그런데 투자하는 일반 대중은 투명성에 접근하는 것이 더 좋다. 그러므로 일반 대중을 위한다면 SEC이 더 투명하게 소송을 대처해 나가야 한다. SEC은 중앙화와 탈중앙화 암호화폐를 구분하여 판단할 필요가 있다. 그러나 SEC가 이제 Hinman의 문서를 공개해야 하지만, 이 중 하나라도 이 사건에 의미 있는 영향을 미칠지 여부는 불분명하다. 사실 판사가 문서를 공개한 이유는 바로 소속사 전체가 아닌 한 직원의 개인적인 의견을 반영했기 때문이다. 또 문건에서 예를 든 이더리움의 이더 (ETH)와 리플의 XRP는 기술적 관점에서나 탈중앙화 관점에서 달라도 너무 다르다. 기술적으로 보면 설령 리플이 증권 판정을 받아도 다른 지분 증명 방식 암호화폐의 평가는 리플의 판정을 따르는 것은 불합리하다.

SEC는 2020년 12월 리플과 리플의 현재 및 전 CEO인 브래드 갈링하우스(Brad Garlinghouse)와 크리스 라슨(Chris Larsen)을 상대로 소송을 제기했었다. 이 소송은 겐슬러가 SEC를 담당하기 직전에 제기되었으며 암호화 산업을 통제하기 위한 그의 보다 적극적인 접근 방식을 예고했다. Ripple은 SEC가 디지털 자산 산업에서 BTC와 ETH라는 두 명의 승자를 선택했으며, 지불 중심 (국제 송금만 담당하는) 회사를 부당하게 목표로 삼고 있다고 SEC을 의심하기도 한다. 그렇다. SEC이 미래 산업으로 평가받는 디파이와 스마트 계약 등의 프로젝트가 나아가는 길에 장애물을 설치하는 일은 하지 않을 것 같기도 하다. 비평가들이 비난하듯이, 문제는 SEC이 암호화폐와 토큰이 기존 증권 규칙에 어떻게 맞아야 하는지 명확하게 전달하기보다는 “집행에 의해 규제” 에만 열심이라는 것이다.

불행하게도 시장은 중앙화 암호화폐 거래소 (CEX)와 탈중앙화 암호화폐 거래소 (DEX)의 차이에 관심이 없듯이, 탈중앙화 암호화폐와 중앙화 암호화폐의 구분에도 관심이 없어 보인다. CEX는 신뢰에 의해서만 존재 기반이 있고, DEX는 오픈 소스 등 투명성을 존재 기반으로 삼는다. 신뢰가 무너지면 CEX는 언제든 무너질 수 있다. 반면에 DEX는 프로그램 버그가 없으면 무너질 수가 없다. 왜냐하면

DEX는 작동하는 규칙이 투명하기 때문이다. 중국의 DCEP나 리플의 XRP는 중앙화 암호화폐 이므로, CEX가 갖는 취약성을 그대로 상속받는다고 볼 수 있다. 반면에 탈중앙화 암호화폐는 DEX의 장점과 맥을 같이 한다. 미래 산업이라 불리는 암호화폐 산업은 탈중앙화 암호화폐 플랫폼을 위하여 탈중앙화 방향에서도 처리 속도를 높이는 치열한 연구를 하여야 하고 그리고 투명성을 위한 오픈 소스를 추구하면서도 프로그램의 약점을 파고드는 시스템 공격자 (해커)들과 싸움에서 이겨야 하는 짐을 지고 있다. 이런 면에서 SEC은 암호화폐에 대한 규제업무를 해 나가면서 스포츠맨처럼 규칙을 잘 알고 투명하게 임해야 한다.

게리 겐슬러(SEC 의장)의 2023년 2월 말 뉴욕 매가진과의 인터뷰에서 평소 그의 소신대로 암호화 산업 전반에 영향을 줄 깃발을 다시 흔들었다. 겐슬러는 비트코인 현물 거래를 제외하고 모든 암호화폐 자산이 미국 증권법의 적용을 받는 것으로 간주한다고 이전의 반복을 계속했다. 그전과 다른 점은 약간 우호적이었던 이더리움도 증권이라 분류해야 한다는 주장이다. 그의 주장을 보자.

"복잡하고 법적으로 불투명한 다양한 메커니즘을 사용하는 이러한 암호화폐 뒤에는 사람들이 있지만 가장 기본적인 수준에서 그들은 토큰을 홍보하고 투자자를 유인하려고 노력하고 있습니다."

"비트 코인 이외의 모든 것, 웹 사이트를 찾을 수 있고, 기업가 그룹을 찾을 수 있으며, 해외 조세 피난처에 법인을 설립할 수도 있고, 재단이 있을 수도 있고, 변호사를 고용하여 차익 거래를 시도하고 관할권을 어렵게 만들 수도 있습니다."

겐슬러의 위 진술에 아무도 놀라지 않아야 한다. 사실, 그는 이미 비트 코인을 상품으로 보고 다른 모든 암호 화폐를 아마도 증권으로 본다고 과거에도 말했다. 겐슬러의 진술은 특정 유형의 비트 코인 맥시멀리스트가 살고 있는 인터넷 구석에서 축하의 원인이 되었다. 비트코인 맥시멀리스트는 비트코인만 증권이 아닌 특별한 지위를 부여받고, 다른 암호화폐가 증권으로 지위를 부여하는 데 겐슬러의 견해를 찬양하고 있다. 그러나 암호화폐가 지분 증명 방식으로 가야 한다고 믿는 대부분의 사람들은 비트코인 사용자들이 규제를 축하하는 것이 참 이상하게 보인다. 투자자를 보호하기 위해 시장 조작에 대한 법률을 시행하라는 SEC의 명령은 용감한 시도임이 분명하지만, 암호화폐 시장 조작을 증권의 맥락에서만 관리해야 한다고 주장하는 것은 정확히 잘못된 것이다.

비트코인 시장 조작도 근절해야 하며, 이는 비트코인이 아닌 다른 암호화폐만의 문제만이 아니다. 비트코인이 상품이라고 해서 시장 조작이나 그와 비슷한 것으로부터 면역되는 것은 아니다. 금과 은을 가지고 시장 조작하는 것은 괜찮은가? 더 넓게 보면 그 자산이 근본적으로 무엇인지에 대해 겐슬러가 그것을 증권이라고 부르든 그렇지 않든 아무것도 변하지 않을 것이다. 이는 다른 미국 규제 기관이 해당 자산에 대한 관할권을 주장 할 수 있음을 의미한다. 우리는 "ABC 암호화폐는 증권입니까?"라고 묻지 않아야 한다. 대신 "ABC 암호화폐가 국경이 없고, 탈중앙화 되어 있으며, 검열에 저항하고, 스마트 계약이 가능한 경우 시장 조작을 근절하기 위해서 증권법과 규제가 얼마나 중요하게 적용될 수 있을까?"라고 물어야 한다.

현재 FTX와 같은 중앙화 암호화폐 거래소의 나쁜 비즈니스 모델 등으로 암호화폐가 추락하는 등 사정이 나쁜 것은 어쩔 수 없다고 본다. 다만 실제 사용 사례가 있는 유망한 프로젝트가 최첨단 산업을 위한 새로운 시대에 맞는 규칙 세트를 내놓지 않으면서, 엄격한 규제 기관에 의해 최첨단 산업이 방해받는 것을 보는 것은 불행한 일이다. 규제 기관의 잘못된 규제 방향에 대해서는 암호화폐 관련 산업 종사자들의 적극적인 참여가 필요하다. 미국의 잘못된 규제 방침에 대하여 방향 수정을 요청하는 탄원서 하나를 소개한다. 탄원서 작성자는 어떤 암호화폐의 개발자인듯 보이며, 암호화폐의 성격을 정부에 잘 이해 시킬려고 하는 의도가 보인다. 이해를 돕기 위해 원문을 약간 수정하였다.

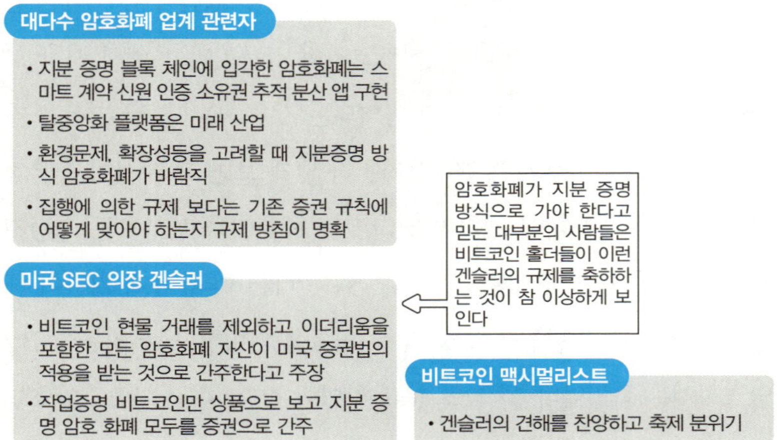

규제 방향을 거꾸로 잡고 있는 SEC 의장 겐슬러

2022년 1월 29일

친애하는 스미스 상원의원님,

저는 제안된 미국 경쟁법의 섹션 60201과 관련하여 글을 쓰고 있습니다. 현재 양식이 통과되면 미국 법전 5318A, 제목 31을 변경하여 재무장관이 국내 금융 기관과의 거래를 영구적으로 금지할 수 있는 상황이 되는데도 불구하고 이 변경 법안의 사전 통지 또는 공개 의견 수렴 요구 사항 없이 진행되고 있습니다. 이 법안은 특히 암호화폐 거래소와 블록체인 산업에 영향을 미칩니다.

암호 화폐는 이제 비트코인의 기능, 즉 가치를 이전하는 수단 이상입니다. 암호화폐는 계약의 결과를 모든 당사자가 확인할 수 있도록 블록 체인에서 중앙기관이 아닌 탈 중앙화된 분산 노드들이 함께 실행할 수 있는 컴퓨터 프로그램 형태인 스마트 계약을 가능하게 합니다. 이를 통해 사람들은 중앙의 신뢰할 수 있는 기관이 없어도 디지털 계약을 만들고, 신원 인증 문제를 해결하거나, 실제 자산의 소유권을 추적하는 등의 작업을 수행할 수 있습니다. 암호 화폐는 더 이상 가치를 저장하는 디지털 골드 역할만 하는 것이 아닙니다. 오히려 사람들이 블록 체인에서 디지털 계약, 신원 인증, 소유권 추적 등을 하고 이 실행 비용을 지불하는 수단입니다.

현재 블록체인 산업은 약 2조 달러로 평가되며 상당 부분은 미국 시민과 금융 기관이 소유하고 있습니다. 선출되지 않은 한 명의 공무원이 암호 화폐를 다루는 전체 기관이 처리하는 거래의 절반을 떨어뜨리는 일을 결정할 힘을 갖는다면 업계의 안정성이 크게 손상될 것입니다. 나는 암호 화폐에 대한 합리적인 규제를 전적으로 지지하지만 전체 산업에 대한 확인되지 않은 일방적 통제를 제공하는 법안에 투표하지 마십시오. 저는 스마트 계약을 사용하여 디지털 계약을 생성하는 데 도움을 줌으로써 세상을 더욱 신뢰하고 투명하게 만들고 싶습니다. 암호화폐를 자유롭게 교환할 수 있는 능력 없이는 그렇게 할 수 없습니다.

-모건 쿠팔

미네소타 거주자

2022년 1월 29일

4

규제 전에 명확한 규칙과 지침 수립이 먼저

미국 규제 기관이 암호화폐를 단속해오면 암호화폐 애호가들은 다음과 같은 주장으로 이에 대응할 것이다. "미국은 암호화폐 혁명과 차세대 금융 혁신을 놓칠 수도 있다." 그러나 이러한 주장은 암호화폐를 장난감 정도로 보는 의원들을 설득할 수 있을 것 같지 않다. 더 실질적인 주장을 하려면, '미국 투자자 보호' 측면을 강조해야 한다. 미국이 (어설프게 규제하면) 공을 더듬으면 공은 손이 닿지 않는 곳에서 더 멀어질 것이다. 규제를 하기전에 명확한 규칙과 지침을 수립하는 측면에서 해야 할 일이 훨씬 더 많다.

2023년도 상반기, 미국 증권 거래 위원회(SEC)는 암호화폐를 단속하고 있으며 미국에서 경고의 신호를 보내고 있다. 하나의 두려움은 규제 불확실성으로 인해 암호화폐 업계 플레이어들이 미국에서 사업을 하지 않도록 압박할 것이라는 점이다. 암호화폐는 국경이 없다. 설령 많은 암호화폐 산업이 미국을 떠나더라도 암호화폐는 미국인에게 거래될 것이기 때문이다. 암호화폐 거래소 코인베이스(Coinbase)가 미국 성인을 대상으로 한 새로운 조사에 따르면 미국인의 20%가 암호화폐를 소유하고 있다. 암호 화폐가 계속 존재하는 한 일반 미국인은 암호 화폐를 구매하고 거래할 방법을 찾고 벤처 자본가는 암호 화폐에 투자하며 기업가는 암호 화폐를 중심으로 프로젝트를 구축할 것이다. 미국이 함께 행동할 수 없다면 미국내 암호화폐 프로젝트는 회색 지대에서만 운영될 것이며 미국인들은 잠재적으로 보호 장치가 약한 역외 기업으로 눈을 돌릴 것이다. 즉, SEC가 미국 투자자 보호에 대해 진지하게 생각한다면 암호화폐 사업을 국내에서 유지하는 것이 더 합리적이다.

문제는 SEC이 너무 엄격해서가 아니다. 너무 혼란스럽다는 것이다. 암호화폐 옹호자들은 SEC가 명확한 규칙과 지침을 제시하지는 않고 대신 집행과 규제를 통해 선별된 프로젝트를 처벌한다고 오랫동안 주장해 왔다. 결과적으로 나쁜 행위자는 요령 것 빠져나갈 수 있는 반면 규칙에 따라 플레이하려는 사람들은 그렇게 할 명확한 경로가 없다. 논란이 되는 움직임 중에는 BUSD 스테이블 코인에 대하여 계류 중인 SEC 소송과 암호화폐 거래소 Kraken의 스테이킹 프로그램 종료가 있었다. 관련자들은 스테이블 코인 가운데 BUSD의 경우가 표적이 된 이유와 스테이블 코인이 정확히 어떻게 증권으로 간주되는지 이해를 하지 못한다. Kraken의 경우는 SEC의 접근 방식이 문제였다. Kraken 입장에서는 SEC 이 집행 조치를 하기 보다는 스테이킹에 대한 사전 지침을 발표하는 것이 더 나았을 것이다. SEC이 온정주의적이고 게으른 규제자라는 소리를 들을 만도 하다.

암호 화폐 산업이 본질적으로 세계적이라는 점을 감안할 때 프로젝트에는 미국의 규제를 피할 방법도 있다. 암호화폐에 대해 우호적이거나 적어도 상대적으로 규제가 명확해 보이는 국가는 인재를 유치할 가능성이 더 크다. 싱가포르의 상대적 명확성과 암호화 친화성은 오랫동안 웹3 프로젝트의 매력이었다. 또한 홍콩이 아시아의 웹3 허브로 자리매김하고자 시도 한다. 일본도 암호화폐를 수용하고 있다. 홍콩이나 일본과 같은 곳에서 암호화폐 사업을 하는 것이 특별히 쉽지 않을 수도 있다. 둘 다 암호화폐 거래소와 상장된 토큰에 대한 엄격한 기준을 가지고 있다. 그렇지만 이들은 운영하고자 하는 프로젝트에 대하여 상대적으로 명확한 규칙을 제시하려고 하며 프로젝트에 대해서 기대하는 바도 상대적으로 투명하다. 그런데 미국의 문제는 미국이 암호 화폐를 규제하는 방법을 아직 결정하지 않았기 때문에 규칙에 따라 플레이하려는 프로젝트조차도 그렇게 하기가 어렵다는 것이다. Kraken에 대한 결정 직후, SEC 의장 겐슬러는 CNBC에서 다음과 같이 말함으로써 암호화폐 트위터를 화나게 했다.

"Kraken은 등록 방법을 알고 있었습니다. 다른 사람들은 등록 방법을 알고 있습니다. 저희 웹사이트에 있는 양식일 뿐입니다. 그들은 와서 우리의 재능 있는 사람들과 이야기할 수 있도록 검토 팀을 공개할 수 있습니다." 그런데 크라켄 입장에서 보면 사전 규칙 없이 3000만 달러의 벌금을 물고 스테이킹 서비스를 영구적으로 중단하게 되었다는 점이다.

스테이블코인에 대한 규칙이나 지침이 없는 상황에서 코인 발행인은 어디까지 선을 넘는지 알 길이 없어 답답하다. 다른 사람들도 암호화폐 프로젝트를 등록하고 싶어도 등록할 수 없다고 말하면서 겐슬러의 의견에 문제를 제기한다. SEC는 프로젝트를 '그냥 등록하세요'라고 말하지만, 막상 등록을 하려고 해도 규정이 맞지 않기 때문에 어떻게 등록할 지 황당하다는 것이다. 그러니 SEC에 대한 응답으로 프로젝트 추진자들은 멍하니 바라보고, 사과하고, SEC이 법적 조언을 제공하지 않을 것이라고 불만을 이야기한다. 그럼에도 불구하고 스테이블 코인은 그냥 사라지는 것이 아니라 다른 곳으로 이동해 간다는 것이다. 미국 내에서 단속이 이루어지면 미국 규제 기관이 통제할 수 없는 다른 지역업체에 연료를 공급하는 형태가 될 뿐이라는 이야기이다. 해당 업체가 여전히 미국 투자자와 미국 달러에 영향을 미치고 있음에도 말이다. 워싱턴의 일부 사람들은 암호화폐가 미국을 떠났다면 기뻐할 지도 모른다. 그들에게는 걱정할 문제가 하나 줄어들 것이다. 이러한 워싱턴의 조치에 대하여 암호화폐 애호가들은 다음과 같은 주장으로 이에 대응할 것이다. "미국은 암호화폐 혁명과 차세대 금융 혁신을 놓칠 수고 있다." 그러나 이러한 주장은 암호화폐를 장난감 정도로 보는 의원들을 설득할 수 있을 것 같지 않다.

더 실질적인 주장을 하려면, '미국 투자자 보호' 측면을 강조해야 한다. 미국이 (어설프게 규제하면)공을 더듬으면 공은 손이 닿지 않는 곳에서 더 멀어질 것이다. 즉, 암호화폐 사업은 미국 규제 기관의 영향력이 적은 해외로 진출할 것이다. 그리고 거꾸로 유입되는 암호화폐 사업은 여전히 미국인들에게 큰 피해를 줄 수 있다. 바하마에 기반을 둔 암호화폐 거래소 FTX가 좋은 예이다. FTX의 붕괴로 인해 미국 기반 기업의 파산과 미국 기반 벤처 캐피탈리스트 기업의 막대한 손실이 발생했다. 상품 선물 거래 위원회(Commodity Futures Trading Commission)는 FTX의 몰락이 미국의 상품 가격에 영향을 미쳤다고 주장했다.

규제를 하기전에 명확한 규칙과 지침을 수립하는 측면에서 해야 할 일이 훨씬 더 많다. 예를 들어 일본에는 거래소가 고객과 기업 자산을 분리해야 한다는 규칙이 있다. 이 규정은 FTX Japan 고객이 환불을 받는 데 큰 역할을 했다. SEC는 자격을 갖춘 암호화폐 관리인을 위한 새로운 규칙을 제안함으로써 첫 걸음을 내디디기는 했다. 더 큰 문제는 미국 암호 교환에 대한 연방 규제 기관이 없다는 것이다. 일본과 같은 관할권의 장점 중 하나는 암호화폐 산업에 대한 규제 기관이 단 하나, 즉 금융청이라는 것이다. 미국에서 암호화폐는 SEC 및 CFTC를 포함한 다양한 당사자에 의해 규제되며 암호화폐 거래소는 대부분 주 차원에서 규제된다. 이 혼란을 정리하는 것은 누가 무엇을 규제하는지 정의하는 데 도움이 될 수 있는 의회에서 나와야 한다.

당연한 차원에서 미국이 임시 방편으로 개별 코인발행자를 뒤쫓아 규제하는 것보다 스테이블 코인 규칙을 수립하는 것이 좋을 것이다. 미국의 암호 화폐 금지는 거의 불가능하다고 보아야 한다. 즉, 미국이 현재 접근 방식을 계속하면 해외 또는 미국 내부의 회색 영역에서 운영되는 암호 프로젝트로 끝날 가능성이 높다. 이러한 프로젝트 중 일부는 결국 SEC 집행 조치의 대상이 될 것이지만 일부 미국인이 이미 투자한 자산을 잃은 후일 수 있다. 회색 지대에 있는 다른 회사는 전혀 처벌받지 않을 수 있다. 적어도 명확하게 정의된 규칙에 따라 플레이할 기회를 주는 것이 좋다.

암호화폐 산업에 나타나는 부작용을 없애는 방법으로 명심해야 할 말이 있다. “햇빛이 최고의 살균제"라는 말이다. 규제 당국이 햇빛을 허용하지 않으면 모든 것이 그늘에서 자랄 것이다. 그러면 부작용은 더 커질 것이다.

암호화폐의 위험을 완화하기 위한 행정부의 로드맵

행정부는 금융 서비스를 더 저렴하고, 빠르고, 안전하고, 더 쉽게 이용할 수 있도록 하는 책임 있는 기술 혁신을 전폭적으로 지지한다. 그러나 이러한 이점을 실현하기 위해서는 새로운 기술에 상응하는 안전 장치가 필요하다. 안전 장치는 새로운 기술이 모든 사람에게 안전하고 유익하며 새로운 디지털 경제가 소수가 아닌 다수를 위해 작동하도록 보장한다. 적절한 안전장치를 마련하기 위해 우리는 우리가 개발한 디지털 자산 프레임워크를 계속 추진하는 동시에 이러한 목표를 달성하기 위해 의회와 협력할 것이다

2023 1월 27일

미국 백악관 브리핑 요약

미국 행정부의 암호화폐 대응 로드맵

5

국가적 암호화폐 해킹 조직과 추적 기술

과거에는 북한의 금융권 대상 공격은 금융시스템에 대한 직접적 공격이었다. 하지만 곧 암호화폐로 전환하기 시작했다. 북한의 해킹 기술 수준은 상당히 높다는 사실을 DeFi 해킹에서 짐작할 수 있다. 라자루스 그룹(Lazarus Group)이라는 북한 해커 팀은 DeFi 해킹의 가장 큰 공격자 중 하나이다. DeFi 해킹이 주로 일어나는 곳은 크로스체인 브리지인데, 사용자가 한 블록체인에서 다른 블록체인으로 디지털 자산을 넘겨줄 때 길목에서 해킹이 일어난다. 2022년 지금까지 도난당한 총 자금의 69%가 브리지 공격에서 발생했다.

북한에서의 암호화폐와 블록체인의 기술은 어느 정도일까? 결론적으로 말해서 북한 정부가 지원하는 해킹 그룹이 존재하고 가끔 해킹을 시도하고 있으며, 해킹한 암호화폐를 현금화하여 미사일 개발에 비용을 충당한다는 보고가 있다. 2023년 1월 27일 미국 백악관 브리핑에서도 '산업 전반에 걸쳐 사이버 보안이 취약하여 조선민주주의인민공화국이 공격적인 미사일 프로그램에 자금을 지원하기 위해 10억 달러 이상을 훔칠 수 있었다' 라고 언급하고 있을 지경이다. 이런 사실을 볼 때 북한은 개인 지갑을 사용한 개인간 거래는 거의 없을 것으로 보이나, 도둑질을 하기 위한 해킹 기술 측면에서 북한 당국의 제한된 블록체인 기술 발전 의지를 가지고 있어 보인다.

2022년 2월 블록체인 데이터 플랫폼 기업 체인어널리시스(Chainalysis)가 발표한 "2022 암호자산 범죄 보고서"에 따르면, 비트코인, 이더리움 및 기타 암호화폐를 거래할 수 있는 싱가포르 기반 KuCoin의 해킹으로 라자루스 그룹(Lazarus Group)이라는 북한 해커 팀의 불법 절도 자금이 최대 17억 5천만 달러에 달했다고 주장했다. 라자루스 그룹은 소니 픽처스(Sony Pictures)와 워너크라이(WannaCry) 사이버 공격을 시작으로 세계적 악명을 떨치고 있다. 북한이 훔친 암호화폐를 사용하여 핵 계획에 자금을 지원하는 동시에 급성장하는 가상 경제에 심각한 손실을 입히고 있다고 우려하고 있다. 한편, 절도는 코로나19 위기로 심각한 타격을 입은 것으로 알려진 북한의 침체된 경제를 지탱하는 데 도움이 되고 있다고 여겨진다. CNN은 유엔 기밀 문서를 보도했는데, 이는 북한이 전쟁과 경제 계획을 지원하기 위해 2019년에서 2020년 11월 사이에 금융 기관과 암호 화폐 회사로부터 총 3억 1,640만 달러를 훔쳤다는 것을 시사했다. 보고서는 이 같은 해킹 공격 대부분을 라자루스 그룹이 실행했다고 밝혔다. 지금까지 엄청난 수익성을 입증한 전략인 암호화폐 자산 범죄에 집중하고 있다. 체인어널리시스에 따르면 2020년에 한 거래소에서 2 억 5 천만 달러 상당의 암호화폐를 훔친 것으로 비난받고 있는데, 이 수치는 한 해 도난당한 모든 암호화폐의 절반을 차지했다. 북한 라자루스 그룹에 의한 암호자산 탈취 현황을 보면, 2021년 북한이 빼돌린 전체 암호자산 중 비트코인의 비중은 단 20%이며, 22%는 ERC-20 토큰과 알트코인이다. 이더리움은 사상 처음으로 58%를 차지해 가장 큰 비중을 차지했다.과거에는 북한의 금융권 대상 공격은 금융시스템에 대한 직접적 공격이었다. 2016년 2월 라자루스는 방글라데시 중앙은행이 미국 뉴욕의 연방은행에 보관한 9억 5,100만 달러(약 1조 812억 원)를 해킹했다.(해킹 공격 과정에서의 실수로 실제 피해액은 원래 해킹했던 금액 보다 상당히 줄어든 6,500만 달러(약 740억 원)이었다.) 하지만 이후에는 암호화폐로 전환하기 시작했다. 방글라데시 중앙은행 사건처럼 기존 금융체계에 대한 해킹의 경우 시스템 침투 이후에도 돈세탁 과정을 비롯해 매우 복잡한 작업이 필요하지만, 암호화폐 시장의 탈취와 돈세탁은 이에 비해 더욱 용이하다고 북한 당국은 생각했기 때문이다. 전문가들은 유엔 안보리의 대북제재 회피 수단으로 북한의 사이버공격 및 암호자산 탈취가 더욱 늘어날 것이라고 전망하고 있다. 북한의 암호 화폐 절도가 북한의 금고에 큰 구멍을 메울 수 있다고 생각한다. 라자루스 그룹이 절도한 17억 5천만 달러에 대해 생각할 때 GDP를 고려할 때 북한에게는 매우 상당한 금액이다.

미국이 자금의 상당 부분을 보유하고 있는 북한 관련 지갑을 블랙리스트에 올리면서, 북한 관계자가 훔친 암호화폐를 법정 화폐로 전환하는 데 훨씬 더 어려움을 겪을 것이다. 해커는 상당한 유동성이 필요하기 때문에 도난당한 자금을 법정 화폐로 변환하기 위해 중앙 집중식 거래소를 사용해야 한다. 미국은 북한 관련 지갑이 언제 중앙 거래소에서 현금화 시도를 하는지를 계속 추적하고 있다. 미국 재무부 대변인은 말하기를, "지갑의 식별은 미국의 제재에 노출될 위험이 있음을 분명히 합니다. 이는 사용 가능한 모든 권한을 사용하여 악의적인 사이버 행위자를 방해하고 부당한 범죄 행위를 차단하려는 재무부의 의지를 보여줍니다."

미국은 암호화폐를 이제 미래 산업으로 보고 있다. 그렇기에 세금 부과와 규제 법을 정립하고 있다. 아울러 가상 자산을 훔치는 해커와 가상 자산 사기꾼에 대한 추적, 분석하는 회사도 많다. 이들은 사기당한 고객의 문제를 해결해주고 수임료를 받는 수익으로 운영되지만, 결국 사기꾼이 특정되더라도 법적인 강제 권한이 없다. 물론 이 회사들의 고객으로는 FBI등도 있기는 하다.

블록체인의 투명성 때문에 어떤 지갑의 자금이 도난당하면, 훔쳐간 지갑 주소가 100% 추적된다. 그 주소는 블랙리스트에 올라간다. 이 주소로부터 계좌간의 이동도 계속 감시된다. 즉, 블랙리스트에 올라간 가상 자산은 계좌 이동을 통한 자금 세탁을 할 수가 없다. 결국 이들은 현금화하려고 시도할 것인데, 현금화는 중앙 집중식 거래소에서 가능하다. 그런데, 중앙집중식 거래소에서는 거래하는 고객의 신분을 모두 파악하고 있다. 이것은 KYC(Know-Your-Customers) 정책 때문이다. 그러니, 이제 추적당하지 않으면서 개인 지갑의 가상 자금을 법정화폐로 바꾸려고 중앙 집중식 거래소로 이체하는 것은 불가능하다. 북한이 훔친 가상 자산을 암거래를 시도할 수도 있겠다. 그러나, 오히려 법정화폐는 암거래가 가능하다. 그렇지만, 암호화폐는 암거래라는 것이 있을 수가 없다. 암거래를 통한 모든 거래는 블록체인 장부에 남게 되고, 모든 거래는 추적 당하게 되는 것이다.

북한의 해킹 기술 수준을 보여주는 사례가 있다. 다음은 탈중앙화 거래소와 같은 DeFi 해킹영역에서도 무슨 일이 벌어지는지 살펴보자. 2022년 8월 미국 재무부 해외자산통제국(OFAC)은 인기 있는 이더리움 믹서 (여러 계좌의 자금을 섞어서 자금의 익명성을 높여주는 자금 혼합기)인 Tornado Cash를 제재하여 38개의 고유한 암호화폐 주소가 식별자로 포함된 SDN(Specially Designated Nationals) 목록에 추가했다. OFAC는 특히 북한 관련 해킹 조직인 라자루스 그룹이 Axie Infinity의 Ronin 브리지 프로토콜에서 훔친 4억 5,500만 달러 상당의 암호화폐를 세탁한 Tornado의 역할을 지적했다. 라자루스 그룹은 이러한 DeFi 해킹의 가장 큰 공격자 중 하나이다. Ronin 브리지 도난 직후 해커들은 세탁을 위해 많은 자금을 Tornado Cash로 보냈다. 스마트 계약 기반 믹서인 Tornado Cash는 부당하게 얻은 암호화폐를 세탁할 수 있는 가장 진보된 방법 중 하나이다. 이 지정은 탈중앙화 프로토콜이 중앙 집중식 서비스처럼 일부 준수 의무의 대상이 될 수 있음을 시사한다. OFAC의 보도 자료에서 다음과 같이 말하고 있다.

"Tornado Cash는 위험을 해결하기 위한 기본 조치 없이 정기적으로 악의적인 사이버 행위자를 위한 자금 세탁을 막기 위해 고안된 효과적인 통제를 시행하는 데 반복적으로 실패했습니다. 재무부는 범죄자들을 위해 가상화폐를 세탁하는 믹서와 그들을 돕는 사람들에 대해 공격적인 조치를 계속 추구할 것입니다."

불과 몇 년 전만 해도 중앙 집중식 거래소 (CEX)는 업계에서 가장 빈번한 해킹 대상이었다. 오늘날 중앙 집중식 거래소의 성공적인 해킹은 드물다. 이는 이러한 중앙화 조직이 보안을 우선시하고 있기 때문이다. 그런데 암호화폐가 다양하고 이들 간에 자금이 교차하여 흘러 들어갈 수 있도록 하는 기술 즉, 크로스 체인 브리지 프로토콜은 서로 다른 블록체인간의 상호운용성 확보 기술로 작동하며 암호화폐의 확장 운영을 위하여 중요한 기술이다. 크로스체인 브리지는 사용자가 한 블록체인에서 다른 블록체인으로 디지털 자산을 넘겨줄 수 있게 해주는 프로토콜이다. 예를 들어 Wormhole은 사용자가 Solana 및 Ethereum과 같은 다양한 스마트 계약 블록체인 간에 암호 화폐 및 NFT를 이동할 수 있도록 하는 크로스 체인 브리징 프로토콜이다.

브리지 설계는 다양하지만 사용자는 일반적으로 하나의 자산에 있는 자금을 브리지 프로토콜로 전송하여 해당 자금이 계약에 고정되는 방식으로 크로스체인 브리지와 상호 작용한다. 그런 다음 사용자는 프로토콜이 연결된 체인에서 병렬 자산과 동등한 자금을 발행받는다. Wormhole의 경우 사용자는 일반적으로 Ether(ETH)를 프로토콜로 보내 담보로 보관하고 Ethereum의 Wormhole 계약에 잠긴 담보로 뒷받침되는 Solana에서 Wormhole-wrapped ETH를 발행한다.

브리지는 종종 수신 블록체인에서 "브리지된" 자산을 지원하는 자금의 중앙 저장 지점 성격을 띠기 때문에 매력적인 해커의 공격 대상이다. 자금이 어떻게 저장되는지(스마트 계약 또는 중앙 집중식 관리인)에 관계없이 해당 저장 지점이 해커의 대상이 된다. 또 효과적인 브리지 설계는 아직 해결되지 않은 기술적 과제이며 많은 새로운 모델이 개발 및 테스트되고 있다. 이러한 다양한 디자인은 브리지 프로토콜이 운영되는 곳이 나쁜 행위자가 악용할 수 있는 새로운 공격 지점이 되게 하고 있다. 참고로 2022년 지금까지 도난당한 총 자금의 69%가 브리지 공격에서 발생했다. 이와 같은 문제를 해결하기 위한 귀중한 점은 매우 엄격한 코드 감사가 브리지 프로토콜 개발 단계에서 이루어지도록 하는 것이다.

만약 브리지 서비스가 공격의 희생양이 되면 반응하는 시간이 관건이 된다. 사고가 일어난 후 자금을 즉시 추적하고 레이블을 지정하면 악의적인 행위자가 부당하게 얻은 이익을 현금화하는 것을 방지할 수 있다. 최근 해커의 공격을 추적하는 프로세스를 간소화하기 위해 사이버 공격의 고위험 대상인 암호화폐 비즈니스 및 대기업을 위한 신속한 대응 유지 서비스가 출시되고 있다. 결국 엄격한 코드 감사를 거친 브리지 프로토콜이 개발되어 운용되고, 합당한 규제가 만들어지면 취약한 브리지 프로토콜의 중앙지점에서 암호화폐를 훔치기도 어려워지고, 설령 훔치는데 성공하더라도 추적하는 블록체인 기술 때문에 암호화폐의 자금 세탁이나 암거래가 신속히 차단된다. 비록 디지털 자산을 훔치는데 성공했다고 해도 이를 현금화하는 일은 거의 불가능하게 만들 수 있다. 아이러니컬하게도 이는 블록체인 기술이기 때문에 가능하다. 미국의 암호화폐 플랫폼 개발 기술과 FBI가 협력하면 북한의 라자루스 그룹은 암호화폐 해킹 전략을 포기해야 할 것 같다. 북한의 해킹 전략이 성공하려면 Chainalysis 개발팀 정도의 능력을 북한 해킹팀이 보유해야 한다. 그렇게 될 것 같지 않다. 중앙화 독재 사회와 탈중앙화 암호화폐 세상은 서로 다른 방향을 보고 있기 때문이다.

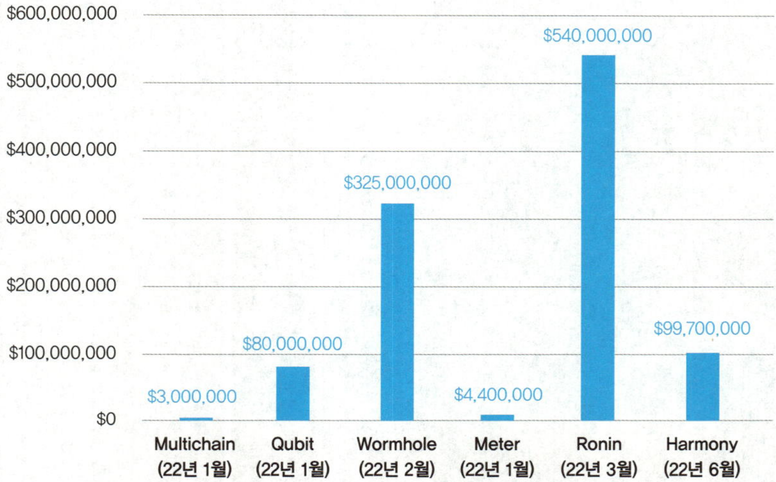

2022년 브리지에서 도난당한 암호화폐의 USD 가치

9

블록체인과 암호화폐 비전

1

웹3.0과 데이터 주권

스마트 계약 Dapp을 줄여 스마트 계약이라고 부른다. 웹3.0 세상의 가장 많은 부분을 차지할 스마트 계약의 확장 이용 여부가 웹 3.0 세상의 도래를 앞당길 것이다. 스마트 계약은 자율 거버넌스의 세계에서 활약한다. 현재 자동화된 작업인 웹 2.0 앱이 있지만 백엔드에서는 다르게 작동한다. 또 디파이(구체적으로 디파이 Dapp)는 탈중앙화 금융을 담당하는 웹 3.0이다. 디파이는 개념만으로도 현재 은행 구조에 가장 큰 위협이 될 수 있으므로 기존 금융권이 두려워하고 있다.

태초에 인터넷이 있다. 컴퓨터와 그 앞에 있는 사람들이 서로 대화할 수 있게 해주는 전선과 서버의 물리적 인프라이다. 미국 정부의 ARPANET은 1969년에 첫 번째 메시지를 보냈지만 오늘날 우리가 알고 있는 웹은 HTML과 URL을 통해 사용자가 정적 페이지 사이를 탐색할 수 있게 된 1991년까지 등장하지 않았다. 지금에 와서 1991년 시작했던 읽기 전용 웹을 웹1.0이라고 부른다. 2000년대 초반에 상황이 바뀌기 시작했다. 우선, 인터넷은 점점 더 상호 작용하고 있었다. 사용자 콘텐츠를 생성하고 서버로 '쓰기'하기도 하고 '읽기'도 하는 웹 2.0 시대로 변화하였다. Facebook, Instagram, Twitter, Youtube는 콘텐츠에 댓글을 달 수 있는 기능과 함께 보고, 배우고, 검색하고, 소통할 수 있는 능력을 확장했다. 현재 웹2.0에는 비판할 것이 많다. 중앙 집중되거나 거의 독점에 가까운 권력을 가진 데이터 센터를 갖는 회사는 웹이 성장하고 중앙 집중화되고 기업화됨에 따라 이전의 어떤 정부도 능가하는 전례 없는 힘을 보유하고 있다. Web2.0의 후속 버전이 웹3.0이다. 웹3.0부터 읽기/쓰기는 물론 웹 1.0과 웹 2.0에서 중앙 기관이 보유했던 데이터 소유권을 개인에게 소유권이 귀착되는 시대로 바꾸어 놓았다. 데이터 주권이 사용자에게 오게 된 것이다.

웹3.0의 각 부문을 세분화 해볼 필요가 있다. 웹3.0이라는 새로운 디지털 세계는 기본 계층이 필요하다. 웹1.0, 웹2.0의 기본 계층이 인터넷이라면, 웹3.0의 기본 계층은 블록체인이다. 물론 블록체인 네트워크는 인터넷 위에서 운영되는 가상의 네트워크로 볼 수 있다. 블록체인 기술은 분산된 공간의 모든 것을 가능하게 하는 기본 계층이다. 블록체인 네트워크는 각각 기본 토큰인 암호화폐로 작동한다.

암호 화폐

암호 화폐에는 웹3.0에 큰 이점이 될 세 가지 고유한 속성이 있다.

1) 교환 매체

암호화폐는 상품과 서비스를 구매하기 위해 거래될 수 있기 때문에 거의 모든 곳에서 이 통화에 액세스할 수 있으며 누구나 원하면 거래를 위해 암호화폐를 사용한다. 다른 통화보다 선호하는 통화라도 Uniswap(탈중앙화 거래소)과 같은 Dapp(분산 앱)에서 빠른 스왑을 통해 은행이나 환전 서비스를 거치지 않고도 원활하게 송금할 수 있다.

2) 지불 방법

PayPal이나 Google Pay가 본질적으로 우리가 상품을 구매하기 위해 방문하는 대부분의 웹사이트에 대한 세계 결제 게이트웨이를 지배한 것처럼 암호 화폐의 출현이 그 자리를 차지하는 것을 볼 수 있다. Paypal 과 같은 중앙 집중식 서비스가 사라진다고 말하지는 않겠지만 마찰이 없는 금융 도구의 출현은 암호화를 채택하지 않으면 비즈니스에 위협이 될 것이다.

3) 투자 및 자산

암호화폐가 갖는 강력한 장점은 그것이 커뮤니티 주도 경제라는 것이다. 커뮤니티 주도 경제는 프로젝트가 창의적이고 독특한 방식으로 벤처 자금을 조달할 수 있게 한다. 암호화 기반 프로젝트의 목표는 커뮤니티를 활성화하고 만족스럽게 유지하는 것이다. 물론 그것이 모든 비즈니스의 목표이지만 대부분의 비즈니스는 회사의 소수의 주주에게 이익이 가도록 작동한다. 세상에는 모두 고유한 16,000개 이상의 암호화폐가 있으니 이처럼 많은 커뮤니티가 각각의 이익을 추구하며 블록체인 네크워크를 기반으로 인터넷을 점령하고 있다.

스마트 계약

스마트 계약은 애플리케이션 작동 방식을 추가로 정의하는 자동화된 프로그램이므로 웹3.0 애플리케이션의 원동력이 될 것이다. 변경 불가능하고 오픈 소스이며 널리 액세스할 수 있다. 스마트 계약과 탈중앙화 앱(Dapps)은 일반적으로 서로 다른 것으로 언급되지만, 스마트 계약은 일반적으로 Dapp이 스마트 계약과 사용자가 상호 작용하는 방법에 대한 전면 클라이언트 측을 고려하는 애플리케이션의 구체적인 코드이다. 엄밀히 이야기하면 스마트 계약 Dapp을 줄여 스마트 계약이라고 부른다. 웹3.0 세상의 가장 많은 부분을 차지할 스마트 계약의 확장 이용 여부가 웹 3.0 세상의 도래를 앞당길 것이다. 스마트 계약은 자율 거버넌스의 세계에서 활약한다. 현재 자동화된 작업인 웹2.0 앱이 있지만 백엔드에서는 다르게 작동한다. 예를 들어 우버를 보자. 이 앱을 사용하면 차량 서비스를 예약하고 앱을 통해 다른 사람에게 비용을 지불할 수 있다. 우버는 분산되어 있지 않기 때문에 우버는 사용자와 운전자 사이에서 중개인으로 존재하며 사용자를 좋아하지 않는 경우 사용자의 서비스를 제한할 수 있다. 그러나 우버의 탈중앙화 버전은 스마트 계약일 뿐이다. 이점은 중개인이 없으므로 운전자는 사용자가 지불한 요금의 최대 90-96%(거래 수수료 제외)를 받는다는 것이다. 물론 모든 것이 적절하게 실행되고 있는지 확인하기 위해 이 탈중앙화 프로젝트 뒤에는 팀이 있을 것이지만 이 팀이 중개인처럼 행동하지 않는다.

소셜 미디어도 비슷한 관점에서 구성할 수 있다. 우리 모두는 Facebook(현재 Meta)이 사용자 개인 정보 데이터를 남용한다는 지속적인 뉴스를 들었다. 이러한 앱의 분산 버전은 기본적으로 데이터가 사용자 소유이기 때문에 현재의 중앙화된 (마치 우버의 중개인처럼 작동하는) 비즈니스 모델을 거의 쓸모없게 만들고 애플리케이션의 기능은 오픈 소스가 되어 사용자는 데이터가 어떻게 사용되고 관리되는지 분석할 수 있다. 스마트 계약을 통해 서비스는 자율적으로 사용자에게 맞추어 질 수 있고, 모든 당사자에게 디지털 주권을 제공할 수 있다.

디파이

DeFi 또는 Decentralized Finance (탈중앙화 금융)는 2020년 여름 Uniswap 에어드롭과 같은 많은 사람들이 가장 많이 기억하는 이벤트와 함께 주류 지원을 받기 시작했다. 탈중앙화 금융은 기본적으로 지불, 인보이스 발행, 대출/차용, 유동성 관리, 거래, 보험 및 신용과 같은 유사한 은행 도구 및 작업이 은행의 개입 없이 분산된 네트워크를 통해 수행되도록 허용한다. 이 부문은 1,000억 달러가 훨씬 넘는 가치가 있으며 더 많은 프로젝트가 DeFi를 일상 생활에 통합함에 따라 계속해서 혁신할 것이다. DeFi는 금융을 수행하기 위한 진입 장벽이 낮기 때문에 마찰 없는 금융으로 특징지어지는 경우가 많다. 기존 금융에서는 대출을 받으려면 신용 점수를 사용해야 하는데, 이는 문제가 있는 시스템이며, 또한 해당 자금을 제공하는 당사자에 의존해야 한다. 웹3.0 DeFi 세계에서는 네트워크에 담보를 제공하는 한 네트워크에서 빌릴 수 있다. 이 개념만으로도 현재 은행 구조에 가장 큰 위협이 될 수 있으므로 기존 금융권이 두려워하고 있다. 디파이 (구체적으로 디파이 Dapp)는 탈중앙화 금융을 담당하는 웹3.0이다.

탈중앙화 애플리케이션 (Dapp)

Dapp은 스마트 계약, 디파이를 모두 포함하는 탈중앙화 블록체인에서 작동하는 어플리케이션을 의미한다. 2021년 2분기 보고서에는 현재 가장 광범위한 블록체인 네트워크인 이더리움에 2400개 이상의 dapp이 있음을 보여준다. 현재 인터넷의 응용 프로그램 수와 비교할 수는 없지만 블록체인 기술이 성숙해지는 추세를 보기에는 충분하다. 주요 Dapp으로는 탈중앙화 거래소(DEX), NFT 마켓플레이스, 이더리움 게임, 탈중앙화 금융(DeFi), ID 및 평판 관리 DApp, 및 조직 및 협업 DApp 등이 있다.

탈중앙화된 신원

웹 2.0의 모바일 장치에서 새 애플리케이션을 사용하기 위해 등록할 때 데이터 수집이 발생한다. 구글이나 페이스북 같은 웹 2.0기업은 중앙 집중식 인터넷 네트워크에서 의도하지 않은 데이터 유출을 통해 사용자의 데이터를 자발적 또는 비자발적으로 제3자에게 공개할 수 있다. 강력한 데이터 보호 프로토콜로 알려진 거대 기술 기업 중 하나인 Facebook조차도 여러 건의 주요 데이터 유출의 피해자가 되는 경우가 있었다. 사용자의 권리가 지속적으로 침해될 위험이 있는 경우 사용자의 디지털 ID 및 정보를 보호하는 것은 필수이다. DID(Decentralized Identity)는 웹 3.0에서 이 문제에 대한 솔루션이다. DID는 개인이나 단체가 디지털 ID와 관련 데이터의 소유권을 완전히 소유할 수 있도록 하는 완전히 분산된 ID 세트이다. 즉 중앙기관이 개인의 신원 정보를 보관하는 것과 DID는 완전 반대 개념이다. 이에 대한 간단한 정의는 DID에서는 개인이 디지털 신원에 대한 절대적인 소유권을 가지고 있다는 것이다. 사용자가 DID를 사용하여 애플리케이션에 가입하면 이러한 애플리케이션을 사용하고 중앙 집중식 기관의 간섭 없이 데이터 개인 정보를 보호할 수 있다. DID의 두 가지 주류 표준은 각각 W3C(World Wide Web Consortium)와 DIF(Decentralized Identity Foundation)에서 설정한다.

사용자 인터페이스 최적화

이더리움의 플러그인 지갑 Metamask를 사용자 인터페이스의 예로 들 수 있다. 사용자가 PC 브라우저에서 지갑을 직접 사용하여 디지털 자산을 직접 거래하거나 브리지를 통하여 다른 암호화폐와 스왑할 수 있다. 자신의 모든 종류의 디지털 자산을 관리할 수 있다. 지난해 지갑 Metamask에는 100만 명 이상의 활성 사용자가 있었다.

2000년대 초반, 페이스북과 같은 대규모 소셜 네트워킹 플랫폼은 엄청난 양의 정보를 수집하면서, 마치 시대가 바뀐 것 같이 당연시 여기는 경향이 있었다. 오히려 한때 마크 저커버그는 '사생활의 종언'을 선포하기 까지 했다. 2023년 지금 생각해보면 그 당시 마크 저커버그의 생각이 정말 잘못된 것이라는 것을 알 수 있다. 최근 유럽에서 일반 개인정보 보호법 (GPPR) 이 통과되었다. 유럽뿐만 아니라 다른 나라도 비슷한 개인 정보 보호법을 제정하는 추세다. GPPR 조항 중 강조하는 부분을 보자.

1. 개인 정보 수집의 명시적 동의 필요
2. 수집된 데이터의 처리를 위한 법적 근거 필요
3. 개인은 모든 수립된 데이터를 내려 받을 수 있는 사용자 권리
4. 사용자와 관련된 모든 데이터를 삭제할 수 있는 사용자의 권리

블록체인, 암호화폐에서는 개인의 데이터는 개인이 소유하며 관리한

다. MetaMask 를 비롯한 “Web3” 중심 어플리케이션은 개인 데이터에 대한 제어를 분산하고 사용자 개인 정보 보호를 강화하는 것을 목표로 한다. 그러나 MetaMask의 브라우저 확장이 식별 가능한 정보를 수집하는 웹 추적기에 노출될 근본적인 위험을 안고 있다. 만약 웹사이트가 데이터를 수집하지 않는다면 문제될 것이 없다.

기존의 웹 추적 용도를 참고로 살펴보자. 광고회사는 사용자에 대한 정보를 적극적으로 수집하고 광고를 개별화 맞춤형으로 사용하기 위하여 프로필을 만든다. 사용자 활동 정보, 즉 방문한 웹사이트, 시청한 비디오, 소셜 네트워크에서의 상호작용 및 온라인 거래가 포함된다. 유튜브 같은 웹사이트는 사용자가 시청하는 프로그램에 대한 정보를 수집하여 사용자가 좋아할 만한 더 많은 프로그램을 제안하는 용도로 사용한다. 구글과 같은 검색 엔진은 사용자가 검색하는 내용을 기록하여 향후 더 관련성 있는 검색을 제안하는데 도움이 될 수 있도록 한다. 법 집행 기관은 웹추적을 사용하여 개인을 염탐하고 범죄를 해결할 수 있다. 웹 분석은 웹사이트가 어떻게 사용되고 있는지에 대한 통찰력을 제공하고 사용자가 특정페이지에서 보내는 시간을 확인한다. 이것은 웹사이트에 관심이 있는 사람을 확인하는데 사용할 수 있다.

MetaMask와 같은 웹기반 지갑을 처리하는 웹추적에 의한 웹사이트는 자발적으로 데이터 통제권을 포기하고, 못된 짓을 저지를 수 있는 능력을 스스로 없앤 경우이다. 이와 같은 탈중앙화가 최대화된 프로젝트에 의한 서비스가 주류가 되어 미래 시장을 지배할지는 알 수 없다. 그러나 개인 정보보호 관점에서 분명한 트렌드가 될 수 있다. 데이터의 중앙 집중을 최소화하고 사용자의 데이터 주권을 최대화하는 방향의 리더가 될 수 있다. MetaMask 등은 사용자의 자산과 개인키를 제3의 기관에 위탁하지 않고 개인이 통제하고 탈중앙화를 실행하고자 하는 강한 힘, 즉 데이터를 사용자가 통제해야 한다는 웹 3.0의 개념을 실천적으로 보여주고 있다. 다만 웹사이트가 데이터를 전혀 수집하지 않는다는 전제 조건이 필요하다. 이처럼 자발적으로 데이터에 관한 규제를 지키는 것이 불필요한 중앙화를 최소화시켜 나가는데 필요하다.

전반적인 산업을 고려할 때 현재는 중앙 집중화된 접근을 필요로 하는 비즈니스 모델이 더 많은 것은 사실이다. 블록체인이나 암호 화폐처럼 원래 탈중앙화가 궁극적인 목표인 경우에도 중앙화 요소를 완전히 제거하지 못할 수도 있다. 이런 경우 GDPR 같은 정보 보호법을 준수하도록 강제할 수밖에 없다. 분명한 것은 개발자나 프로젝트 창립자들은 데이터가 자산인 동시에 책임이 되어야 한다는 점을 명심해야 할 것이다. 사용자는 데이터 서비스 제공자가 아니고, 사용자가 데이터를 통제하고 그에 대한 책임을 지는 주체라는 점을 인식해야 할 것이다.

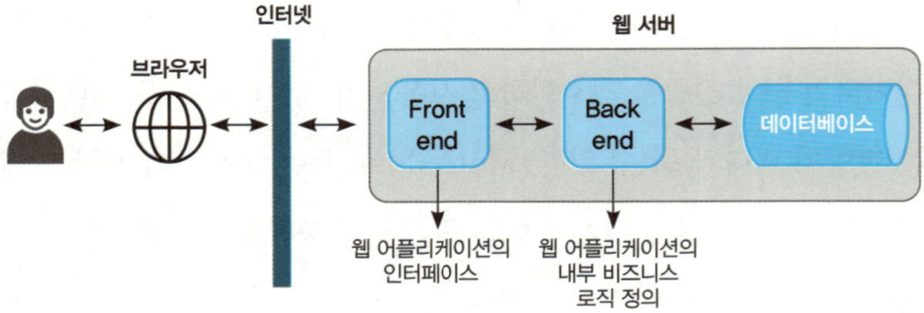
인터넷
웹 서버
브라우저
Front end
Back end
데이터베이스
웹 어플리케이션의 인터페이스
웹 어플리케이션의 내부 비즈니스 로직 정의

웹 2.0 구조

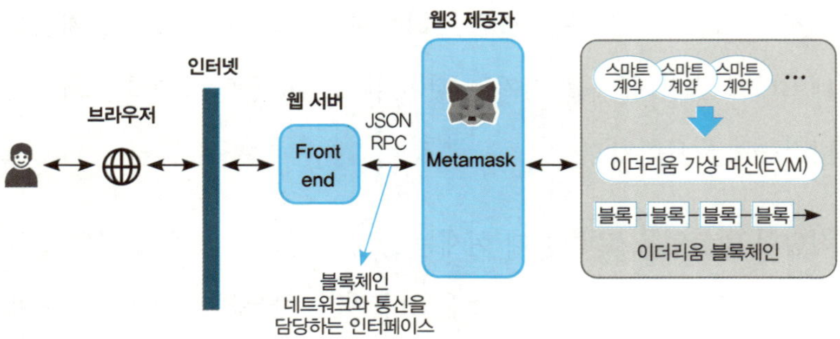
웹3 제공자
인터넷
브라우저
웹 서버
Front end
JSON RPC
Metamask
스마트 계약
스마트 계약
스마트 계약
...
이더리움 가상 머신(EVM)
블록 - 블록 - 블록 - 블록
이더리움 블록체인
블록체인 네트워크와 통신을 담당하는 인터페이스

웹 3.0 구조

2

스마트 계약 블록체인 발전

암호화폐 생태계는 거래 수수료를 통해 수익을 창출하기 때문에 거래가 얼마나 많이 일어나는가를 나타내는 거래량이 중요하게 살펴보아야할 블록체인 발전의 척도가 될 수 있다. 네트워크를 안전하게 하는 목적으로 기여하는 블록을 검증하는 검증자는 거래 수수료의 일부를 수익률 형태로 벌거나, 지분 증명 방식 시스템에서 스테이킹 보상을 통해 새로 발행된 암호화폐를 얻거나, 소각 메커니즘으로 인한 공급 감소로 가치 상승의 혜택을 볼 수 있다. 스마트 계약이 얼마나 많이 배포되느냐에 따라 암호화폐 생태계를 발전시켜 나갈 수익이 결정된다고 볼 수 있다. 사용자가 스마트 계약 블록체인을 사용하기 위해 얼마를 지불할 의향이 있는지를 보여주는 지표이기 때문이다.

스마트 계약 블록체인은 금융 서비스 시장과 같은 분야에 상당한 진출을 할 수 있다. 기술은 계속해서 전통적인 금융 서비스 산업을 혼란에 빠뜨리고 전통 금융과 분산 금융이 교차하는 핀테크를 더욱 발생시킬 것이다. 스마트 계약과 Dapp 분야는 금융 전용 소프트웨어 개발 속도를 가속화할 수 있으며, 이는 탈 중앙화 금융(DeFi)의 부상으로 나타날 예정이다. 스마트 계약은 금융을 더욱 소프트웨어 중심적으로 만드는 다음 단계가 될 수 있다. 금융 서비스의 주요 활동에는 대출 및 지불, 보험, 재보험, 보험 중개, 투자 및 외환 서비스가 포함된다. 기존 금융서비스는 스마트 계약 블록체인에서 호스팅되는 DeFi Dapp에 의해 모두 교체될 가능성도 있다.

스마트 계약 블록체인은 최근 몇 년 동안 개발, 수익 및 투자 가능성에서 상당한 도약을 이루었다. 그들은 2021년 초부터 가치 전달만을 취급하는 비트코인을 능가했으며 스마트 계약의 파괴적인 속성과 다가오는 업그레이드를 감안할 때 온체인되는 Dapp, 활성 사용자 및 개발자의 수가 증가함에 따라 투자자의 관심이 계속 증가할 것으로 예상한다. 그러나 디지털 자산 클래스의 높은 변동성과 현재의 거시 경제 불확실성으로 인해 스마트 계약 블록체인의 발전 속도는 달라질 수 있다. 단기적인 면에서 스마트 계약 블록체인의 전망을 이해하기 위하여 또 투자자가 거시 및 시스템 시장 위험을 관리하기 위하여 참고할 만한 암호화폐 투자 평가 지표의 예시를 들면 다음과 같다.

❶ 스마트 계약 거래량이 투자자에게 유용한 지표가 될 수 있다.
암호화폐 생태계는 거래 수수료를 통해 수익을 창출하기 때문에 거

래가 얼마나 많이 일어나는가를 나타내는 거래량이 매우 중요한 투자자가 살펴보아야 할 척도이다. 네트워크를 안전하게 하는 목적으로 기여하는 블록을 검증하는 검증자 (실재로는 사람이 아닌 소프트웨어 코드)는 거래 수수료의 일부를 수익률 형태로 벌거나, 지분 증명 방식 시스템에서 스테이킹 보상을 통해 새로 발행된 암호화폐를 얻거나, 소각 메커니즘으로 인한 공급 감소로 가치 상승의 혜택을 볼 수 있다. 거래 수수료 수입이 많으면 검증자 등에게 높은 수익률을 보장할 수 있겠지만, 더 높은 수익이 반드시 완전히 긍정적인 것은 아니다. 그러나 사용자가 스마트 계약 블록체인을 사용하기 위해 얼마를 지불할 의향이 있는지를 보여주는 지표이다.

❷ 분산거래소(DEX) 내의 총 가치(TVL) 도 유용한 지표가 될 수 있다. TVL은 Total Value Locked의 줄임말로 디파이 프로젝트의 예치 풀에 락(Locked) 되어 있는 예치 자금의 크기를 의미한다. 은행에 예치되어 있는 돈이 많을 수록 금융 서비스 제공에 유리하듯, 예치풀에 예치되어 있는 코인이 많을수록 안정적인 금융 서비스 제공이 가능하다. 물론 TVL을 적절하게 운용하여 시중에 유통되는 코인과 예치 코인의 비율 조절을 통해 중앙 은행이 하듯 유통되는 암호화폐 물량을 조절하는 것이 필요하지만, TVL은 여전히 디파이 코인의 가치 측도의 하나로 사용되기도 한다. TVL의 주요 dapp 은 차입 및 대출을 허용하는 분산거래소(DEX) 및 분산 머니 마켓을 포함한다.

❸ 공급 역학 또는 “토크노믹스”도 지표가 된다.

공급 역학 측면에서 제한된 공급 자산 또는 인플레이션 (암호화폐의 공급 증가)이 통제되고 소각 메커니즘이 있는 자산이 일반적으로 바람직하다. 지분 증명 방식의 암호화폐는 일반적으로 새로 발행된 암호화폐를 스테이킹 참가자에게 배포한다는 점에서 인플레이션이 있다. 이는 네트워크가 보안에 대한 비용을 지불해야 하므로 새로운 암호화폐로 블록 생산을 장려해야 하기 때문에 인플레이션이 발생한다. 일반적으로 초기 단계의 암호화폐는 네트워크가 가장 취약한 단계에 있는 동안 보안을 강화하기 위해 인플레이션율이 더 높다. 또한 스마트 계약 블록체인은 소각 메커니즘, 공급 감소 및 자산 보유자를 위한 가치 창출을 통해 인플레이션의 효과를 완화할 수 있다.

④ 스마트 계약 블록체인의 확장성도 좋은 지표이다.

확장성은 새로운 사용자를 온체인으로 끌어들이고, 낮은 수수료를 유지하면서 거래량 증가를 지원하는 네트워크의 능력을 나타낸다. 확장성이 없으면 이러한 블록체인은 인터넷 규모의 Dapp을 효율적으로 지원할 수 없으므로 잠재적으로 경쟁 환경에서 멀어질 수 있다. 보통 레이어 1 블록체인에는 트랜잭션 처리량을 높일 수 있는 레이어 2 솔루션을 허용한다. 예를 들어, 이더리움 레이어 2 솔루션은 초당 트랜잭션(TPS)을 1000-4000으로 높일 수 있다. 이러한 스케일링 솔루션은 이더리움 로드맵의 기본적인 부분이지만 아직 샤딩 기술과 같은 범용 스케일링 설계는 초기 단계 기술로 머물러 있다. 이는 초기 단계로 인해 현재 해결되지 않은 몇 가지 단점과 레이어 2 솔루션의 중앙 집중화 문제가 발생할 수 있는 점은 감수해야 할 부분이다. 샤딩 같은 레이어 1 확장성 계획도 중요하다. 그러나 레이어 2 솔루션을 통해 확장성을 입증해 나가고 새로운 스마트 계약 사용자를 끌어들이고 있는 프로젝트는 전망이 밝다.

⑤ 블록체인의 보안 및 탈중앙화도 평가 지표이다.

블록체인은 궁극적으로 많은 사용자와 거래 유형에서 가치에 대한 결제 계층 역할을 하기 때문에 강력한 보안 특성을 가져야 한다. 탈중앙화는 검열 저항과 보안에 핵심적인 역할을 하기 때문에 매우 중요하다. 2022년 말 Edinburgh 대학에서는 분권화의 수준은 정량화하는 척도인 EDI(Edinburgh Decentralization Index)를 발표한 적이 있다. 분권화의 수준은 정량화하기 어렵지만 블록을 검증하는 노드의 수, 스테이킹 참여자 간에 자산이 분배되는 메커니즘, 노드 실행의 접근성을 측정하여 지표에 반영한다. 분산 원장은 변경 사항을 제정하기 위해 과반수 동의 또는 합의가 필요하기 때문에 분산화의 목표는 단일 실패 (중앙 제어 요소) 지점을 제거하고 보안을 강화하는 것이다. 일반적으로 말해서, 더 많은 수의 검증인에 의해 보호되는 블록체인은 더 많은 수의 당사자가 체인을 검증하도록 장려한다. 일반적으로 말해서 검증인의 수가 적으면 덜 분산화된다는 신호일 수 있다. 검증인이 적으면, 더 빠른 트랜잭션을 통해 확장성을 높이고 단일 노드 용량이 더 커짐에 따라 비용을 절감하는 대가로 절충할 수는 있으나 중앙화의 경우와 비슷한 보안에 대한 위험을 감수해야 한다.

초기 토큰 할당 (ICO)은 탈중앙화에도 영향을 준다. 초기 토큰 할당의 많은 부분이 내부자에게 할당된 경우 블록체인에 추가할 블록에 대해 상당한 의사 결정 권한을 가질 수 있으며 이는 내부자가 네트워크를 지배한다는 뜻이다. 또한 블록체인의 개발은 중앙 집중식 조직 또는 토큰 보유자 커뮤니티에 의해 제어될 수 있다. 토큰의 많은 부분을 제어하는 내부 조직이 투표에 큰 영향을 미칠 수 있고 일방적인 결정을 내릴 수도 있기 때문에 토큰 할당은 거버넌스에서 중요한 역할을 할 수 있다.

중앙 집중식 거버넌스가 좋은가? 아니면 분산형 거버넌스가 블록체인 개발에 가장 적합한지 여부에 대한 옳고 나쁜 이분법적 입장은 없다. 중앙 집중식 제어는 커뮤니티가 소수의 결정에 따라 좌우된다는 단점과 함께 보다 빠른 기술 업그레이드를 가져올 수 있는 반면, 이것이 항상 모든 사람에게 최선의 이익이 될 수는 없다. 종종 프로젝트는 프로젝트가 성숙해지고 기술이 발전함에 따라 더 많은 탈중앙화를 추구할 것이다. 이것은 스마트 계약 플랫폼을 평가할 때 주목해야 할 또 다른 중요한 영역인 향후 업그레이드 및 호환성으로 이어진다.

⑥ 업그레이드 및 호환성이 이루어지는 척도도 좋은 지표이다.
이처럼 빠르게 변화하는 산업에서 플랫폼은 최신 소비자 요구에 적응하고 기술 발전을 수용할 수 있어야 한다. 대부분의 스마트 계약 플랫폼이 최종 형태와는 거리가 멀고 상당한 업그레이드가 이루어졌고 또 이루어질 것이라 믿어 진다. 분산 원장 기술이 초기 단계에 있기 때문에 업그레이드는 매우 강력하며 경우에 따라 기능을 몇 배나 향상시킬 수 있다. 스마트 계약에서 외부 데이터인 오라클을 이용할 수 있게 해주는 체인 링크의 적용사례의 다양화를 주목하면 이 업그레이드를 확인할 수 있다. 또한 앞서 언급한 이더리움 레이어 2 확장

솔루션 환경과 같이 스마트 계약을 기반으로 구축된 기능이 진화하고 있다.

다음은 이더리움, BNB 체인, 카르다노, 솔라나 및 눈사태가 어떻게 기술 업그레이드가 이루어지고 있는가를 보여준다.

〈이더 리움〉

- 병합 (The Merge): 이더리움은 2022년 3/4분기에 PoS로 완전히 전환했다. 이는 에너지 소비를 200배 낮추고 새 ETH의 발행률을 약 90%까지 낮출 것이다.
- EVM 호환 ZK(영지식) 롤업: 지금까지 ZK 롤업은 애플리케이션에 따라 달랐다. 그러나 범용 ZK 롤업이 이더리움에 오고 있다. 이것은 레이어 2 솔루션을 통해 더 큰 확장성을 허용한다.
- 샤딩 (병렬처리 기술): 이더리움은 또한 샤딩을 통해 확장되며 여러 단계로 시작되며 레이어 2 솔루션의 롤업과 결합될 때 최대 100,000 TPS 속도를 제공한다. 그러나 2023년 4월 현재 샤딩 로드맵은 재검토에 들어간 것으로 보인다. 샤딩이 실현 가능성이 없다는 이야기가 나오고 있다.

〈BNB 체인〉

- 검증인 수 증가: 검증인의 수는 최대 41개로 증가하여 안정성과 탈중앙화를 증가시킬 것으로 예상된다.
- 사이드체인 및 ZK 롤업: 메인 체인과 블록 공간을 놓고 경쟁할 필요가 없는 확장을 위해 ZK 롤업 기술을 사용하는 앱별 체인이다.

〈카르다노〉

- 확장: 카르다노는 EVM 호환 사이드체인과 Hydra라는 상태 채널 프레임

워크를 출시했다. Hydra는 스마트 계약 기능이 추가된 비트코인 라이트닝 네트워크와 비교할 수 있다.

〈솔라나〉

- 스마트폰: 솔라나 연구팀은 암호화폐 대량 채택에 대한 강한 의지를 가지고 있다. 그들은 최근 Android 스마트폰인 "Saga"의 출시를 발표했다. Saga는 암호화 지갑 기능과 Web3 프로그램용 소프트웨어 개발 키트를 특징으로 하며, Solana 블록체인을 기반으로 구축된 기본 Android 앱의 개발을 가능하게 하도록 설계되었다.

⑦ 블록체인의 성장을 가속화할 수 있는 또 다른 중요한 기능은 호환성이다.
호환성은 블록체인에 다양한 Dapp을 도입하고 유동성을 확보하며 상호 운용할 수 있는 기능을 제공한다. 호환성의 이점을 얻은 플랫폼의 좋은 예는 Avalanche이다. Avalanche는 EVM과 호환되므로 이더리움 Dapp이 최소한의 코딩 작업으로 Avalanche 블록체인에 온보딩될 수 있다. 이더리움보다 낮은 수수료로 선도적인 Dapp을 사용할 수 있다는 것은 Avalanche의 성장에 주요한 기여를 하고 있다.

요약하면, 스마트 계약 블록체인에 대한 발전은 계속해서 이루어지고 있다. 예측하건데 스마트 계약 블록체인에 대한 투자가 엄청나게 파괴력을 가지고 촉진될 수 있을 것이다. 이러한 분산 원장 생태계는 보다 효율적인 금융 시스템, 웹 3.0, 사용자 소유 인터넷 등을 위한 인프라가 될 수 있다. Dapp 개발, 유틸리티 및 네트워크 트랜잭션을 고려할 때 이러한 플랫폼 내에서 윤활유 역할을 하는 기본 자산(암호화폐)에 대한 더 큰 수요가 예상된다. 또한 생태계에 고정된 가치, 토큰 및 스마트 계약의 유용성과 상호 운용성, 증가하는 거래 수는 기본 자산 (암호화폐)에 대한 가치를 계속해서 견인할 수 있다.

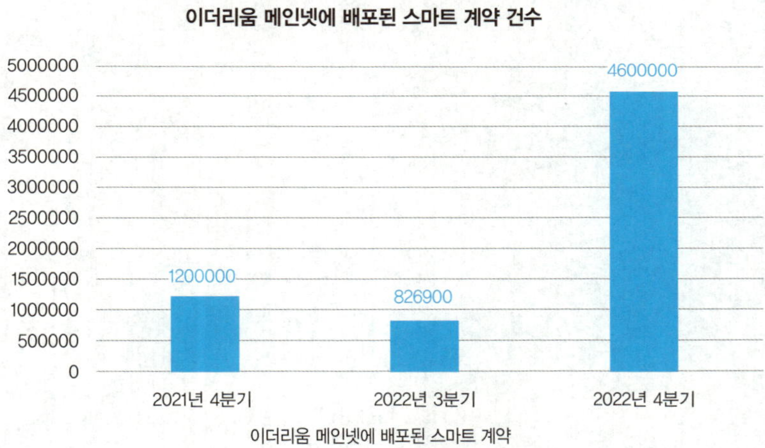

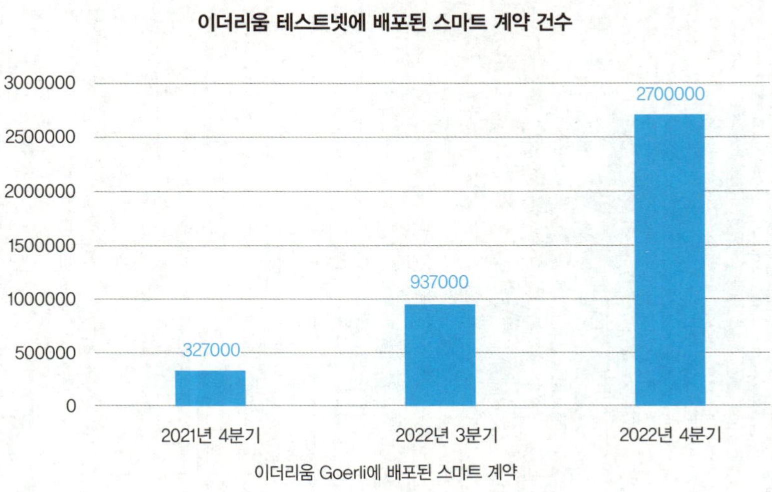

3

폰지사기가 결코 아닌 암호화폐

블록체인 세상은 아무도 믿지 않는다. 그러니 중재자가 설 자리가 없다. 오직 프로그램으로 코딩되는 프로토콜을 보고 믿는다. 비트코인은 사람이 하던 은행의 장부 작성을 프로그램 코드로 은행이 고용한 은행직원 없이 수행할 수 있게 하였고, 이더리움은 보험회사에서 사람이 하던 계약 처리를 프로그램 코드를 사용하여 사람의 참여 없이도 수행할 수 있도록 했다. 계약을 중재하는 사람 없이도 당사자 간에 계약이 안전하게 이루어 지도록 한 것이 스마트 계약이다. 스마트 계약의 작동에 관계되는 모든 프로토콜은 오픈 소스로 이루어져 있다. '신뢰'를 해야할 지점이 없다. 스마트 계약의 작동은 공개된 코드를 검증함으로서 믿을 수가 있다. 제대로 된 검증 아래서 폰지 사기는 있을 수가 없다.

우리 주변에는 암호화폐 투자를 통해 몇 억 정도를 벌었다는 사람들의 이야기를 듣기도 했다. 물론 2021년 중반 정도 때의 이야기지만. 불과 몇 년 전에도 비트코인이라는 새로운 디지털 자산에 약간의 돈을 투자하고 얻은 수익으로 집을 구했다는 사람도 있었고, 투자에 참여하는 사람은 새로운 자산가처럼 보이기도 했다. 2014년 0.3 달러에 ICO로 판매한 이더리움의 이더가 지금 2000 달러 가까이 가치가 있으니 누군가는 엄청난 부를 모을 수 있었던 일은 당연하다. 성장의 역사를 비교해보면, 비트코인이 시가총액 1조 달러에 도달하는 데 불과 12년이 걸렸다. 이는 Microsoft는 44년, Apple은 42년, Amazon은 24년, Google은 21년이 걸린 경우와 비교해도 단기간에 비트코인에 보여준 관심을 말해준다.

이런 가운데 2022년에도 JPMorgan의 CEO인 Jamie Dimon은 암호화폐 토큰을 '분산형 폰지 사기'라고 불렀다. 그의 말이 과연 맞는지 확인하기 위해, 폰지 사기가 무엇인지 정확히 알아보자. 폰지 사기는 투자자에게 뛰어난 수익을 창출할 것을 약속하는 정교한 투자 기회로 위장한 금융 사기이다. 실제로 폰지 사기는 최근 투자자의 자금으로 초기 투자자에게 지불금을 분배하는 불법 사기이다. 돈은 약속한 대로 투자되지 않고 대신 새로운 투자자 풀이 고갈되고 계획이 완전히 무너질 때까지 초기 투자자에게 "보장된 높은 수익"을 지불하는 데 직접 사용된다. 폰지 사기의 끝은 투자금을 돌려주지 않는 문제, 남은 자산을 가지고 잠적하는 사기꾼 등의 문제로 피해가 될 것이다.

폰지는 "신기술"에 대한 숙달 또는 우수한 지식을 표적 판매 포인트로 활용하여 피해자를 유인하는 것으로 유명하다. 신기술을 활용하는 사기꾼들은 종종 뛰어난 판매 기술을 가지고 있다. 폰지 사기는 "빨리 부자가 되려는" 사람들의 욕구를 이용하는 수법을 사용한다. 미래 산업을 이끌 신기술을 표방하는 암호화폐는 폰지 수법의 사기꾼들의 주요 표적이다. 일반 투자자는 암호화폐가 사용하는 기술이나 암호화폐를 건전한 투자로 평가하는 방법을 완전히 이해하지 못한다. 기존의 투자에서 투자자는 수익을 파헤칠 수 있는 제3자 연구보고서(예: Morningstar), 감사 문서 및 기타 필수 규제 자료를 활용한다. 이와 달리 많은 암호화폐 프로젝트는 규제되지 않으며 비트코인처럼 익명의 창립자를 갖는 경우도 있다. 이것은 사기꾼들이 투자자를 속일 목적으로 "어려운" 기술을 설명할 수 있는 전문가로 자신을 소개할 수 있는 기회를 제공하는 셈이다. 그들은 높은 수익을 약속하고 또한 당신이 그 이익을 만드는 방법을 이해할 필요가 없다는 것을 이해시키려 할 것이다. 그들은 선전용으로 구축된 웹사이트를 알려주고, 프로젝트 뒤에 있는 팀의 수준에 대해 과장하여 설명할 것이다.

폰지 사기에 휘말리지 않도록 주의해야 할 몇 가지 일반적인 경고 신호가 있다. 위험이 거의 없는 높은 수익에 대한 약속을 매우 의심해야 한다. 또 폰지 사기는 시간이 지나도 매우 일관된 수익률을 약속한다. 시장 상황과 관계없이 일관된 수익에 대한 약속이 명시되면 폰지 사기를 의심하는 것이 좋다. 기본 투자 전략의 방법론을 이해하기 어렵다면 투자를 피해야 한다. 또 암호화폐 투자가 유동성이 없는 경우 투자자는 그 이유를 정확히 이해하고 언제 투자를 청산할 수 있는지 명확하게 이해해야 한다.

2022년에 발생한 암호화폐 LUNA는 적절한 수익모델이 없이 투자자에게 높은 수익을 약속하며 폰지 사기와 유사하게 운영되었다. 이 '돈시장'의 중심 역할을 했던 앵커 프로토콜 플랫폼은 LUNA의 알고리즘 스테이블 코인 관계인 UST를 예치 받고 높은 이자를 주었다. 이 플랫폼에 UST토큰 (테라 스테이블 코인)을 예치한 투자자에게 년 20%의 이자를 주어 인기를 얻었다. 앵커의 매력적인 수익률과 UST 독점성은 테라 스테이블 코인에 대한 막대한 수요를 창출했다. 이러한 수요는 또한 시장에서 유통되는 UST의 지속적인 확장으로 이어졌다. 그런 다음 앵커 플랫폼은 돌아서서 예금을 다른 투자자에게 빌려주었다. 스테이킹 된 담보물 (UST)을 다시 대출해 준 셈이다. UST를 대출받으려는 사람은 LUNA나 이더를 담보로 제공해야 했다. LUNA의 수요가 증가했다. LUNA의 가격이 올라갔다. 다시 LUNA로 대출받은 UST를 스테이킹하면 연간 20% 수익이 있었다. 어떤 사람들은 LUNA가 파산하기전에 이미 명백한 폰지 사기 구조라고 생각했다. 결국 LUNA는 파산했다. 그러나 LUNA의 CEO인 권도형은 아직도 LUNA 작동 메커니즘이 폰지 사기가 아니라고 주장할 지도 모른다. 다행한 것은 암호화폐는 오픈 소스이기 때문에 검증이 항상 가능하다. LUNA도 검증에서 탈락한 암호화폐로 볼 수 있겠다. LUNA 사태가 터지기 직전에 LUNA를 털어낸 투자자는 앵커 프로토콜의 문제점을 알고 선제적 대응을 할 수 있었을 것이다.

암호화폐 투자는 투자자에게 상당한 수익을 창출할 잠재력이 있는 미래 산업을 이끌 기술 및 회사에 투자할 수 있는 독특한 기회를 제공한다. 수익을 창출할 기술 및 회사를 찾기 위해서는 암호화폐 기술의 속성을 이해하는 과정이 먼저 필요하다. LUNA의 앵커 프로토콜을 이해하면 LUNA의 위험성을 어느 정도는 예측할 수 있었던 경험을 상기할 필요가 있다. 비트코인은 블록체인 1세대 기술로서 중앙은행이 담당하는 자금 거래를 도와주는 기관 역할을 블록체인이 대신한다. 블록체인은 거래 장부를 프로그램 코드 (스크립트)로 바꾸어 놓은 상태에서 거래의 안전을 보장할 수 있도록 첨단 보안 기술을 사용하여 운용하는 것이다. 반면에, 이더리움은 블록체인 2세대로서, 예를 들어 중앙 기관인 생명보험 회사가 담당하는 보험 계약건을 블록체인의 계약 장부를 프로그램 코드 (계약 코드)로 바꾸어 놓은 상태에서 계약의 안전을 상호 신뢰할 수 있도록 첨단 보안 기술을 사용한 것이다. 좀 과장되게 이야기하면 블록체인 세상은 아무도 믿지 않는다. 그러니 중재자가 설 자리가 없다. 오직 프로그램으로 코딩되는 프로토콜을 보고 믿는다. 비트코인은 사람이 하던 은행의 장부 작성을 프로그램 코드로 은행이 고용한 은행직원 없이 수행할 수 있게 하였고, 이더리움은 보험회사에서 사람이 하던 계약 처리를 프로그램 코드를 사용하여 사람의 참여 없이도 수행할 수 있도록 했다. 계약을 중재하는 사람 없이도 당사자 간에 계약이 안전하게 이루어 지도록 한 것이 스마트 계약이다.

암호화폐 산업은 이더리움의 스마트계약으로 혁신의 계기가 되었다고 해도 과언이 아니다. 스마트 계약의 기술 발전은 2017 년에 설립한 체인링크를 언급하지 않고는 설명할 길이 없다. 공급망에서 물류의 정확한 보급은 중요하나, 예기치 못한 사태를 당할 경우를 대비하여 화주는 보험 계약을 스마트계약으로 체결할 수 있다. 이 스마트계약의 실행 매개 변수는 예기치 못한 사고가 될 것이고, 이 사고 정보는 오프 체인 정보이지만 체인링크를 통하면 신뢰성 있게 이 사고정보가 제공되어 스마트 계약은 사고정보 매개 변수가 충족될 때 자동으로 실행되도록 코드화 되어 있다. 즉, 체인링크는 Link 블록 체인에서 함께 작동하여 중요한 정보를 확인하고, 이러한 계약에 전달하는 분산 오라클 네트워크를 통해 스마트 계약에 정보를 제공한다. 체인링크 네트워크를 통해 데이터 피드 또는 정보를 전달하는 API를 보유한 사용자는 LINK 토큰과 교환하여 스마트 계약에 정보를 쉽게 제공할 수 있다. 스마트계약에 세상 정보가 활용되기 시작한 때는 불과 5년 전이다. 앞으로 5년 후의 암호화폐 산업은 엄청난 도약을 예고하고 있다. 지금의 구글이 있기 까지 20년의 시간이 필요했다. 암호화폐는 앞으로 5년 후면 10년의 기술 발전이 스마트계약 응용 분야에 가시적인 성과로 나타날 것이고, 정상적인 성숙기의 암호화폐 산업으로 입지가 굳어질 것으로 예측해 본다. 아니면 앞으로 3, 4년 내에 이 일이 현실화될지도 모르겠다. 그 이유는 이렇다. 기본 블록체인은 가치 교환을 위한 매우 안전하고 신뢰할 수 있는 네트워크이지만 기본적으로 외부 데이터를 가져오거나 엔드 투 엔드 변조 방지를 유지하는 방식으로 오프체인 시스템으로 데이터를 보내는 기능이 부족하다. 체인링크는 안전한 오라클을 사용하여 스마트 계약을 오프체인 계산, 결제 제공 업체, 다른 블록체인, 자산 가격, 자동화 봇, 의료 데이터, 가격 제공, 날씨 데이터, 스포츠 데이터, 배송 데이터, 상품 데이터, 난수 데이터 와 같은 현실 세계와 연결한다. 블록 체인에서 스마트 계약을 배포하는 당사자는 변조 방지 및 신뢰할 수 있는 방식으로 외부 데이터에 입각하여 계약 처리가 이루어지게 하므로 블록 체인의 기능을 확장한다.

2022년까지도 JPMorgan의 CEO인 Jamie Dimon이 암호화폐 토큰을 '분산형 폰지 사기'라고 한 것은 틀렸다. 그는 외부 데이터까지 안전하게 끌고 와서 처리하는 스마트 계약을 이해하지 못했을 뿐이다. 물론 LUNA 같은 폰지 사기에 가까운 암호화폐도 있었다. 그러나 LUNA는 암호화폐 검증에서 탈락한 것으로 보아야 한다. 규제가 어수선하고 전문적인 분석이 부족한 디파이 초창기에 벌어진 일이었다. 결론적으로 스마트 계약의 작동에 관계되는 모든 프로토콜은 오픈 소스로 이루어져 있다. '신뢰'를 해야할 지점이 없으므로 부정확한 정보로 잘못 신뢰했다가 당할 수 있는 가능성이 없다. 스마트 계약의 작동은 공개된 코드를 검증함으로서 믿을 수가 있다. 제대로 된 검증 아래서 폰지 사기는 있을 수가 없다.

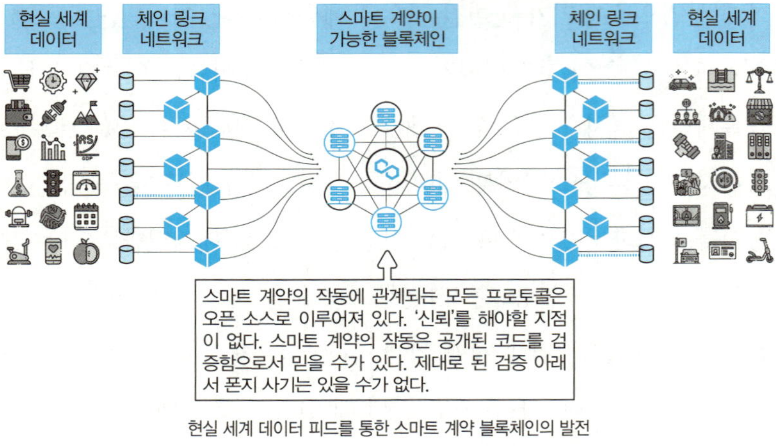

현실 세계 데이터 피드를 통한 스마트 계약 블록체인의 발전

4

블록체인 분야에서 오라클 문제를 해결하는 체인링크

소프트웨어 오라클 문제(software oracle problem)는 소프트웨어를 사용하여 현실 세계의 데이터를 수집한 후 블록체인 안에 기록할 때 발생하는 오라클 문제이다. 블록체인 네트워크는 굳이 직접 나서서 오라클 문제를 해결하기 위해 노력할 필요 없이, 중간자가 제공하는 안정적이고 체계적인 데이터를 그대로 받아서 블록체인 안에 넣어주기만 하면 된다. 이러한 중간자의 사례 중 하나가 체인링크(Chainlink)이다. 체인링크는 이더리움 기반으로 작동하는 각종 스마트 계약이 현실 세계의 데이터와 쉽게 연결되도록 돕는 역할을 한다.

블록체인 분야에서 오라클(oracle)이란 블록체인 밖에 있는 데이터를 블록체인 안으로 가져오는 것을 말한다. 이때 블록체인 밖에 있는 데이터를 오프체인(off-chain)이라고 하고, 그 데이터가 블록체인 안으로 들어온 것을 온체인(on-chain)이라고 한다. 블록체인(blockchain)은 데이터의 위변조가 거의 불가능한 분산 저장 기술이지만, 데이터가 블록체인 안으로 들어와야 블록체인으로 관리할 수 있다. 데이터가 블록체인 안으로 들어오지 않거나, 혹은 블록체인 안으로 들어오는 과정에서 위변조가 발생한다면, 설령 그 데이터가 블록체인으로 관리된다고 할지라도 신뢰하기 어렵다.

현실 세계에 있는 데이터가 블록체인 안으로 들어오는 과정은 생각만큼 쉽지 않다. 오프체인 데이터가 온체인 데이터로 바뀌기 위해서는, 현실 세계와 블록체인의 중간에서 데이터를 블록체인 안에 넣어주는 사람이나 장치가 필요하다. 오라클 문제는 이러한 중간자 역할을 하는 사람이나 장치를 어떻게 신뢰할 수 있을 것인가 하는 문제이다. 블록체인은 탈중앙 분산화를 추구하므로 권위를 가진 중앙이 존재하지 않는다. 따라서 블록체인에 데이터를 입력하는 중간자를 신뢰할 수 있는 특별한 방법이 필요하다.

블록체인 기반의 모든 스마트 계약(smart contract)은 오라클 문제가 발생할 수 있다. 스마트 계약을 이용하면, 계약 당사자가 사전에 협의한 계약 내용을 미리 프로그래밍하여 블록체인 안에 넣어두고, 이 계약 조건이 모두 충족되면 자동으로 계약 내용이 실행되도록 할 수 있다. 하지만 스마트 계약의 가장 큰 문제점은 블록체인 외부에서 나타나는 현상에 대한 정보를 수집할 수가 없다는 것이다. 스마트 계약을 자동으로 실행하기 위해 외부 데이터를 가져오는 과정에서 오라클 문제가 발생할 수 있기 때문이다. 간단한 사례를 통해 살펴보자.

예를 들어, "선거에 출마한 A 후보와 B 후보 중에서, 만약 A 후보가 당선되면 C에게 코인을 지급하고, B 후보가 당선되면 D에게 코인을 자동으로 지급한다."는 스마트 계약을 작성했다고 가정해 보자. 실제 선거에서 A 후보가 당선될 경우, 오라클이 가져온 A 후보가 승리했다는 정보(기록할 외부 정보)를 통해 A는 C에게 코인을 지급할 것이다.

"A 후보가 당선된다면"는 블록체인 기록을 위해 오라클이 확인해야 할 외부 정보에 해당한다.

"A는 C에게 코인을 지급한다."는 외부 정보 조건이 부합하면 스스로 실행하는 블록체인의 스마트 계약이다.

여기서 오라클의 역할은 계약 이행을 위해 조건을 확인하여 블록체인 내부로 가져오는 것이다. 즉, A 후보가 당선된 것을 확인하고 "조건이 충족했다"는 정보를 블록체인에 기록하는 역할이 바로 오라클이다. 오라클이 수행하는 역할은 크게 두 가지로 나뉠 수 있다.

객관적인 정보를 기록하는 오라클과 주관적인 정보를 기록하는 오라클이다. 객관적인 정보를 기록하는 오라클은 위의 예에서 "A 후보가 당선되었다"라는 객관적 정보가 블록체인에 입력되는 경우이다. 주관적인 정보를 기록하는 오라클은 스마트 계약이 의료 보험 계약 등에 이용될 경우에 스마트 계약 실행 조건 성립 여부에 정보가 타당한지를 판단하는 검수자까지 필요한 경우이다.

오라클 문제는 외부 정보값을 입력하는 오라클에 대한 의문이 발생하는 것이다. 바로 정보의 신뢰성에 대한 의문이다. 만일, 블록체인에 입력하는 외부 데이터가 잘못된 정보였다면 '오라클 문제'가 발생한 것이다. 따라서 블록체인에 기록된 데이터는 위변조가 불가능하지만, 현실 세계의 데이터를 블록체인에 기록하는 과정에서 위변조가 발생할 수 있다.

만약 자동차 사고가 발생하면 자동으로 보험금을 지급하는 스마트 계약이 있다고 가정해 보자. 자동차 사고가 실제로 발생했는지, 만약 사고가 발생했다면 언제 어디에서 발생했고, 피해는 어느 정도인지, 누가 사고의 가해자이고 누가 피해자인지 등의 내용을 블록체인 안에 입력해야 스마트 계약에 의해 자동으로 보험금이 지급된다. 그렇다면 과연 누가 이런 데이터를 입력할 자격이 있을지, 또한 입력된 데이터의 신뢰성은 누구에 의해 보장될 수 있을지 하는 문제가 발생한다. 블록체인 시스템에서는 권위 있는 중앙이 존재하지 않고, 블록체인 네트워크에 참여하는 각 노드들이 평등하게 의사 결정 과정에 참여하기 때문에 이런 문제를 해결하려면 상당히 복잡한 의사 결정 구조가 필요하다. 블록체인은 탈중앙 분산화 시스템이기 때문에, 권위를 가진 신뢰할 수 있는 의사 결정 기구가 존재하지 않는다.

오라클 문제는 크게 하드웨어 오라클 문제와 소프트웨어 오라클 문제가 있다. 하드웨어 오라클 문제(hardware oracle problem)는 센서(sensor)와 같은 하드웨어 기기를 사용하여 수집한 데이터를 블록체인 안에 기록할 때 발생하는 오라클 문제이다. 온도 센서, 습도 센서, 압력 센서, 지문 센서, 자이로 센서, 바이오 센서 등 다양한 센서에서 수집된 데이터가 블록체인 안에 자동으로 기록되게 할 수 있다. 이 때 센서 장치의 오작동이나 부정확한 측정으로 인해 블록체인에 기록되는 데이터가 정확하지 않을 수 있다.

소프트웨어 오라클 문제(software oracle problem)는 소프트웨어를 사용하여 현실 세계의 데이터를 수집한 후 블록체인 안에 기록할 때 발생하는 오라클 문제이다. 자료수집 봇(bot), 빅데이터 분석기, 인공지능(AI) 등 다양한 소프트웨어를 사용하여, 인터넷에 퍼져 있는 데이터를 수집하여 블록체인에 기록할 수 있다. 하지만 만약 이러한 자료수집 봇이나 인공지능이 사실과 다른 판단을 내린다면, 블록체인 안에 기록된 데이터 역시 잘못된 정보가 된다. 소프트웨어는 버그가 있을 수 있고, 악의적 해커에 의해 해킹을 당하여 오작동할 수도 있다.

오라클 문제를 해결하기 위해 현실 세계와 블록체인 사이에서 신뢰할 수 있는 데이터를 제공해 주는 중간자(middleware)를 두는 방법이 있다. 예를 들어, 중간자 역할을 하는 조직이나 소프트웨어가 날씨 데이터, 금융 데이터 등을 수집하여 API 방식으로 체계적으로 제공함으로써 오라클 문제를 해결하려는 시도이다. 오라클 문제를 해결하는 것은 매우 어렵기 때문에 일정한 규모와 조직을 갖춘 기업이나 단체가 중간자 또는 미들웨어 역할을 맡아서, 특정 분야의 데이터를 체계적으로 수집한 후 해당 정보가 필요한 블록체인 네트워크에 데이터를 체계적으로 제공할 수 있다. 블록체인 네트워크는 굳이 직접 나서서 오라클 문제를 해결하기 위해 노력할 필요 없이, 중간자가 제공하는 안정적이고 체계적인 데이터를 그대로 받아서 블록체인 안에 넣어주기만 하면 된다.

중간자는 현실 세계와 블록체인 네트워크의 중간에 존재하면서, 신뢰할 수 있는 데이터를 안정적이고 체계적으로 제공하여, 오라클 문제를 해결할 수 있다는 장점이 있다. 다만, 블록체인은 탈중앙화(decentralization)를 지향하는데, 이러한 중간자 역할을 하는 조직이나 소프트웨어가 새로운 형태의 중앙화 지점이 될 가능성이 존재한다. 이러한 중간자의 사례 중 하나가 체인링크(Chainlink)이다. 체인링크(Chainlink)는 블록체인의 스마트 계약을 블록체인 외부의 데이터, 결제, API 등에 연결하기 위해 사용하는 블록체인 미들웨어 플랫폼이자 암호화폐이다. 체인링크는 이더리움 기반으로 작동하는 각종 스마트 계약이 현실 세계의 데이터와 쉽게 연결되도록 돕는 역할을 한다. 2014년에 설립된 스마트컨트랙트닷컴의 자회사이다. 2017년 9월에 체인링크 코인(LINK) 10억개가 발행되었다.

2021년 4월 15일 새로 발간된 체인링크의 백서인 '체인링크 2.0: 탈중앙화 오라클 네트워크 진화의 다음 단계'의 소개 부분을 정리하면 다음과 같다.

소개

블록체인 오라클은 오늘날 종종 하나의 목표를 가진 분산 서비스로 간주된다. 오프 체인 리소스의 데이터를 블록 체인으로 전달한다. 그러나 데이터를 전달하거나 컴퓨팅, 저장 또는 양방향으로 전송하는 역할은 짧은 단계처럼 보일 수 있다. 그렇지만 이 단계는 오라클의 기능에 대한 훨씬 더 광범위한 개념을 정당화한다. 시간이 흐를수록 스마트 계약의 증가하는 서비스 요구 사항은 오라클 네트워크에 의존하는 점점 더 다면적인 기술을 필요로 한다. 요컨대, 오라클은 온체인과 오프체인 시스템 간의 범용, 양방향, 컴퓨팅 지원 인터페이스일 수 있고 또 그래야 한다. 블록체인 생태계에서 오라클의 역할은 스마트 계약의 성능, 기능 및 상호 운용성을 향상시켜 다양한 산업에 새로운 신뢰 모델과 투명성을 제공할 수 있도록 하는 것이다. 이러한 블록체인 내부와 외부 세상을 연결하는 일은 블록체인의 특수 속성을 오라클 네트워크와 같은 오프체인 시스템의 고유한 기능과 융합하여 고립된 온체인 시스템보다 훨씬 더 큰 도달 범위와 전력을 달성하는 하이브리드 스마트 계약의 사용을 확대시킬 것이다.

우리는 오라클 네트워크가 하이브리드 스마트 계약을 위해 빠르고 안정적이며 기밀성을 유지하는 범용 연결 및 계산을 제공함으로써 기존 및 새로운 블록 체인을 보완하고 향상시키는 오라클 네트워크의 역할이 점점 더 확장될 것으로 예상한다. 우리는 오라클 네트워크가 무결성이 높은 블록 체인 등급 데이터를 블록 체인 생태계를 물리적인 세상과 결합시키는 유틸리티로 진화할 것이라고 믿는다.

오늘날 다양한 엔티티 세트에 의해 운영되는 체인링크 노드는 오라클 네트워크 입장에서는 보고서로 알려진 형태로 스마트 계약에 데이터를 전달한다. 우리는 이러한 오라클 노드를 고전적인 합의 블록 체인과 유사한 위원회로 볼 수 있지만 독립형 기능을 제공하기보다는 기존 블록 체인을 지원하는 것을 목표로 한다. 체인링크 2.0에 대한 계획의 기초는 탈중앙화 오라클 네트워크 또는 줄여서 DON (Decentralized Oracle Networks)이라고 부르는 것이다. DON은 체인링크 노드 위원회에서 유지 관리하는 네트워크이다. 합의 프로토콜에 뿌리를 둔 이 프로토콜은 위원회에서 배포를 위해 선택한 모든 오라클 기능을 무제한으로 지원한다. 따라서 DON은 블록 체인 추상 계층 역할을 하여 스마트 계약 및 기타 시스템 모두를 위한 오프 체인 리소스에 대한 인터페이스를 제공한다. 또한 매우 효율적이면서도 분산된 오프체인 컴퓨팅 리소스에 대한 액세스를 제공한다. 일반적으로 DON은 메인 체인에 대한 작업을 지원한다. 그 목표는 온체인 및 오프체인 계산을 외부 리소스에 대한 연결과 결합하는 안전하고 유연한 하이브리드 스마트 계약을 가능하게 하는 것이다.

비록 DON은 위원회를 통하여 거버넌스가 이루어지지만, DON은 노드가 함께 모여 노드 포함을 위한 자체 체제(권한 또는 무허가일 수 있음)를 사용하여 사용자 지정 오라클 네트워크를 구현할 수 있는 무허가 프레임워크의 기초 역할을 한다.

탈중앙화 오라클 네트워크

기본적으로 블록체인 온체인에서는 사용할 수 없는 기능을 분산 오라클 네트워크를 통해 대상 블록 체인 또는 메인 체인에 제공하여 온체인 스마트 계약의 기능을 향상시키고 확장하도록 설계되었다. 분산 오라클 네트워크의 속성을 살펴보자.

- 오픈소스(Open-source) - 오픈소스 기술을 사용해 다수의 블록체인 커뮤니티가 각자 체인링크 소스 코드 및 함수에 대한 안전 및 신뢰도를 확인할 수 있도록 하고 개선을 위해 기여할 수 있도록 하였다.
- 외부 어댑터(External Adapters) - 스마트 컨트랙트가 비밀번호/크리덴셜 정보 보안을 갖춘 외부 시스템 및 API로부터 데이터를 받을 수 있도록 노드가 API 키를 보관하고 및 계정 로그인을 관리한다.
- 탈중앙화(Decentralization) - 노드 및 데이터 소스 차원에서 탈중앙화를 실현해 하나의 노드 또는 데이터 소스가 단일장애지점이 되는 것을 방지해 유저들에게 데이터가 제시간에 전달될 것이라는 강력한 보장을 제공하고 조작을 방지한다.
- 데이터 서명(Data Signing) - 노드가 스마트 컨트랙트에 데이터를 제공할 때 서명을 하도록 해 유저들이 어떤 노드가 어떤 데이터를 제공했는지 내역을 확인해 퍼포먼스 품질을 확인할 수 있도록 한다.
- 서비스 계약(Service Agreements) - 요청하는 스마트 컨트랙트와 오라클 제공자 간 법적 효력이 있는 온체인 계약을 체결해 제공하는 오프체인 데이터 요청에 대한 품질을 유저들에게 보장할 수 있도록 오라클 서비스의 조건, 페널티 및 보상 대책을 명시한다.
- 인증서 서비스(Certification Services) - KYC, 노드의 위치 정보, 인프라의 보안 리뷰 등과 같은 주요 요소에 대한 보장을 할 수 있는 인증서를 발급해 노드가 인증서를 더 많이 취득할수록 유저들에게 더 높은 보안 및 신뢰도를 인정받을 수 있도록 한다.

이러한 속성으로 분산 오라클 네트워크는 애플리케이션 개발자가 지원되는 모든 메인 체인에서 스마트 계약에 대한 오프 체인 지원을 생성할 수 있는 강력하고 유연한 도구 역할을 할 것을 약속한다.

다음은 공급망에서 체인링크가 어떻게 사용되는지 Otonomi의 체인링크 응용 사례를 들어 설명한다.

Otonomi는 블록 체인을 기반으로 하는 플랫폼이다. 이 플랫폼은 항공 화물 보험 정책을 보험 계약자와 보험사 모두를 위해서 빠르고 비용 효율적인 디지털 제품으로 전환하고 있다. 데이터 활성화 트리거, 스마트 계약 및 통합 디지털 지갑의 독점 기술로 구동되는 이 회사의 항공 화물 솔루션은 청구 해결 시간을 45일에서 45분으로 단축하여 관리 비용을 90% 절감한다. 선적된 상품은 화물 보험으로 보장될 수 있지만 대부분의 항공화물 회사는 화물에 대해 최소 금액의 보험을 제공한다. 책임은 궁극적으로 운송업체에 있다. 일반적인 보험 보장은 충분하지만 홍수 및 지진과 같은 자연 재해 및 공급망 지연으로 인한 위험을 배제하는 경우가 많다. 예를 들어, 수에즈 운하 에버기븐의 붕괴와 같은 비참한 사건은 선주와 운송자에게 100억 달러의 비용이 들었다. 이와 같은 위험으로 인해 기업은 파손, 도난, 상품 분실 등을 방지하기 위해 추가 보험을 찾기 시작했다. Otonomi의 항공 화물 솔루션은 화물 선주에게 이러한 고충을 해결하기 위해 최첨단 보험 기술 상품으로 개발되었다. 위험을 신속하게 관리하여 항공화물 운송 업체를 보호하며 항공화물 산업의 지연에 따른 경제적 손실을 해결하기 위해 작성할 수 있다. Otonomi는 파라메트릭 항공

화물 솔루션을 개발하여 고객에게 질문 없이 당일 자동 지연 및 중단 보장에 액세스할 수 있도록 했다.

Otonomi는 파라메트릭 보험 상품을 지원하기 위해 고품질의 신뢰할 수 있는 데이터에 액세스해야 한다.

- 진행중인 공급망 위기는 현재 해운 보험 모델의 기능 장애를 직면했다.
- 하이브리드 스마트 계약은 새로운 솔루션을 제공하여 청구 자동화 및 더 나은 위험 관리를 가능하게 한다.
- 데이터 무결성은 보험 청구의 결과를 결정하기 때문에 이러한 스마트 계약에 매우 중요하다.

진행 중인 공급망 위기는 물류 부문과 일상 업무를 수행하는 보험 산업 모두에서 취약성을 드러냈다. 배송 지연과 제대로 관리되지 않은 공급망 위험으로 인해 경제 전체에 파급되는 경기 둔화가 발생했다.

Otonomi는 화물 운송 업체와 화주를 운송지연 및 공급망 중단으로부터 보호하여 글로벌 운송 산업에서 발생하는 불가피한 문제를 신속하게 극복할 수 있는 하이브리드 스마트 계약 기술의 잠재력을 인식했다. 데이터 무결성은 데이터가 사전 설정된 스마트 계약 매개변수에 따라 보험 청구를 제기해야 하는지 또는 청구 지불금을 실행해야 하는지 여부를 결정하기 때문에 이러한 솔루션에 매우 중요하다. Otonomi가 필요로 했던 것은 누구나 스마트 계약을 트리거하는 데이터의 무결성을 확인할 수 있는 매우 안정적이고 분산된 온체인 데이터 솔루션이었다. Otonomi는 체인링크 데이터 피드를 통합하여 정확한 운송 데이터를 기반으로 보험 계약을 빠르고 안정적으로 실행할 수 있도록 지원한다.

블록체인에 실린 데이터는 합의에 의해 기록된 최종적인 상태에 있고, 기본적으로 오프체인 데이터에 액세스할 수 없기 때문에 Otonomi는 프로토콜에서 사용할 고품질 데이터를 온체인에 안정적이고 유연하게 제공할 수 있는 DON이 필요하다. 이미 수백억 달러의 스마트 계약 가치를 담당하는 선도적인 탈중앙화 금융(디파이) 프로토콜을 보호하는 데 도움을 주고 있는 체인 링크는 모든 유형 즉, 결제 제공 업체, 자산 가격, 자동화 봇, 의료 데이터, 가격 제공, 날씨 데이터, 스포츠 데이터, 배송 데이터, 상품 데이터, 난수 데이터와 같은 현실 세계의 데이터를 블록체인에 안정적으로 전달한 입증된 역사를 가지고 있다.

Otonomi 팀은 체인링크 데이터 피드 (제공)를 통합하여 매우 신뢰할 수 있는 물류 데이터로 파라메트릭 보험 정책을 트리거하기로 결정했다. 체인링크 네트워크가 배송 지연과 같은 이벤트 트리거를 전달하면 해당 보험 블록체인 위의 스마트 계약이 자동으로 실행된다.

체인링크 데이터 피드를 통합한 후, Otonomi는 이제 기존 보험 정책의 비용보다 훨씬 적은 비용으로 인적 오류를 완화하고 사기 거래를 방지하는 우수한 사용자 경험을 제공할 수 있다. 그리고 청구를 해결하는 데 평균 45일이 걸리는 기존 보험 계약과 달리 Otonomi

의 보험 상품은 단 45분 만에 청구를 판결하고 해결한다. 또한 Otonomi는 매우 신뢰할 수 있는 실시간 데이터에 액세스하여 보험 지불 결정을 보다 정확하게 하고, 실시간 시장 변동을 기반으로 고객을 위한 가장 정확한 가격을 계산할 수 있다. 또한 Otonomi가 체인링크 오라클을 사용하면서 축적된 경험은 향후 새로운 데이터 포인트를 쉽게 추가할 수 있으므로 Otonomi가 새로운 비즈니스 분야에서 파라메트릭 보험 솔루션을 원활하게 확장할 수 있다.

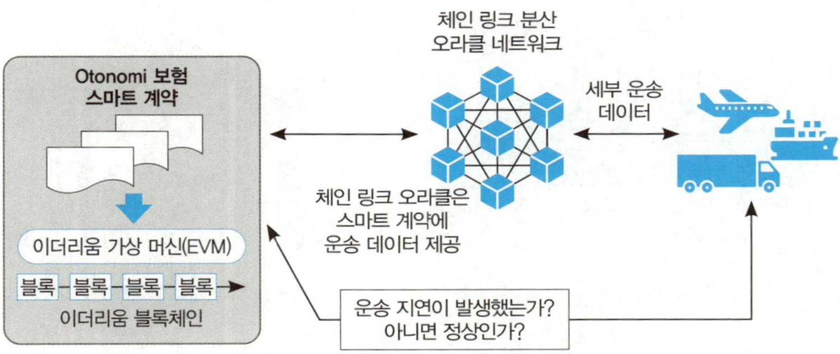

Otonomi 보험 스마트 계약

5

중앙화 거래소 파산과 디지털 자산 생태계

탈중앙화 프로젝트 만으로 암호화폐 생태계의 발전을 가져오는 데 한계가 있음을 인정하지 않을 수 없다. 모든 거래가 탈중앙화 거래소를 통하여 이루어진다면 이는 이상적인 암호화폐 생태계가 되겠지만, 현실적으로 그렇지 못하다. 이런 상황에서 중앙화 시스템인 중앙화 거래소가 번창해 오다가 FTX 같은 사건이 터진 것이다. 이것을 암호화폐 생태계의 문제라기 보다는 아직 탈중앙화 기술이 성숙되지 못했기 때문으로 보아야 할 것 같다.

FTX의 붕괴는 2022년 11월 10일 동안 발생했다. 암호화폐 뉴스 사이트 코인데스크(CoinDesk)가 11월 2일 특종한 보도에서 뱅크먼-프리드(Bankman-Fried)가 운영하는 알라메다 리서치(Alameda Research)의 자산 대부분을 자매회사인 FTX가 발행한 토큰인 FTT 암호화폐로 50억 달러 상당을 보유하고 있다고 밝혔다. FTT 가격이 떨어지면 알라메다리서치도 덩달아 주저앉을 수 있는 상황이었다. 이 때문에 Bankman-Fried 회사의 공개되지 않은 레버리지와 지급 능력에 대한 암호화폐 업계 전반의 우려가 촉발되었다. 세계 최대 암호화폐 거래소인 바이낸스는 11월 6일 FTT 토큰으로 가지고 있는 전체 보유분(약 5억 2,900만 달러 상당의 약 2,300만 개의 FTT 토큰) 을 매각 할 것이라고 발표했다. 바이넌스 CEO의 이런 결정은 2022년 초 Terra(LUNA) 암호화폐의 붕괴에 따른 위험관리를 기반으로 한다고 말했다. 다음날 고객들은 코인데스크 보고서 직후 며칠 동안 60억 달러 상당의 FTT 매도로 이어졌고, 이 같은 암호화폐의 뱅크런으로 결국 FTT 가격은 급락했다. 알라메다리서치의 자산이 순식간에 사라지는 순간이었고, FTT를 발행한 FTX도 절체절명의 위기에 처했다. FTT의 가치는 이틀 만에 80% 이상 하락했다. 11월 8일, 바이낸스는 FTX의 인수를 고려해 보겠다고 발표했다가, 11월 9일 결국 인수는 불발에 그치고 말았다. FTX는 고객 인출이 급증한 후 2022년 11월 11일 파산 신청을 했다. 당시 CEO인 Sam Bankman-Fried는 회사가 고객의 요구를 충족시키기에 충분한 예비 자산이 없다고 인정했다.

이 FTX 사태도 결국은 중앙화 거래소의 문제가 터진 것이다. 중앙화 거래소(CEX)인 FTX의 파산 신청에 대하여 2022년 11월 20일 기준으로 FTX는 12억 달러가 약간 넘는 현금을 보유하고 있는 동안 회사가 30억 달러 이상의 빚을 졌다고 알려지고 있었다 . 경제 및 소비자 정책 소위원회 위원장은 거래소의 과거 및 현재 재정에 대한 세부 정보를 제출할 것을 요구하는 서한을 전현직 FTX CEO에게 보냈다. 파산한 FTX 암호화폐 거래소의 전현직 CEO들은 미국 하원 소위원회 의장으로부터 거래소 재정과 관련된 문서를 요구하는 압력을 받았다. 소위원회는 FTX가 직면한 중대한 유동성 문제, 회사의 갑작스러운 파산 선언, 이러한 조치가 FTX 거래소를 사용하는 고객에게 미칠 잠재적 영향에 대한 자세한 정보를 찾고 있었다. 거래소의 유동성 문제, 11월 초 붕괴 이전의 대차 대조표, 현재 암호화폐 보유량, 고객에게 어떻게 상환할 것인지에 대한 계획 등 재정과 관련된 수많은 정보를 넘겨줄 것을 요구했다. 또한 알라메다 리서치의 CEO로부터 FTX가 받은 모든 정보, 누가 거래소의 재정을 관리하는지에 대한 정보를 요청했다. 또 FTX 부서의 코 밑에서 자금을 이동시키는 데 사용되었을 수 있는 "백도어"에 대한 설명을 요구했다.

같은 부류의 중앙화 암호화폐 거래소 Binance US, Coinbase, Kraken 및 KuCoin에도 유사한 편지가 발송되었다. 소위원회는 FTX에서 무엇이 잘못되었는지를 결정하고, 암호화폐 산업이 적절하게 규제되고 투자자를 보호하기 위해 의회가 제정할 수 있는 조치를 결정하는 데 도움이 되는 요청된 문서를 조달하기 위한 마감일을

12월 1일로 정했다. 소위원회의 기한은 FTX의 붕괴를 계기로 중앙화 거래소는 물론, 디지털 자산 생태계에 대한 광범위한 결과를 조사할 미국 하원 금융 서비스 위원회의 12월 청문회 에 대한 11월 16일 발표와 일치했다.

원래 블록체인 기술은 탈중앙화 네트워크를 기반으로 하고 있으며, 개인간의 암호화폐 거래는 개인 비밀키에 의한 비수탁 지갑을 사용하도록 하며, 제3자의 개입이 없이 작동한다. 그러나 암호화폐의 거래가 늘어나면서 거래소는 점점 더 중앙화 되어 갔다. 즉, 중앙화 거래소 (CEX)가 암호화폐 생태계의 한 축을 차지한 것이다. 제3자의 개입 없이 거래하는 디파이 (DeFi) 거래를 하는 Uniswap과 같은 탈중앙화 거래소는 나중에 개발되었다. 탈중앙화 거래소의 모든 규칙과 프로토콜이 공개되어 있고 검증 가능하다. 즉, 중앙화에 의하여 생기는 문제는 없다. 원래 탈중앙화를 깃발로 시작한 암호화폐인 만큼 탈중앙화 거래소가 암호화폐 생태계의 주류가 되어야 하겠지만 현실은 중앙화 거래소의 소위 중앙화 금융 (CeFi) 거래량과는 비교가 되지 못한다.

중앙화 거래소가 이렇게 번창하게 된 계기는 제2세대 블록체인 기술이라고 하는 이더리움이다. 이더리움의 창시자 (비타릭, 호스킨슨, 가빈)는 이더리움을 개발하기 위하여 초기 자본이 필요했다. 이들은 초기에 ICO방법으로 초기 발행 암호화폐 이더를 팔았다. 중앙화 거래소를 통해서이다. 이후 암호화폐 붐으로 많은 암호화폐들이 같은 방법으로 개발 및 운영 자금을 ICO를 통하여 확보하고 있다. 중앙화 거래소가 암호화폐 생태계의 중요한 요소로 자리잡은 이유다. 그러나 ICO를 하지 않고 시작한 암호화폐의 원조인 비트코인은 다르다. 이중결제 방지를 위하여 고도의 컴퓨팅 문제를 풀도록 하고, 아울러 이 문제를 푼 자에게 보상금으로 주는 방법으로 비트코인을 발행하는 형태이다. 비트코인의 이 보상금 총량은 정해져 있어, 어느 누구도 개입하여 총량을 늘리지 못한다. 그러므로 인플레이션이란 것이 비트코인에는 있을 수가 없는 것이다. 교묘하게 컴퓨팅 자원을 사용하여 문제를 푸는 이 과정을 채굴이라는 용어를 사용했고, 사람들은 정말 비트코인을 디지털 골드로 믿게 만들었다. 총 발행량이 프로토콜로 정해져 있고 이에 따라 채굴 보상금이 주기적으로 반감되고 있으며, 어느 순간에는 채굴 보상금이 없어지게 된다. 이때 비트코인 네트워크는 어떻게 될 것인가? 지금은 비트코인 맥시멀리스트들이 'Code is law'라고 하며 절대로 프로토콜을 변경하려 하지 않지만, 채굴 보상금이 없어지면 이들은 담합하여 비트코인의 새로운 포크를 만들고 비트코인 발행을 다시 시작할 것은 자명하다. 그렇게 하지 않으면 비트코인은 재무부 지갑 같이 비트코인 발전 기금 모집 및 운영 방침이 전혀 없는 상태에서 비트코인 네트워크를 지속적으로 유지할 방도가 없다. 비트코인 네트워크가 정상 작동할 수 없는 시기에 도달하면 과연 중앙화 거래소에 계속 비트코인을 상장할 수 있을까? 답은 그렇지 못할 것이다. 그렇다면 비트코인 규칙을 변경할 수밖에 없는데, 그럼 'Code is law'라고 변화를 거부하는 지금의 비트코인 맥시멀리스트의 주장은 본인들의 이득을 위한 현실 변명에 불가하다는 점이다.

비트코인은 디지털 골드이고, 이더리움의 이더는 디지털 석유라고 한다. 비트코인은 희소 가치만 있는 자산이고 제2세대 이후 이더리움 등의 암호화폐는 탈중앙화 시스템을 작동시키는 연료이면서 디지털 자산이기도 하다. 그래서 암호화폐를 탈중앙화 프로젝트의 기본 토큰이라 부른다. 사람들이 디지털 골드가 미래 산업을 책임질 수 없고 디지털 가스가 미래 산업의 동력이 될 수 있다고 인식하기 시작했다. 범위를 좁히면 지분 증명 암호화폐를 기본 토큰으로 하는 탈 중앙화 프로젝트가 미래산업을 책임질지도 모른다. 탈중앙화 프로젝트에 많은 개발자들이 참여하고 있다. 이더리움, 카르다노, 폴카닷, 링크 등은 개발인력을 계속 증가시켜 왔다. 새로운 프로젝트는 ICO를 통하여 이 연료를 팔아서 개발비를 충당해야 했다. 이 ICO가 지분증명 암호화폐를 증권으로 분류하여 규제하려는 SEC의 엄포에 계속 노출되고 있는 빌미다. 그래도 사람들은 연료로 사용되는 이 기본 토큰들을 중앙화 거래소를 통하여 자산으로 투자하기 시작했다. 여기 까지는 몇 사태를 제외하면 그렇게 큰 문제가 없었다. 이런 중앙화 거래소 사업은 급속히 발전하여 중앙화 거래소가 규제가 없는 틈을 타 고객의 개인키를 수탁 받아 암호화폐를 처리해 주고, 투자금을 예치 받고, 심지어 자체 암호화폐까지 발행하여 상장 리스트에 올려놓고 운영하기 시작한다.

중앙화 암호화 거래소는 법정 화폐로 이 기본 토큰을 쉽게 구입하게 하고, 이들을 사고 팔수 있게 하는 시장터 역할을 하고, 시장 밖으로 내보내고 들여오는 무역업, 탈중앙화 시스템의 운영자로 간접 참여할 수 있게 하는 지분 투자 (스테이킹), 파생 상품 거래, NFT 거래 등 소위 암호화폐에서 수익을 낼 수 있으면 모두 다 하는 괴물이 되었다. 그리고는 중앙화 암호화폐 거래소(Binance US, FTX, Coinbase, Kraken 및 KuCoin 등)가 암호화폐 생태계의 한 축으로 작동하게 되었다. 불행하게도 이들이 하는 짓이 "거짓말쟁이나 사기꾼" 짓인지 알 길이 없다. 왜냐하면 중앙화 거래소의 규칙은 오픈소스가 아니다. 그럼에도 불구하고 뒤따라가는 정부의 규제가 중앙화 거래소에 효과적으로 미칠 수가 없는 것은 당연한다. 이런 상황에서 암호화폐의 중앙화 거래소에서 CEO가 중심에서 거버넌스를 담당하는 한 잘못되거나 또는 정부에 의한 심한 규제가 들어오면 탈중앙화 프로젝트 (산업)도 따라서 위축되는 것 또한 당연하다.

FTX 파산을 계기로 미국은 디지털 자산 생태계 전반에 (탈 중앙화 프로젝트와 중앙화 거래소를 묶어서) 걸쳐 규제를 만들려고 시도할 것이다. 이는 분명 중앙화 거래소는 크게 위축될 것이다. 이 말은 기존 디지털 자산 생태계에서 잘못된 방향이건 간에 주축을 이루던 중앙화 거래소가 위축됨을 의미한다. 아무튼 암호화폐 산업 발전의 동력의 키를 중앙화 거래소가 쥐고 있던 구조의 변화는 장기적으로 보았을 때, 디지털 자산 생태계에게 나쁠 일이 아니다. 탈중앙화 기술이 더 발전하여 탈중앙화 거래소의 거래량이 중앙화 거래소의 거래량의 50% 까지라도 되는 시기는 언제쯤 찾아올까? 지금은 10% 정도 밖에 되질 않는다.

탈중앙화 프로젝트 만으로 암호화폐 생태계의 발전을 가져오는 데 한계가 있음을 인정하지 않을 수 없다. 모든 거래가 탈중앙화 거래소를 통하여 이루어진다면 이는 이상적인 암호화폐 생태계가 되겠지만, 현실적으로 그렇지 못하다. 이런 상황에서 중앙화 시스템인 중앙화 거래소가 번창해 오다가 FTX 같은 사건이 터진 것이다. 이것을 암호화폐 생태계의 문제라기 보다는 아직 탈중앙화 기술이 성숙되지 못했기 때문으로 보아야 할 것 같다. 결국은 스마트 계약과 디파이 등이 미래의 산업으로 달려갈 때, 디지털 가스를 사고 파는 탈중앙화 거래소가 함께 발전하면 좋겠지만, 아직은 디파이로 움직이는 탈 중앙화 거래소는 발전에서 초기 단계에 있다. 암호화폐 생태계에서 일정 영역을 담당하는 중앙화 거래소에서 사건이 터지는 것은 어쩌면 당연해 보인다. FTX 사태는 암호화폐의 거품이 터진 것이 아니고 중앙화 거래소의 문제가 원인이다. 중앙화 거래소가 운영의 투명성을 제고하고 법과 제도를 갖추는 계기가 되면 좋겠다.

상위 10개 CEX와 DEX의 거래량 비교(단위: 백만 달러)

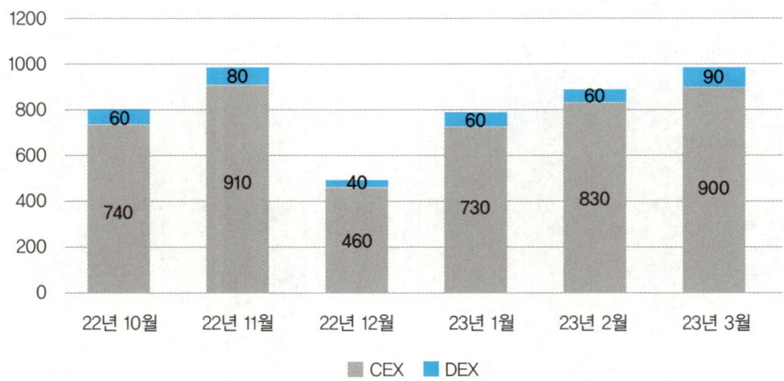

상위 10개 중앙화 거래소와 탈중앙화 거래소의 월별 거래량 비교

6

이더리움 킬러는 없다.

실질적인 거래 추적에서도 이더리움의 독주는 쉽게 관찰된다. 탈중앙화 거래소에서 거래되는 하루 거래량을 비교해보면 이더리움 체인을 사용하는 거래는 모든 체인의 전체 거래량 대비 55%에 근접한다. 폴리곤(Polygon)이 이더리움과 연동된 사이드체인이고, 아발란체가 이더리움과 경쟁하는 일련의 스마트 컨트랙트 플랫폼이지만 이더리움과 상호 운용 가능하다는 점을 고려하면 이더리움 체인은 가히 독주 상태에 있다.

Facebook (메타)의 Mark Zuckerberg가 암호화화폐를 개발하려고 시도한 리브라(Libra)가 있었다. 일부 전문가들조차 결국 미국 달러를 대체할 수 있다고 말한 Libra 암호화 토큰을 홍보했을 때가 2019년이다. 이 리브라는 노드를 운영할 운영자 연합을 만들고, 이렇게 정해진 운영자들은 검증 노드를 운영하는 중앙화된 지분 증명 방식의 암호화폐 프로젝트였다. 결국 이 과제는 실패로 끝났지만, 그때의 개발팀의 일부가 최근에 개발한 암호화폐가 Aptos이다. Aptos는 시장 리더로서 이더리움을 제치고자 하는 소위 "Ethereum-killers"의 여러 암호화폐 중 가장 최근에 나온 것이다.

2019년 7월 2일, 미국 민주당 하원의원들이 금융시스템에 커다란 위험이 없을 때까지 페이스북이 리브라 프로젝트를 중단해 줄 것을 요청하는 서한을 공식적으로 보냈다. 7월 11일, 미국 공화당 도널드 트럼프 대통령이 리브라에 대해 매우 강력하게 반대하는 말을 했다. 세계 최고의 화폐는 달러화이며, 페이스북이 그런 달러화를 위협하는 화폐를 만들려면, 대통령에 당선되라는 식의 뉘앙스였다. 규제를 받지 않는 암호화폐는 마약거래 등에 악용될 수 있다고도 말했다. 그리고 그 직후 미국 연방거래위원회(FTC)는 여러 가지 이유를 들어 페이스북에 50억 달러(약 5조8895억 원)의 벌금을 물리는 방안을 승인했다. 7월 15일, 마크 저커버그 페이스북 CEO는 마약거래 등 악용에 대한 미국 정부의 우려가 불식될 때까지 리브라 출시를 연기하겠다고 발표했다. 이로 인해 비트코인 시세가 폭락했다. 7월 16일에서 17일, 미국 상원과 미국 하원 양원에서 페이스북의 리브라에 관한 청문회를 개최했다. 상원 청문회가 개인 정보 보호와 보안에, 하원 청문회에서는 금융 안정성과 투자자 및 사용자 보호에 초점이 맞춰졌다. 미국 하원 금융서비스위원회의 맥신 워터스 위원장의 평가에 따르면, 이 청문회는 "지난 대선 이후 가장 중요한 청문회"였다. 스테이블코인 리브라 프로젝트는 취소되었다.

한 때는 같은 지분 증명 방식을 사용하는 카르다노의 ADA와 폴카닷의 DOT이 이더리움 킬러로 도전했지만 역부족이었다. 시간은 흘러 2022년 10월 말, 최고의 이더리움 (ETH) 도전자로 Aptos 가 출시되었다. 처음에는 과대 평가되었다. 사람들이 Aptos에 대해 그렇게 강한 희망을 품은 데는 여러 가지 이유가 있다. 우선 Aptos에는 우량 개발자 팀이 있다. 많은 Aptos 개발자는 Meta (NASDAQ: META)의 Facebook 부서에서 왔으며 Diem (페이스북이 계획하고 이용 허가를 받은 암호화폐)으로 알려진 암호화폐 프로젝트에 대한 경험이 있다. 그 결과 Aptos 팀을 '실리콘밸리 원더카인드'라고 부르기도 했다.

모든 초기 표시에서 Aptos는 이더리움보다 우수한 기술을 가지고 있는 것처럼 보였다. 지분증명 방식인 Aptos는 초당 100,000 트랜잭션 처리를 약속했다. 그것은 눈부시게 빠르며 현재의 이더리움 속도(초당 25건의 트랜잭션)보다 확실히 빠르다. 그러나 암호화 토큰이 거래를 시작했을 때 초당 4건의 거래만 발생했다. 그리고 마침내 Aptos는 출시의 토큰 경제학 (토큰노믹스)를 완전히 엉망으로 만들었다. 이것이 암호화 토큰이 거래 첫 24시간 동안 급격히 떨어지는 원인이 되었을 가능성이 가장 크다. 토큰노믹스는 토큰의 초기 공급과 향후 토큰이 어떻게 생성(발행) 또는 순환에서 제거(소각)될 수 있는지와 같은 요소를 나타낸다. 또한 토큰이 초기에 배포되는 방식을 나타낸다. 출시 당시 압도적인 다수의 토큰이 Aptos 내부자에게 배포되고 있는 것처럼 보였고, 사람들은 이를 우려했다. 더욱이 Aptos는 거래를 시작하기 불과 24시간 전까지 토큰 노믹스의 정확한 세부 정보를 공개하지 않았으며, 일부에서는 이를 잠재적 위험 신호로 간주했다.

Aptos가 초당 100,000 트랜잭션 처리를 약속했다는 사실은 이미 리브라에서 제시한 속도다. 그런데 리브라는 엄밀히 분류하면 중앙화 방식 암호화폐이다. 중앙화 방식에서 합의 메커니즘이나 거버넌스는 확장성 문제를 쉽게 해결할 수 있다. 그런데 Aptos는 어떻게 초당 10만 개의 트랜잭션을 처리하는 합의 메커니즘이 가능한지와 검증 노드 수 등을 공개하지 않고 있다. 또 토큰노믹스 측면에서는 비트코인, 이더리움, 카르다노와 폴카닷과 같지 않고 오히려 중앙화 암호화폐인 리플의 XRP 경우와 닮아 보인다. 이것은 출시 당시 토큰의 내부자 배포와 세부 정보 미공개를 우려한 사람들의 반응을 보고 추측하면 그렇다는 이야기이다.

이더리움은 여전히 논쟁의 여지가 없는 시장 리더이다. 레이어 1 블록체인 시장을 상공에서 내려다보면 이더리움이 맨 위에 있는 것이 분명해 보인다. 카르다노(ADA) 와 같은 레이어 1 블록체인 라이벌은 기능 및 전반적인 시장 지배력 측면에서 여전히 이더리움을 따라잡지 못하고 있다. 솔라나 (SOL), 아발란체 (AVAX) 및 팬톰 (FTM) 과 같은 새로운 레이어 1 블록체인 라이벌도 모두 올해 동안 가치가 초급락 했으며, 장기 투자자들이 심각한 의문을 보이고 있다. 알고랜드(ALGO) 및 니어 프로토콜(NEAR) 과 같이 덜 알려진 Layer 1 도전자 들도 시장의 평가는 아직 이르다.

실질적인 거래 추적에서도 이더리움의 독주는 쉽게 관찰된다. 탈중앙화 거래소에서 거래되는 하루 거래량을 비교해보면 이더리움 체인을 사용하는 거래는 모든 체인의 전체 거래량 대비 55%에 근접한다. 폴리곤(Polygon)이 이더리움과 연동된 사이드체인이고, 아발란체가 이더리움과 경쟁하는 일련의 스마트 컨트랙트 플랫폼이지만 이더리움과 상호 운용 가능하다는 점을 고려하면 이더리움 체인은 가히 독주 상태에 있다. 비탈릭의 말에 의하면 원래 블록체인 기술을 표준화하여 구축하려는 초기 의견도 있었다고 한다. 그러나 비탈릭은 블록체인 프로젝트 마다 고유의 특성을 가지고 자유롭게 경쟁하는 방식으로 체인을 개발하는 것을 선호했고, 오늘에 이르게 되었다. 결국은 이더리움 네트워크가 블록체인의 디팩토 스탠다드로 군림하지 말라는 법도 없다. 마치 80년대 우후 죽순 처럼 탄생했던 LAN (지역 네트워크)이 결국은 이더넷으로 수렴되어 오늘에 이른 것처럼.

사람들은 탈중앙화의 선두 프로젝트로 또 스마트 계약을 발명한 이더리움의 기본 토큰인 이더(ETH) 암호화폐가 장기적으로 생존할 수 있다고 믿는다. 이유는 이 암호화폐는 이 탈중앙화 프로젝트로 발전할 제4차 산업 혁명을 성숙기로 이끌 최고의 연료이기 때문이다. 이더리움 낙관론자들을 이더리움에 더 이상 레이어 1 도전자가 없다고 이야기한다. 자기들이 이겼다고 한다. 그리고 향후 이더리움에 대해 레이어 1 도전자가 더 이상 등장하는 것을 보기 어려울지 모른다. Aptos가 마지막 이더리움 도전자였을까? Aptos는 검증 노드 운영 방식과 운영 현황에 대한 세부 정보를 공개했으면 좋겠다.

탈중앙화 거래소에서 거래한 하루 거래량 비교(23년 1월 5일 기준, 단위: 백만 달러)

체인별 DEX에서의 일일 거래량 비교

7

탈중앙화 프로젝트에 대한 감시와 합의 필요

기존 중앙 집중식 금융 시스템의 구식 규제 모델을 매우 다르게 기능하는 탈중앙화된 암호화폐 프로젝트에 적용하는 것을 피해야한다. 예를 들어 리더가 없는 오픈 소스 개발자 그룹이 작업하는 DeFi 프로토콜 사용자에 대해 책임을 지도록 시도하는 경우는 암호화폐 산업에 중앙 집중식 솔루션을 적용함으로써 위험을 완화하기보다는 더 키울 수 있다. 그러나 무엇이 탈중앙화 시스템을 구성하는지, 그리고 그 방향으로 진화하려는 프로젝트가 적절하게 그렇게 가고 있는지에 대한 합의가 필요하다. 그러기 위해서는 탈중앙화 시스템의 오픈 소스화와 투명한 백서 공개가 필요하다.

이글은 2022년 10월 MICHAEL CASEY가 발표한 내용을 기반으로 작성하였으며 그와 생각이 다른 부분을 수정하였다.

탈중앙화 금융(DeFi) 및 전통적 금융(TradFi)은 재생 에너지 및 기타 긴급한 요구 사항에 자금을 지원하기 위해 함께 번창할 수 있지만 명확한 표준과 규칙이 있어야만 가능하다. 그런데 분산형 금융을 주도하는 암호화폐 산업은 암호화폐 겨울의 고통에 빠져 있다. 비트코인 및 이더리움과 같은 토큰은 가치의 4분의 3을 잃었고 주요 암호화폐 대출 및 투자 회사는 파산했다. 암호화폐 및 DeFi 커뮤니티가 금융 및 경제 속으로 들어와 있기 때문에 전통적인 금융 에서도 꽤 추운 겨울이다. 우리는 40년 만에 가장 높은 인플레이션, 국제 통화 시스템을 분열시킨 전쟁, 기근과 정치적 불안을 심는 에너지 및 상품 위기, 기후 변화에 맞서기 위한 막대한 투자 부족을 드러내는 기록적인 상황에 직면하고 있다.

현실은 DeFi와 TradFi 양측이 서로를 필요로 한다는 것이다. 주류 채택을 달성하려면 DeFi와 암호화폐가 TradFi에 기능적 안정성을 가져온 규제 및 자율 규제 관행 중 일부를 통합해야 한다. 그러나 세계 경제의 어려움을 풀어나가는 주체로서 DeFi 및 암호화폐 솔루션을 탐색하는 것이 시급하다. 지금 문제를 해결하기 위하여 집중해야 영역은 고도로 중앙 집중화된 에너지 산업이다. 러시아의 우크라이나 침공 여파로 석유 생산량을 늘리고, 급등하는 국제 가격에 대처하기 위해 사우디 왕세자 모하메드 빈 살만과의 협상을 생각해 보자. 세계 80 억 인구 모두에게 영향을 미치는 경제 위기를 해결하기 위해 선출되지 않은 소수의 지도자들의 이익을 충족시켜야 한다는 것은 중앙 집중화 문제의 전형이다. 또 다른 뚜렷한 사례로, 독일이 러시아 천연 가스에 의존하여 크렘린에 제재를 가할 수 있는 능력이 제한되었다. 또는 작년에 몸값을 요구하는 해커(랜섬웨어 공격을 의미)는 콜로니얼 (Colonial) 파이프 라인이 폐쇄하여 6 천만 명이 파이프 라인의 휘발유에 의존한다는 사실을 악용했다. 그리고 하나 더 예를 들면 2017년 허리케인 마리아는 몇 개의 고압 송전선을 무너뜨려 놓아 푸에르토리코 주민의 90%가 몇 달 동안 전력을 빼앗기는 사건이 발생했다.

에너지 모델을 분권화할 필요가 있다. 태양열, 지열, 풍력과 같은 재생 에너지 또는 폐열 및 에너지의 재활용이 답이다. 그들은 현지에서 공급되며 분권화로 인하여 광범위한 규모로 확장하여 작동할 수 있다. 그러면 분산된 에너지는 분산된 금융과 어떤 관련이 있을까? 그것은 우리의 에너지 위기에 대한 세계의 불충분한 대응이 기술의 실패가 아니라 자금의 실패라는 것을 인식하는 것으로 시작된다. 샌프란시스코에 본사를 둔 싱크 탱크인 기후 정책 이니셔티브 (Climate Policy Initiative)는 세계가 2019-20 년에 기후 변화를 해결하기 위해 6,320 억 달러를 투자했다고 추정하며, 이는 2050 년까지 순 탄소 배출 제로를 달성하기 위해 매년 투자가 필요한 4.5 - 5 조 달러에 훨씬 못 미친다고 추정한다. 이는 모든 정부와 기업이 야심찬 탄소 감축 목표를 위해 노력하고 있다는 사실을 감안할 때 정책 잘못이 아니다. 투자자들이 약속된 수익과 영향력을 충분히 확신하는 프로젝트를 충분히 찾을 수 없다는 것이 문제다. 대부분의 경우 첫째, 결과를 측정하고 계획하는 데 사용할 수 있는 신뢰할 수 있고 신속하게 실행 가능한 정보가 부족하고, 둘째, 재생 가능 에너지 생산을 경제적으로 실현할 수 있는 지속적이고 유연한 사용자 수요의 원천이 정확하지 않다. 둘 다 DeFi 및 암호화폐의 오픈 소스 개발자 커뮤니티가 촉발한 금융 혁신으로 해결할 수 있다.

실행 가능한 정보에 대한 전망은 데이터를 거래 가능한 자산으로 즉시 변환하는 기술의 능력에 달려 있으며, 이는 자동화되고 거의 즉각적인 P2P 결제와 모든 크기 또는 가치의 고유한 디지털 단위를 정의할 수 있는 능력의 결과이다. 암호화폐 기술을 통해 입증 가능한 사물인터넷 (IoT) 센서 및 블록 체인 기반 추적 시스템이 장착된 플랜트는 재생 가능 전력을 생산하고 있는지 확인한 다음 해당 정보를 고유한 일회성 토큰으로 즉시 표현할 수 있다. DeFi 환경에서 이러한 토큰은 대출 기관의 담보가 될 수 있다. 스마트 계약 암호화폐, 스테이블 코인 또는 중앙 은행 디지털 통화를 통합한 이 모델은 투자자에게 일종의 원격 증권의 형태를 제공한다. 정부와 ESG (Environmental(환경), Social(사회), Governance(지배구조)의 첫 글자를 조합한 단어로 기업의 친환경 경영, 사회적 책임, 투명한 지배구조 등을 의미)준수 기업이 입증된 탄소 감축 자산에 대한 수요를 늘리면서 이러한 토큰 주변에 거대한 유동성 풀이 생겨 기후 행동이 필요로 하는 심층 자본 시장을 구축할 수 있다. 이 접근 방식은 모든 종류의 프로젝트에 대한 자금 조달 비용을 낮출 수 있다. 르완다의 외딴 지역 사회가 새로운 관개 시스템에 전력을 공급하기 위해 DeFi가 자금을 지원하는 태양열 마이크로그리드를 구축하고 있다고 상상해 보면 그 잠재력에 대한 아이디어를 얻을 수 있다.

공정하게 말하면 비트코인 네트워크와 그 아류인 같은 작업증명 암호화폐는 많은 탄소를 방출하고 있다. Cambridge Center for Alternative Finance의 미드 레인지 추정치는 전체 네트워크가 현재 연간 약 84 테라 와트시의 전기를 소비하며 이는 전 세계 소비량의 약 0.38 %이다. 비트코인의 작업 증명 알고리즘은 에너지 집약적이기 때문이다. 이것이 훨씬 덜 에너지 집약적인 지분 증명 시스템의 지지자들이 대체 불가능한 토큰과 같은 디지털 자산에 대한 사용을 옹호하는 이유이다. 비트코인의 존재를 규제할 수 없다면 목표는 비트코인을 재생 가능한 자원으로 또는 화석 연료 공급원에서 멀어지게 하는 것이어야 한다. 더러운 발전소에 대한 보조금을 제거하고 비트코인 채굴자들이 지역 사회에 대한 최소 용량 임계값으로 재생 가능 공급자에게 장기 자금 조달 약속을 제공하도록 유도하는 합리적인 에너지 정책이 필요하다. 여기서 목표는 재생 에너지 확장뿐만 아니라 분권화이다.

암호화폐 산업에 문제가 없다고 말하는 것은 아니다. 이 부문의 최근 금융 전염은 무제한 레버리지와 사기를 낳은 투기 문화의 위험 현상이 나타나고 있다. 시장을 주도하는 데 익명성을 사용하는 것은 특히 심각하다. 더 명확하고 효과적인 규제가 필요하다. 그러나 우리는 기존 중앙 집중식 금융 시스템의 구식 규제 모델을 매우 다르게 기능하는 탈중앙화된 암호화폐 프로젝트에 적용하는 것을 피해야한다. 예를 들어 멀리 떨어져 있고 리더가 없는 오픈 소스 개발자 그룹이 작업하는 DeFi 프로토콜 사용자에 대해 책임을 지도록 시도하는 경우는 암호화폐 산업에 중앙 집중식 솔루션을 적용함으로써 위험을 완화하기보다는 더 키울 수 있다.

최근 금융 전염의 세 가지 가장 큰 원인은 중앙 집중식 "CeFi" 서비스인 Celsius, Voyager Digital 및 Three Arrows Capital이었고 다른 큰 실패인 Terra Luna로 알려진 사실상의 폰지(Ponzi) 계획은 이름만 DeFi였다. Aave와 Compound와 같은 실제 DeFi 프로젝트는 지금까지 이 강렬한 스트레스 테스트에서 놀라울 정도로 잘 살아남았다. 그러나 DeFi에는 다른 큰 위험이 있다. 암호화폐 보안 회사인 Immunefi는 2022년 2분기에 스마트 계약 위반 및 해킹으로 인해 6억 7천만 달러의 손실이 발생한 것으로 추정한다. DeFi가 새로운 사용자를 확보하려면 그들이 자금이 안전하다는 훨씬 더 강력한 확신을 가질 수 있게 해야 한다.

규제 당국은 CeFi 서비스 관리자에게 더 엄격한 신탁 요구 사항을 부과하여 중개 회사 또는 기타 규제 대상 금융 기관처럼 엄격히 취급해야 한다. 그러나 DeFi 운영의 경우 업계와 협력하여 기술적 강점을 활용하고 분산형 구조에 의존하는 자율 규제 솔루션을 개발해야 한다. 자율 규제 솔루션을 위한 아이디어에는 소프트웨어 문제점을 식별하고, 수정하는 개발자에게 보상하는 "버그 현상금"을 확대하고, 정기적인 소프트웨어 감사를 의무화하고, 레버리지 및 담보 모델에 대한 빈번한 스트레스 테스트를 수행하는 것이 포함된다.

무엇보다도 우리는 무엇이 탈중앙화 시스템을 구성하는지, 그리고 그 방향으로 진화하려는 프로젝트가 적절하게 그렇게 하고 있는지에 대한 합의가 필요하다. 그러기 위해서는 탈중앙화 시스템의 오픈 소스화와 투명한 백서 공개가 필요하다. 또 DeFi 및 TradFi 세계의 모든 이해 당사자는 먼저 프레임워크와 공통 어휘집에 동의한 다음 표준과 규칙을 설정해야 한다. 이것은 쉬운 일이 아니지만 반드시 이루어져야 한다. 그러기 위해서는 블록체인과 암호화폐 산업도 기술이든 규제든 정리가 필요하다. 발전하는 분야를 정리하는 것은 물리에서 말하는 불확정성 이론까진 적용되지 않을 것이기에 그렇다.

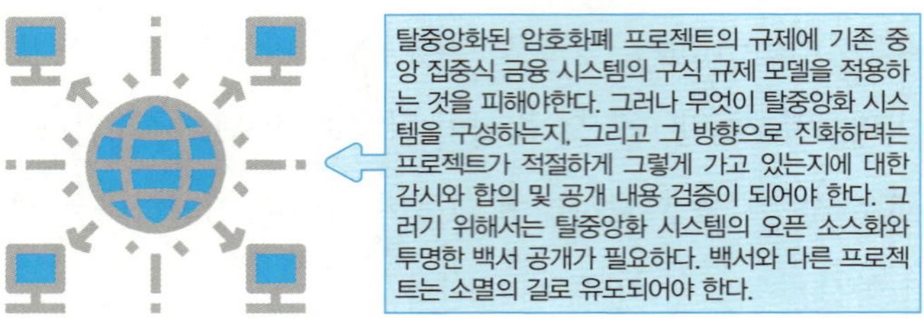

탈중앙화 프로젝트에 대한 감시와 합의 및 투명한 백서 공개

8

스마트 시티에서 크립토 시티로

크립토 도시 개발의 방향은 중앙화와 탈중앙화를 조화롭게 혼합하여 기존 도시의 문제와 새로 생겨나는 도시의 문제를 해결해 나가는 것이다. 크립토 도시를 고려하는 정부가 피해야 할 주요 함정은 성급하게 탈중앙화를 선택을 하거나, 체계적 준비없이 지역 토큰 등의 사업을 시작하는 것이다. 소수의 초기 진입자들에게 모든 이익을 넘기게 될지도 모른다. 통제 가능한 범위 내의 실험으로 시작해 정말 되돌리기 어려운 움직임으로 가기전에 차근차근 준비 단계를 밟는 것이 이상적이다. 하지만 동시에 시기 적절하게 기회를 잡는 것도 중요하다. 크립토 도시는 전반적으로 적기를 맞이했다.

2023년 2월 초, 필자는 국방과학연구소에서 자금을 지원하는 프로젝트를 수행한 후 수행 결과에관한 최종 평가에 평가위원으로 참여하였다. 평가할 과제의 이름은 프로젝트 A: '악성코드 유해 사이트의 탐지를 위한 인공지능 기반 웹 위협 예측시스템 개발'이었다. 이 연구의 방법은 대량의 URL 사이트를 지속적 (주기적)으로 방문하여 그곳의 웹페이지를 가지고 와서 분석한 후에 해당 사이트의 악성 정도를 평가한 후 학습하여 예측 자동화 시스템으로 발전시킨다는 것이다. 지금부터 하는 이야기는 이 프로젝트의 결과물이 성공인지 또는 실패인지를 판정하는 일과는 아무 관련이 없다. 원래 평가는 처음의 계획된 목표를 잘 달성했는가를 평가하기 때문이다. 사실 이 프로젝트는 2년 전에 계획되었을 것이고 2년 전만 하더라도 AI에 관한 환상이 있던 때라 당초 이 프로젝트의 목표가 이해가 된다. 이 과제의 무리한 목표는 개발된 인공 지능 기반 웹 위협 예측 시스템을 사용자측의 프런트 엔드에 구현하는 사업화 목표를 가지고 있다는 점이었다. 즉, 어떤 인프라에 의존하지 않고 사용자가 독립적으로 예측 시스템을 보유한다는 개념이었다.

비교대상으로, '스마트시티'와 이과제의 접근 방식 차이를 보자. 스마트시티 개념은 미국 소프트웨어 개발 회사인 IBM에 의해 만들어졌다. IBM의 아이디어는 도시 행정부의 데이터 중앙 집중화를 기반으로 하여, 도시 지역 전체에 대한 솔루션을 제공하는 것이었다. 예를 들어 교통관리국은 신호등의 광 센서를 제어할 수 있고, 지하철 열차의 흐름을 제어할 수 있다. 이런 활동은 중앙화 서버에 더 많은 데이터가 모아질수록 AI의 활용으로 더 좋은 제어가 가능하다. IoT(사물인터넷) 네트워크에서 제공되는 정보들도 온라인 상태로 바로 중앙의 서버에 저장되며, 저장된 IoT 데이터는 AI에 의해 분석되어 더 스마트한 (예를 들면, 에너지를 절약하기 위해 도로에 보행자나 차량이 없을 때 어두워지는 센서 활성화 조명을 사용할 수 있다) 도시를 만들 수 있게 한다. 아마존 웹 서비스(AWS)와 같은 서비스는 시 행정부에서 데이터를 수집하고 클라우드에 백업하는 데 사용된다. AI는 많은 학습 데이터를 요구한다. 당연히 스마트 시티를 운영하기 위해서는 이런 엄청난 데이터를 실시간으로 수집하고 학습시킬 수 있기 위해서는 중앙 집중화가 훨씬 효율적인 접근 방법이다. Visa 또는 MasterCard도 마찬가지다. 이들은 중앙화 서비스로 더 많은 거래를 가능하게 할 뿐만 아니라 개인 고객만을 위한 맞춤 서비스를 할 수 있을 만큼의 충분한 고객 분석을 AI를 통하여 수행할 수 있다.

'웹 위협 예측 시스템'의 연구 결과 중 하나가 눈에 띈다. 이 예측 시스템으로 하루에 10만 개의 도메인을 12시간 주기로 분석해 낼 수 있다는 것이다. 그러나 현실의 상황은 더 복잡하다. 보통 악성 웹페이지는 링크로 연결된 곳에 깊이 숨겨 놓을 수 있고, 동적으로 필요할 때 올리고 내릴 수 있다. 예측을 잘 하려면 100만개를 1시간 주기로 해도 부족할지 모른다. 문제는 이것이 사용자의 프런트 엔드에서 분석된다는 것이다. 사용자가 다른 시스템의 검증된 정보에 의존하여 판단하지 않고 스스로 검증을 담당한다는 아이디어는 사업화 까지를 생각해 보면 난감해 보인다. 더군다나 사용자가 군사적 목적이라면 더욱 그렇다.

스마트 시티에서는 사용자는 원하는 데이터의 신뢰성과 가용성 확인을 위해 중앙화 서버의 도움을 받는다. 이것을 블록체인 기술로 비교해 보면, 블록 체인 기술에서는 사용자는 간단한 지갑 (일종의 Dapp)를 가지고 있으면 바로, 또 쉽게 블록체인 노드로부터 원하는 신뢰성 있고 가용성 있는 데이터를 빠르게 받아 사용할 수 있다. 탈중앙화 되어 있는 블록체인 노드들이 서로 합의 메카니즘을 통하여 보안화된 데이터를 보관하고 있기 때문이다. 이렇게 블록체인 노드들이 계속 생산되는 데이터 (트랜잭션)를 보안화(블록화) 하는 주기는 (이더리움의 경우) 2023년 1월 기준 12.5초 정도가 된다. 이더리움 블록크기가 80k 바이트 정도 수준이라고 보고, 트래잭션의 최소크기를 1000 바이트라고 보면 (간단하게 모두 지불 트랜잭션이라고 가정) 이더리움의 처리 능력은 초당 64 트랜잭션 정도로 볼 수 있다. 결국 처리 능력을 키우기 위하여 상태 채널이나 롤업 방법을 동원하지만 따지고 보면 탈중앙화를 희생하여 중앙화의 요소를 받아들이는 전략이다. 이런 배경 또는 현재 로서의 블록체인 기술의 한계를 염두해둔 상태에서 웹 위협 예측 시스템을 블록 체인에게 의존하는 시스템으로 다시 설계해보자. 일명 프로젝트 B: '블록체인 기반 악성코드 위해 사이트의 실시간 위협 확인 시스템'라고 부르자.

자 지금부터 프로젝트 B를 설계해보자. 프로젝트 B의 특징은 사용자가 원하는 데이터의 신뢰성과 가용성을 채굴노드 또는 검증노드의 노력에 의존하는 방법이다. 여기서 신뢰성과 가용성 확인을 위하여 블록 체인 검증자 노드들에 의존한다는 것은 그 검증자 노드들이 서로 웹페이지를 만들어 공개하는 사이트의 정보와 사이트 내용의 해시 정보 등을 업데이트 될 때 마다 등록을 받아 주고 (ENS의 데이터 필드 사용처럼), 이 등록 트랜잭션을 처리해야 한다. 웹페이지 마다 스마트 계약이 만들어지고 블록체인에 배포되며, 웹페이지 내용이 바뀔 때마다 스마트 계약은 등록된 정보를 업데이트한다. 그렇게 하려면 검증자에게는 동기 부여가 되어야 하기 때문에, 이들에게 보상으로 줄 암호화폐는 가스로 사용된다. 배포된 웹 사이트 스마트 계약 당사자는 웹사이트의 내용이 변경될 때 마다 등록 트랜잭션을 배포한다. 이 때 트랜잭션 처리를 위한 가스를 지불하여야 한다. 웹사이트는 기존의 SSL (TLS)에서 사용하는 공인 인증서를 계속 사용한다. 이를 이용하여 공인 인증서에 사용된 개인키 정보와 공개 키 정보를 활용하여 거래 트랜잭션에 디지털 서명하거나 웹사이트 주소를 만들어 사용한다. 이러한 프로젝트 B가 완성되면 각 웹페이지에 대한 정보 소유권이 개인 웹 운영자에게 주어지며, 중앙에서 웹페이지 검증을 위한 정보를 가지고 있지 않다. 그러면서도 웹 페이지를 방문하는 방문자는 안전하게 웹 페이지를 인증하고 사용할 수 있게 된다.

프로젝트 B의 등록 트랜잭션은 다음과 같은 정보를 포함하도록 설계할 수 있다.

- 게시 페이지 ID: 게시 페이지 내용의 해시
- 디지털서명: 게시자의 개인키로 서명한 내용 (게시물이 정당하다는 것을 확인하는)

- nonce: 등록 트랜잭션을 올릴 때 마다 1씩 증가하는 카운트 값
- modified-since: 최근 수정한 시간으로 등록된 블록의 위치를 추정하게 해주는 Time Stamp
- 평판도: 웹페이지 방문 회수(추후 발전시킬 수 있음)
- Data: 필요시 기타 데이터 추가
- 가스: 등록비로 네트워크의 수입원

프로젝트 B의 작동 메커니즘은 다음과 같이 설계한다.

1. 사용자가 브라우저를 이용하여 어떤 웹사이트에 들어가면 먼저 기존의 세션이 열리는 절차에 따라 HTTPS 프로토콜이 작동한다. 즉 SSL(또는 TLS) 세션이 열리게 되고 해당 웹페이지를 가지고 온다.
2. 이어 자바 스크립 API가 블록체인 네트워크로 질의를 보낼 수 있다. 질의는 SSL로 가지고 온 페이지 내용 전체를 해싱하여 얻은 해시 값을 포함하는데 이 해시는 게시 페이지 ID를 의미한다. 또 질의에는 가지고 온 HTTP 응답 메시지의 헤더에서 'modified-since' 값을 추출하여 포함한다.
3. 질의를 받은 노드는 modified-since 값을 블록 Time Stamp로 이용하여 그 시간 인근의 블록을 게시 페이지 ID를 가지고 조사할 수 있다. 이렇게 해당 블록을 찾아 나가기 때문에 블록체인의 크기가 커져도 브라우저에서 질의 후에 응답을 받을 때까지 걸리는 시간은 거의 일정할 수 있다.
4. 질의를 받은 노드는 해당 해시를 ID로 상태 값을 찾아서 응답에 포함하여 브라우저로 알려준다.
5. 응답을 받은 브라우저는 간단히 페이지가 안전하다는 것을 검증할 수 있고, 페이지가 안전한 것을 확인한 후에 브라우저에 정상적으로 디스플레이 할 수 있다. 여기서 질의를 보내고 응답을 받는데 걸리는 지연시간

(Latency)는 크게 문제가 되지 않는다. 전 세계적으로 분산 배치되어 있는 많은 수의 검증 노트 (이더리움의 경우 이미 30만 개를 넘어섰다)들 중 인접의 노드로부터 정보를 받을 수 있기 때문이다.

프로젝트 B 설계에서 탈중앙화 시스템이 극복해야 하는 공통의 문제에 부닥치게 된다. 해결해야할 문제는 등록 트랜잭션의 온체인 처리 능력에 관한 해결책이다. 먼저 얼마만큼의 등록 트랜잭션 요구가 예상되는지 분석해보자. 2020년 기준, 세계에는 8천9백만개의 인터넷 서버가 운영되고 있는 것으로 추측된다. 이들은 모두 HTTPS 웹 서비스를 하며, 웹서버당 평균 10개의 링크된 웹 페이지를 가지고 있다고 가정한다. 또 이들은 평균적으로 2일에 한번씩 각 페이지 내용을 수정한다고 가정한다. 이런 가정하에서 초당 등록 트랜잭션의 발생 빈도인 RTPS (Register Transactions per second) 를 계산해 보자. RTPS= 8.9*10^7*10/(2*24*60*60) = 515 즉, 전 세계적으로 보았을 때 1초에 515개의 등록 트랜잭션 처리 요구가 있을 것이란 분석이다. 이 수치는 visa 또는 Master Card 가 처리하는 중앙화 시스템에서는 아무 문제가 되지 않는다. 그러나 탈중앙화 시스템에 신뢰와 가용성에 관한 문제 해결을 의존하는 접근 방법에서는 100% 탈중앙화 시스템에만 의존할 수는 없다는 것이다. 어떻게 해야 할까? 답은 간단하다. 중앙화 구조를 받아 들여 탈중앙화와 중앙화의 '하이브리드' 형태로 가져가는 것이다. 이미 이 문제는 확장성 문제 해결 차원에서 다양한 기술이 개발되어 있다. 하나의 해결 방법을 제시한다. 영지식(ZK) 롤업을 사용하는 방법이다 롤업은 온체인 (Main Chain)의 부담을 덜어주기 위하여 트랜잭션들을 오프체인에서 모아 놓은 묶음 (롤업)을 의미한다. ZK 롤업 운영자는 각 트랜잭션을 개별적으로 보내는 대신 일정량의 트랜잭션들을 한번에 일괄 처리하는 방법이다. 일괄 처리할 때는 필요한 변경사항 요약과 함께 변경 사항의 정확성을 증명하기 위한 유효성 증명도 같이 제출한다. 이렇게 ZK 롤업은 트랜잭션 데이터의 가용성, 신뢰성 및 검열 저항성 등을 위해 기본 체인 (예, 이더리움)에 의존한다. 대부분의 ZK 롤업은 슈퍼노드라는 중앙화 운영자가 운영한다. 물론 이더리움에 배포된 스마트 계약을 통해 운영자와 이더리움 간에 관계가 유지된다. ZK 롤업 운영자는 등록 트랜잭션을 일괄 처리하는 주기인 에포크를 정의할 수 있다. 즉, 운영자는 하나의 에포크 주기 동안 모아진 등록 트랜잭션을 일괄 처리하는 것이다. 운영자는 등록 수수료를 받아 수입원으로 사용한다. 여기서 제안하는 시스템을 위하여 전 세계에 100개의 운영자가 활동한다고 가정하자. 앞서 전 세계 RTPS 요구가 515 였으므로 하나의 운영자는 1초에 5.15 개 정도의 등록 트랜잭션을 처리하면 된다. 운영자가 일괄 처리하는 주기 (에포크) 를 100초라고 가정하면, 에포크마다 515개의 등록 트랜잭션을 일괄 처리하면 된다. 자. 이제 프로젝트 B '블록체인 기반 악성코드 위해 사이트 실시간 위협 확인 시스템'의 기술 설계는 이루어졌다.

제안하는 프로젝트 B가 사업화 되려면 좀더 세밀한 설계가 이루어져야 할 것이지만, 일반인이 직관적으로 보아도 프로젝트 A: '악성코드 유해 사이트의 인공 지능 기반 웹 위협 예측시스템'과 프로젝트 B: '블록체인 기반 악성코드 위해 사이트의 실시간 위협 확인 시스템'의 차이점을 분명히 느낄 수 있을 것이다. 그리고 일반인도 새로운 프로젝트는 세상을 어떻게 바꿀지 나름대로 짐작할 수 있을 것이다. 프로젝트 B처럼 블록체인 기술의 활용 방식은 어떻게 보면 미래 블록체인 산업의 발전 방향을 암시한다. 그 이유는 블럭체인의 원래 목적이 탈 중앙화이고, 웹3의 의도가 정보 소유권이 중앙화의 손안에 모두 들어가지 못하게 하려는 의도지만 순수한 탈중앙화와 세상으로 점프하듯 바뀔 수가 없다. 제3차 산업 혁명의 성숙의 결과인 아마존, 구글, 메타 등이 전자 상거래, 정보 서비스, 사회망 분야에서 웹2의 장점 (중앙화의 장점)을 누리고 있는 현재의 상황을 생각한다면 중앙화된 웹 시스템이 적어도 10년 안에는 쇠퇴할 가능성이 없어 보인다. 그렇다면 블록체인의 나아갈 방향은 어떨 것인가? 방향은 기존의 확장성이 무한대인 중앙화된 웹시스템과 웹 내용의 신뢰성과 가용성 문제를 해결해주는 블록체인 기반 탈중앙한 시스템을 함께 병존시키는 것이다. 프로젝트 B (블록체인 기반 악성 코드 유해 사이트의 실시간 위협 확인 시스템)은 좋은 본보기 프로젝트가 될 수 있다. 그런 측면에서 제안 프로젝트 B는 인류의 가장 위대한 발명품인 인터넷과 그 기반위에 일어날 수 있었던 3차 산업 혁명의 중심이었던 중앙화된 웹시스템이 블록체인 기술과 더불어 제4차 산업 혁명 시대에서의 진화 방향을 보여준다.

도시문제로 시야를 가져가 보자. 이미 적지 않은 도시들이 블록체인 기술을 이용하여 더 다양한 일들을 시도하고 있다. 왜 미래 도시와 블록체인을 연관시켜 생각해야 할까? 도시는 꾸준히 발전해오고 있지만 그럼에도 불구하고 오랫동안 축적된 문제도 있고, 세상이 빠르게 변화하면서 새로 생겨나는 문제를 가지고 있다. 도시는 역동적이다. 지역 공공재, 도시 기획, 교통 시설 등 도시 단위에서 해결해야 할 문제는 많다. 도시의 암호화폐 도입도 현실적으로 가능하다. 한편 지금까지 미래 도시의 방향을 스마트 도시로 보았다. 스마트 도시는 제3차 산업 혁명이 만들어낸 중앙화 시스템의 연장선에서 나온 계획이다. 블록체인 기술이 어느 정도 실용화된 지금에 와서, 이 스마트 도시 계획에 대한 비판은 중앙화된 거버넌스, 데이터의 불투명성, 데이터의 보안 문제 등과 관련되어 있다. 이러한 문제에 대하여 블록체인 기술이 더 개방적이고 참여 지향적인 방향의 해결책을 제시할 수 있다. 스마트 도시 계획은 이제 크립토 도시 (Crypto City)로 개념이 바뀌어야 한다. 예를 들어, 시티코인 (City Coins)는 지역 화폐로 쓰이기 위한 코인을 만들어 주는 프로젝트다. 코인의 일부는 해당 지방자치단체가 할당 받는다. 마이애미는 이미 도입하였고 샌프란시스코 역시 곧 도입할 것이다. 시티코인은 스택스 (Stacks) 라는 블록체인을 기반으로 만들어지는 프로젝트로 스택스는 특이하게도 '전송 증명 (Proof of Transfer)' 방식의 합의 알고리즘을 사용하고 비트코인 블록체인을 바탕으로 한다. 시티코인은 정부 지원에 의존하지 않는 경제 모델을 만들어 보는 중이다. 해당 도시의 시티코인 커뮤니티에서 이 코인을 활용하는 앱을 만들 것이다.

블록체인 기반의 크립토 도시의 도전은 어디까지 가능할까? 블록체인으로 두 가지가 가능하다. 블록체인을 사용하여 기존 프로세스를 더 신뢰받을 수 있고, 투명하고, 인증 가능한 버전으로 개선하는 것이다. 앞에서 예를 든 블록체인 기반 악성 사이트의 실시간 확인 시스템이 이런 활용 예라 하겠다. 두번째는, 블록체인을 사용하여 부동산과 희귀한 자산을 위한 새롭고 실험적인 형태의 소유권을 제시해 보고, 새롭고 실험적인 형태의 민주주의적 거버넌스를 구현하는 것이다. 부동산과 관련하여 도시 거주자들은 크게 두 가지 집단으로 나뉠 수가 있다. 집은 소유하는 사람들은 토지 값의 변동성에 과하게 노출되어 있고, 새로운 집을 더 지으면 집값이 하락하므로 집을 더 건설하는 주장에 반대할지 모른다. 반면에 한국에만 있는 전세를 들어서 사는 사람들은 집 값이 오르면 집을 더더욱 구하지 못하기에 그들은 도시를 발전시켜 주택의 가치를 더 높이는데 반대하는 입장에 설지 모른다. 집을 소유한 시민과 못 가진 시민, 두 그룹의 이해 관계가 대립한다. 경제적 도시 발전을 고려하면 전세보다는 집을 소유하는 사람에게 인센티브를 주어야 할지 모른다. 이유는 집을 소유하고자 하는 사람들에 의하여 도시의 주택은 발전해 나갈 수가 있기 때문이다. 그렇다고 도시의 발전에 대한 보상이 집을 가진 사람에게만 돌아가는 것은 바람직하지 못하다. 아무튼 어떻게 하면 주민들과 커뮤니티 발전 사이의 경제적 이익 관계를 어느 정도 통일해 줄 수는 없을까? 만약 사람들이 앞서 말한 단점들 없이 부를 축적할 수 있고 경제적 이해 관계의 결을 맞춰갈 수 있을까? 해결책으로 지역 토큰을 만들고, 주민들은 보유 가능한 만큼 혹은 보유하고 싶은 만큼 토큰을 가지고 있고, 도시의 가치가 올라가면서 토큰의 가치 또한 올라가는 체계를 만드는 것이다. 현실적으로 도시에도 부자들이 많이 사는 지역과 그렇지 못한 지역이 있고 도시가 발전하면서 이들의 격차는 더 벌어질 수가 있다. 그래서 지역 토큰을 이용하여 도시의 발전에 따른 혜택이 지역 토큰 보유자에게 골고루 돌아가게 한다면 좋지 않겠는가?

이런 프로젝트가 성공하려면 몇 가지 목표를 설정할 수 있다. 첫째, 정부가 활용할 수 있는 지속 가능한 수입원 확보가 중요하다. 지역 토큰 경제 모델은 이미 존재하는 세금 수입원을 재배치하는 것이 아니라 새로운 수입원을 찾을 수 있어야 한다. 앞서 설명한 프로젝트 B에서 운영자가 등록 트랜잭션에 대한 수수료를 받는 것과 같은 수입원을 찾아야 한다. 둘째, 주민과 도시간에 경제적 이해 관계가 일치해야 한다. 도시의 가치가 높아질수록 토큰의 가치도 높아져야 한다. 이에 따라 주민도 양분되지 않고 모두 함께 경제적 이익이 돌아가야 한다. 셋째, 자산 (지역 토큰) 축적을 장려해야 한다. 지역 토큰을 꾸준히 모으는 것을 매력적으로 만들고, 이 경험을 즐길 수 있는 방법도 생각해야 한다. 마지막으로 경제적 이익을 함께 누리도록 하는 평등주의도 고려 대상이다. 부자들을 빈곤층보다 불공평하게 편애하는 구조는 지양해야 한다. 가진 자와 못 가진 자 사이의 급격한 분열을 피하는 것을 돕는 토큰의 분할성을 적극 활용하여야 한다. 새로 발급되는 토큰들의 상당 부분을 보편적 기본소득 용도로 할당하는 방식도 있을 수 있다. 앞에서 말한 첫 세 가지 목표를 달성할 수 있는 수단은 토큰 보유자에게 혜택을 제공하는 것이다. 찾아 보면 아이디어는 많다. 공공주차 공간을 무료 사용할 수 있게 하여 토큰을 예치한 토큰 보유자에게 혜택을 제공해 줄 수도 있다. 또 도시의 발전에 기여하거나 더 좋은 정책 제안 등을 한 시민에게 토큰으로 보상하고, 시민은 이 토큰으로 교통 범칙금 등을 납부할 수 있게 할 수도 있다.

전체적인 크립토 도시 개발의 방향은 중앙화와 탈중앙화를 조화롭게 혼합하여 기존 도시의 문제와 새로 생겨나는 도시의 문제를 해결해 나가는 것이다. 크립토 도시를 고려하는 정부가 피해야 할 주요 함정은 성급하게 탈중앙화를 선택을 하거나, 체계적 준비없이 지역 토큰 등의 사업을 시작하는 것이다. 현존하는 도시는 천천히 준비해 놓은 좋은 지역 토큰 체계를 출시해야 한다. 허겁지겁 허술한 버전을 출시함으로써 함정에 빠질 수 있다. 소수의 초기 진입자들에게 모든 이익을 넘기게 될지도 모른다. 통제 가능한 범위 내의 실험으로 시작해 정말 되돌리기 어려운 움직임으로 가기전에 차근차근 준비 단계를 밟는 것이 이상적이다. 하지만 동시에 시기 적절하게 기회를 잡는 것도 중요하다. 블록체인 기술도 실험적인 수준의 단계는 한참 지났다. 지금 미적 거리기만 한다면 기술 후진국으로 전락한다. 주체가 국가가 되어 기회를 잡고 프로젝트를 추진하는 것은 허술한 함정에 빠지거나 또는 적절한 추진 기회 포착을 놓칠 가능성이 높다. 이런 면에서 도시가 주체가 되고 지역 커뮤니티가 앱을 개발하는 크립토 도시 계획은 적절하다. 역동적인 도시에는 함께 개선할 수 있고, 개선되어야 하는 많은 문제와 기회들이 기다리고 있다. 도입하여 성과를 보는 데는 어려움이 있을지라도 크립토 도시는 전반적으로 적기를 맞이했다.

시티코인은 지역 화폐로 쓰이기 위한 코인을 만들어 주는 프로젝트다. 코인의 일부는 해당 지방자치단체가 할당받는다. 마이애미는 이미 도입하였고 샌프란시스코 역시 도입할 것이다. (아래는 시티코인 발행을 알리는 마이애미 시장 트위터)

Tweet

Mayor Francis Suarez
@FrancisSuarez

I'm so excited to announce that the @CityofMiami has received its first-ever disbursement from @mineCityCoins totaling $5.25M.

This is a historic moment for our city to collaborate with an innovative project that creates resources for our city through innovation not taxation.

7:54 AM · Feb 3, 2022

시티코인과 크립토 기반 도시

부록 1

암호화폐의 대량 채택 (MASS ADOPTION)과 주도 암호화폐 설문 조사

이 책의 제목이 수평선으로 떠오르는 블록체인과 암호화폐 세상이다. 과연 암호화폐 세상이 수평선으로 떠올라 정오에 이를 수가 있을까? 2023년 5월 14일 레딧의 암호화폐 커뮤니티에서 이런 질문에 답한 댓글을 요약해 보았다. 대량 채택에 대한 견해와 더불어 미래에 지배적일 것이라고 생각하는 암호화폐는 무엇입니까? 라는 질문이 레딧의 서브레딧인 r/암호화폐에서 2023년 5월 13일에 있었다. 이에 댓글로 145명 정도가 응답했는데, 응답을 통계로 살펴본다. 여기서 설명하는 내용은 설문에 응답한 자료이고 검증된 자료는 아님을 밝힌다.

암호화폐의 대량 채택 (mass adoption) 이 이루어지는 시점은 보통 개인이 보유하는 비수탁 지갑으로 DeFi등을 하여 거래가 활성화되는 시기를 말한다. 보통 암호화폐 홀더는 비수탁 지갑으로 자신이 온체인 거래를 처리한다. 이들도 처음에는 사용자가 맡긴 수탁 지갑을 사용하는 중앙화 거래소 (CEX)를 통하여 암호화폐를 확보한 후에 자기만의 개인 지갑인 비수탁 지갑으로 이동시킨 후에 블록체인 네트워크를 통하여 제3의 기관의 도움을 받지 않고 암호화폐를 거래한다. 그러므로 많은 사람들이 블록체인 네트워크를 이용하기 위해서는 비수탁 지갑의 사용이 자유로워야 한다. 그러면서 블록체인 네트워크도 발전하고 관련 산업도 발전할 수 있는 구조이다. 그런데 한국은 거래소의 수탁 지갑은 개인의 신원이 신고되어 거래가 항상 추적되게 되어 있다. CEX는 고객 정보를 관리하고 고객의 지갑을 관리한다. 여기 까지는 미국과 동일하다. 그러나 그 다음 단계인 수탁 지갑에서 비수탁 지갑으로 암호화폐를 옮기려고 할 때, 한국에서는 강력한 통제를 한다. 거래소에 보관된 수탁지갑에서 나의 개인 지갑으로 거래소에서 구매한 암호화폐를 넘길 때는 신고된 개인 지갑 즉, 개인의 신원이 개인 지갑 주소로 인증된 곳으로만 자금을 보낼 수가 있다. 즉, 개인 지갑으로 보내는 자금도 모두 추적하겠다는 방침이다. 그래서 익명의 개인 지갑이나 자기 명의가 아닌 개인 지갑으로 암호화폐를 보내는 것을 차단한다. 이렇게 되면 암호화폐는 거래소에 머무르게 되고 여기서 거래 수수료를 거래소가 챙기므로 거래소는 여러 암호화폐를 상장하고 거래를 중개하여 독점적인 수수료 수익을 낼 수 있는 구조이다. 그러나 암호화폐가 중앙 기관의 통제를 벗어 나서 개인 통제로 들어가고, 개인이 주체적으로 온체인 처리할 수 있는 길을 거의 차단한 것이나 다름없다. 이는 암호화폐의 특성을 고려하지 않고 기존 금융권에서 하는 통제 방식을 암호화폐 규제에 적용한 결과이다. 이런 형태의 기존 금융 관리 방식을 암호화폐 통제에 적용함으로써 블록체인 네트워크나 블록체인과 암호화폐 관련 기술 발달의 동기 부여는 막고 있는 실정이다. 어느 한국의 CEX에서 비수탁 개인 지갑으로 암호화폐 ETH를 옮기기 위한 조건을 살펴보자.

- 1백만원 미만 가상자산 출금시 본인 지갑 주소로만 출금이 가능합니다.
- 미신고 가상자산 사업자 지갑주소로 출금은 불가능하며, 출금하는 경우 거래소 이용이 제한될 수 있습니다.
- 금융사고 예방을 위해 입금된 원화액수 만큼 24시간 동안 가상자산 출금 가능 액수에서 제외됩니다. 제외된 금액은 가상자산 출금한도에 반영되니 참고 바랍니다.
- ETH는 소수점 8자리까지 출금 가능합니다.
- 가상자산 특성상 출금신청이 완료되면 취소가 불가하기 때문에, 출금 시 주소를 꼭 확인 후 입력해 주시기 바랍니다.
- 가상자산 입금 주소와 출금 주소는 다릅니다. 목적에 맞게 확인 후 사용하시기 바랍니다.
- 출금신청 완료 후 블록체인 네트워크에서 처리되어 네트워크 상태에 따라 출금 시간이 지연될 수 있습니다. 000은 블록체인 네트워크에 개입할 수 없으므로, 지연 및 이상현상 발생 시 추가 조치가 불가합니다. 이점 양해 부탁드립니다.
- 부정거래가 의심될 경우 출금이 제한될 수 있습니다.

- 안전한 출금을 위한 트래블룰 솔루션 적용으로 수취인 정보를 수집할 수 있습니다.
- OFAAC 포괄적 제재국가 (북한, 이란, 시리아, 쿠바, 크림반도, 베네수엘라) 지갑 주소로 출금하지 않음을 확인합니다.

이런 한국적 통제 상황 아래서는 암호화폐의 대량 채택이 일어나기는 어려울 것이다. 한국을 벗어나 세계적인 관점에서 암호화폐가 대량 채택되어 블록체인과 암호화폐 세상이 도래할 것인가? 다음은 수탁 지갑에서 비수탁 지갑으로의 자금 이동이 비교적 자유로운 미국을 중심으로 한 설문 결과임을 밝힌다. 이 책의 제목이 수평선으로 떠오르는 블록체인과 암호화폐 세상이다. 과연 암호화폐 세상이 정오에 이를 수가 있을까? 2023년 5월 14일 레딧의 암호화폐 커뮤니티에서 이런 질문에 답한 댓글을 요약한 것으로 답을 대신한다. 다음 댓글은 암호화폐 커뮤니티의 개인 생각이므로 검증된 의견이 아님을 밝힌다.

CEX가 대량 채택이 될 수 없다고 보는 견해

- 단순히 CEX에서 암호화폐를 보유하고 단기 차익을 노려 사고 파는 사람들은 암호화폐의 대량 채택으로 보지 않는다. 대량 채택은 사람들이 자신의 지갑을 가지고 제3자 (CEX)의 도움 없이 자신이 곧 은행가가 되는 경우이며, 이 시기는 누구도 예측할 수 없다.
- CEX를 이용하는 많은 사용자는 암호화폐가 가지는 근본적인 탈중앙화

철학에 관심이 없기 때문에 아직 대량 채택으로 보기 어려운 것이다.

- 사람들이 네트워크 자체에서 "실제로" 암호화폐를 사용하고 DAO에 참여할 때까지 이것은 대량 채택이 아니다. 그런 의미에서 채택과 대량 채택을 구분하여 볼 수 있다.
- 현실을 보면, CEX 거래소는 일반인이 암호화폐를 쉽게 사용할 수 있도록 한다. 그것이 그들이 여기에 머무르는 이유이다. 안타깝게도 탈중앙화 거래소는 코인베이스, 바이낸스, 크라켄 등과 같은 CEX와 경쟁하기에는 여전히 너무 어렵고, 사용자 입장에서도 DEX를 이용한다는 것은 마치 고급 언어를 사용하는 대신 어셈블러 언어나 기계 언어를 사용하는 듯하다.
- 거래소에 암호화폐를 보유하는 것은 페라리를 사서 대리점에 주차하는 것과 같다. 대부분의 CEX 사용자는 DEX와 100% 콜드 지갑을 배울 인내심이 없다. 그들은 강세장이 멈추면 은행 계좌로 현금화된다.
- 대량 채택에 대한 정의가 블록체인 네트워크를 사용하고 DAO에 참여하는 사람들이라면 하드웨어 지갑을 보유한 사람들도 마찬가지이다. 거래소 계좌에 암호화폐를 보유하는 것은 파티의 문 앞에 서 있지만 들어가지 않는 것과 같다. 실제 행동은 DeFi, DAO 및 암호화 공간의 다른 모든 놀라운 혁신과 함께 내부에 있다.
- 나는 사람들이 실제로 탈중앙화를 중요하게 여기고 중앙 집중식 거래소가 아닌 지갑에 암호화폐를 보관하는 그런 종류의 채택이 일어나는 것을 아직 보지 못한다.
- CEX에 자산을 풀 타임으로 보유하는 것은 최근 거래 자체보다 더 위험할 수 있음이 입증되었다.
- 진정으로 채택하는 유일한 방법은 단순함이다. 이것이 많은 사람들이 거래소에 코인을 가지고 있는 이유이다. 중앙화 거래소는 사용하기 쉽고 친숙한 인터페이스를 가지고 있다. 초보자에게는 지갑과 가스 요금, 개인 키 및 다른 체인을 만드는 번거로움을 겪는 것이 그만한 가치가 없어 보일 수 있다.

- 대량 채택은 아니지만 사람들이 암호화폐를 쉽게 보유할 수 있는 방법이고, 거래 수수수료를 지불하면 암호화폐를 쉽게 사고 팔 수 있다.

CEX는 대량 채택에 이르는 과정이라고 보는 견해

- 제3자 개입없이 암호화폐를 거래하는 DeFi는 일반 사용자에게는 너무 복잡하며, 이를 실행시키 비수탁 지갑은 사소한 실수로 인해 자금 손실이 발생할 수 있기 때문에 일반 사용자가 사용하기에는 여전히 신경이 쓰이는 방법이다. 기본적으로 아직 모든 암호화폐는 너무 복잡하며, 복잡한 상황을 피할 수 있는 방법은 수탁 지갑으로 CEX를 이용하기 때문에 CEX에서 수탁 지갑으로 암호화폐를 보유하는 일도 "채택 (adoption)"의 한 부분으로 볼 수는 있겠다.
- 대량 채택을 늦어지는 이유는 블록체인 네트워크의 복잡성과 응용 계층에서 동작하는 암호화폐 기본 네트워크를 사용하는 사용 수수료 때문이고, 또 기존 레거시 시스템을 옹호하는 관성 때문이다. 수수료를 내고서라도 또 시스템의 복잡성을 이해하는 소수의 사람들만이 암호화폐를 사용하는 한 비즈니스 측면에서 가치가 창출될 수가 없다. 그래서 암호화폐를 허용하는 곳이 많지 않기 때문에 많은 사람들이 암호화폐를 사용하지 않는다. 그래서, 사람들은 지금 암호화폐의 95%를 똥코인이라고 부르기도 하고, 암호화폐를 이해하는 사람 조차도 ETH와 BTC만 보유함으로써 우월감을 느끼고 싶어한다. 다른 프로젝트가 뒤쫓지 않는다면 지금의 ETH와 BTC만으로 일반 사람들을 끌어들이기가 어려울 것이다. 마지막으로 레거시 금융 시스템을 기본 시스템으로 유지하는 데 열중하는 힘이다. 이 힘은 암호화폐의 대량 채택을 더디게 한다.
- 대부분의 사람들은 다음 강세장에서 100배가 될 알트 코인을 찾을 수 있는 천재라고 생각하기 때문에 암호화폐를 사용하고 있다. CEX에 암호화폐를 보유하고 있는 사람들은 대량 채택을 향한 한 걸음으로 볼 수 있다. CEX를 사용하는 것은 탈중앙화 아이디어에는 못 미치지만 암호화폐를

전혀 구매하지 않는 것보다 낫다. 암호화폐를 구매하는 사람들이 많을수록 암호화폐 시장은 더 좋고 더 많은 사람을 끌어 들인다.

- CEX 거래소는 더 안전하고 보안이 강화될 것이며, 사람들은 그것을 메인 지갑 (비수탁 지갑)으로 보내기 전에 시작과 임시 보유 "계정"으로 사용할 것이다. 대량 채택은 다양한 형태로 올 수 있다. 비수탁 지갑으로 개인의 완전한 제어 안에 두기 위하여 즉, 내 자산에 대한 보안과 완전한 통제 때문에 내 지갑에 암호화폐를 보관하기도 한다. 그 거래소가 파산했을 때 모든 보유 자산을 큰 거래소에 보관했던 사람들에게 무슨 일이 일어나고 있는지 보면 알 수 있다. 사람들이 어떤 방법으로든 암호화폐에 대량으로 투자하도록 하는 것이 시작이다. 자체 양육권과 본격적인 채택에는 시간이 걸릴 것이다 (Self custody and full scale adoption will take time)
- 모든 결점에도 불구하고 CEX는 새로운 사람들에게 훌륭한 진입점이다. 점진적인 과정이다. 대부분의 사람들은 먼저 거래소에서 암호화폐를 구매하고 나중에는 자체 보관을 하고 DEX를 사용하고 노드를 실행하고 하드웨어 지갑을 얻는다. 이런 점진적인 과정을 거친 후에 완전히 새로운 시스템과 생태계에 익숙해질 것이다.
- 암호화폐를 거래소에 보관하는 것이 채택을 향한 첫 번째 단계이다. 두 번째는 실제로 실제 비수탁 지갑으로 자신의 통제 하에 통화처럼 사용하는 것이지만 대다수는 여전히 그 길을 가는 것을 두려워할 것이다.
- CEX 이용은 대량 채택을 위한 디딤돌이라고 생각하며 일반인의 눈에는 암호화폐를 합법화하는 데 도움이 된다고 생각한다. 모든 암호화폐 투자자의 첫 번째 단계는 CEX를 거친다.
- 나는 CEX 이용이 실제로 대량 채택을 향한 거대한 단계라고 주장한다. 대량 채택은 그 자체로 모든 사람이 다양한 방식으로 거래를 할 수 있어야 함을 의미한다.

DeFi가 너무 어려워 아직 대량 채택에 시간이 필요하다는 견해

- 사람들은 개인 비수탁 지갑의 사용이 거래소의 수탁 지갑을 사용하는 것만큼 간단해질 때까지 대량 채택을 하지 않을 것이다. 또 사람들은 지갑이 신용 카드처럼 사용하기 쉬울 때까지 제품을 구매할 때와 같이 대량 채택하지 않을 것이다. 대량 채택이 일어나려면 비수탁 개인 지갑의 사용이 중앙화 은행이 고객에게 제공하는 앱 수준으로 단순화되어야 한다.
- Defi는 일반 사용자에게는 너무 복잡하며, 비수탁 지갑은 사소한 실수로 인해 자금 손실이 발생할 수 있기 때문에 일반 사용자가 사용하기에는 여전히 신경이 쓰이는 방법이다.
- CEX에서 시작하여 시장과 기술을 받아들이는 과정을 거치면서 DeFi와 관련된 많은 복잡성과 보안 문제를 제거하는 데 아무런 문제가 없다고 생각한다.
- 시장은 아직 초기 단계이며 언젠가는 거기에 도달할 것이다

기술이 아직 대량 채택을 하기에 부족하다는 견해

- 기술 측면에서 보자면 사람들에게 암호화폐 대량 채택은 트릴레마가 해결된 경우에만 발생한다. 트릴레마에서 탈중앙화, 확장성과 보안 문제를 함께 해결할 수 없다면 암호화폐는 실제로 현재 시스템보다 더 나쁘다.
- 채권자(비자, 마스터카드 등)가 은행 계좌 관리와 동일한 웹 방식으로 작동하는 멋지게 디자인된 UI 정도의 수준을 갖춘 암호화폐 앱을 갖게 되면 암호화폐 사용자도 실제 대량 채택을 보게 될 것이라고 생각한다. 그때까지 대부분의 암호화폐 이용은 좋든 나쁘든 CEX에 있을 것이다. 현재는 대다수의 사람들에게 암호화폐를 사용하는 것이 너무 어렵다.
- 계층 2에 속하는 암호화폐들은 일반 소매업체가 여전히 계층 1 암호화폐인 BTC 및 ETH 등의 수수료에 대한 걱정 없이 소액 거래를 하기 때문에

대량 채택에 큰 역할을 할 것이다.

- DAO에 참여하지 않으면 채택이 아니다. DAO 기술도 더 발전해야 한다.
- 모든 새로운 기술은 초기에 작은 단계를 수행한다. 차츰 더 큰 단계에 이를 것이다.

대량 채택할 만큼 수요가 없다는 견해

- 금의 예를 들어 보자. 금도 사람들이 주장하는 것처럼 유용한 용도로 사용할 수 있는 재료 자체의 본질적인 가치가 없다. 그러나 사람들이 오랫동안 신뢰해 왔기 때문에 오늘날과 같은 가치가 있다. 사람들이 언제부터 금을 그렇게 평가하기 시작했는지조차 알 수 없을 정도이다. 금과 주식시장은 100년 이상 지속되었다. 그러나 초기 암호화폐 인 BTC조차 수십년이 넘지 않았다.
- 입양 (암호화폐 사용을 받아들이는 일)의 진정한 도전은 사람들이 스스로 책임을 져야 하는 데 있다. 인간의 본성은 일반적으로 이것을 한꺼번에 허용하지 않는다.
- 기술에 정통하지 않은 DeFi가 충분히 쉬워질 때까지 실제 입양에 대해 이야기하기 전에 아직 갈 길이 멀다고 생각한다. 더욱더 모든 정부와 법률이 대량 채택을 반대할 때 대량 채택되는 것은 쉽지 않다. 한국 처럼 비수탁 지갑으로의 이동을 막아버려 블록체인 네트워크를 사용하는 수요를 제거하는 상화에서의 대량 채택은 멀다.
- Defi는 너무 복잡하다. DeFi 이용 방법을 파악하는 데 몇 달이 걸렸고 친구들에게 어떻게 작동하는지 설명했을 때 그들은 차리리 CEX인 Kraken에 암호화폐를 보유할 것이라고 말했다. 그렇다, 금융이 이렇게 복잡해서는 안 된다. 뮤추얼 펀드와 ETF가 존재하는 데는 이유가 있다. 사람들은 Luna 및 UST와 같이 눈 깜짝할 사이에 전체 투자를 잃는 것에 대해 걱정하고 싶지 않다.

- 우리가 현재 물건을 지불하는 방식을 볼 때, 여기에 거의 항상 중개인이 있다. 문제가 발생할 경우를 대비하여 중간에서 책임져줄 도와줄 사람이 있다. 그들은 현금을 봉투에 넣고 직접 우편함에 넣는 것과 같은 것을 채택하고 싶지 않아 한다. 기존 시스템에 익숙해져 있다.
- 암호화폐는 현실 세계의 유용성이 없기 때문에 대량 채택이 결코 일어나지 않을 가능성이 높다는 것을 사람들이 언제 깨닫게 될지 궁금하다. 그것은 단지 온라인 카지노이다. ETH의 최고 거래량은 빌어먹을 밈 코인이며 사람들이 밈 코인을 만들었기 때문에 BTC가 혼잡해졌다.
- 채택은 변동성에서 벗어나 안정성으로 이동하지 않는 한 어떤 통화에서도 대량 채택이 발생되지 않는다.
- 나는 지금 투자를 위해 암호화폐를 소유하고 있지만 신용 카드 대신 그것으로 제품과 서비스를 살 수 있을 때를 기다린다.
- 동의했지만 대량 채택은 실생활에서 일부 서비스를 위해 암호화폐를 사용하는 사람들이 있을 때 완성될 것입니다. 지금 암호화폐는 너무 쓸모가 없기 때문에 지금은 거의 불가능하다. 대량 채택으로 전환하려면 진지한 혁신이 필요하다
- 암호화폐의 99.8%가 투기용일 뿐이며 실제로 유용한 것을 제공하지 않기 때문에 선진국에서 대량 채택되지 않고 있다.

대량 채택에 대한 견해와 더불어 미래에 지배적일 것이라고 생각하는 암호화폐는 무엇입니까? 라는 질문이 레딧의 서브레딧인 r/암호화폐에서 2023년 5월 13일에 있었다. 이에 댓글로 145명 정도가 응답했는데, 응답을 통계로 살펴보자. 5명 이상이 추천한 암호화폐는 비트코인, 이더리움, 마틱, 닷, 아톰 그리고 카르다노이다. 이 자료 또한 설문에 응답한 자료이니 검증된 자료는 아님을 밝힌다.

투표수(미래를 지배할 암호화폐, 2023. 5. 13)

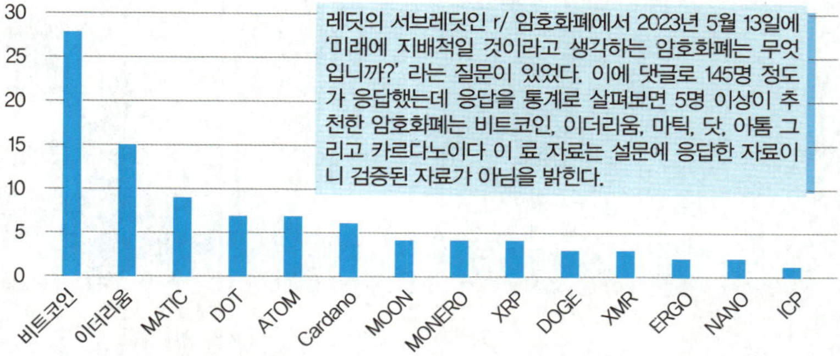

미래에 주도적일 암호화폐 설문 조사 (레딧의 암호화폐 커뮤니티에서 2023년 5월 13일 조사)

부록 2

ERC-20/BEP-20/BRC-20 표준과 밈 코인/똥 코인

우리는 2021년부터 암호화폐 시장이 Bull Market (불마켓: 강세장)에서 Bear Market (베어마켓: 약세장)으로 전환되는 것을 아주 가까운 시점에서 보았다. 그때는 제대로 된 베어마켓의 시작 가능성에 대한 첫 번째 논의에서 많은 기대가 있었다. 분명히 많은 부정적인 것들이 있지만 일부는 담론을 긍정적으로 바꾸고 싶어했다. 그 중 하나는 베어마켓의 좋은 측면, Crypto 공간에서 사기, 똥코인 및 사기의 나쁜 것들을 "정화"할 수 있다는 희망이었다. 이런 희망은 베어마켓 초기에도 루나의 붕괴를 보았을 때 특히 강조되었다. 그런 다음 모든 사람들은 이것이 암호화폐에 대한 "플러시 아웃"의 시작일뿐이며 결국에는 실제로 우리 모두에게 좋을 것이라고 확신하는 것 같았다. 사람들은 베어마켓이 모든 사기와 똥코인으로부터 시장을 "청소"할 것이라고 이야기하곤 했었다. 약세장에서도 희망을 이야기하는 말이지만 최근 우려할 만한 일이 벌어지고 있다.

베어마켓 시작 이후 이제 약 1년이 넘고, 몇 번 더 붕괴되고 실제로 많은 암호화폐가 죽어가고 나면 모든 사람들이 암호화폐 공간이 정리되었다고 생각할 것이다. 그러나 꼭 그렇게 흘러가지 않고 있다. 지금 불마켓 이후 첫 번째 밈 코인/똥 코인 시즌을 보내고 있다. PEPE와 같은 똥코인이 너무 많이 펌핑되어 높은 순위의 시가 총액 리스트에 들어와 있다. 그래서 분명히 청소가 일어나지 않았다. 당분간 똥코인의 펌핑을 멈추지 않을 것이라고 생각한다. 이더리움 위에서 밈 코인/똥 코인이 지금 극성을 부리고 있다. 이들의 실체를 파악하려면 우선 ERC-20 토큰을 이해해야 한다.

이더리움 네트워크의 ERC-20 토큰은 무엇인가? Ethereum Request for Comment 20 (ERC-20)은 이더리움 블록체인을 사용하여 생성된 대체 가능한 토큰의 기술 표준이다. 대체 가능 토큰은 잘 알려진 NFT(대체 불가능 토큰)가 호환되지 않는 것과는 다르게 다른 토큰과 상호 교환 가능하다. ERC-20을 통해 개발자는 다른 제품 및 서비스와 함께 사용할 수 있는 스마트 계약 지원 토큰을 만들 수 있다. 이러한 토큰은 자산, 권리, 소유권, 액세스, 암호화폐 또는 그 자체로는 고유하지 않지만 양도할 수 있는 모든 것을 나타낸다.

ERC-20은 다른 스마트 계약 토큰과 상호 교환할 수 있도록 이더리움 블록체인에서 새로운 토큰 생성을 안내한다. 구현 이후 대부분의 토큰은 이더리움 생태계에서 ERC-20 표준을 사용하여 생성되었다. ERC-20의 역사는 스마트 계약 역사와 함께 한다. 스마트 계약은 2015년에 더욱 대중화되었지만 몇 가지 문제를 해결해야 했다. 누구나 토큰을 만들 수 있기 때문에 서로 다른 토큰이 많이 만들어지고 있었다. 그러나 블록체인을 사용하는 모든 사람이 서로 다른 모든 토큰을 생성, 사용 또는 교환할 수 있도록 보장하는 방법은 없었다. 표준화된 토큰 방법론이 없으면 모든 애플리케이션 마다 고유한 토큰이 필요하다. 마치 비트코인 네트워크는 비트코인만 서로 교환 가능하고 이더리움은 이더리움만 교환 가능했던 것과 같다. 사용자는 개발 중인 수백 개의 앱 간에 서로 교환하는 방법을 찾아야 했다.

표준이 시작된 내력은 이렇다. ERC-20은 2015년 개발자 Fabin Vogelstellar가 이더리움 블록체인의 스마트 계약 내 표준의 필요성을 해결하기 위해 제안했다. Vogelstellar는 이더리움 ERC(Request for Comment)로 프로젝트의 Github 페이지를 통해 제안서를 제출했다. 20번째 댓글이므로 ERC-20이라는 명칭이 지정되었다. 이더리움 개발자 커뮤니티에서 사용하는 절차에 따라 이 제안은 2017년 이더리움 개선 제안 20(EIP-20)으로 승인 및 구현되었다. 그러나 승인되기 전까지는 그렇게 알려졌기 때문에 여전히 ERC-20이라고 한다. 요청이 승인되고 구현되었으므로 이더리움 블록체인에 구현된 스마트 계약 토큰은 개발자가 상호 교환을 원할 경우 이 표준을 준수해야 한다.

ERC-20 내용은 다음과 같다. ERC-20은 ERC-20을 준수하는 것으로 간주되기 위해 따라야 하는 기능 및 이벤트 목록이다. 이러한 기능(ERC에서 메서드라고 함)은 스마트 계약 지원 토큰에 포함되어야 하는 항목을 설명하고 이벤트는 작업을 설명한다. 토큰이 가져야 하는 기능은 다음과 같다.

- TotalSupply: 발행될 총 토큰 수
- BalanceOf: 토큰 소유자 계정의 계정 잔액
- 이체: 토큰을 이용한 거래에 대해 지정된 주소로 지정된 수의 토큰을 자동으로 이체
- TransferFrom: 토큰을 사용하여 지정된 주소에서 지정된 수의 토큰을 자동으로 전송
- Approve: 지출자가 지정된 계정에서 특정 금액까지 정해진 수의 토큰을 인출

- Allowance: 지출자로부터 소유자에게 일정 수의 토큰을 돌려줌
- 토큰에 포함되어야 하는 이벤트는 다음과 같다.
- Transfer: 전송 성공 시 발생하는 이벤트
- 승인: 승인된 이벤트(이벤트)의 로그

다음 기능은 선택 사항이며 포함할 필요는 없지만 토큰의 사용성을 향상시킨다.

- 토큰 이름(선택 사항)
- 기호(선택사항)
- 사용할 소수점(선택 사항)

"토큰"과 "암호화폐"는 종종 같은 의미로 사용된다. 모든 암호 화폐는 토큰이지만 모든 토큰이 암호 화폐는 아니다. 토큰은 종종 블록체인 외부에 있는 자산과 권리를 나타낸다. ERC-20 준수의 맥락에서 토큰은 스마트 계약 표준 준수 토큰으로 간주하기 위해 이더리움 커뮤니티에서 설정한 표준을 충족하는 블록체인 표현을 의미한다. 잘 알려진 여러 디지털 통화가 ERC-20 표준을 사용한다. 몇 가지 인기 있는 예는 다음과 같다.

- 테더USD (USDT)
- USD 코인 (USDC)

- 시바 이누 (SHIB)
- 바이낸스USD(BUSD)
- 비앤비 (BNB)
- DAI 스테이블코인(DAI)
- 헥스(헥스)
- 비트파이넥스 레오(LEO)
- 메이커(MKR)

ERC-20의 목표는 다음과 같다. ERC-20 표준은 블록체인 내에서 중요한 역할을 한다. 스마트 계약을 사용하는 이더리움 토큰이 준수해야 하는 공통 규칙 목록을 정의한다. 이러한 규칙 중 일부는 토큰 전송 방법, 거래 승인 방법, 사용자가 토큰에 대한 데이터에 액세스하는 방법 및 토큰의 총 공급량을 포함한다. 이 규정 준수는 이더리움이 확장성 약속을 유지하는 데에도 필요하다. 이더리움 생태계를 사용하여 생성된 다양한 토큰 간의 호환성을 보장한다. 다양한 토큰 간의 상호 운영성이 증가하면서 많은 사람들이 ERC-20 표준을 따르는 토큰을 사용할 수 있다.

결과적으로 이 토큰 표준은 모든 유형의 개발자가 더 큰 이더리움 시스템 내에서 새 토큰이 어떻게 작동할지 정확하게 예측할 수 있도록 한다. 이는 새로운 토큰을 발행하려는 개발자의 작업을 단순화한다. 새 토큰이 공개될 때마다 모든 기존 프로젝트를 다시 수행할 필요가 없다는 것을 알고 작업을 계속할 수 있다. 또한 새 프로젝트는 토큰이 규칙을 따르는 한 이전 프로젝트와의 호환성에 대해 걱정할 필요가 없다. 다행스럽게도 대부분의 토큰 개발자는 ERC-20 규칙을 따랐다. 즉, 이더리움을 통해 출시된 대부분의 토큰은 ERC-20을 준수한다.

BEP-20 최신 표준도 있다. ERC-20은 이더리움 생태계의 토큰 표준이다. 다른 많은 토큰, 블록체인 및 생태계는 이더리움에서 파생되었다. 그러한 생태계와 블록체인 중 하나는 암호화폐 거래소인 바이낸스(Binance) 와 관련된 표준도 있다. 바이낸스 팀은 이더리움 포크에서 자체 블록체인인 바이낸스 체인을 만들었다. 그런 다음 바이낸스 개발자는 블록체인을 사용하여 생성된 토큰에 대한 자체 표준을 만들었다. 이 표준은 BEP-20라고 하며 바이낸스 체인에서 사용할 토큰 생성을 안내한다는 점에서 ERC-20과 유사하다. 바이낸스는 또한 바이낸스 스마트 체인이라는 바이낸스 체인과 함께 실행되는 사이드 체인을 만들었다. 이 체인은 ERC-20 토큰, 이더리움 가상 머신 및 바이낸스 체인과 호환된다. 그러나 교차 체인 호환성을 생성하는 BEP-20이라는 최신 표준을 사용한다.

2023년 5월 현재 PEPE 와 같은 밈 코인이 저지르는 광란을 지켜보고 있다. 암호화폐 거래추적을전문으로 하는 Etherscan의 데이터에 따르면 fadedface.eth 거래자는 탈중앙화 거래소 Uniswap V2에서 84 ETH 상당의 밈 토큰 FOUR를 구입했으며 거래 수수료로 64 ETH(ETH의 현재 가격으로 $119,000 이상 가치)를 지불했다. 24시간 거래량이 7,230만 달러인 FOUR 밈 코인은 최근 암호화폐 커뮤니티에서 큰 호응을 얻었다. 높은 가스 수수료는 이더리움 블록체인에서 밈 코인 관련 활동이 증가한 결과

> 이다. 이러한 증가된 활동은 PEPE 와 같은 밈 코인에 대한 광란 때문이다. CoinGecko에 따르면 2023년 4월에 출시된 개구리 테마의 밈 코인은 시가 총액이 5억 달러로 증가했으며 현재 시가 총액은 거의 10억 달러에 달한다. 이더리움의 메인 레이어는 이러한 이벤트 동안 정체될 수 있으며 정체는 가스 요금의 상승으로 이어질 수 있다.

밈 코인이란 무엇인가? 밈 코인은 통화의 성장을 지원하는 활기찬 온라인 커뮤니티를 갖는 것으로 느슨하게 정의된 암호화폐 장르이다. 블록체인 네트워크의 지식이 없어도, 프로젝트 개발비를 한 푼 사용하지 않고도 버젓이 암호화폐를 만들어 과장하고 폰지 사기처럼 사람들을 끌어들이기 딱 좋은 암호화폐이다. 그들은 때때로 애니메이션 캐릭터 또는 동물 밈 이미지를 사용한다. Dogecoin, Shiba Inu 및 유용성보다 더 많은 엔터테인먼트를 제공할 수 있는 기타 통화가 이 범주에 속한다. 이 범주는 Baby Doge 및 Dogelon Mars와 같이 덜 알려진 통화로 확장된다. Baby Doge와 Dogelon Mars는 더 적은 수의 헤드라인을 장식하지만 여전히 9자릿수 시가 총액을 유지한다.

밈코인은 느슨하게 정의되었지만 암호화폐는 암호화폐이다. 다른 암호 화폐와 마찬가지로 밈 코인은 암호 화폐 및 대체 불가능한 토큰(NFT)을 포함한 가상 자산을 추적하는 데 사용되는 일종의 분산 데이터베이스인 블록 체인 기술에 의존한다. 대부분의 밈 코인은 특정 블록체인 기능 (예를 들면, 스마트 계약)에 연결된 이더리움 및 기타 유틸리티 통화와 달리 순전히 거래 수단이다. Bitcoin, Ethereum,

USD Coin, XRP, Cardano, Solana, Polygon 및 Polkadot와 같은 주요 암호 화폐는 일반적으로 밈 코인으로 간주되지 않는다.

Cryptocurrency 웹 사이트 CoinMarketCap은 밈 코인 섹션에 300개 이상의 밈 코인을 나열하고 있다. 그러나 이들은 적극적으로 거래되지 않으며 사실상 가치가 없다. Dogecoin, Shiba Inu, Dogelon Mars 및 Baby Dogecoin은 일일 거래량이 백만 달러 이상인 밈 범주의 유일한 통화이다. 밈 코인은 변동성이 높다. 모두 일반적으로 위험하고 변동성이 큰 거래 자산으로 간주된다.

이더리움 블록체인에서 거래를 수행하지만 대부분의 밈 코인은 수집 및 거래 이상의 추가 가치를 제공하지 않는다. 밈 코인은 진정한 코인이 아니라 다른 블록체인에서 작동하는 토큰이다. 예를 들어 Shiba Inu는 Ethereum 블록체인에서 작동하는 ERC-20 토큰이다. 미디어와 투자 세계의 일부는 밈 코인을 정교한 펌프 앤 덤프 방식으로 특징짓는다. 펌프 앤 덤프 방식이란 암호화폐를 매수한 후 허위 정보를 통해 가격을 폭등시킨 후 되파는 불공정한 거래 수법을 말한다. 암호화폐의 주가 조작이다.

밈 코인을 누가 만들 수 있는가? 필요한 기술 지식만 있으면 누구나 쉽게 밈 코인 암호화폐를 만들 수 있다. 그러나 코인이나 토큰을 인기 있는 밈 코인으로 바꾸는 것은 매우 어렵고 수십 번만 성공적으로 달성되었다. 이런 가운데 인기있는 밈 동전은 몇 가지가 있다. CoinMarketCap에 따르면 시가총액 상위 4개 밈 코인은

Dogecoin, Shiba Inu, Baby Doge Coin 및 Dogelon Mars 이다. 기타에는 Shiba Floki Inu, Doge Killer, Kishu Inu, Samoyedcoin, Shiba Predator 등이 포함된다.

한편, BRC-20은 ERC-20과 완전히 다르다. BRC-20은 "Bitcoin Rhodium Coin-20"의 약자로 비트코인 로디움 블록체인에서 사용되는 토큰 표준이다. BRC-20은 비트코인 로디움 블록체인을 기반으로 하는 것이다. BRC-20은 짧은 JSON 객체(간단한 데이터 구조)이며 어떤 기능도 포함하지 않는다. 간단하게 설명하면 ERC-20은 완전한 사용자 정의가 가능한 완전한 스마트 계약(일반적으로 8k-12k 자 길이)을 정의한다. 토큰 작동 방식을 지시하는 모든 기능을 포함해야 하므로 ERC-20 코드가 BRC-20 토큰 코드보다 100배 더 크다. 각 ERC-20 토큰은 계약 코드에 따라 매우 다르게 작동할 수 있다. 이에 비해 BRC-20은 작은 JSON 객체(보통 100자 길이)이다. BRC-20 토큰은 훨씬 더 표준화되었으며 기능 코드를 포함하지 않는다. 티커(Ticker) 기호, 최대 공급량, 소수 자릿수 및 민트 한도의 4가지 속성만 사용자 지정할 수 있다.

예를 들어 brc-20 으로 티커가 ORDI인 토큰을 배포하면 다음과 같다.

```
{
  "protocol": "brc-20",
  "operation": "배포",
  "ticker": "ordi",
  "최대 공급": "21000000",
  "Mint limit": "1000"
}
```

스왑 (암호화폐 교환)을 완료하려면 오프체인 제3자가 필요하므로 현재로서는 안전하지 않다. BRC-20 토큰을 중심으로 DeFi를 구축할 수 있는지는 두고 봐야 한다. BRC-20 토큰에 대한 몇 가지 다른 흥미로운 사실도 있다. BRC-20 토큰은 현재 모든 비트코인 거래의 절반 이상을 차지한다. BRC-20 토큰은 (무게 측면에서) 너무 작아 비트코인 TPS가 실제로 지난 한 달 동안 두 배가 되었다. 이것은 더 많은 수요 때문이 아니라 (더 적은 배치 트랜잭션으로 인해) 평균 트랜잭션 크기가 줄어들어 각 블록에 더 많은 Tx를 패킹할 수 있기 때문이다.

부록 3

공개 키 암호화 시스템

비트코인을 암호화폐 (Crypto)라고 부르는 이유는 비트코인 설계에서 암호학 (cryptography)이 중요하게 응용되었기 때문이다. 암호학이 없었다면 비트코인은 존재할 수 없었을 것이다. 여기서는 암호학을 소개하고 비트코인에서 사용되는 주요 공개 키 암호화 시스템에 대하여 다룬다. 사실 암호학은 매우 깊은 주제이며 여기서는 상세하게 다루지 못하고 비트코인이 응용하는 기술에 한정하여 살펴본다.

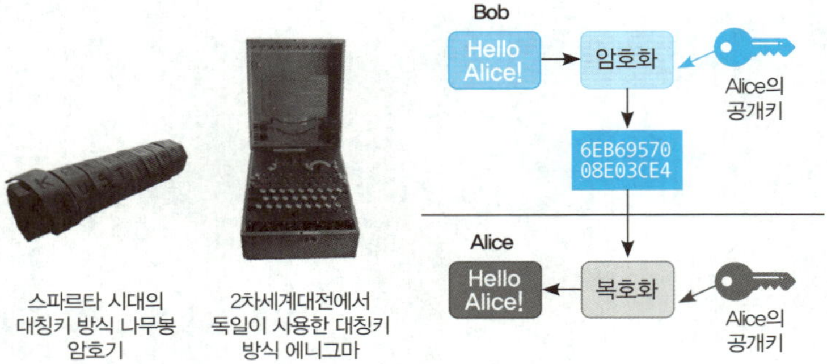

대칭키 방식과 비대칭키 방식 암호화

암호학은 통신 채널을 몰래 듣고 제어할 수 있는 적(Adversaries)의 면전에서 안전하게 통신하는 과학이다. 대칭키 암호화 방식의 고전적 암호학은 보낼 문서를 암호문으로 변형시키는 일과 관련이 있다. 암호문은 통신 채널에서 접근할 수 있는 제 3의 악의적 사용자에게는 명백히 의미가 없는 잡음처럼 보이지만 정당한 수신자는 이를 원본 메시지 (평문)로 변환하는 방법을 알고 있다. 고전적 암호학에서는 암호화 알고리즘을 공개하고 암호화 키만 비밀로 유지할 것을 원칙으로 한다. 이 원칙의 근거는 전 세계 누구도 깨뜨릴 수 없는 암호화 알고리즘을 만드는 것은 매우 어렵다. 암호 작성자가 아무리 똑똑하더라도 세상에 더 똑똑하거나 상상력이 풍부한 사람이 있을 확률이 높다. 초기에 이루어진 암호화의 사례는 대부분 대칭키 방식으로 암호문을 만드는 경우였다. 아주 초기의 예는 카이사르의 암호이다. 대칭키 암호의 목표는 비밀 키를 사용하여 메시지를 암호화 텍스트로 암호화하면, 이 암호문을 복호화하는 사람은 암호문을 만들 때 사용했던 비밀키와 동일한 비밀 키를 알고 있는 경우에만 원본 메시지를 복구할 수 있도록 하는 것이다. 좋은 대칭키 암호화는 비밀 키에 대한 정보를 유출하지 않아야 한다.

카이사르의 암호는 율리우스 카이사르가 장군들과 의사 소통하는 데 사용했다고 한다. 카이사르의 암호는 대체 암호이다. 메시지를 암호화하기 위해 각 문자는 알파벳의 다른 문자로 대체된다. 즉, 메시지의 문자와 암호문의 문자 사이에 일대일 대응이 있다. 암호문은 메시지의 문자를 가져와서 알파벳에서 세 자리 이동하도록 구성되는 예를 들어 보자. "message"라는 단어는 "phvvdjh"로 암호화된다. 카이사르의 암호 및 기타 초기 암호를 포함하여 암호학의 역사에 대한 자세한 설명은 이 부록에서는 생략한다.

대칭키 암호는 가장 오래된 암호화 기본 형식 중 하나이다. 대칭 암호로는 2차 세계대전에서 독일군이 사용한 에니그마 장치 이후 대칭키 암호화 방식은 암호학의 흐름을 이어갔다. 그러나 암호학도 수학에 바탕을 두는 방향으로 발전하면서 공개키 암호화 방식과 해시 함수가 개발되었다. 암호화폐에서는 수학적인 공개키 암호화 방식과

해시 함수가 주로 사용되지만 고전적인 대칭키 암호화 방식도 함께 사용한다:

- 공개 키 암호화: 비트코인은 공개 키 암호화를 사용하여 거래를 처리한다.
- 해시 함수: 비트코인은 해시 함수를 사용하여 블록체인의 정보를 보호하는 합의 메카니즘에 사용한다.
- 대칭 키 암호화: 비트코인은 대칭키 암호화를 사용하여 사용자 지갑의 개인 키를 보호한다. 지갑 소프트웨어에서 대칭키 암호화를 사용하는 것은 필수 사항이 물론 아니다. 그러나 그 사용을 적극 권장한다.

공개 키 암호화는 1970 년대에 Diffie, Hellman 및 Merkle에 의해 개발되었다. 비트코인은 공개 키 암호화 알고리즘을 사용한다고는 볼 수 없지만, 디지털 서명이라는 공개 키 암호화의 응용 기술을 사용한다. 공개 키 암호화는 대칭키 암호화의 중요한 약점인 키 배포 (당사자 간의 비밀키 교환)에 대한 대응으로 개발되었다. 두 사람이 대칭키 암호화를 사용하는 경우 대칭키 암호화 시스템을 사용하기 전에 보안 채널을 통해 비밀키를 교환해야 하는 과정, 즉 동일한 대칭 키를 상호 공유하는지 미리 확인해야 한다. 그러나 전자 상거래와 같은 경우에 보안 채널을 통해 대칭 키를 교환할 수 없는 경우가 많다. 인터넷은 안전하지 않은 채널이다. 트래픽은 도청될 수 있으며 심지어 전송 중에 수정될 수도 있다. 따라서 대칭키 암호화만 사용하여 인터넷을 통해 보안 연결을 설정하는 것은 불가능하다. 공개 키 암호화는 이 문제를 해결하기 위해 개발되었다.

대칭 키 암호화에 대한 비유는 하나의 키를 가진 금고의 암호화이다. 이 (대칭) 키는 금고를 잠그고(암호화), 또 금고를 잠금 해제(암호 해독)하는 데 모두 동일한 키를 사용할 수 있다. 공개 키 암호화에 대한 유사한 비유는 한 쌍의 키가 있는 금고의 비유이다. 키 중 하나인 공개 키는 금고를 잠그는 데만 사용할 수 있고, 다른 키인 개인 키는 금고를 잠금 해제하는 데만 사용할 수 있다. 공개 키 암호화는 키 배포 문제를 어떻게 해결할까? 주목해야 할 중요한 점은 개인 키 (금고를 잠금 해제하는 키) 만 비밀로 유지해야 하지만 공개키는 다른 모든 사람에게 공개한다는 것이다. 그러나 이 공개키가 더 넓게 게시될수록 다른 당사자가 이 키에 액세스하고 통신하는 데 사용하기가 더 쉽기 때문에 공개 키(금고를 잠그는 키)를 게시하는 것이 완벽하게 안전하다. 그래서 비밀키를 생성하여 사용하고자 하는 키 보유자는 공개키와 개인키 쌍을 만들어 개인키는 안전하게 비밀로 보관하고 공개키는 마음껏 공개할 수 있다.

공개 키 암호화의 작동에서는 공개 키를 사용하여 메시지를 암호화한다. 먼저, 암호화된 메시지의 수신자(Bob)는 키 생성 알고리즘을 실행하여 한 쌍의 공개 키와 개인 키를 생성한다. 공개 키와 개인 키를 공개-개인 키 쌍이라고 하며 수학적으로 연결된다. 모든 공개 키 프로토콜에는 자체 키 생성 알고리즘이 있다. 수신자(Bob)는 자신의 공개 키를 다른 사람(Alice)에게 보내지만 개인 키는 자신만이 안전하게 보관한다. Bob의 공개 키를 받은 후 Alice는 Bob의 공개 키를 사용하여 메시지를 암호화한다. 결과는 암호화된 메시지(암호문)

이다. 이 암호화된 메시지는 안전하지 않은 채널을 통해 Bob에게 전송된다. 채널을 도청하는 공격자는 암호화된 메시지를 얻을 수 있지만 암호문을 해독할 수는 없다. 공개 키에 해당하는 개인 키를 가진 Bob 만 암호 해독 알고리즘을 사용하여 암호화된 메시지를 해독하여 원본 메시지를 얻을 수 있다.

공개 키 암호화의 두 번째 응용 분야는 디지털 서명에 관한 것이다. 디지털 서명의 목표는 서명자가 메시지를 생성하고, 변조되지 않았으며, 서명을 부인할 수 없도록(메시지 서명자가 자신이 서명한 사실을 부정할 수 없음) 하는 손으로 하는 서명의 목표와 유사하다. 디지털 서명은 비트코인 프로토콜에서 자금을 인출할 때 사용된다. 비트코인 주소는 기본적으로 공개 키로부터 유도된다. 각 공개 키에 해당하는 개인 키가 있으므로 각 비트 코인 주소에 해당하는 자금은 해당 개인키 소유자만 잠금을 해제할 수 있다. 공개 키는 은행 계좌 번호로 해석할 수 있다. 그런 다음 개인 키는 해당 은행 계좌의 잠금을 해제하는 서명으로 해석될 수 있다. 주소에서 비트코인을 사용하려면 지출을 승인하는 거래에 개인 키로 서명해야 한다. 지갑 소프트웨어는 키 생성 알고리즘을 실행하여 비트코인 주소를 생성하므로 모든 사용자는 원하는 만큼 비트코인 주소를 생성할 수 있다.

Alice가 서명을 첨부한 문서를 Bob에게 보내는 경우를 가정하자. 먼저 서명자(Alice)는 키 생성 알고리즘을 사용하여 공개-개인 키 쌍을 생성한다. 그녀는 통신 채널을 통해 공개 키를 먼저 Bob에게 보낸다. 그런 다음 Alice는 개인 키를 사용하여 메시지에 디지털 서명한다. 그녀가 개인 키를 누구에게도 공개하지 않고 자신에게 보관하는 것이 중요하다. 메시지가 서명되면 메시지와 서명이 모두 수신자(Bob)에게 전송된다. 암호화되지 않은 메시지와 Alice의 서명을 받은 Bob는 Alice의 공개 키를 사용하여 서명을 확인한다. 확인 결과 긍정적인 결과가 나오면 메시지가 Alice에 의해 시작되었음을 알 수 있다. 그렇지 않으면 메시지를 유효하지 않은 것으로 거부할 수 있다.

부록 4

해시 함수

해시 함수는 임의의 길이의 데이터를 입력으로 사용하고 해시 값이라는 고정 길이의 비트 문자열을 출력하는 알고리즘이다. 해시 값은 동일한 입력 데이터에 대해 항상 동일하다. 해시 함수에서 반환되는 값을 해시 값, 해시 코드, 다이제스트 또는 간단히 해시라고 한다. 해시 함수는 보통 단방향 해시 함수를 의미하는 데, 가변 크기 메시지 M을 입력으로 받아들이고 고정 크기 메시지 다이제스트 H(M)을 출력으로 생성한다. 해시함수는 비밀 키를 입력으로 사용하지 않는다. 해시는 메시지를 인증하기 위해 사용되기도 하고 디지털 서명에서도 중요하게 사용되어 왔다. 그래서 해시 함수의 원래 목적은 파일, 메시지 또는 기타 데이터 블록의 "지문"을 생성하는 것이었다.

비트코인에서 해시함수를 적극적으로 사용하기 시작하였다. 비트코인은 암호화 해시 함수를 사용하여 합의 메커니즘의 원조인 작업 증명을 수행한다. 해시 함수는 임의의 길이를 갖는 입력 데이터에서 해시 값을 구하는데, 이 때의 해시는 입력 데이터의 작은 차이가 결과에 큰 차이를 생성한다는 특징이 있다. 비트코인은 작업 증명 기능으로 더블 SHA256(즉, SHA256^2)을 사용한다. SHA256^2는 SHA256 해싱 함수를 두 번 적용하는 것이다. SHA256은 NSA에서 설계하고 2001년 NIST에서 게시한 해시 함수 집합(SHA-2)의 일부이다. SHA256은 출력이 256비트 길이인 이 제품군의 해시 함수이다.

SHA-256을 사용하면 "Hello"라는 단어는 "Hello world" 및 "Hello John"과 동일한 수의 문자(64개 문자)인 출력을 생성한다.

그러나 해싱 함수의 세가지 입력 값은 비슷한 단어로 이루어지지만 그들의 해시는 길이만 같을 뿐 내용은 완전히 다르다는 점을 유의할 필요가 있다.

'Hello'의 해시:

185f8db32271fe25f561a6fc938b2e264306ec304eda51800 7d1764826381969

'Hello world'의 해시:

64ec88ca00b268e5ba1a35678a1b5316d212f4f366b2477232534a8a eca37f3c

'Hello Joh'의 해시:

a8119595d77342cc73c93697a7f70920d3f4ded5d458e31907607e99 7ff76868

해시를 생성하는 데 사용되는 함수는 결정적이므로 동일한 입력이 사용될 때마다 동일한 결과를 생성한다. SHA 256은 매우 적은 컴퓨팅 성능으로 밀리초 단위로 해시된 출력을 생성할 수 있지만 만들어진 해시에 대한 입력을 알아내는 것은 매우 어렵게 만든다. 따라서 해싱은 현대 기술로는 원래 입력을 결정하기 위해 암호화를 되돌리는 데 수천 년이 걸리기 때문에 암호 화폐 보안에 이상적이다. 해시 함수는 메시지의 무결성 검사 및 정보 인증과 같은 작업을 위해 컴퓨팅 시스템에서 일반적으로 사용되는 데이터 구조이다. 암호화 해시 함수는 보안 기능을 추가하여 메시지 또는 정보의 내용을 더 어렵게 만든다. 특히 암호화 해시 함수는 다음 세 가지 속성을 나타낸다.

- 충돌이 없음: 즉, 두 개의 다른 입력 해시가 동일한 출력 해시에 매핑되어서는 안 된다.
- 숨길 수 있음: 출력에서 해시 함수의 입력 값을 추측하기가 어렵다.
- 퍼즐 친화적이어야 함: 미리 정의된 출력을 제공하는 입력을 선택하는 것은 매우 매우 어렵다.

이런 해시의 기능으로 인해 정보 보호에서 데이터 위반 감지, 다운로드한 파일의 무결성 검사에 이르기까지 온라인 보안에 광범위하게 사용된다.

암호화폐의 기반인 블록체인은 해싱을 통해 트랜잭션 데이터를 Merkle Tree 역 나뭇가지 형태로 연결하여 블록을 형성한 후에 전 세계적으로 분산하여 공유하는 원장이다. 블록체인에는 검증된 거래만 포함되어 있어 사기 거래와 통화의 이중 지출을 방지한다. 암호화폐 채굴 및 검증에는 이 해시 작업이 포함된다. 소위 마이닝이라고 부르는 암호화폐 해시 풀이는 이전 블록의 블록 헤더를 입력으로 사용하고 (블록) 해시를 생성하는 것으로 시작된다. 각 블록 헤더에는 버전 번호, 타임스탬프, 이전 블록에서 사용된 블록 해시, Merkle 루트의 해시, nonce 가 포함된다. 문제풀이의 난이도인 블록 생성 난이도 목표는 네트워크의 미리 정해진 설정 해시보다 작거나 같은 해시를 생성하는 것이다. 해시 함수의 입력 중에 하나는 nonce (한 번 사용되는 숫자)라고 하는 일련의 숫자가 있다. 마이닝 프로그램은 첫 번째 시도에서 nonce가 0에서 시작한다. 목표의 해시를 얻지 못하면 (시도가 실패하면) 프로그램은 nonce에 1을 증가시키고 해시 함수를 다시 적용한다. 목표로 하는 대상 해시보다 작거나 같은 해시를 생성할 때까지 실패한 시도시의 nonce에 1을 증가시키고 다음 해시 함수 적용을 반복한다. 그러므로 목표 난이도의 목표 해시를 얻기 위하여 채굴자는 상당한 시행착오가 필요하다. 무수한 시행 착오 끝에 목표 해시를 찾아낸 (해시를 푸는) 채굴자에게 보상이 주어지며 이렇게 목표 해시를 찾은 블록은 블록체인에 추가된다. 채굴자가 몇 번의 시도에서 올바른 nonce를 성공적으로 생각해 낼 가능성은 거의 없으며, 이는 채굴자가 목표 난이도의 해시를 얻기 전에 잠재적으로 많은 수의 nonce를 시도할 수밖에 없음을 의미한다. 목표 해시의 요구 사항을 충족하는 해시를 찾는 것이 얼마나 어려운지를 측정하는 난이도가 클수록 목표 해시를 성공적으로 찾아내는 데 더 오래 걸릴 수 있다.

부록 5

비트코인 주소

비트코인 주소는 네트워크 바이트, 공개키 및 체크섬의 해시로 표현한다. 비트코인 주소가 만들어지는 과정을 단계별로 살펴보자.

1단계: 개인키 생성

개인키는 0x1에서 0xFFFF FFFF FFFF FFFF BAAE DCE6 AF48 A03B BFD2 5E8C D036 4140 사이의 256비트(32바이트) 값일 수 있다. 따라서 가능한 총 개인 키 수는2^256 또는 1.16 x 10^77이다.

11377b2729570ca46a084ba357edb7df54b48cdabcc6238d1283bc92cde76e0f

2단계: 전체 공개키 생성

ECDSA (타원 곡선 디지털 서명 알고리즘)를 개인키에 적용한다. 타원 곡선은 a와 b가 선택된 방정식 y2 = x3 + ax + b로 정의된 곡선이다. ECDSA를 개인 키에 적용한 후 64바이트 정수를 생성한다. 이것은 타원 곡선에서 점의 X와 Y를 나타내는 두 개의 32바이트 정수로 구성되며 이들은 함께 64 바이트가 된다.

정수 X: b365a52c423a458adb967048c884bb26dffeb38b17f3d2d2503df47dfd580063

정수 Y: 2fd9f8d4a28189b0d9452e8af3a50547c2c87b0b91ea72e29d32cfac693b3cec

3단계: 공개 키 암호화

2단계에서 생성한 두개의 정수로 된 공개 키에 먼저 SHA-256을 적용한 다음, 해시 결과에 RIPEMD-160을 다시 적용해야 한다. SHA-256 및 RIPEMD-160은 두 개의 해시 함수이다. 이렇게 하면 중간 결과로160비트 정수가 생성된다. 여기서 해시 함수의 위력이 발휘되는 것을 알 수 있다. 결국 이 160비트 정수는 개인키를 거치고, 공개키를 거쳐서 생성된 값이지만 역방향으로 이 160 비트 정수로부터 개인키를 찾아낸다는 것은 불가능하다는 점이다.

4단계: 네트워크 바이트 추가

비트코인에는 메인 네트워크와 테스트 네트워크의 두 가지가 있다. 메인 네트워크는 코인을 전송하는 데 사용되는 네트워크이고, 테스트 네트워크는 새로운 기능과 소프트웨어를 테스트하기 위해 만들어졌다. 3단계에서 생성한 160비트 정수에 해당 네트워크 바이트를 추가한다.

5단계: 체크섬

5단계에서는 키의 체크섬을 계산한다. 체크섬의 개념은 전송 중에 데이터가 손상되지 않았는지 확인하기 위함이다. 지갑 소프트웨어는 체크섬을 보고 체크섬이 일치하지 않으면 주소를 유효하지 않은 것으로 표시해야 한다. 키의 체크섬을 계산하기 위해 4단계를 거친 결과 데이터에 SHA-256을 두 번 적용(SHA 256^2)한 다음 생성된 해시 결과의 처음 4바이트(8 자리)를 체크섬으로 사용한다.

6단계: 주소 가져오기

마지막으로 4단계의 키와 5단계의 체크섬을 연결한다. 그리고 비트코인 주소는 Base58로 인코딩 된다. Base58을 사용하는 이유는 혼동을 일으킬 수 있는 문자를 제외하기 위해서이다 (예를 들어 대문자I와 소문자l, 아라비아 숫자0과 알파벳O는 유사하여 혼동하기 쉬움). 그래서 Base58 알파벳은 다음 58개 문자로만 구성된다. 123456789abcdefghijkmnopqrstuvwxyzABCDEFGHJKLMNPQRSTUVWXYZ.

7단계: Bech32 주소

bc1 주소라고 하는 Bech32는 2020년 현재 비트코인 주소의 새로운 표준이다. 그들은 더 효율적이고 읽고 쓰기가 더 쉽다. Bech32 주소도 마찬가지로 네트워크 바이트, 공개키 및 체크섬의 조합인데, Bech32 알파벳은 다음 32개 문자로 구성되어 주소가 더욱 혼동될 문자가 없도록 하였다. 0 2 3 4 5 6 7 8 9 a c d e f g h j k m n p q r s t u v w x y z.

참고문헌

- https://bitcoin.org/bitcoin.pdf
- Berkeley Bitcoin lecture/Pedro Franco, Understanding Bitcoin Cryptography(b–ok.org).pdf
- Berkeley Bitcoin lecture/Game Theory Network Attacks How Destroy Bitcoin.pdf
- Berkeley Bitcoin lecture/Ethereum Smart Contracts Enabling Decentralized Future.pdf
- MIT OpenCourseWare, https://ocw.mit.edu/ 15.S12 "블록체인과 화폐", 2018년 가을
- https://ethereum.org/en/whitepaper/
- 비탈릭 부테린, 지분증명, 여의도 책방
- https://www.horizen.io/blockchain-academy/technology/expert/cross-chain-transactions/
- https://ethereum.org/en/developers/docs/scaling/zk-rollups/
- https://ethereum.org/en/developers/docs/scaling/state-channels/
- https://ethereum.org/en/developers/docs/scaling/zk-rollups/
- https://ethereum.org/en/developers/docs/scaling/sidechains/
- https://medium.com/cryptolinks/maker-for-dummies-a-plain-english-explanation-of-the-dai-stablecoin-e4481d79b90
- https://medium.com/decipher-media/

수평선으로 떠오르는

블록체인과 암호화폐 세상

2023년 6월 27일 초판 1쇄 인쇄
2023년 7월 7일 초판 1쇄 발행

저자 : 정윤찬

발행인 : 송준
발행처 : 도서출판 홍릉

주 소 : 서울시 강북구 인수봉로 50길 10
전 화 : 02-999-2274~5 **팩 스** : 02-905-6729
e-mail : hongpub@hongpub.co.kr
홈페이지 : www.hongpub.co.kr

ISBN : 979-11-5600-107-2(93000)

파본이나 잘못된 책은 교환하여 드립니다.